ULLSTEIN

Die Autorin

Silver wurde im Herzen von Pennsylvania geboren und interessiert sich seit ihrer Kindheit für die magischen Künste. »In York, Cumberland und Lancaster ist die Magie noch lebendig«, sagt sie. »Wenn man als magisch denkender und handelnder Mensch von anderen akzeptiert werden will« – so Silver –, »lernt man diese am besten erst einmal gut kennen. Wenn man sich erst kennen gelernt und die gegenseitigen persönlichen Werte und Prinzipien schätzen gelernt hat, dann sind unterschiedliche Einstellungen zur Religion nicht mehr so wichtig. Teilen Sie sich anderen mit – das ist wichtig für Sie selbst und Ihre Arbeit. Das gilt eigentlich für jedermann.«
Silver wurde am 11. September 1956 geboren und ist eine echte Jungfrau. Sie erstellt liebend gern Listen und bringt Ordnung in ihre Umgebung. Sie ist ganz eindeutig eine Frau des 21. Jahrhunderts und lässt sich nicht gern festlegen. »Ich verbringe viel Zeit mit meinen vier Kindern«, sagt sie. »Sie haben in meinem Leben stets Vorrang – alles andere kann warten.«
Silver lehrt verschiedene magische Wissenschaften und unterrichtet in ganz Amerika. Sie ist eine anerkannte Wicca-Priesterin, Oberhaupt des Black Forest Clans in mehreren US-Bundesstaaten und Älteste der Serphant-Stone-Familie. Außerdem ist sie Direktorin der International Wiccan/Pagan Press Alliance. Im Internet ist sie unter der Adresse *www.silverravenwolf.com* zu erreichen.

Von Silver RavenWolf sind in unserem Hause bereits erschienen:

Die schützende Kraft der Engel im täglichen Leben
Zauberschule der Neuen Hexen: Ritual und Harmonie
Zauberschule der Neuen Hexen: Magie und Macht
Zauberschule der Neuen Hexen: Sprüche und Beschwörungen

Geldzauber – für Neue Hexen
Liebeszauber – für Neue Hexen
Schutzzauber – für Neue Hexen

Das Zauberbuch der Freien Hexe: Geschichte und Werkzeuge
Das Zauberbuch der Freien Hexe: Zauberkraft im Alltag
Das Zauberbuch der Freien Hexe: Übung und Meisterschaft

Halloween

Silver RavenWolf

Das Zauberbuch der Freien Hexe

Zauberkraft im Alltag

Aus dem Amerikanischen übertragen
von Thomas Görden

Ullstein

Besuchen Sie uns im Internet:
www.ullstein-taschenbuch.de

Ullstein Esoterik
Herausgegeben von Michael Görden

Aus dem Amerikanischen von Thomas Görden
Titel der Originalausgabe
THE BOOK OF SHADOWS, Part 2
Erschienen bei Llewellyn Publications, St. Paul, Minnesota, USA

Umwelthinweis:
Dieses Buch wurde auf chlor- und säurefreiem Papier gedruckt.

Ullstein Verlag
Ullstein ist ein Verlag der Ullstein Buchverlage GmbH, Berlin
1. Auflage Oktober 2004

Umschlaggestaltung: FranklDesign, München
Titelabbildung: Katlyn Breene / Mermade Magical Arts
Gesetzt aus der Sabon
Satz: LVD GmbH, Berlin
Druck- und Bindearbeiten: Ebner & Spiegel, Ulm
Printed in Germany
ISBN 3-548-74141-X

Dieses Buch widme ich
Professor Ronald Hutton, Universität Bristol
Danke für die Unterstützung beim Verknüpfen der Bereiche Mensch, Magie und Geschichte.

Magie, auf ehrenhafte Weise praktiziert,
verleiht dir eine Macht,
die deine kühnsten Träume übersteigt.

INHALT

affirmationen

Affirmationen sind Sätze, in denen mit netten Worten bekräftigt wird, welche Zukunft wir uns wünschen oder was für ein Mensch wir sein wollen. Die Psychologie sagt uns, dass Worte, Gedanken und Visualisierungen (Fantasiebilder in unserem Geist) sich in der äußeren Welt manifestieren, wenn wir sie nur oft genug wiederholen. Gedanken sind tatsächlich Dinge, und du bist, was du denkst! Die meisten Hexen sind der Auffassung, dass wir beim Sprechen die Energie unseres Hals(Kehl)-Chakras aktivieren (siehe unter *Chakras*) und Schwingungen hinaus ins Universum schicken, die dann das von uns Gewünschte realisieren. Wissenschaftler behaupten, dass wir dabei Gebrauch von unserer rechten Gehirnhälfte machen – und die ist eine wahre Goldgrube der Manifestation.

Zu oft widmen wir den abwertenden Bemerkungen anderer Leute über uns weitaus mehr Aufmerksamkeit als den freundlichen. Damit öffnen wir negativen Programmierungen Tür und Tor. Nach einer Weile halten wir uns vielleicht für Verlierer, nur weil jemand, dessen Meinung wir für wichtig halten, das uns gegenüber geäußert hat. Glaube solche Dinge niemals! Affirmationen sind ein positiver magischer Abwehrmechanismus gegen unsere Sorgen, Zweifel und all den verbalen Müll, den andere Menschen manchmal über uns ausleeren. Weil die Anwendung von Affirmationen so einfach ist, vergessen viele von uns leicht, wie wirkungsvoll sie sind!

Tägliche Affirmationen

Tägliche Affirmationen sind Wiederholungssätze, die wir Tag für Tag niederschreiben oder vor uns hin sagen mit dem Ziel, unsere Situation auf positive Weise zu verändern. Sie sind Teil unseres Aktionsplanes zur Erreichung spezifischer, klar definierter Ziele. Diese Sätze werden normalerweise jeden Morgen und Abend mindestens zehnmal geschrieben oder gesprochen (oder beides), und zwar wenigstens dreißig Tage lang. Wenn du vorher aufgibst, musst du noch einmal ganz von vorne anfangen! Wenn du wirklich willst, dass die Veränderung eintritt, darfst du keinen einzigen Tag auslassen. Größere Veränderungen, etwa eine völlige Neuausrichtung der eigenen Persönlichkeit, können auch sechzig oder neunzig Tage in Anspruch nehmen. Das ist völlig okay. Ich weiß, dass du es schaffen kannst. Wenn du schon seit längerer Zeit meditierst, werden die Affirmationen, die du ausgewählt hast, meist schneller Wirkung zeigen, vielleicht innerhalb weniger Tage oder nach einer Woche. Hast du noch nie meditiert oder dich in Visualisierungstechniken geübt, kann es länger dauern, bis sich Fortschritte einstellen. Trotzdem – dein Motto sollte sein: Ich gebe niemals auf! Schließlich bedeutet die Tatsache, dass du dich nun entschlossen hast, ein Leben als Hexe zu führen, nicht, dass ab jetzt alles problemlos für dich verläuft. Manchmal ist Geduld die wichtigste Zutat in deinem Zauberkessel.

Zauber-Affirmationen

Diese unterscheiden sich ein wenig von den täglichen Affirmationen. Es sind Sätze, die zu der Zielvorstellung passen, die wir mit einem Zauber erreichen wollen. Das bedeutet, dass wir uns in Ruhe hinsetzen und überlegen müssen, was wir wirklich erreichen wollen. Diese Gedanken müssen dann in Worte gefasst werden, bevor die magische Arbeit beginnt. Aus dem Blickwinkel der Quantenphysik handelt es sich dabei um das Bemühen, ein Muster zur Verwirklichung unseres magischen Ziels zu erzeugen. Wenn wir dieses Ziel nicht klar und unmissverständlich formulieren, können wir ein ziemliches Durcheinander anrichten! Die Affirmationssätze werden als Bestandteil eines Zauberrituals drei- bis neunmal wiederholt. Nicht jeder Zauber enthält eine Affirmation (die man hier auch Absichtserklärung nennt), doch in den meisten Zauberritualen gibt es wenigstens einen Satz, der beschreibt, was wir verwirklichen wollen. Hierbei kann es sich auch um eine Formulierung handeln, die wir auch außerhalb des Zauberrituals in anderen Affirmationen verwenden. Je nach Art unseres Zaubers kann es notwendig sein, dieselbe Affirmation über mehrere Tage hinweg anzuwenden – etwa bei einem Sieben-Tage-Kerzenzauber. Manchmal werden Affirmationen selbst zu Zaubersprüchen, weil uns ihr Klang gefällt und sie sich als nützlich erwiesen haben. Obwohl sich Zaubersprüche in der Regel reimen, habe ich in meinem persönlichen Buch der Schatten auch einige gesammelt, die das nicht tun.

In der magischen Arbeit gibt es ein Phänomen, das näher erklärt werden muss, ehe du dich weiter mit Affirmationen beschäftigst. Man nennt es »Widerstand gegen Erfolg«. Es besagt, dass du dir nicht ständig Sorgen wegen eines Problems machen darfst, das du auf magischem Weg lösen willst, weil sonst dadurch die Kraft deines Zaubers zunichte gemacht wird und du erntest, was du am meisten gefürchtet hast. Deshalb legten die alten Lehrer großen Wert darauf, dass man ein Zauberritual durchführen und danach keinen Gedanken mehr darauf verwenden soll – wenn du dir Sorgen machst oder versuchst, ein Ergebnis zu erzwingen, indem du übereilt vorgehst, wenn du wichtige Schritte auslässt, grundlegende universelle Gesetze ignorierst und blind vorwärts stolperst, wird deine magische Arbeit keinen Erfolg haben. Das bedeutet dann aber keineswegs, dass die Affirmationen an sich nicht funktionieren. Aber wenn du die Affirmation sprichst und dann das Gegenteil denkst, ist das, als würdest du bei deinem inneren Computer den Stecker herausziehen. Ohne elektrischen Strom gibt es keine Verbindung, und der positive Wandel kann sich nicht einstellen.

In der magischen Ausbildung unterstützen Affirmationen die verschiedenen Übungen, Rituale und Zaubersprüche, indem sie uns helfen, unsere Absichten zu klären und zu reinigen. Hast du zum Beispiel ein Zauberritual gegen übles Gerede durchgeführt, aber zugleich zugelassen, dass das Gerede dein Selbstwertgefühl beeinträchtigt, indem du mental dem Gesagten zustimmst oder dir Sorgen darüber machst, wer was zu wem gesagt hat, könnte dein Zauber dadurch unwirksam oder zumindest stark beeinträchtigt werden. Affirmationen helfen dir, in die Erfolgszone zu gelangen und dort zu bleiben, und zwar ungeachtet aller Negativität, die dir möglicherweise begegnet. Übe dich darin, auf jede negative Situation, die dir begegnet, mit einer positiven Affirmation zu reagieren. Diese positive Aussage kann entweder ganz speziell für diese Situation formuliert oder auch allgemeinerer Natur sein. Vor einigen Jahren kaufte ich eine ausgezeichnete Serie Tonbandkassetten von Sun Valley Publishing aus Arizona. Eine bestimmte Affirmation daraus – *Ich lebe im Frieden mit der Welt und allem, was darin ist* – ist zum festen Teil meines Alltags geworden, und ich habe sie zahlreiche Male eingesetzt, wenn ich mich sehr über das Verhalten eines anderen Menschen geärgert hatte. Eine kürzere Affirmation – *Lösche das* – funktioniert sehr gut, wenn du dazu neigst, dir ständig Sorgen zu machen und dir Schreckenszenarien auszumalen, oder wenn du dich auf eine bestimmte Zielvorstellung konzentrieren willst. Diese Affirmation habe ich auf dem College kennen gelernt, in einer Diktatklasse (so was gibt es heute gar nicht mehr – auweia, jetzt weißt du, wie alt ich schon bin!)

Übung in positivem Denken

Wie oft hast du wohl schon gesagt: »Das kann ich nicht«, »Diese Prüfung schaffe ich nie«, »Mein Englisch ist schrecklich«, oder andere negative Kommentare über dich selbst und deine Zukunft abgegeben? Jedes Mal wenn du negativ denkst und negatives Zeug redest, planst du damit eine negative Zukunft für dich. Entferne eine Woche lang ALLE negativen Aussagen über dich selbst aus deinem Denken und sage auch nichts Negatives über deine Zukunft. Um dich von dieser schlechten Angewohnheit zu befreien, such dir ein albernes Erinnerungswort wie »Banane« aus, ein magisches Wort wie »Abrakadabra«, ein Wort der Macht wie »Isis«, oder arbeite mit »Lösche das«. Wenn der negative Gedanke kommt, sagst du dein Erinnerungswort. Wenn möglich, rufe es laut hinaus. Es wird dich überraschen, wie sehr sich dadurch in nur einer Woche dein Leben verändert. Dehne diese Praxis dann auf zwei Wochen aus, auf drei. Du wirst staunen, welche Kräfte dein Geist entwickelt!

Inzwischen müssen so viele Erwachsene zur beruflichen Weiterbildung erneut die Schulbank drücken, dass längst nicht mehr nur Teenager unter Prüfungsstress leiden. Psychologen halten es für eine wirklich gute Idee, einen speziellen Talisman als Glücksbringer für die Ausbildung und die Abschlussprüfung bei sich zu tragen. Das kann ein besonders T-Shirt sein, ein Gürtel oder Glücksstift. Jedenfalls musst du diesen Gegenstand immer dabeihaben, wenn du dich auf die Prüfung vorbereitest. Das gilt natürlich erst recht für den Tag des Examens. Für das nachfolgende Ritual werden wir einen Glücksstift nehmen.

Benötigte Materialien: Ein aktueller Kalender (den du ausschließlich zum Zaubern benutzt); ein neuer Stift (und für den Fall, dass du ihn verlieren solltest, ein Reservestift); ein Blatt sauberes, weißes Papier; ein kleiner roter Stoffbeutel oder ein loses Stück Stoff.

Zeitpunkt: Neumond, Vollmond, an deinem Geburtstag oder wie an anderer Stelle erwähnt.

Anleitung: Reinige und weihe in einem magischen Kreis alle Hilfsmittel mit den vier Elementen. Wähle eine Erinnerungsaffirmation, etwa: »Erfolg, Erfolg, Erfolg!« Lade die Stifte und den Kalender mit dieser Affirmation auf. Weihe Stifte und Kalender dem Gott Hermes (eine Liste der Götter findest du in *Das Zauberbuch der Freien Hexe – Geschichte & Werkzeuge* unter *Götter, Göttinnen und Pantheons*). Schreibe folgenden Text auf das Blatt Papier:

Jedes Mal wenn ich diese Stifte in der Schule oder in den Prüfungen benutze, erfüllen mich Vertrauen und Gelassenheit, und ich bin in der Lage, mich an alle erforderlichen Informationen zu erinnern, die ich zur Lösung der jeweiligen Aufgabe benötige. Stets weiß ich genau, welche Fächer ich wählen soll, und ich bestehe alle Prüfungen mit großem Erfolg. SSE.

Wickle das Blatt um die Stifte und fixiere es mit einem Gummiband. Lege die Stifte in den roten Beutel. Danke der Gottheit (in diesem Fall Hermes), schließe die Kreisviertel (wenn du sie angerufen hast) und hebe den Kreis auf.

Der eigentliche Zauber: Okay, nehmen wir an, du schreibst am Dienstag eine Geschichtsarbeit, oder in der nächsten Woche stehen die Abschlussprüfungen an. Natürlich bist du dir darüber im Klaren, dass Magie niemals fleißiges Lernen ersetzen kann. (*Das* weißt du doch, oder etwa nicht?) Öffne an jedem Abend den roten Beutel und wickle die Stifte aus. Lies den Text auf dem Blatt laut und leg es dann beiseite. Verwende, wenn du an deinen Aufgaben oder Notizen arbeitest, die aufgeladenen Stifte. Wenn deine tägliche Lernarbeit beendet ist, lege den magischen Kalender auf deine Notizen. Suche darin das Datum der Prüfung. Kreise es mit blauem oder purpurnem Farbstift ein. (Blau, Purpur und Silber sind die Farben der geistigen Aktivität.) Halte deine Hände auf das Datum und sprich:

Ich werde vor, während und nach der Prüfung ruhig, gelassen und konzentriert sein.

Das ist Aussage Nummer eins. Ein gutes Mittel gegen Prüfungsangst. Aussage Nummer zwei lautet wie folgt:

Ich schneide bei der Prüfung
zu meiner vollsten Zufriedenheit ab, oder besser.

Visualisiere die Note, die du anstrebst, und schreibe sie in den Kalender. In unseren Affirmationen oder Zaubersprüchen fügen wir immer hinzu »oder besser«. Das hilft gegen die schlechte Angewohnheit, dass wir unserem eigenen Erfolg im Weg stehen, weil wir nicht großzügig genug denken. Sprich beide Affirmationen zehnmal hintereinander laut aus, während du deine Hände über das Datum im Kalender hältst.

Beende den Vorgang, indem du noch einmal den Affirmationstext auf dem Blatt Papier liest. Wickle die Stifte wieder in das Papier ein, sichere sie mit dem Gummi und pack sie in den roten Beutel, bis du dich das nächste Mal zum Lernen hinsetzt. Am Tag der Prüfung oder Klausur wiederhole alle Affirmationen dieses Zaubers, bevor du aus dem Haus gehst. Vergiss nicht, deine Glücksstifte mitzunehmen und bei der Klausur mit ihnen zu schreiben. Verleihe diese Stifte nicht an andere, denn dann könnte die Energie dieser anderen Personen deine magische Arbeit beeinträchtigen.

Was ist nun, wenn du diesen Zauber zum ersten Mal ausprobierst und nicht die Note erreichst, die du visualisiert hast? Wenn du sie nur knapp verfehlt hast, ist das halb so wild. Fahre mit deiner Lernpraxis in bisheriger Weise fort, denn du kannst auch diese Note als Erfolg verbuchen. Hast du dagegen deutlich schlechter abgeschnitten als angepeilt, überlege zunächst, ob deine Lernmethoden verbessert werden sollten. Hast du dir nicht genug Zeit für die Vorbereitung genommen? Warst du während des Unterrichts unaufmerksam? Hast du mehrfach gefehlt, so dass deine Notizen unvollständig waren? Bist du am Abend vor der Prüfung zu lange aufgeblieben, um dich vorzubereiten? Hast du, statt jeden Tag ein wenig zu lernen, erst kurz vor der Prüfung versucht, alles Wissen in dich hineinzustopfen? Gibt es in deinem Leben andere Probleme, die dir zu schaffen machen und dich vom Lernen ablenken? Wenn ja, solltest du, statt dir Sorgen zu machen, diese Probleme lieber konstruktiv angehen. Wiederhole dann den Zauber, wobei du diesmal aber zwei andere Stifte benutzen solltest als beim letzten Mal.

Mit zunehmender Übung wird deine Magie immer besser werden. Natürlich nur unter der Voraussetzung, dass du genug für deine Prüfungen lernst und aufrichtig an dich glaubst – und tief im Herzen weißt du ganz genau, ob du dir beim Lernen genug Mühe gegeben und dein Zauberritual wirklich ernsthaft und mit Überzeugung ausgeführt hast. Abgelenktheit, Sorgen und Schlafmangel können ebenfalls für ein Scheitern verantwortlich sein. Je öfter du Magie praktizierst, desto besser wirst du darin werden, denn du kannst im Laufe der Zeit auf den sich einstellenden Erfolgserlebnissen aufbauen.

Almanache * Mondkalender

Ein Almanach ist ein jährlich erscheinender Mondkalender, in dem die Mondphasen abgedruckt sind und du außerdem Gartentipps, Wettervorhersagen und Artikel zu lesen bekommst, von denen der Herausgeber meint, sie seien für seine Leser von Interesse. Ein magischer Almanach erscheint ebenfalls jährlich und enthält die Mondphasen, den Mond in den Zeichen, Informationen über die Planetenstellungen, wichtige historische Tage, Pflanz- und Erntetage, heidnische Feiertage und andere Informationen und Artikel für die magische Leserschaft.[1] Die meisten Hexen lernen, sich bei der Auswahl der geeigneten Tage für Rituale, Feste und andere mystische Unternehmungen auf einen magischen Mondkalender zu verlassen.

Hexen-Tipp: Nimm deinen magischen Mondkalender und ein Sortiment farbiger Textmarker zur Hand. Wähle eine Farbe für den Vollmond, eine für den Neumond und eine für die Planeten, die rückläufig sind oder in Konjunktion stehen, eine für Eklipsen, eine für den Mond im Leerlauf (siehe die Informationen dazu weiter hinten in diesem Buch, im Abschnitt über den Mond) und eine für heidnische Feiertage – oder du kannst eine Textmarkerfarbe für alle diese wichtigen Daten verwenden, um ganz unkompliziert an sie erinnert zu werden. Blättere den Almanach Seite für Seite durch und markiere die einzelnen Kategorien mit der jeweils von dir ausgewählten Farbe. Dann siehst du während des ganzen Jahres auf einen Blick, welche wichtigen Daten bei deinen Planungen zu beachten sind. Ein idealer Almanach hat Platz genug für kurze Notizen darüber, wann du welches Zauberritual durchgeführt hast und wie lange es dauerte, bis der Zauber sich manifestierte. Wenn du ungefähr ein Jahr lang mit deinem Almanach und dem magischen Timing Erfahrungen gesammelt hast, kannst du dir noch folgende zusätzliche Daten markieren:

* Wichtige positive Aspekte, bei denen Venus (kurzfristige Bargeldeinnahmen), die Sonne (die für die Vorwärtsbewegung des Willens steht) und Jupiter (langfristige Finanzplanung) beteiligt sind. Oder vielleicht

möchtest du dir ja alle Aspekte außer denen des Mondes markieren (davon gibt es allerdings viele).

* Sonnenzyklen – die Bewegung der Sonne in den Zeichen.

Meiner Erfahrung nach ist von allen Kategorien das Beachten der Leerläufe des Mondes am hilfreichsten für den Alltag, und zwar nicht nur für die magische Arbeit. Wenn jemand dir, während sich der Mond im Leerlauf befindet, ein Angebot macht oder eine tolle Idee hat, wird aus der Sache höchstwahrscheinlich nichts werden. Hier kann dich ein rascher Blick in den Mondkalender vor Fehlern bewahren, wenn du kurzfristig eine Entscheidung treffen musst, Arzttermine planst oder ein wichtiges neues Projekt in Angriff nehmen willst.

Die Arbeit mit Mondkalendern

In fast allen Büchern über Wicca werden der Mond und seine acht Phasen erwähnt, doch die meisten Mondkalender listen die Mondphasen nicht auf. Stattdessen benutzen sie ein anderes System von mondbezogenen Fachausdrücken (die Viertel und der Lunationszyklus, um nur zwei zu nennen). Für Hexenschüler, die über Mondmagie in den Schriften eines alternativen religiösen Autors gelesen haben (Wicca, Druide etc.) und dann zum ersten Mal einen Almanach in die Hand nehmen, kann es verwirrend sein, plötzlich mit einer Fülle neuer Begriffe konfrontiert zu werden und Informationen darüber zu erhalten, welche Auswirkungen der Mond in den Zeichen beispielsweise auf die Landwirtschaft hat. Ehe du nun die Hände über dem Kopf zusammenschlägst und dich fragst: »Was habe ich damit zu tun? Ich habe noch nie auch nur ein Ringelblümchen selbst gezogen und auch künftig nicht die Absicht, dies zu tun. Alles, was ich will, ist mehr Kraft, und zwar eine Menge!«, denk einen Moment nach. Wenn ein Bauer oder Gärtner dieses Wissen erfolgreich einsetzen kann, um im physischen Bereich, etwa bei einem Weizenfeld, etwas zu bewirken, dann können wir diese Methoden auch nutzen, um beispielsweise unsere Karriere zu fördern, für das kommende Semester die richtigen Kurse auszuwählen oder uns von einer negativen Gewohnheit zu befreien. In der Magie nennt man es »astrologisches Timing«, wenn wir darauf achten, was der Mond dort oben so treibt.

In jedem Mondkalender geht der Lunationszyklus vom Neumond zum Vollmond, dann wieder zurück zum Neumond, womit er ungefähr neunundzwanzigeinhalb Tage dauert. In der Hexenkunst wird dieser Neunundzwanzigeinhalb-Tage-Zyklus manchmal »Mond zu Mond« genannt. Allerdings verstehen manche Hexen, wenn sie »Mond zu Mond« sagen, von Vollmond zu Vollmond darunter, während andere damit von Neumond zu Neumond meinen. Und wieder andere verwenden »Mond zu Mond«, um damit auszudrücken, dass sie die gleiche Mondphase wie die momentane meinen, neunundzwanzigeinhalb Tage später. Verwirrend, ich weiß – aber so ist es nun einmal.

Um den Überblick zu behalten, solltest du daran denken, dass es zwei klar unterscheidbare Möglichkeiten gibt, diesen Neunundzwanzigeinhalb-Tage-Zyklus zu unterteilen:

* Durch die *Phasen* (von denen gibt es acht; jede Zunahme des Mondes ist ungefähr 3,7 Tage lang; eine vollständige Beschreibung findest du unter dem Stichwort *Mond* in diesem Buch).

* Durch Viertel (von ihnen gibt es vier; jede Zunahme ist ungefähr 7,3 Tage lang).

Der Zyklus selbst bleibt der gleiche, es sind nur die Unterteilungen und Bezeichnungen, die sich unterscheiden. Die Zahlen habe ich für diejenigen unter euch angegeben, die Spaß an Mathematik haben (es handelt sich aber nur um Näherungswerte).

In den meisten Almanachen wirst du netterweise darüber informiert, in welchem Viertel (oder welcher Phase) du dich an jedem einzelnen Tag befindest, und das ist schließlich einer der Hauptgründe, warum wir überhaupt Mondkalender benutzen. Aber wer hat sich bezüglich des Mondes in den Zeichen all diese verwirrenden Adjektive ausgedacht? Und was hat es mit diesen Vierteln auf sich?

Also gut, hier sind die Antworten:

Eines der ältesten Bücher, in denen Begriffe wie »unfruchtbar« und »fruchtbar« im Zusammenhang mit der Astrologie gebraucht werden, stammt von einem Römer namens Marcus Manilius, der zu Beginn unserer Zeitrechnung lebte (also vor ungefähr 2000 Jahren). Das Buch trug den Titel *Astronomica*[2] und ist eigentlich ein Gedicht in vier Teilen (oder fünf, darüber herrscht Uneinigkeit). Zugegebenermaßen ist dies nicht das einzige Buch über Astrologie, das, aus unserer fernen Vergangenheit überliefert, sein Echo durch die Korridore der Zeit schickt. Aber es beweist, dass Astrologie eine seit langer Zeit praktizierte ernsthafte Wissenschaft ist, nicht bloß ein kurzlebiger Mediengag, wenn wir uns bei der Planung unserer Alltagsaktivitäten nach den Bewegungen von Mond, Sonne und den Planeten richten. Und Almanache (oder etwas ihnen sehr Ähnliches) gab es bereits in der Antike. Wenn die Praxis, den Bewegungen des Mondes, der Planeten, Sterne, Kometen etc. zu folgen, so lange überdauert hat, muss doch wohl etwas daran sein.

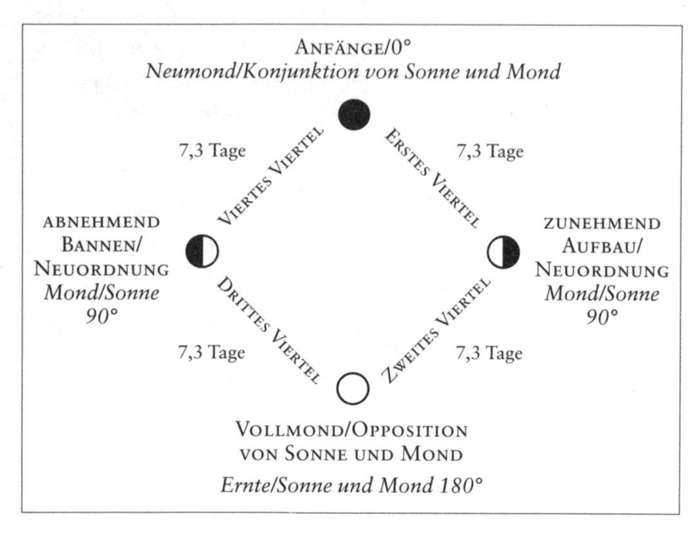

Die Viertel des Mondes

Die Mondviertel

Ehe wir dieses Thema näher beleuchten, möchte ich dich auf etwas hinweisen, das anfangs ein bisschen verwirrend sein mag. Wie schon erwähnt, gibt es zwei Arten, die Bewegungen des Mondes zu unterteilen: *Viertel* und *Phasen.* In dem einen System gibt es vier Viertel, in dem anderen acht Phasen. Wirklich irreführend kann aber sein, dass es in beiden Systemen eine gleich lautende Bezeichnung gibt, die jedoch eine unterschiedliche Bedeutung hat. Diese Bezeichnung lautet *erstes Viertel* – was bei der Vierteleinteilung etwas anderes ist als im Phasensystem. In diesem Abschnitt hier erkläre ich die Viertel (nicht die Phasen). (Mehr über die Phasen erfährst du auf Seite 312.)

Das erste Viertel beginnt am Neumond, wenn es aussieht, als befänden sich Sonne und Mond am Himmel an der gleichen Stelle. Natürlich ist das nicht wirklich der Fall, aber von der Erde aus hat es den Anschein. Tatsächlich befindet sich der Mond vor der Sonne (weil sein Orbit sich zwischen uns Erdlingen und der Sonne hindurchbewegt). Daher ist der Mond dann für uns unsichtbar. Für die Astrologie-Fans unter euch: Dieses Phänomen nennt man *Konjunktion* – wenn ein Planet auf dem gleichen Grad des gleichen Sternzeichens steht (wenn du eine Horoskop-Karte betrachtest). Konjunktionen finden die Astrologen im Allgemeinen ziemlich cool, weil dann die Planeten (oder Sonne und Mond) ihre Energien miteinander mischen, was allem, was man in dieser Zeit tut, einen tollen magischen Schwung verleiht. Eine Konjunktion steht immer für die Geburt von etwas Neuem, und in diesem Fall tanzen die Sonne und der Mond Wange an Wange, so dass Willenskraft und Gefühl zusammenarbeiten (ob ihnen das gefällt oder nicht). Auf welche Weise sie zusammenarbeiten, lässt sich leicht herausfinden – du brauchst nur nachzuschauen, welches astrologische Zeichen sie gerade besuchen. Diese Information findest du in deinem Almanach, also brauchst du nur unter den dem jeweiligen Sternzeichen zugeordneten Schlüsselworten nachzusehen, dann weißt du, mit welcher Art von Energie du es zu tun hast. Diese Schlüsselworten sowie eine Neumond-Esbat-Liste, die dir einige Anregungen gibt, wie du diese Energie in den einzelnen Sternzeichen nutzen kannst, findest du im ersten Band dieser Zauberbuch-Reihe, *Geschichte & Werkzeuge*, unter dem Stichwort *Esbat*. Was das Timing für ein Projekt betrifft, steht das erste Viertel immer für Anfänge. Das erste Viertel (in dem der Neumond langsam wieder zu leuchten beginnt) ist dein »Starterknopf«. Drücke ihn. Du hast ungefähr 7,3 Tage Zeit, um diese Energie zu nutzen. Halte dich dabei an deinen Almanach.

Das zweite Viertel beginnt auf halbem Weg zwischen Neumond und Vollmond. Eine andere Bezeichnung für diese Periode lautet *zunehmendes Viertel*. Dieser Halbmond geht in der Mittagszeit auf und gegen Mitternacht unter, weswegen man ihn am westlichen Himmel schweben sieht. Der Mond reist jetzt mit der ganzen Kraft, die du ihm in dem neuen Zyklus verliehen hast. Er wächst immer noch. Astrologisch ausgedrückt, steht er nun im *Quadrat* zur Sonne. Im Tierkreis-Fachjargon bedeuten »Quadrate« Herausforderungen – und, wenn du Wert auf technische Details legst, der Mond steht nun im Winkel von 90 Grad zur Sonne (wenn du dir eine Horoskop-Karte anschaust, auf der diese Position dargestellt ist). In der Magie ist nun der Zeitpunkt, um sorgfältig auf verborgene Stolpersteine zu achten, die deine Hexenarbeit behindern könnten. Mehr Kraft am rechten Ort ist der Schlüssel. Wie findest du heraus, um welche Art von Kraft es sich handelt? Zu dieser Zeit befinden sich Sonne und Mond nicht im selben Zeichen. Schau dir die Schlüsselworte beider Zeichen an. Das liefert dir wertvolle Hinweise. Denk daran, dass der Mond in der Magie ebenso wie in der Astrologie für die Gefühle steht und die Sonne für den Willen.

Auch wenn dir das sehr kompliziert erscheint, hol einfach tief Luft und kämpf dich trotzdem durch. Man braucht eine Weile, um diese ganzen neuen Bezeichnungen in den Griff zu bekommen. Ich jedenfalls benötigte dafür länger, als mir lieb war. Behalte einfach im Gedächtnis, dass das zweite Viertel des Mondes für fortgesetztes Wachstum, Entwicklung und den Weg zur Verwirklichung einer Sache steht, die du bereits begonnen hast. Wenn das zweite Viertel endet und das dritte beginnt, haben wir die Lunation zur Hälfte durchlaufen und befinden uns nun im Vollmond. In der Magie (wie im täglichen Leben) sollte möglichst alles, von dem du möchtest, dass es wächst und sich entfaltet, im ersten und zweiten Viertel getan oder bearbeitet werden. Wenn du etwas Erfahrung mit der Mondenergie gesammelt hast, wirst du selbst entscheiden können, welches Tierkreiszeichen für deine jeweiligen Vorhaben am geeignetsten ist. Auch diese Informationen findest du in vielen Mondkalendern, sodass du nicht selbst komplizierte Berechnungen anstellen musst.

Das dritte Viertel beginnt bei Vollmond. Nun kannst du damit beginnen, die Früchte dessen zu ernten, was du bei Neumond gesät hast. Diese Energie erreicht ihren Höhepunkt kurz bevor der Mond wieder als neu bezeichnet wird und der nächste Lunationszyklus beginnt. Vielleicht hilft es dir, wenn du dir ein Pendel vorstellst, das ständig zwischen zwei Seiten hin- und herschwingt. Die Rückwärtsbewegung bringt es wieder zu seinem Ausgangspunkt, dem Neumond. Bei Vollmond erleben wir die ganze Schönheit des Mondlichts. Er geht im Osten bei Sonnenuntergang auf und im Westen bei Tagesanbruch unter, jeden Tag ein bisschen später. Astrologisch gesprochen, befindet sich der Mond nun in Opposition zur Sonne. Der Mond scheint zu leuchten, weil er jetzt in vollem Sonnenlicht erstrahlt. Er spiegelt das Licht der Sonne wider, und wir auf der Erde sind die glücklichen Empfänger dieser Magie. Jedoch handelt es sich dabei, wenn wir wirklich ehrlich sind, nicht wirklich um Magie, sondern um Wissenschaft! Das ist einer der Gründe dafür, warum die Hexenkunst als die magische Kunst und Wissenschaft bezeichnet wird. Und die Kunst besteht darin, wie wir die Wissenschaft einsetzen, um zu zaubern. Beim Studium der Hexenkunst wirst du lernen, dass Hexen großen Wert darauf legen, wie der Mond in Beziehung zur Göttin steht und die Sonne in Beziehung zum Gott, wenn es um die Nutzung des Vollmonds zu magischen Zwecken geht. Diese Informationen findest du an verschiedenen Stellen in diesem und meinen anderen Büchern. In der Magie wie im Alltag steht der Vollmond für Erfüllung, Vollendung, Kraft, emotionalen Selbstausdruck in allen Kunstformen und im täglichen Leben, Reife und Verwirklichung. Bei Vollmond erhältst du den Hinweis, ob du mit deiner magischen Arbeit einen guten Weg eingeschlagen hast oder nicht. Falls nicht, mach dich deshalb nicht verrückt, denn es besteht immer die Möglichkeit zu Kurskorrekturen. Wissenschaftlich ausgedrückt, befindet sich die Sonne in Opposition zum Mond (sie stehen sich in einem Winkel von 180 Grad gegenüber). Dies bedeutet, dass sich Mond und Sonne nicht im selben Zeichen befinden. Welche magische Arbeiten du in dieser Zeit angehen solltest, kannst du herausfinden, wenn du nachschaust, in welchen Zeichen Sonne und Mond stehen, und dann im ersten Buch dieser Reihe – *Geschichte & Werkzeuge* – bei den Vollmond-Esbaten nachschlägst.

Der Vollmond ist auch eine Mahnung, aufmerksam durchs Leben zu gehen. Oft trügt der äußere Schein, und unsere Interpretation der Wirklichkeit kann uns in die Irre führen. Als Kind glaubte ich, der Mond leuchte aus eigener Kraft, so wie die Sonne. Nie kam mir in den Sinn, dass ich in Wahrheit auf einen gigantischen himmlischen Spiegel blickte. Daraus können wir einiges über unsere Wahrnehmung lernen. In der Hexen-Fachsprache beginnt der abnehmende Mond eineinhalb Tage nach dem

Vollmond. Diese Zeit eignet sich gut, um sich magisch mit dem Thema des Bannens zu beschäftigen.

Das vierte Mondviertel beginnt auf halbem Weg zwischen dem Vollmond und dem nächsten Neumond. In Zahlen ausgedrückt, ist das 7,3 Tage nach dem Vollmond und 22,5 Tage nach dem vorangegangenen Neumond (an dem der Lunationszyklus begann). Nun befinden wir ins mitten in der abnehmende Phase des Mondes. Der Mond geht nach Mitternacht auf. Wenn du also nach Mitternacht ostwärts blickst, siehst du dort die Mondsichel leuchten. Da die Sonne im Osten aufgeht, steht der Mond nun hoch am Himmel. Daher ist er manchmal (abhängig von Wetter und Beobachtungspunkt) während des Tages sichtbar. In der Mittagszeit verschwindet er dann hinter dem westlichen Horizont. In der Magie kann dieses Phänomen nützlich sein, da du Sonne und Mond, die einander vom Sonnenaufgang bis Mittag über den Himmel jagen, beide in deine Rituale einbeziehen kannst. Astrologisch ausgedrückt, steht der Mond wieder im Quadrat zur Sonne. Er verrät dir nun, was bezüglich der ursprünglichen magischen Arbeit, die du bei Neumond begonnen hast, noch zu tun bleibt. Oder welche Energien du noch hinzufügen musst, damit sich der Erfolg einstellt, wenn der Mond wieder in Konjunktion mit der Sonne tritt, um einen neuen Zyklus zu beginnen. Das Quadrat des vierten Viertels unterscheidet sich von dem des zweiten Viertels. Zwar stehen Mond und Sonne erneut im Winkel von 90 Grad, aber die Platzierung im Tierkreis ist eine andere. Im zweiten Viertel hat der Mond die Sonne überholt, und aus unserer Perspektive sieht es so aus, als eilte er ihr voraus. Nun nähert er sich der Sonne von hinten. Also durchläuft er ein anderes Sternzeichen als im zweiten Viertel. Welches das ist, sagt dir dein Almanach.

Um die Viertel des Mondes wirklich zu verstehen,

empfehle ich dir, dass du einmal von Neumond zu Neumond Tagebuch führst. Beobachte deine Familie, Freunde, dein eigenes Leben und achte auf die Fernsehnachrichten. Während des ersten Viertels wirst du höchstwahrscheinlich eine erhöhte Aktivität bemerken und feststellen, dass die Leute bestrebt sind, Neues zu beginnen (ob sie das auch wirklich in die Tat umsetzen, hängt von ihrer Persönlichkeit, der Situation und dem Zeichen ab, in dem der Mond sich während des Neumondviertels befand). Während des zweiten Viertels wird dieses Tempo noch eine Zeit lang beibehalten und beginnt dann, sich zu verlangsamen, je näher der Vollmond rückt. Während dieses zweiten Viertels nehmen sich die Mitglieder deiner Familie vermutlich alte Projekte wieder vor und arbeiten daran, oder Freunde drängen dich, endlich eine bestimmte Sache zum Abschluss zu bringen oder ein gegebenes Versprechen zu erfüllen. Der Vollmond bringt dann oft emotionalen Aufruhr mit sich. Die Leute verlassen sich auf alles andere, bloß nicht auf ihren Verstand, und hastiges, übereiltes Handeln kann zu unerwarteten Zwischenfällen führen. Das vierte Viertel ist eine Zeit, in der Dinge auseinander genommen werden. Es kommt zu Brüchen zwischen Freunden, Eltern, Liebespaaren. Unbewusst organisieren viele Leute alles um, was nicht funktioniert oder ihnen über den Kopf zu wachsen droht. Ein paar simple Widerworte, die deine Mutter zu anderen Zeiten gelassen hingenommen hätte, können jetzt zu ernsthaftem häuslichem Ärger führen. Manche Menschen wirken unkonzentriert oder launisch, weil sie eigentlich Zeit zum Nachdenken benötigen, doch dieses innere Bedürfnis ignorieren und einfach wie gewohnt weiterzumachen versuchen. Natürlich wird unser Leben nicht nur durch den Mond beeinflusst – persönliche Gewohnheiten, familiäre Strukturen, eingefahrene Verhaltensmuster und auch der Stand anderer Planeten (besonders rückläufige Stellungen) können sich auf uns auswirken – aber stets ist es unsere eigene Entscheidung, wie wir mit diesen Energien umgehen. Keiner dieser Einflüsse kann uns dazu zwingen, etwas zu tun, was wir nicht tun wollen.

Wenn du dein Tagebuch ausgewertet hast, solltest du die Notizen während des nächsten Monats fortsetzen. Schon bald wirst du bestimmte Muster erkennen, auch ohne dass du dazu den Almanach zu Rate ziehen musst. Du wirst in der Lage sein, dein eigenes Verhalten besser abzustimmen und Verständnis für andere Menschen zu haben, die dieselbe Energie erfahren, jedoch anders mit ihr umgehen, weil ihre Persönlichkeit sich von der deinen unterscheidet. Und du wirst die Mondenergien »fühlen« können. Wenn du deinen Alltag nach den Vierteln (oder den Phasen) des Mondes ausrichtest, ermöglicht dir das, dein Leben auf sehr befriedigende Weise in den Griff zu bekommen. Mit ein wenig Vorausplanung werden die Dinge für dich besser laufen, als du es je für möglich gehalten hättest.

Für Experten

Denjenigen unter euch, die sich gerne in technische Feinheiten vertiefen, haben die Astrologen der Antike einen echten Leckerbissen hinterlassen: Führe die wichtigsten magischen Praktiken stets entweder drei Grad vor der Konjunktion aus oder wenn der Mond drei Grad hinter der Konjunktion steht. Normalerweise wird die Wirkung jedes Planeten, wenn er in diese »Feuerzone« der Sonne eintritt, von der Energie der Sonne überlagert. Aufgrund seiner spiegelnden Qualitäten verhält sich der Mond jedoch anders als die anderen Planeten. Wie kannst du nun diese Position des Mondes ohne ein Computerprogramm ermitteln? Wenn wir den Durchschnitt zwischen der größten Geschwindigkeit und der niedrigsten errechnen, mit der der Mond über den Himmel wandert, kommen wir auf einen Wert von 0,5 Grad pro Stunde. Dies bedeutet, dass (den alten Astrologen zufolge) magische Arbeit am besten sechs Stunden vor einer Konjunktion zwischen Mond und Sonne (Neumond) oder sechs Stunden nach einer solchen Konjunktion durchgeführt werden sollte. In deinem Almanach findest du die Uhrzeit der Konjunktion. Du brauchst dann nur noch sechs Stunden zu addieren oder abzuziehen, um den günstigsten Zeitpunkt zu ermitteln.

Wirkt sich die Geschwindigkeit des Mondes auf deine magischen Anwendungen aus? Ja, in der Tat. Zauber, der praktiziert wird, wenn der Mond schnell wandert, manifestiert sich auch rasch. Bewegt sich der Mond durchschnittlich schnell, dauert auch die Manifestation durchschnittlich lange. Bewegt sich der Mond langsam, beobachten wir, dass die Erreichung unserer Ziele deutlich länger dauert als ursprünglich beabsichtigt. Um die Geschwindigkeit des Mondes erkennen zu können, brauchst du ein astrologisches Softwareprogramm oder eine Ephemeride. Eine Ephemeride ist eine Berechnungstafel, auf der die Stellung aller Planeten sowie der Sonne und des Mondes an jedem Tag und zu jeder Uhrzeit verzeichnet ist, zusammen mit ihrer jeweiligen Geschwindigkeit.

In vielen Hexenritualen spielt die Mondmagie eine große Rolle. Die meisten Hexen beginnen damit, die Phasen und Viertel kennen zu lernen. Dann erlernen sie nach und nach die Arbeit mit dem Mond in den Zeichen, der Mondbewegung, dem Mond in den Häusern[3] und schließlich seiner Beziehung zu den anderen Planeten von Stunde zu Stunde. Dieser Lernprozess kann zwischen sechs Monate und zwei Jahre dauern, abhängig vom individuellen Interesse an dem Thema. Manche magischen Astrologen glauben, dass der Mond in den Zeichen für die magische Arbeit von größerer Bedeutung ist als die bloße Beschäftigung mit den Vierteln und Phasen. Aber darüber musst du dir dein eigenes Urteil bilden.

Astral-Projektion

Antike Beschreibungen von Astralreisen finden sich in Ägypten, Indien, China und Tibet. In Tibet wurden Menschen, die Astralreisen unternahmen, *Delogs* genannt, was bedeutet: »jene, die aus dem Jenseits zurückkehren«.[4] Astral-Projektionen werden auch als außerkörperliche Erfahrungen (AKE) oder Seelenreisen bezeichnet. Dabei löst sich der nichtphysische oder Astralkörper (siehe unter *Aura*) vom physischen Körper, unternimmt einen kurzen Ausflug und kehrt wieder zurück. Einst glaubte man, der Astralkörper bliebe auf seinen Reisen durch eine silberne Schnur mit dem physischen Körper verbunden und alle Menschen auf der Erde seien durch silberne Lichtfäden miteinander verknüpft (diesem silbernen Licht verdanke ich meinen Vornamen). Vor einigen Jahren habe ich dieses Netz tatsächlich gesehen, noch bevor ich irgendetwas darüber gelesen hatte. Manche beschreiben dieses Gewebe aus Licht als Netz aus Silber[5], und genau so sieht es auch aus. In der druidischen Überlieferung gibt es eine alte Geschichte von Mog Ruith, einem Druiden, der, bekleidet mit einem Vogelkostüm, über die Köpfe der gegnerischen Armee hinwegfliegen und auf diese Weise den Feind auskundschaften konnte – ganz offensichtlich ein Bericht über eine Astralreise.[6]

Den meisten Leuten ist nicht klar, dass AKE für viele Menschen ein natürlicher Bestandteil des Schlafzyklus ist. Dein Astralkörper fliegt ganz regelmäßig im Universum herum, ohne dass du dafür deinen Reisepass (oder dein Wachbewusstsein) benötigst! Eine kontrollierte AKE (die du bewusst herbeiführst und steuerst) wird manchmal als Fernwahrnehmung (engl.: *Remote Viewing*) bezeichnet, und im Auftrag der amerikanischen Regierung wurden eine Menge Experimente auf diesem Gebiet durchgeführt, mit beachtlichem Erfolg.

Zwar lassen sich AKE vorausplanen, aber unsere profundesten Erlebnisse in diesem Bereich ereignen sich zumeist unerwartet, ohne dass wir bewusst versuchen, sie herbeizuführen. Diese Erlebnisse sind normalerweise äußerst spirituell. Ihr Auftreten ist Teil des allgemeinen Plans des Großen Geistes zur Entfaltung unserer Spiritualität. Oder sie dienen dazu, unsere Wahrnehmung eines bestimmten Sachverhaltes dramatisch zu verändern. Diese lebhaften AKE beinhalten intensive Farben und laute Geräusche – auf diese Weise stellt der Große Geist sicher, dass wir das Erlebnis nicht wieder vergessen. Solche spontanen Episoden treten oft in kritischen Lebensphasen auf, wenn wir unter Stress stehen oder eine wichtige Entscheidung treffen müssen. Es ist, als wollte der Große Geist zu uns sagen: »Du hast da dieses großartige, aber leider viel zu selten eingesetzte Werkzeug in deinem magischen Werkzeugkasten, und jetzt ist es an der Zeit, dass du es endlich einmal benutzt!« AKE können auch auftreten, wenn wir krank sind oder einen persönlichen Verlust erlitten haben. In diesem Fall hilft uns die AKE, eine positive Erfahrung zu erzeugen, die eine heilende Wirkung entfaltet und uns Mut macht, unsere Lebensreise fortzusetzen.

Viele Leute denken, Astral-Projektion bedeute, dass man seinen Astralkörper bewusst steuert und mit ihm in der physischen Welt herumläuft. Zwar kann man dies mit einiger Übung durchaus schaffen (wobei es manchen Menschen leichter fällt als anderen), aber AKE besitzen eine viel größere Bandbreite. Sie können mit unterschiedlichem Bewusstheitsgrad auftreten, wenn du krank bist, oder einfach, wenn du nach einem stressigen Tag eine Ruhepause einlegst. Manche AKE können sehr dramatisch wirken, andere dagegen sind recht unspektakulär. Manche scheinen in der uns vertrauten Alltagswelt stattzufinden, während andere uns an fremde Orte oder gar in andere Welten führen! Diese anderen Welten werden die astralen Ebenen genannt.

Auch wenn bei AKE nur wenige unangenehme Nebenwirkungen auftreten, möchte ich auf diese doch kurz eingehen, für den Fall, dass du ein solches Erlebnis haben solltest (oder schon eines hattest, ohne zu wissen, was es war). Hast du dich schon einmal halb schlafend und halb wach gefühlt, wobei dein Körper wie erstarrt wirkte und du keine Kontrolle über deine Muskeln hattest? So etwas kann einen ganz schön in Panik versetzen! Als Kind passierte mir das andauernd, und es tritt auf, wenn unser Astralkörper nicht völlig mit dem physischen Körper verbunden ist. Manchmal geschieht das kurz vor dem Einschlafen oder wenn wir plötzlich aufwachen. Aber du brauchst deshalb nicht gleich einen Herzinfarkt zu bekommen, denn dieser Zustand vergeht rasch wieder. Hast du ab und an das Gefühl, mit der Geschwindigkeit und Wucht eines Güterzuges in deinen Körper zurückzufallen? Das ist eine weitere mögliche Nebenwirkung. In diesem Fall hat dein Astralkörper aus irgendeinem Grund das Signal zur sofortigen Rückkehr erhalten, und genau das tut er dann auch. Wenn du, ehe du bewusst eine AKE herbeizuführen versuchst, eine simple Einleitungsprozedur beachtest, treten solche unangenehmen Effekte normalerweise nicht auf, und wenn es dann doch einmal geschieht, weißt du nun zumindest, womit du es zu tun hast. Wenn es dir nicht gelingt, eine AKE bewusst herbeizuführen, liegt das meistens an deiner Angst, dass du vielleicht nicht wieder in deinen Körper zurückfindest oder dir etwas zustoßen könnte, während du fort bist. Doch nirgendwo in der Literatur ist je von einem solchen Vorfall berichtet worden.[7] Es gilt als erwiesen, dass stets ein Teil deines Bewusstseins zurückbleibt, der mögliche Gefahren für deinen physischen Körper erkennt und dich in diesem Fall sofort zurückholt. Laut Richard Webster, einem sehr erfahrenen AKE-Trainer, bist du auf der Astralebene sogar viel sicherer als auf der physischen![8]

Du wirst staunen, wer und was dir während einer AKE-Übung alles begegnen kann – berühmte Persönlichkeiten, mythologische Tiere, Engel, geliebte Menschen, die schon lange hinter den Schleier gereist sind, und sogar Archetypen (Götter und Göttinnen). Meine erfrischendste Erfahrung bestand darin, dass ich mitten in meinem Esszimmer buchstäblich mit der Morrigan zusammenstieß (einer keltischen Göttin, die zunächst eine Erdgöttin war und dann zu einer legendären Kriegsgöttin wurde). Die Alten sagen, dass wir uns unsere Götter nicht aussuchen, sondern von ihnen auserwählt werden, und genau so verhielt es sich auch bei meinem Erlebnis. Nie zuvor hatte ich eine Erfahrung von solcher Realität gemacht. Morrigan trug eine schwarze und weiße Tierhaut, und sie war unaussprechlich schön und äußerst furchterregend zugleich. Wie ein aus der Bahn geworfenes Riesenrad kehrte ich in meinen Körper zurück. Ich hatte auch noch andere Erlebnisse. Als eine meiner Töchter eine schwere Operation überstanden hatte, schlief ich erschöpft neben ihrem Krankenbett ein. Ich hatte einen ermutigenden und beruhigenden Traum und wusste, dass alles gut werden würde. Viele Male habe ich in sehr lebhaften Träumen mit geliebten Verstorbenen gesprochen. Wenn ich danach aufwache, zünde ich zum Dank für ihre Botschaften und die liebevolle Energie, die sie mir senden, eine weiße Kerze an. Für mich besteht kein Zweifel daran, dass das Leben jenseits dieser Existenzebene weitergeht.

Manchmal sagt jemand zu dir: »Ich habe letzte Nacht von dir geträumt.« Wenn du in diesem Traum irgendwelche unsinnigen Dinge getan hast, handelte es sich vermutlich nur um ein Produkt der Erinnerung des Träumenden. Hast du aber im Traum wertvollen Rat erteilt oder bei einem ernsten Problem geholfen, dann hat höchstwahrscheinlich ein wirkliches Treffen auf der Astralebene stattgefunden. In den meisten Fällen wirst du selbst keine bewusste Erinnerung an deine Hilfsaktion haben, aber ab und zu wird das, was der andere darüber erzählt, sich seltsam vertraut anhören. Wenn Menschen innerhalb eines Gruppenbewusstseins zusammenarbeiten (siehe unter *Gruppenbewusstsein* in *Das Zauberbuch der Freien Hexe – Geschichte & Werkzeuge*), helfen sie einander im Traumzustand oft auf der Astralebene.

Wenn du täglich Devotionen oder Meditationen praktizierst oder ein Traumtagebuch führst, wirst du ein Gespür dafür entwickeln, was eine echte AKE ist und was nicht. Wie in der Magie ist auch hier Übung der Schlüssel, da sind sich die Experten einig. Bewusste AKE treten öfter bei solchen Menschen auf, die keine Angst haben. Personen, die befürchten, es könnte während einer außerkörperlichen Erfahrung etwas Schlimmes passieren (obwohl das praktisch ausgeschlossen ist), kommen deutlich seltener in den Genuss einer AKE.

Deine erste Astralreise

Vorbereitung: Stell eine Schale mit Wasser und eine Schale mit Salz neben dein Bett. Segne beide und sprenkele bzw. streue beides in die vier Ecken des Zimmers. Das schafft dir die Gewissheit, dass du aus einer gereinigten Zone heraus deine Reise antrittst. Wähle eine Zeit und einen Ort, wo du ungestört bist. Die meisten Leuten unternehmen ihre Astralreisen kurz vor dem Schlafengehen, wenn die übrigen Familienmitglieder schon im Bett liegen. Aber du kannst auch jede andere Tageszeit wählen, solange gewährleistet ist, dass du nicht gestört wirst. Anfänger nehmen oft vorher ein rituelles Bad, und manche fügen dem Wasser eine Prise Salz oder ein magisches Kraut bei. Wenn du Kerzen benutzen darfst, kannst du eine weiße Kerze anzünden, bevor du mit der Reise beginnst. Achte aber darauf, dass der Kerzenständer wirklich feuerfest ist und keine neugierigen Haustiere der Kerze zu nahe kommen können (Katzen lieben es, Kerzen umzuwerfen). Deine Kleidung sollte locker genug sitzen, du solltest bis eine Stunde vorher keine schweren Mahlzeiten zu dir genommen haben, und die Temperatur im Zimmer sollte angenehm sein. Manche Menschen (ich zum Beispiel) beginnen während Meditationen, Selbsthypnose, Aura-Programmierung (siehe unter *Aura*) und Astralreisen leicht zu frieren. Dafür habe ich immer eine Decke griffbereit.

Für deine erste Reise benötigst du ein klar definiertes Ziel. Experten raten dazu, sich während der ersten außerkörperlichen Erfahrung ausschließlich im Zimmer aufzuhalten und sich erst weiter fortzuwagen, wenn man ein Gefühl dafür bekommen hat, wie eine (bewusst gelenkte) Astralreise funktioniert.

Anleitung: Leg dich bequem ausgestreckt hin, ohne Arme oder Beine zu überkreuzen. Atme dreimal tief durch (durch die Nase ein, durch den Mund aus), und umgib dich in deiner Vorstellung mit einem reinen, weißen Licht. Weise nun im Stillen jeden Teil deines Körpers an, sich zu entspannen, zum Beispiel: »Meine Stirn ist locker und entspannt. Die Muskeln um meine Augen sind locker und entspannt.« Arbeite dich auf diese Weise durch den gesamten Körper. Wenn du dich völlig entspannt fühlst, konzentriere dich auf deine Stirn, auf den Punkt genau zwischen deinen Augen (den Sitz des dritten Auges), und stell dir vor, dass du durch diesen Punkt deinen Körper verlässt.

Möglicherweise wird sich ein »Schwebegefühl« einstellen (bei mir ist das so), oder aber du spürst ein Prickeln, eine Art innerer Vibration oder ein Kribbeln im Gesicht – das sind ganz natürliche Reaktionen. Manchmal durchzuckt es mich auch leicht, ehe das »Schweben« beginnt. Versuche, das Erlebnis einfach zuzulassen und mit seiner Energie zu fließen. Wenn du deinen Körper bewegst oder dir das Gesicht reibst, um dich von Kribbeln oder Jucken zu befreien, musst du noch einmal ganz von vorn anfangen. Ehrlich gesagt, ist dies der schwierigste Teil: loslassen zu lernen. Vermutlich wirst du mehrere Anläufe benötigen, oder sogar mehrere Abende, bis du über das Stadium hinausgelangst, in dem mentaler Widerstand den bewussten Austritt aus dem Körper verhindert.

Hast du diese Phase aber überwunden, ist die schwerste Hürde genommen. Mit jeder neuen Astral-Projektion wächst deine Übung, und es wird leichter. Auch wenn du zunächst immer wieder scheiterst, verliere trotzdem nicht den Mut. Übe täglich, und dann, wenn du es am wenigsten erwartest, wird es plötzlich gelingen! Hast du endlich deinen Körper verlassen, solltest du zunächst nur das Zimmer erkunden. Gehe nicht darüber hinaus. Visualisiere dann, wie du wieder in deinen Körper zurückkehrst. Bleib nach der Rückkehr zunächst für ein paar Minuten möglichst still liegen. Zähle von eins bis fünf und öffne dann die Augen. Auch wenn du gerade das coolste Erlebnis deines bisherigen Lebens hattest, solltest du bis zum nächsten Trip mindestens vierundzwanzig Stunden warten. Diese Zeit benötigt dein Körper zur Erholung. Nach einer Weile, wenn du besser trainiert bist, wirst du in der Lage sein, mehrere Reisen täglich durchzuführen.

Astralreisen und die Hexenkunst

Wie in vielen magischen Arbeitsbereichen gelten auch für Astralreisen bestimmte Verhaltensregeln. In fremde Häuser einzudringen und im Leben deiner Mitmenschen herumzuspionieren gilt als unanständig und geschmacklos. Experimente mit Freunden durchzuführen, die dazu ihre Einwilligung gegeben haben, ist eine Sache; ganz anders sieht es aus, wenn du unerlaubt in die Privatsphäre anderer eindringst. Hexen richten oft magische Abwehrvorrichtungen gegen jene ein, die es wagen, sich nicht an die magische Ethik zu halten. Hier sind einige dieser Abwehrmaßnahmen:

* Um das Haus einen Ring aus Pökelsalz streuen (geh dabei aber umsichtig vor, sonst ruinierst du den Rasen!)

* Bestimmte Pflanzen, zum Beispiel Lobelien, um das Haus pflanzen, um physische oder andere unerwünschte Eindringlinge fern zu halten.
* Alle Türen und Fenster segnen, dann ein bannendes Pentagramm vor allen Fenstern und Eingängen in die Luft zeichnen.
* Mit Nelkenöl ein gleicharmiges Kreuz auf alle Fenster- und Türrahmen malen.
* Das Haus rund um die Uhr durch einen astralen »Wachhund« (meistens ein mythologisches Biest oder ein Raubtier aus dem Tierreich) beschützen lassen, der von einem Schrein oder einer Statue im Inneren des Hauses unterstützt wird. Diese Visualisierung wird einmal im Monat erneuert, und dem physischen Tierreich wird ein Dankopfer dargebracht.
* Einmal wöchentlich visualisieren, dass rings um das Haus ein dichtes Dornengestrüpp wächst (wie in dem Märchen *Dornröschen*). Manche Hexen visualisieren, dass das Haus von außen wie eine sichere Festung aussieht (mit Zinnen, Türmen, Burggraben und allen Details). Um die Kraft dieser Visualisierung zu unterstützen, hängen sie im Haus ein Bild auf, das eine solche Festungsanlage zeigt.

Warnhinweis: Wenn Menschen ihre ersten Erfahrungen als Astralreisende sammeln, sind sie oft so begeistert, dass sie aller Welt davon erzählen möchten. Auch wenn Astralreisen sich in den letzten dreißig Jahren phasenweise immer wieder einer ziemlichen Popularität erfreuten, wird nicht jeder verstehen, wovon du redest. Manche Leute werden Witze über dich reißen, andere werden einfach eine spöttische Bemerkung machen und dich stehen lassen. Einige wenige Unwissende werden dir einzureden versuchen, dass du etwas Falsches oder Böses tust. Im

Lauf der Jahre habe ich herausgefunden, dass die begabtesten Astralreisenden Stillschweigen über ihre Erlebnisse bewahren beziehungsweise nur mit Gleichgesinnten darüber sprechen. Viele Menschen weigern sich schlichtweg, anzuerkennen, dass es sich beim Astralreisen und Auralesen um natürliche menschliche Fähigkeiten handelt. Solange du dich nicht im Kreis vertrauenswürdiger, gleichgesinnter Freunde befindest, solltest du daher besser die gute alte Wicca-Regel beherzigen: wissen, wagen, wollen und schweigen.

astrologie

Die Astrologie, so wird uns gesagt, ist die ältestes Wissenschaft (da Astronomie und Astrologie einst als Einheit betrachtet wurden), und sie hatte einen unglaublichen Einfluss auf die Menschheitsgeschichte. Wenn Astronomie (die Erforschung der physikalischen Eigenschaften der Himmelskörper und ihrer physikalischen Wechselwirkungen mit den anderen Körpern des Universums) und Astrologie (die Erforschung der Bewegungen der Himmelskörper und ihres Einflusses auf den Menschen) heute nicht mehr als Einheit gesehen werden, so lässt das darauf schließen, dass die beiden Disziplinen sich im Lauf der Jahrhunderte enorm verändert haben müssen.

Für das Studium der Magie ist es wichtig, ein Gefühl für unsere Geschichte zu entwickeln, denn darauf bauen wir unsere Zukunft auf. Wir selbst sind lebendige Geschichte, und die Entscheidungen, die wir für die Zukunft treffen, beruhen oft auf den Erfahrungen aus unserer Vergangenheit (oder den Erfahrungen, die andere Menschen einst machten). In der Astrologie wird eine Momentaufnahme eines bestimmten Augenblicks in der Zeit zur lebendigen Geschichte der Geburt einer Person, eines Ortes oder Gegenstandes. Obgleich alle Dinge vergänglich sind, wird dieser Punkt in der Zeit fortwirken. Deshalb können die Geburtshoroskope berühmter Persönlichkeiten noch lange nach ihrem Tod Hinweise auf aktuelle Ereignisse enthalten, die zu deren Leben in Bezug stehen. Beispielsweise findet der Kinofilm *Braveheart*, der sich dem Leben von William Wallace widmet, einen Widerhall in Wallaces Horoskop, obwohl Wallace schon vor Jahrhunderten die irdische Existenzeben verlassen hat. Ebenso spiegeln sich, um ein jüngeres Beispiel zu nennen, in Prinzessin Dianas Geburtshoroskop die zahlreichen Medienveröffentlichungen über sie und ihre Familie in den Jahren seit ihrem Unfalltod wider. Und ebenso spiegeln sich auch in deinem Geburtshoroskop deine Vergangenheit, Gegenwart und die zukünftigen Optionen, die dir als Wahlmöglichkeiten offen stehen.

Die Geburtsastrologie beschäftigt sich mit der Untersuchung jener Energiemuster, die durch deine Geburt in diese Dimension gebracht wurden, und mit der Art und Weise, wie du diese Energie während deines Lebens einsetzt. Wenn wir die Astrologie auf diese Weise betrachten, wird deutlich, dass nichts festgelegt oder vorherbestimmt ist, solange wir selbst uns nicht durch unsere eigenen Entscheidungen festlegen. Eine bestimmte Lebenslektion lässt sich auf vielen unterschiedlichen Wegen lernen. Unsere eigenen Aktionen und Reaktionen sind es, die darüber entscheiden, welche Art von Erfahrungen wir manifestieren, um den anstehenden Lernschritt zu vollziehen. Manchmal müssen wir eine bestimmte Erfahrung mehrere Male wiederholen, bis wir die Botschaft endlich kapieren! Unser Geburtshoroskop ist ein geheimnisvolles

Puzzle, bei dem nur wir selbst durch unsere täglichen Entscheidungen darüber bestimmen, wie sich die Energien unseres Horoskops entfalten, und somit sind wir selbst die Meister unseres Schicksals. Wir selbst halten den Schlüssel zu den Geheimnissen unseres Wesens und den magischen Ring für unseren Erfolg in den Händen. Ein Ereignishoroskop zeigt auf die gleiche Weise den Horizont kommender Energiemuster auf – was wir damit anfangen, liegt wiederum ganz bei uns! Bei allen Absichten und Zielen behält dein eigenes höheres Selbst stets die Kontrolle, und wenn du mit klarem Verstand die Daten deines Horoskops analysierst, kannst du die bestmöglichen Entscheidungen treffen. Dazu braucht es nur zwei Dinge: Du musst dir die Mühe machen, die Sprache der Astrologie zu erlernen, und wenn du dir dieses Wissen angeeignet hast, musst du es nutzen, um für dich selbst und die Menschen in deiner Umgebung ein besseres Leben zu erschaffen. Klingt ganz nach echter Magie, nicht wahr?

Im Okkultismus wird der Schüler in den »Mysterien« unterwiesen, die sich von Gruppe zu Gruppe, von Lehrer zu Lehrer unterscheiden. Viele Grundlagen dieses Lehrgebäudes sind aber über die Jahrhunderte hinweg unverändert geblieben. Die Astrologie ist immer schon fester Bestandteil der Geheimlehren gewesen und wird es auch weiterhin sein. Wir können sie aus ihrem bisherigen Umfeld herauszulösen versuchen, sie in politisch unverfängliche Worte kleiden, sie modisch aufpeppen und selbst noch für besonders engstirnige Zeitgenossen akzeptabel machen, und sie wird dennoch eine Mysterientradition bleiben. Wir können wissenschaftlich an sie herangehen, von der psychologischen oder der spirituellen Seite, aber eine Rose bleibt eine Rose, auch wenn man sie anders nennt. Und ein Mysterium, ein Rätsel, dient nur dem einen Zweck, nämlich gelöst zu werden, und diese Lösung bringt Erkenntnis, Erleuchtung. Eine Geheimlehre trägt diesen Namen nicht, weil sie besonderes Wissen enthält, sondern weil dieses Wissen nicht für die breite Masse zugänglich gelehrt und unterrichtet wird. Denk mal darüber nach. Das Christentum und andere Weltreligionen waren zu Beginn ebenfalls Geheimlehren, werden heutzutage aber nicht mehr als solche betrachtet.

Die moderne Astrologie befasst sich schwerpunktmäßig mit acht der bekannten Planeten – Merkur, Venus, Mars, Saturn, Jupiter, Uranus, Neptun und Pluto – dem Mond und unserer Sonne (dem einzigen Stern in unserem Sonnensystem). Obwohl Astrologen von zehn Planeten sprechen (darin sind Sonne und Mond eingeschlossen), solltest du das gegenüber einem Astronomen oder in einer naturwissenschaftlichen Unterrichtsstunde niemals tun! Die Sonne und der Mond werden wissenschaftlich nicht als Planeten klassifiziert, doch in der Astrologie werden sie aus praktischen Gründen als solche betrachtet. (Den Unterschied sollte man aber dennoch kennen!) Sonne und Mond werden manchmal das Größere und das Kleinere Licht genannt. In vielen alten religiösen Lehren betrachtete man Sonne und Mond als die Lichter von Gott und Göttin, die unserer Welt das Leben schenken – zwei Hälften eines großen Ganzen – Wille und Gefühl, die sich vermählen, um positive Energie zu erzeugen. Ist nicht auch unser heidnischer Spiraltanz eine symbolische Nachempfindung der Geburt des Universums? Wir tanzen auf der Spirale nach innen, um die Energie zu konzentrieren, und bewegen uns in kreisenden Mustern nach außen, um die Freude der menschlichen Seele zu manifestieren, die sich mit dem überirdischen Göttlichen vermählt. Das Licht trägt uns vom physischen in den spirituellen Bereich, in die Erleuchtung.

Wenn wir religiöse Unterschiede vorübergehend außer Acht lassen, stimmt die historische Überlieferung bezüglich der Astrologie in folgenden Punkten überein:

In verschiedenen Teilen der Erde bildeten sich unabhängig voneinander astronomisch/astrologische Schulen heraus. Eine der ersten war die der Chaldäer (im damaligen Babylonien, dem heutigen Irak), die um das Jahr 3000 v. Chr. entstand. Um 2000 v. Chr. besaßen die Chinesen ihre eigene astrologische Lehre. Weitere entstanden in Indien und bei den Maya in Mittelamerika. Dies bestätigt meine Überzeugung, dass es sich bei der Astrologie um eine Gabe des Großen Geistes handelt, die dem Bewusstsein unterschiedlicher Kulturen eingespeist wurde, um sicherzustellen, dass alle Menschen Zugang zu diesem Wissen erhalten.

Um das Jahr 500 v. Chr. wurde die Astrologie Bestandteil der griechischen Wissenschaft. Philosophen wie Pythagoras und Platon brachten ihre Erkenntnisse in das Fachgebiet ein. Obwohl die Astrologie von manchen Vertretern der christlichen Kirche verdammt wurde (nicht von allen), wurde sie auch während des Mittelalters weiterhin praktiziert und von den Herrschern eingesetzt, um die Politik zu planen und die möglichen Siege und Niederlagen wichtiger Persönlichkeiten zu analysieren. Geburtshoroskope gab es damals nur wenige, da die meisten Menschen die genaue Uhrzeit ihrer Geburt nicht kannten. (Nur reiche Leute, und in Stammeskulturen die Söhne und Töchter der Stammesfürsten besaßen dieses Privileg.) Wenn man etwas über den eigenen Lebensweg in Erfahrung bringen wollte, griff man daher eher zu Stundenhoroskopen.

Der römische Gelehrte Plinius der Ältere (23–79 n. Chr.) verfasste eine erstaunlich große Anzahl von Texten, darunter die *Historia Naturalis* (37 Bücher). In seinen Werken beschäftigte er sich mit Astronomie, Geographie, der Physiologie des Menschen und vielen anderen Themen. Plinius gilt als eine der größten Autoritäten auf dem Gebiet der Wissenschaft und Geschichte, die das antike Europa hervorbrachte. Plinius weist darauf hin, dass die Chaldäer den Mond anbeteten und dass ihr astrologisches System auf den Bewegungen des Mondes beruhte – einem Tierkreissystem, das als die Häuser des Mondes bekannt ist. Informationen über dieses System finden sich heute im *Picatrix*. Weiter führt Plinius aus, dass das Studium des Himmels »traditionell Sache der Frauen« war.[9] Es gibt Beweise dafür, dass die Astrologie Babyloniens und Ägyptens mondorientiert war. Und sogar noch in der Römerzeit ließ der Kaiser Augustus nicht sein Sonnenzeichen, sondern sein Mondzeichen, den Steinbock, auf seine Münzen prägen.[10]

Zwischen 139 und 161 n. Chr. widmete sich ein Mann namens Claudius Ptolemäus der Aufgabe, niederzuschreiben, was seit Jahrhunderten studiert und erforscht worden war. Sein aus vier Bänden bestehendes *Tetrabiblos* war das erste in Buchform erhältliche Werk über Astronomie/Astrologie. Er erstellte außerdem einen *Paranatellonta* genannten Katalog mit über 1022 Sternen. Zuerst wurde dieser Katalog nur als Hilfsmittel betrachtet, um Objekte am Himmel zu lokalisieren, aber dann entwickelten die darin verzeichneten Punkte ihre eigenen Bedeutungen. Wenn du dich mit dem Studium der Planetenaspekte beschäftigst (von denen es mehrere gibt), wirst du feststellen, dass das Ptolemäische Aspektesystem unter modernen Astrologen sehr beliebt ist und den Ausgangspunkt für jeden Astrologieschüler darstellt. Die Ptolemäischen Aspekte ermöglichen es Astrologen überdies, wieder »zu den Wurzeln« zurückzufinden, wenn sie nach mehreren Jahren intensiven Lernens irgendwann merken, dass sie den Wald vor lauter Bäumen nicht mehr sehen. (O ja, diese Phase macht jeder Astrologe irgendwann durch.) In einem Kapitel, das den Titel »Über den Einfluss der Sterne« trug, schrieb Ptolemäus, dass das Studium der Astrologie es uns ermöglicht, »die Zukunft in Würde zu erwarten«.

In Griechenland wurde die Astrologie durch Alexander eingeführt, der dieses Wissen aus Babylon und Ägypten mitbrachte. Sie gewann dort rasch große Beliebtheit. Nicht nur die Geburtsstunde wurde als astrologisch bedeutungsvoll erachtet, sondern auch vor wichtigen Entscheidungen erstellte man Horoskope. Chaldäische Astrologen ließen sich in Athen nieder und gelangten dort zu Wohlstand und Ansehen. Der Babylonier Berosus gründete eine Schule für Astrologie. Er war so erfolgreich, dass die Athener in ihrem Gymnasium (so nannte man damals die großen Hallen für Leibesübungen und Versammlungsräume der Philosophen) seine Statue aufstellten, als Verkörperung der göttlichen Kraft der Weissagung.[11] In Rom jedoch tendierten die Kaiser zu einem scheinheiligen Umgang mit der Astrologie. Nero war beispielsweise der Ansicht, dass das gemeine Volk nicht in der Lage sein sollte, in den Sternen zu lesen, weil man mittels der Astrologie Verschwörungen erkennen könne (und angesichts dessen, was Nero im Schilde führte, überrascht seine Haltung nicht). Nebenbei bemerkt, ist dieses Muster auch unter europäischen Monarchen häufig anzutreffen, selbst bei Queen Elizabeth. Zwar beschäftigten Nero und seine Frau ebenso wie die Queen eigene Hofastrologen, da es für die Elite offensichtlich in Ordnung war, über astrologisches Vorauswissen zu verfügen, das gemeine Volk jedoch konnte ruhig unwissend sterben. In Rom verhalf einem der Astrologenberuf nicht zwangsläufig zu Ehre und Reichtum. Man konnte für den Kaiser und seinen

Hof Horoskope erstellen, aber gegenüber allen anderen Leuten hielt man besser den Mund. Wer falsche Vorhersagen machte oder wegen seiner astrologischen Deutungen in Ungnade fiel, landete im Verlies oder durfte mit ein paar Löwen zu Abend essen – wobei man selber allerdings leider die Vorspeise war.

Der Fall Toledos im Jahr 1085 verschaffte westlichen Gelehrten Zugang zu der größten philosophischen Bibliothek in Europa. Bald danach begann die Übersetzungsarbeit, koordiniert von Forschern aus Italien, Deutschland und Großbritannien, die dabei aber auf das Fachwissen spanischer Araber und Juden angewiesen waren.[12] Diese kleine Information ist wichtig, denn sie erklärt, woher die mittelalterlichen Astrologen den größten Teil ihres Wissens bezogen, Wissen, das seither für zahlreiche magische Anwendungen genutzt wird. Auch wenn die meisten Hexen sich dessen nicht bewusst sind, ist die heute praktizierte Magie stark vom Mittelalter und der Renaissance beeinflusst. Hier ist die Arbeit von Guido Bonatti zu nennen, von Michael Scot, Roger Bacon, die Förderung durch Cosimo de Medici, Kepler, Newton, Paracelsus, Bruno, Thomas Campanella, Cornelius Agrippa, John Gadbury, William Ramsey und William Lilly. Roger Bacon war es, der sagte: »Die Sterne kennen keine fatale Notwendigkeit. Sie machen geneigt, aber sie zwingen nicht.« Diese Worte sind in den folgenden Jahrhunderten von zahlreichen Astrologen und Magiern immer wieder zitiert worden. Bacon trat damit für das Konzept des freien Willens ein, für die Überzeugung, dass wir selbst die Kontrolle über die Energien haben, die wir in unser Leben mitbringen.

Bis ins 16. Jahrhundert galten Astronomie und Astrologie als gemeinsame Disziplin, doch dann sorgte Kopernikus mit seiner Behauptung für Aufregung, die Erde sei *nicht* der Mittelpunkt des Universums – vielmehr gebühre der Sonne diese königliche Stellung. Somit haben wir seither zwei Arten der astrologischen Beobachtung: *heliozentrisch* (die Beobachtung der Planetenbewegungen um die Sonne) und *geozentrisch* (die Beobachtung der Planetenbewegungen in Bezug zur Erde). Die geozentrische Astrologie erfreut sich heute größerer Beliebtheit.

Nun, warum sind diese historischen Informationen so wichtig? Ein großer Teil des Wissens über Zeitqualität und Korrespondenzen, das von den heutigen Astrologen und Magiern genutzt wird, stammt aus den im Lauf der Jahrhunderte zusammengetragenen Erkenntnissen früherer Astronomen/Astrologen. Ebenfalls ist es wichtig, die Zusammenhänge zwischen der Astrologie und den antiken Religionen zu verstehen. Es gab einen guten Grund dafür, warum beides so eng miteinander verknüpft war. Natürlich beruhten einige der Schlüsse, die man damals zog, auf purem Aberglauben, und wir sollten der modernen Astronomie ewig dankbar sein, dass sie diese Irrtümer korrigiert hat. Andererseits erkennen wir heute, dass viele der Annahmen der antiken Astronomen durch die Messergebnisse, die uns moderne Satelliten liefern, bestätigt werden. In der späten griechischen Geschichte und schließlich in Rom ließen sich Stimmen vernehmen, die vor der drohenden Spaltung zwischen Magie und Astrologie warnten. Im Bestreben, die Autorität der Obrigkeit zu festigen, richteten die Römer und später die christliche Kirche grässliche Blutbäder an, bei denen die Magie beinahe ausgelöscht wurde und die Astrologie schweren Schaden nahm.

Heute glauben viele Astrologen, dass Carl Gustav Jung es war, der mit seiner Erforschung des menschlichen Bewusstseins die Astrologie dem modernen Menschen zugänglich machte, indem er die beiden Wissenschaften

Psychologie und Astrologie miteinander verschmolz, um neue Heilmethoden für die menschliche Psyche zu finden. Er wollte dies durch eine Neustrukturierung des kollektiven Unbewussten erreichen, die dem Studium der Astrologie neues Leben einhauchen und sie zu einem wirkungsvollen Heilmittel werden lassen sollte. Hätte Jung dies nicht geleistet, würden all die klassischen Texte über Astrologie höchstwahrscheinlich in irgendwelchen alten Bibliotheken vermodern. Heute sind uns wenigstens einige von ihnen zugänglich.

Aber was hat all das mit dem Studium und der Praxis der Magie zu tun? Die meisten antiken Mysterientraditionen widmeten sich, soweit wir wissen, dem Studium der Natur, des menschlichen Verhaltens, der Religion des jeweiligen Stammes oder Volkes und der Bewegungen der Himmelskörper. Indem wir die Astrologie wieder in unseren Alltag integrieren, eröffnen wir uns neue Möglichkeiten, unser Leben effizienter zu gestalten. Wenn wir uns das Recht zugestehen, Magie zu betreiben, befreien wir damit unseren menschlichen Geist und schaffen die Voraussetzung für eine positive Manifestation unserer Ziele. Das menschliche Bewusstsein *ist* magisch. Wer die Magie verunglimpft und verleugnet, zerstört meines Erachtens damit absichtlich die jedem Menschen innewohnenden Fähigkeiten.

Da wir nicht länger den Ängsten und Kontrollmechanismen des Mittelalters unterliegen (du auch nicht, hoffe ich), können wir allen Aberglauben hinter uns lassen und uns entschlossen der Wissenschaft und Kunst der positiven menschlichen Entwicklung widmen. Ich habe herausgefunden, dass die meisten, wenn nicht alle Probleme, mit denen wir uns heutzutage herumschlagen, lediglich Illusionen unserer Wahrnehmung sind. Wie erschreckend, und doch ... wie einfach. Astrologie und Magie ermöglichen es uns, diese verzerrten Wahrnehmungen zu korrigieren und echte Win-Win-Situationen zu erschaffen – Situationen, bei denen es nur Gewinner gibt, keine Verlierer. Der Glaube ist unsere eigene Konstruktion eines positiven Energiemusters, das es uns ermöglicht, eine bessere individuelle Realität hervorzubringen. Indem wir unser höchstes Potenzial entfalten, üben wir einen positiven Einfluss auf andere Menschen aus, die dann ihrerseits positiv auf ihr Umfeld ausstrahlen. Wenn wir einen Stein ins Wasser werfen, breitet sich die Reaktion in einer kreisförmigen Wellenbewegung aus, wodurch für den Stein und für das Wasser eine andere Realität erzeugt wird (auch wenn diese nur einen Moment lang besteht). In deinem Leben bist du der Stein. Welche Realität erzeugst du für dich selbst und für andere Menschen?

Allerdings warten auf den magischen Astrologen ein paar Stolpersteine. Ohne mich allzu sehr in Negativität ergehen zu wollen, möchte ich doch darauf hinweisen, dass es in der modernen Astrologie eine Richtung gibt, die seit langem heftig dafür kämpft, die Astrologie von jeder Magie zu befreien. Ich kann das verstehen. Wir sind, auch im Zeitalter der Moderne, immer noch eine sehr abergläubische Spezies. Wenn etwas nur ein kleines bisschen nach Hokuspokus riecht, gehen manche Leute sofort in Deckung, während andere lautstarke und auf Unkenntnis beruhende Pauschalverurteilungen eines bestimmten Systems aussprechen (hier wären beispielsweise die unfairen Attacken gegen die Alternativmedizin zu nennen). Solche Leute geben sich alle Mühe, den intuitiver Veranlagten unter uns das Leben schwer zu machen. Sie ignorieren die magische Geschichte der Astrologie, weil sie vor diesen Dingen Angst haben. Ich stimme zu, dass die Aufgabe moderner Astrologie nicht darin besteht, die Zukunft vorherzusagen. Aber ich bin nicht der

Ansicht, dass ein Astrologe seine Intuition ausschalten sollte, wenn er ein Horoskop analysiert. Für mich ist unser intuitives Selbst ein unverzichtbarer Bestandteil unseres psychologischen und spirituellen Seins. Alles, was es braucht, ist Akzeptanz. Dann können wir die Vorteile dieser Gabe nutzen. Ob wir das zugeben oder nicht: Jedes Mal wenn wir das Horoskop eines Menschen betrachten und mit der Analyse beginnen, machen wir aktiven Gebrauch von mystischen Energien, so wie einst unsere Vorfahren. Wir wenden uraltes schamanisches und zeremonielles Wissen an, um mit Hilfe der Astrologie die Lebenssituation der Menschen zu verbessern. Das macht uns zu den Meistern einer besseren Zukunft. Und wenn das keine positive Magie ist, weiß ich nicht, was es sonst sein soll!

Was versuche ich dir damit zu sagen? Astrologie ist immer Interpretationssache. Natürlich gibt es Bücher und Lehrer, die dir die Grundkenntnisse vermitteln, Softwareprogramme, die dir die Horoskopberechnung erleichtern und noch hübsche Bildchen dazuliefern, aber letztendlich kommt es darauf an, was du mit dem Gelernten anfängst. Dabei kannst du dich nur auf dich selbst und deinen hoffentlich offenen, unvoreingenommenen Geist verlassen. Das bedeutet natürlich, dass du Fehler machen wirst. Was dir im ersten Moment als geniale Deutung erscheint, mag sich im Nachhinein als gedanklicher Fehlschuss erweisen. Das ist nicht schlimm. Es bedeutet lediglich, dass du ein normaler Mensch bist und noch keinen göttlichen Status erreicht hast. Willkommen im Club! Ein sorgfältiges Protokollieren deiner astrologischen Arbeit erweist sich hierbei als sehr hilfreich. Indem du deine eigenen Handlungen beobachtest (und notierst) lernst du mit der Zeit, wie du auf »Segmente« eines bestimmten Energiemusters reagierst, während dieses Energiemuster aktiv ist, oder wann du aus eigenem Entschluss dieses Muster aktivierst. Hast du dein persönliches astrologisches Profil einmal verstanden, kannst du dein Verhalten anpassen oder verbessern, um harmonischer mit allen auftretenden Energiemustern zu fließen und so im Leben besser zurechtzukommen. Das heißt nicht, dass das Leben dann keine Überraschungen mehr für dich bereithält. Aber wenn du vorausplanst und verstehst, wie die Energie sich in deinem Leben manifestiert, hilft dir das, notwendige Veränderungen (jene Lebenslektionen, die der Große Geist uns schickt, damit wir uns weiterentwickeln und keine Langeweile aufkommt) konstruktiv voranzutreiben, statt gegen sie anzukämpfen. Du handelst dann in Harmonie mit dem Universum und gestaltest dein Leben so, wie es deinen tiefen inneren Wünschen entspricht. Gleichzeitig lernst du, das Verhalten deiner Mitmenschen besser zu verstehen. Es kann ziemlich lustig sein, wenn Tante Berta wieder einmal schreit, dass in ihrem Leben gerade ein mittleres Erdbeben tobt, während du in ihr Horoskop geschaut hast und weißt, dass die Sache in Wahrheit kaum der Rede wert ist.

Die Geburtsastrologie ist ein so weites Feld, dass wir sie hier kaum erschöpfend behandeln können. Doch du wirst in diesem Buch zumindest lernen, mit den Energien der Planeten und Sternzeichen zu arbeiten.

Das Heptagramm und die magischen Tage

Die Feentraditionen benutzen das Heptagramm (einen siebenzackigen Stern, siehe rechts oben) häufig als Symbol für ihre Spiritualität. Doch sein Ursprung steht offenbar in Zusammenhang mit der Astrologie, dem magischen Timing und der Einführung der Siebentagewoche in der

kulturell vielfältigen (ägyptischen und griechisch-römischen) Welt des Hellenismus. Manche sehen darin ein Symbol für die magische Zahl sieben und für Gottheiten aus verschiedenen Kulturen, darunter die sieben Gesichter des Hathor (Ägypten), die sieben Säulen der Weisheit (Mittlerer Osten) und die sieben Mütter der Welt (Südostasien).[13] In der allgemeinen Magie kann man dieses Symbol auf jedes Objekt legen, das man gegen unbefugten Zugriff schützen möchte – zum Beispiel persönliche Papiere (dein Tagebuch oder magisches Journal). Wenn deine Mutter oder dein Vater Polizisten sind oder einem anderen gefährlichen Beruf nachgehen, kannst du ihre Namen ins Zentrum des Sterns schreiben und die Zeichnung als Schutzzauber aufladen. Die betreffende Person sollte die Zeichnung dann immer bei sich tragen, möglichst dicht am Körper.

Auch in einigen alten Grimoires wirst du auf das Heptagramm stoßen, wo es mit der Schnelligkeit der Planetenbewegungen am Himmel in Zusammenhang gebracht wird und die Energien der Planeten mit den sieben Wochentagen verbindet.

Das Diagramm auf S. 56 links lässt sich auf zwei Arten lesen und ermöglicht zwei Interpretationen. Wenn wir mit dem Mond beginnen und die Symbole entgegen dem

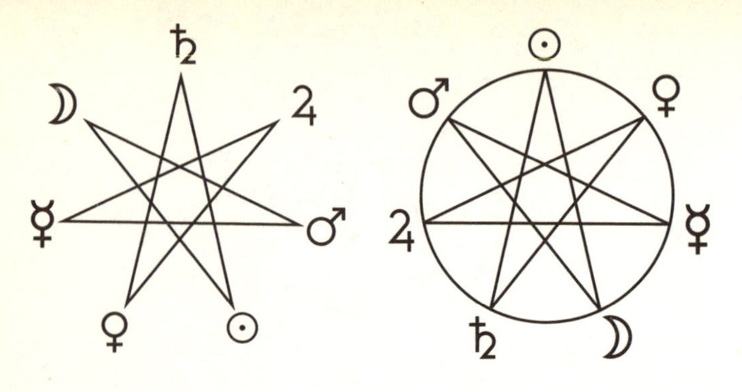

Uhrzeigersinn lesen, sehen wir die Planeten in der Reihenfolge der sich am schnellsten bewegenden Himmelskörper bis zu den langsamsten Planeten der klassischen Zeit: Mond, Merkur, Venus, Sonne, Mars, Jupiter und Saturn. Wenn wir den Finger auf den Mond legen, dann hinunter zum Mars fahren, von dort hinüber zu Merkur, hinauf zum Jupiter, hinunter zur Venus, hinauf zum Saturn und hinunter zur Sonne, sind wir den planetaren Energien unserer Kalenderwoche gefolgt:

Montag: Mond
Dienstag: Mars
Mittwoch: Merkur
Donnerstag: Jupiter
Freitag: Venus
Samstag: Saturn
Sonntag: Sonne

... und diese ununterbrochene Linie bewegt sich im Uhrzeigersinn um das Diagramm. In manchen magischen Traditionen steht die Sonne am höchsten Punkt des Heptagramms.

Das Diagramm rechts oben funktioniert auf die gleiche

Weise. Wenn wir wissen möchten, welcher Planet sich schneller bewegt, beginnen wir mit dem Mond und folgen dann der Linie entgegen dem Uhrzeigersinn zu Merkur, zur Venus, zur Sonne und so weiter. Wenn wir wissen wollen, welcher Planet über welchen Wochentag herrscht, beginnen wir mit der Sonne (Sonntag), folgen der Linie hinunter zum Mond (Montag), hinauf zum Mars (Dienstag), hinunter zum Merkur (Mittwoch), hinüber zum Jupiter (Donnerstag), hinauf zur Venus (Freitag) und hinunter zum Saturn (Samstag). Wie im vorangegangenen Diagramm handelt es sich hier um die sieben klassischen Planeten der Antike.

In der modernen Magie steht das Heptagramm für die Verteilung der planetaren Energien auf die sieben Wochentage und wird mit den sieben Farben des Regenbogens und der ägyptischen Göttin Isis assoziiert. Manchmal nennt man es das Symbol der Venus oder den Stern der Venus, weil die Venus sowohl der aufsteigende wie der absteigende Stern ist (siehe unter *Pentagramm*). Zu manchen Zeiten des Jahres geht sie bei Tagesanbruch auf, zu anderen in der Abenddämmerung – deshalb nennen manche Hexen sie das Tor zu den Sternen. Das Heptagramm wird auch benutzt, um die Planetenstunden zu berechnen und für Magie und Rituale sorgfältig den richtigen Zeitpunkt zu wählen.

Die Planeten

In der Hexenkunst spielen die Energien der Planeten und Sternzeichen bei der Herstellung von Weihrauch, Ölen und Zaubertränken, beim Wählen des richtigen Zeitpunkts, den Ritualen, beim Zaubern und vielen anderen Aktivitäten eine wichtige Rolle. In der nachfolgenden

Auflistung findest du wissenschaftliche und allgemeine Informationen zu den Planeten. Welche Energien die Planeten verkörpern und wozu diese Energien im Wochenverlauf genutzt werden können, kannst du in der planetaren Stundentabelle nachlesen. Falls die Astrologie komplettes Neuland für dich ist, solltest du über die erste Liste keinesfalls hinwegblättern, denn sie kann sich als unglaublich nützlich erweisen, wenn du deinen Planetenführer liest, im astrologischen Almanach nachschlägst, versuchst, dich in eine Astrologie-Software einzuarbeiten, die du gerade gekauft hast, oder Termine nach astrologischen Gesichtspunkten planen möchtest. Und wenn du richtig mutig bist, kannst du diese noch recht groben Kalkulationen benutzen, um die Stundenastrologie zu studieren.

Informationen über die inneren Planeten

Zeit, die der Planet braucht, um eine Horoskop-Karte zu umrunden (360 Grad), was dem Orbit des Planeten um die Sonne entspricht

Sonne: 365 Erdtage, wobei sie sich ca. 30 Tage in jedem Zeichen aufhält.

Mond: 27 Tage und 7 Stunden. Hält sich 2,3 bis 2,5 Tage in jedem Zeichen auf.

Merkur: 88 Erdtage – bewegt sich ca. viermal im Jahr durch das Horoskop und hält sich ca. 7,5 Tage in jedem Zeichen auf (rückläufige Perioden ausgenommen).

Venus: 225 Erdtage. Hält sich ca. 18,7 Tage in jedem Zeichen auf (rückläufige Perioden ausgenommen).

Mars: 687 Erdtage oder 1,9 Jahre (fast zwei Jahre). Hält sich ca. 57,3 Tage in jedem Zeichen auf (rückläufige Perioden ausgenommen).

Rückläufige Perioden

Sonne: keine
Mond: keine
Merkur: dreimal jährlich für drei Wochen rückläufig
Venus: alle 18 Monate für ca. 40 Tage rückläufig
Mars: alle 26 Monate für 10 Wochen (70 Tage) rückläufig

Anzahl der Satelliten (Monde und Asteroiden)[14]

Sonne: (-)
Mond: Keine. Allerdings geht der Mond in den »Leerlauf« (Fachausdruck: Void of Course), wenn er sich von einem Zeichen ins nächste bewegt. Eine solche Leerlauf-Periode kann ein paar Minuten oder bis zu zwei Tage dauern.
Merkur: keine
Venus: keine
Mars: zwei Monde, Phobos und Deimos (Durchmesser 22 bzw. 12 Kilometer)

Tägliche Bewegung der Planeten über den Himmel

Sonne: circa ein Grad
Mond: circa 0,5 Grad pro Stunde oder 12 Grad pro Tag
Merkur: circa 4 Grad pro Tag
Venus: circa 1,6 Grad pro Tag
Mars: circa 0,5 Grad pro Tag, also eine Bewegung von 30 Minuten

Konsistenz[15]

Sonne: Sternenkugel aus glühendem Gas von im Vergleich zu anderen Sternen durchschnittlicher Größe und Helligkeit
Mond: keine Luft und kein flüssiges Wasser; keine Atmo-

sphäre; Oberflächenstruktur durch Meteoriteneinschläge geprägt

Merkur: weniger als halb so groß wie die Erde; keine Luft und kein Wasser

Venus: in dichte Wolkendecke aus Schwefelsäure gehüllt; atmosphärischer Druck neunzigfach höher als auf der Erde; der größte Teil der Oberfläche besteht aus gewellten Ebenen

Mars: hat einen 24-Stunden-Tag, Jahreszeiten und Eiskappen an den Polen; Temperaturen auf dem Mars steigen nur selten über den Gefrierpunkt; wird Roter Planet genannt, weil er von roten Wüsten bedeckt ist. Manche glauben, auf dem Mars habe es einst eine Zivilisation gegeben und sie sei in einem Krieg, der den ganzen Planeten verwüstet habe, untergegangen.

HERRSCHER ÜBER WELCHES TIERKREISZEICHEN

Sonne: Löwe
Mond: Krebs
Merkur: Zwillinge und Jungfrau
Venus: Stier und Waage
Mars: Widder und Skorpion (klassisch)

Informationen über die äußeren Planeten

ZEIT, DIE DER PLANET BRAUCHT, UM EINE HOROSKOPKARTE ZU UMRUNDEN (360 GRAD), WAS DEM ORBIT DES PLANETEN UM DIE SONNE ENTSPRICHT

Jupiter: circa 11,9 Erdjahre (wird meist auf zwölf Jahre aufgerundet); hält sich ungefähr ein volles Jahr in jedem Zeichen auf

Saturn: umrundet die Horoskopkarte in circa 29,5 Jahren einmal; hält sich circa 2,4 Jahre in jedem Zeichen auf

Uranus: ein Umlauf dauert 84 Jahre; hält sich circa 7 Jahre in jedem Zeichen auf
Neptun: ein Umlauf dauert 165 Jahre; hält sich circa 13,8 Jahre in jedem Zeichen auf
Pluto: ein Umlauf dauert 248 Jahre; hält sich circa 20,6 Jahre in jedem Zeichen auf.

RÜCKLÄUFIGE PERIODEN
Jupiter: einmal jährlich für 120 Tage oder circa 4 Monate
Saturn: einmal jährlich für 140 Tage oder circa 5 Monate
Uranus: einmal jährlich für 148 Tage oder circa 5 Monate
Neptun: einmal jährlich für 150 Tage oder circa 6 Monate
Pluto: einmal jährlich für circa 6 Monate

ANZAHL DER SATELLITEN (MONDE UND ASTEROIDEN)[16]
Jupiter: 16 bekannte Satelliten, die sich in drei Gruppen unterteilen lassen: acht innere, zu denen die vier Galileischen Monde zählen, die mittleren vier und die äußeren vier. Die Galileischen Monde sind die größten: Io, Europa, Ganymed und Callisto.
Saturn: 18 Monde, von denen Titan der größte ist (nach Ganymed der zweitgrößte im Sonnensystem). Weitere Monde sind Rhea, Tethys, Dione, Iapetus, Enceladus und Mimas.
Uranus: 21 bekannte Monde. Titania ist der größte. Cordelia und Ophelia sind so genannte Hirtenmonde, die den Epsilon-Ring des Uranus in seiner Bahn halten.
Neptun: 8 Monde, von denen der größte Triton heißt. Er ist sogar größer als der Planet Pluto und bewegt sich rückläufig.
Pluto: 1 Mond: Charon.

Jährliche Bewegung der Planeten über den Himmel

Jupiter: 30 Grad pro Jahr oder 0,08 Grad pro Tag
Saturn: 12,5 Grad pro Jahr oder 0,03 Grad pro Tag
Uranus: 4,3 Grad pro Jahr oder 0,01 Grad pro Tag
Neptun: 2,1 Grad pro Jahr oder 0,005 Grad pro Tag
Pluto: 1,4 Grad pro Jahr oder 0,003 Grad pro Tag

Konsistenz[17]

Jupiter: Größter Planet im Sonnensystem, wiegt mehr als jeder andere Planet – rotiert schneller als alle anderen Planeten um die eigene Achse, und seine sich ständig verändernden Wolkenformationen bilden parallele Bänder entlang des Äquators. Der Planet besteht in erster Linie aus flüssigem Wasserstoff und Helium.

Saturn: Zweitgrößter Planet des Sonnensystems – breite, helle Ringe aus Eisbrocken umkreisen den Äquator; wolkige Atmosphäre bedeckt ein Planeteninneres aus flüssigem Wasserstoff und Helium.

Uranus: Gasriese und drittgrößter Planet des Sonnensystems. Seine Rotationsachse erweckt den Eindruck, dass er die Sonne auf der Seite liegend umkreist. Wolkenhülle aus Methan, die rotes Licht absorbiert. Hat elf Ringe.

Neptun: Gasriese, schwach ausgeprägtes Ringsystem; Atmosphäre aus Wasserstoff, Helium und Methan; heftige Stürme; Oberfläche aus gefrorenem Wasser, Methan und Ammoniak.

Pluto: Eigentlich ein doppelter Himmelskörper, dessen andere Hälfte (manchmal als Mond bezeichnet) Charon heißt. Pluto ist von gefrorenem Methan bedeckt, Charon von gefrorenem Wasser.

Herrscher über welches Tierkreiszeichen
Jupiter: Schütze und Fische (klassisch)
Saturn: Steinbock und Wassermann (klassisch)
Uranus: Wassermann
Neptun: Fische
Pluto: Skorpion

Magische Tage und Timing

Im modernen Wicca gehört das Heptagramm zu den ersten Timing-Werkzeugen, die wir kennen lernen. In den meisten Büchern wirst du allerdings keine Abbildung des geometrischen Symbols wie auf Seite 54 finden, sondern Korrespondenz-Tabellen wie die nachstehende.

* Sonntag
Symbol: ☉
Planet: Sonne
Basis-Energie: Wille
Basis-Magie: Erfolg
Element: Feuer
Farbe: Gelb oder Gold
Herrscht über: Löwe
Energie-Schlüsselbegriffe: aggressiv, Autorität, egozentrisch, Entschlossenheit, Führungsstärke, Gelassenheit, Glaube, herrisch, Individualismus, Loyalität, Macht, Mut, Optimismus, Vertrauen, Seelenstärke, störrisch, Vitalität, Willenskraft, Würde, Zuversicht

* Montag
Symbol: ☽
Planet: Mond

Basis-Energie: Emotion
Basis-Magie: Schutz, Medialität
Element: Wasser
Farbe: Weiß oder Blau
Herrscht über: Krebs
Energie-Schlüsselbegriffe: beeindruckbar, beschützend, empfangend, flexibel, Formbarkeit, Frieden, Gefühle, Güte, häuslich, Imagination, Intuition, Kreativität, Magnetismus, Materie, Medialität, Mutter, mütterlich, sensitiv, Sympathie, visionär, Wachstum.

* DIENSTAG
Symbol: ♂
Planet: Mars
Basis-Energie: Aktion
Basis-Magie: Krieg, Veränderung
Element: Feuer
Farbe: Rot
Herrscht über: Widder, Skorpion
Energie-Schlüsselbegriffe: bestimmt, dynamisch, Energie, expressiv, freimütig, Führungsstärke, furchtlos, gewalttätig, heldenhaft, herausfordernd, impulsiv, kampfbereit, konstruktiv, Krafteinsatz, Leidenschaft, selbstsicher, Spontaneität, Tapferkeit, Zerstörung

* MITTWOCH
Symbol: ☿
Planet: Merkur
Basis-Energie: Geschwindigkeit
Basis-Magie: Kommunikation
Element: Luft
Farbe: Blau oder Silber
Herrscht über: Zwillinge, Jungfrau
Energie-Schlüsselbegriffe: agil, aktiv, analytisch, anpas-

sungsfähig, aufmerksam, Ausdrucksfähigkeit, bewusst, brillant, Dualität, effizient, expressiv, gewandt, intelligent, kritisch, präzise, rastlos, Sinneswahrnehmung, skeptisch, unbeständig, unentschlossen, Unterscheidungsvermögen, verantwortungslos, Vernunft, vielseitig, weitschweifig, wortreich

* DONNERSTAG
Symbol: ♃
Planet: Jupiter
Basis-Energie: Expansion
Basis-Magie: Geld
Element: Feuer
Farbe: Purpur
Herrscht über: Schütze, Fische
Energie-Schlüsselbegriffe: Ambitionen, barmherzig, ehrerbietig, Expansion, Gelassenheit, großzügig, gütig, humorvoll, leuchtende Ausstrahlung, Maßlosigkeit, menschlich, naiv, optimistisch, orthodox, philanthropisch, pompös, religiös, treu, verschwenderisch, verständnisvoll, wohltätig, Wachstum, Würde, zuversichtlich

* FREITAG
Symbol: ♀
Planet: Venus
Basis-Energie: Sozialisation
Basis-Magie: Liebe, Freundschaften
Element: Luft
Farbe: Grün
Herrscht über: Stier, Waage
Energie-Schlüsselbegriffe: attraktiv, ausweichend, beeindruckbar, eigensinnig, empfänglich, feminin, gesellig, gleichgültig, Harmonie, herzlich, Hingabe, Höflichkeit, kokett, konstruktiv, kooperativ, Kunst, Liebe, originell,

rücksichtsvoll, sanft, Schönheit, träge, Verfeinerung, wankelmütig

⋆ SAMSTAG
Symbol: ☉
Planet: Saturn
Basis-Energie: Beschränkung, Autorität, Scheidewege
Basis-Magie: Bannen, Belohnungen
Element: Erde
Farbe: Schwarz oder Mitternachtsblau
Herrscht über: Steinbock
Energie-Schlüsselbegriffe: abwehrend, alt, ängstlich, aufrichtig, Autorität, Demut, diplomatisch, ernst, Geduld, Gerechtigkeit, Gesetz, hart, Pessimismus, Respekt, sparsam, starr, streng, verantwortlich, Vorsicht, Zeit, Zurückhaltung

Die magischen Tage lassen sich vielfältig einsetzen, und ihre Energien sind sehr nützlich, wenn du (aus welchen Gründen auch immer) die Phasen/Viertel des Mondes oder den Mond in den Zeichen nicht zur optimalen Terminierung eines Zaubers oder Rituals verwenden kannst oder einfach nur nachschauen willst, welcher Tag »gut« für eine bestimmte Aktivität ist.

Deiner Familie wirst du die magischen Tage am leichtesten vermitteln können, da sie einfach zu verstehen sind und man schnell merkt, dass sie funktionieren! Wenn du zum Beispiel eine kraftvolle Energie benötigst, um deine Meinung durchzusetzen, oder ein kräftiger Schuss Selbstvertrauen vonnöten ist, solltest du den Dienstag wählen, den Tag für »Action«. Wenn du eine besonders gute Hausarbeit schreiben, nach Informationen suchen, mit einem Freund etwas Wichtiges besprechen, einen Ausflug unternehmen möchtest oder mehrere Dinge gleichzeitig erledigen musst, dann ist der Mittwoch der Tag der Wahl. Wenn du dein Einkommen aufbessern willst (durch Sparen und langfristige Investitionen), ist der Donnerstag gut geeignet. Der Montag ist günstig für mediale Arbeit, für Kinder und Mütter, für feminine Interessen und die positive Arbeit an den eigenen Emotionen sowie für Schutzzauber und ähnliche Maßnahmen. Samstag ist der Tag, um Dinge wegzuwerfen, schlechte Gewohnheiten aus deinem Leben zu verbannen, Grenzen zu ziehen und Dingen eine feste Struktur zu verleihen, auf eine konkrete Belohnung hinzuarbeiten und um mit den Verstorbenen zu kommunizieren. Den Freitag solltest du der Liebe, Partys, Einkaufsbummeln, geselligen Aktivitäten, Freundschaften und kurzfristig einträglichen Geschäften widmen. Der Sonntag war immer schon ein Tag des Erfolges – ein Tag für Anfänge, Freude und Harmonie in Bezug auf deinen Willen (das, was du wirklich tun willst, nicht das, was du tun musst). Wenn du an jedem Mittwochmorgen erwähnst, dass der Mittwoch ein guter Tag für Kommunikation ist, wird deine Familie schließlich erkennen, dass du Recht hast. Wenn du nur oft genug sagst, dass Dienstag »der Kriegstag« ist, werden die Mitglieder deiner Familie irgendwann erkennen, dass die Leute an Dienstagen tatsächlich aktiver, vielleicht sogar kampfeslustiger sind als an anderen Tagen. Nach einer Weile sagt deine Mutter vielleicht zu dir: »Ich glaube, ich warte besser bis Mittwoch, ehe ich mit meinem Chef über dieses Forschungsprojekt spreche. Hast du nicht gesagt, dass der Mittwoch ein guter Tag für Kommunikation ist?«

Sieben-Tage-Zauber

Bei Sieben-Tage-Zaubern wird die magische Arbeit an einem bestimmten Tag ausgeführt und dann an den sechs darauf folgenden Tagen wiederholt. Dieser Zauber ist so angelegt, dass du mit den planetaren Energien jedes Tages arbeiten und so eine Zauberkraft aufbauen kannst, die durch alle Macht der sieben klassischen Planeten genährt wird. Als Visualisierungshilfe werden häufig Kerzen benutzt, aber du kannst auch sämtliche anderen magischen Werkzeuge und Praktiken an den Sieben-Tage-Zyklus anpassen. Du kannst in einfache Spitzkerzen sieben Kerben ritzen, aber du kannst auch eine »Regenbogen«-Kerze verwenden, eine große Säulenkerze, eine spezielle, sieben Tage lang brennende Kerze im Glasgefäß oder sogar eine Öllampe mit parfümiertem, farbigem Öl, das zu deinem magischen Ziel passt. Manche Hexen benutzen sieben kleine Kerzen (Votivkerzen oder Teelichte), von denen sie an jedem der sieben Tage eine vollständig abbrennen.

Beim Sieben-Tage-Zauber kommt es vor allem auf den richtigen Zeitpunkt und die Dringlichkeit deines Wunsches an. Hast du Zeit genug, auf die passende Mondphase zu warten oder darauf, dass der Mond im richtigen Zeichen steht? Kannst du auf den optimalen Tag (Montag, Dienstag etc.) warten oder nicht? Und selbst wenn du warten kannst: Werden dann auch alle Elemente zusammenpassen? Vielleicht stimmen Mondphase und Tierkreiszeichen, aber der Tag erscheint dir ungeeignet. Vielleicht ist der Tag genau richtig, aber Mondphase und Zeichen passen nicht. Es wird Zeiten geben, da wirst du dir wünschen, du könntest Sterne und Planeten in die richtige Position zwingen, um optimal zaubern zu können, aber du weißt natürlich, dass das nicht geht – oder vielleicht doch? Laurie Cabot, eine der berühmtesten

Hexen unserer Zeit, fügte ihren Zaubersprüchen oft den folgenden Satz hinzu: *Und mögen alle astrologischen Korrespondenzen für diesen Zauber günstig sein.* Auf diese Weise kannst du die richtigen Energien auch dann aktivieren, wenn es dir einmal nicht möglich sein sollte, den richtigen Tag oder die passende Mondstellung abzuwarten. Cool, was? Und das funktioniert tatsächlich. Ich mache es schon seit Jahren so. Andererseits: Je besser deine Arbeit auf die astrologischen Korrespondenzen abgestimmt ist, desto schneller und wirkungsvoller wird dein Zauber sein.

Ehe wir uns nun den Anrufungen für Sieben-Tage-Zauber zuwenden, muss noch ein ganz entscheidender Faktor für das richtige Timing erwähnt werden – du. Es wird Augenblicke geben, wenn der Mond nicht an der richtigen Stelle steht und der Tag gar nicht ungünstiger sein könnte, aber du spürst trotzdem ein unbändiges Verlangen zu zaubern. Es überläuft dich heiß und kalt, und du denkst: »Es ist einfach die richtige Zeit, um magisch zu arbeiten.« Vielleicht juckt es dich in den Fingern oder deine Hände werden warm. Vielleicht spürst du eine Spannung in deinen Armmuskeln oder ein leichtes, beschwingtes Gefühl in der Magengegend. Folge den Signalen deines Körpers und tu es – zaubere.

Klassische Planeten-Anrufungen

Die folgenden Anrufungen dienen dazu, die Energie jedes der klassischen Planeten separat anzurufen, und werden ergänzt durch eine zusätzliche Anrufung, die sie alle vereint. Wenn du mit dem Zauber an einem Sonntag beginnst, folgt am nächsten Tag die Anrufung des Mondes und so weiter. Wenn du mit dem Zauber am Dienstag beginnst, rufst du zuerst Mars an, gefolgt von Merkur (Mittwoch) etc. Sprich jede Anrufung dreimal hintereinander: das erste Mal, um die benötigte spirituelle Hilfe herbeizurufen, das zweite Mal, um unerwünschte Energien zu bannen, und das dritte Mal, um das Objekt oder die Person mit der »Veränderungsenergie« aufzuladen und den Zauber zu versiegeln (siehe hierzu auch im Band *Zauberkraft im Alltag* dieser Reihe unter *Zaubersprüche*).

Beginne an jedem Tag vor der eigentlichen Anrufung wie folgt:

1. Atme dreimal tief durch, oder so oft, bis du dich ruhig und entspannt fühlst.
2. Erde und zentriere dich.
3. Beschwöre den magischen Kreis und die Kreisviertel.
4. Sprich die folgende Eröffnung, die du für alle Arten von Zauber verwenden kannst:

Große Muttergöttin, gestatte mir, dass ich ins
Himmelsgewölbe hinausgreife und herbeihole, was
für die Materialisation dieses Zaubers gebraucht wird.
Reinige alle Energien und erfülle sie mit Harmonie,
sodass die Hexe und der Zauber in göttlicher Einigkeit
wirken und das Muster erschaffen, das sich hier
auf Erden als Erfüllung meines Wunsches
manifestieren wird.

Anrufung der Sonne (Sonntag)

Im Wicca steht der Mond (oder besser: die Mondin) für die Göttin, während die (männliche) Sonne die Macht und Kraft des Gottes symbolisiert.

Nenne deinen Wunsch, das Ziel deiner magischen Arbeit, und sage dann:

O herrliche Sonne im Zentrum unseres Sonnen-
systems, Vater des Himmels, der uns goldenes Licht
und Liebe schenkt, segne diese magische Arbeit
mit deiner Kraft, Großzügigkeit und Freude.
Herrscher des Löwen, erhöht im Widder,
Element des Feuers, erfülle mir meinen Wunsch!

ANRUFUNG DES MONDES (MONTAG)

Nenne deinen Wunsch, das Ziel deiner magischen Arbeit, und sage dann:

Mond, mit deinem hellen Zauber, Mutter des
Universums, Herrscherin der Gezeiten und des Lebens,
die vom Hellen ins Dunkle wächst, um dann wieder
hell zu werden, und doch auf ewig die silberne Königin
der Nacht bleibt, bringe mir die Macht der
Zauberkunst! Größte Mutter, deren Thron im
Krebs funkelt, die im Stier erhöht wird und über
das mächtige unbewusste Wasser herrscht,
schenke diesem Zauber Leben und Liebe.

ANRUFUNG DES MARS (DIENSTAG)

Nenne deinen Wunsch, das Ziel deiner magischen Arbeit, und sage dann:

Mächtiger Mars mit eisernem Willen, unbändige
Kraft der Tat, Führer der Leidenschaften, der der Erde
Vitalität und Mut verleiht, Veränderung und Bewegung
bringt, erfülle meinen Zauber mit deiner uner-
schöpflichen Stärke und schütze ihn vor neugierigen
Blicken. Wölfisches Geheul der Transformation,
Herrscher des Widders, erhöht im Steinbock,
Element des Feuers, lade diesen Zauber
mit deiner Energie auf!

Anrufung des Merkur (Mittwoch)

Nenne deinen Wunsch, das Ziel deiner magischen Arbeit, und sage dann:

Merkur, quecksilberschneller Götterbote, der über die Erde tanzt als Überbringer von Weisheit und Wissen, dessen Vielseitigkeit positive Veränderung und kreatives Denken bringt, ich rufe dich an in der Stunde meiner Bedürftigkeit. Verleihe meinem Zauber deine göttliche Schnelligkeit, damit mein Wunsch sich bald manifestiert. Herrscher über Jungfrau und Zwillinge, erhöht in der Jungfrau, Elemente der Luft und der Erde, vereinige beide heute Nacht in heiliger Geburt!

Anrufung des Jupiter (Donnerstag)

Nenne deinen Wunsch, das Ziel deiner magischen Arbeit, und sage dann:

Mächtiger Jupiter, Herrscher über Götter und Menschen, dessen himmlische Macht Loyalität, Großzügigkeit und Glauben in die Welt bringt, erfülle meine magische Arbeit mit deiner Großzügigkeit, sodass Wohlstand und gutes Gedeihen in Freiheit ermöglicht werden und alle notwendigen Veränderungen stattfinden. Schleudere auf positive Weise deine Blitze und erzeuge dadurch eine Öffnung, durch die mein Zauber auf die irdische Ebene gelangen kann. Herrscher über Fische und Schütze, erhöht im Krebs, Elemente des Wassers und des Feuers, machtvoller Energiestrom aus der Urquelle!

Anrufung des Venus (Freitag)

Nenne deinen Wunsch, das Ziel deiner magischen Arbeit, und sage dann:

Königin von Morgenröte und Abendlicht, die über den Krieg genauso regiert wie über die Liebe, deren Tempel die Zierde der antiken Welt waren, deren Küsse Einigkeit und Verehrung brachten, an dich wende ich mich – harmonisiere meine magische Arbeit, auf dass Kraft und Form sich vereinen. Herrscherin über Stier und Waage, über Stärke und Schönheit, erhöht in den Fischen, und in den Geschöpfen der Erde und der Luft, Tochter des Mondes und der weiblichen Umarmungen, erfülle meinen Zauber mit deiner Liebe und Fürsorge.

Anrufung des Saturn (samstag)

Nenne deinen Wunsch, das Ziel deiner magischen Arbeit, und sage dann:

Uralter Saturn, Hort der Gebeine der verehrten Toten, strenger Hüter der astralen Tore, der den Herrn des Karmas lenkt, alle Hindernisse auf meinem Weg beseitigt und alles sich manifestieren lässt, was wirklich gebraucht wird, verleihe mir die erforderliche Autorität, um meinen Willen zu manifestieren. Herrscher des Steinbocks, erhöht in der Waage, Element der Erde, banne alle bösen Energien, die meiner Erfüllung im Wege stehen.

Anrufung der Planeten

Sieben Planeten erhellen den Himmel.
Sieben Metalle herrschen über die Sterne.
Sieben Engel bewirken den Zauber.

Sieben Geister bringen die Energie.
Sieben Tiere der wilden Lande.
Sieben Trommeln begleiten die Zauberworte.
Sieben Chakras, sieben Tage.
Sieben Säulen, sieben Strahlen.
Vereint euch nun im All-Einen.
Nach meinem Willen soll es geschehen.
Sieben Mächte, Kraft und Form.
Kommt her zu mir, der Zauber manifestiert sich!

Rezitiere diese allgemeine Anrufung nach jeder Planeten-Anrufung. Versiegele deine magische Arbeit, indem du ein gleicharmiges Kreuz in die Luft malst.

Räuchermischungen für Planeten-Zauber

Benutze für Planeten-Zauber die nachfolgenden Räuchermischungen.
Hinweis: Mische zunächst die trockenen Zutaten und gib dann sparsam das Öl hinzu. So findest du durch vorsichtiges Ausprobieren die richtigen Mengen für die Räuchermischung.

* Sonne
Mische zu gleichen Teilen: Zimt, Engelwurz (Angelika), Rosmarin, Sandelholz und Weihrauch
Öl: Zimtöl

* Mond
Mische zu gleichen Teilen: Zitronenbalsam, Myrrhe und Eukalyptus
Öl: Myrrhenöl

* Merkur

Mische zu gleichen Teilen: Lavendel, Majoran, Minze und Klee
Öl: Lavendelöl

* Venus

Mische zu gleichen Teilen: Flieder, Rose, Baldrian und Vetivert
Öl: Fliederöl

* Mars

Mische zu gleichen Teilen: Piment, Basilikum, Hopfen und High John the Conqueror (auch: Großer John)
Öl: Pimentöl

* Jupiter

Mische zu gleichen Teilen: Fingerkraut, Nelke, Ysop, Muskatnuss und Salbei
Öl: Muskatöl

* Saturn

Mische zu gleichen Teilen: Schwarzwurz, Königskerze, Patschuli und Salomons Siegel (Räuchermischung)
Öl: Patschuliöl

* Uranus

Mische zu gleichen Teilen: Zypresse, Mimose und Slippery Elm (Ulmenrinde)
Öl: Zypressenöl

* Neptun

Mische zu gleichen Teilen: Geißblatt, Linde, Ahorn und Nelke
Öl: Sandelholzöl

* Pluto
Mische zu gleichen Teilen: Kiefer, Wermut, Koriander und Ingwer
Öl: Kiefernöl

* Kosmische Räuchermischung
Mische zu gleichen Teilen: Engelwurz, Sandelholz, Weihrauch, Myrrhe, Majoran, Baldrian, Hopfen, Nelke, Patschuli, Slippery Elm, Kiefer, Veilchenwurzel und Ingwer.
Öl: Myrrhenöl

Astrologische Beschwörung für das Herstellen von Räuchermischungen

Beginne mit der Planeten-Anrufung und rezitiere dann beim Mischen der Zutaten die folgenden Worte:

In deinem Namen, Hekate,
Herrin über die Kreuzwege,
durch Laub und Harz,
vom Feuer zum Rauch,
von Tat zu Tat
möge mein Wunsch
Gestalt annehmen.

Planetenstunden

Also gut, ich warne dich vor: Nun folgt eines der komplizierteren Kapitel dieses Buches. Mach dir also keine Sorgen, wenn du es nicht auf Anhieb verstehst. Ich bin ziemlich schlecht in Mathematik, habe es aber schließlich doch noch geschafft, die Sache zu kapieren. Und wenn ich es konnte, dann schaffst du es auch!

Astrologen und Hexen sind sich einig, dass die Zeitqualität, das richtige Timing, für die Planung von Zaubereien, Ritualen und Alltagsaktivitäten ziemlich wichtig ist. Timing ermöglicht es uns, einen Blick in die Vergangenheit und in die Zukunft zu werfen. Indem wir nachschauen, wie die Planeten an einem bestimmten Tag standen (oder stehen werden), können wir feststellen, welche planetaren Energien während eines bestimmten Ereignisses aktiv sind (oder sein werden). Die Stellung der Planeten kann uns Anhaltspunkte dafür liefern, wie eine Situation sich entwickeln wird.

Eine Möglichkeit, wie Hexen den richtigen Zeitpunkt für einen Zauber bestimmen können, ist der Blick in die so genannten Planetenstunden-Tabellen. Es gibt davon zwei: eine für den Sonnenaufgang, eine für den Sonnenuntergang. Du findest diese Tabellen auf den Seiten 82–83.

Jede Stunde des Tages wird von einer planetaren Energie regiert, und die Ereignisse und Aktivitäten, die in dieser Stunde stattfinden, stehen oft in deutlichem Zusammenhang mit diesem Planeten. Es gibt sieben klassische Planeten, also stehen uns sieben Energietypen für unsere Magie zur Verfügung. Werfen wir noch einmal einen kurzen Blick auf diese Energien: Die Stunde der Sonne beispielsweise wird von solarer Energie beherrscht – *Erfolg* ist hier ein gutes Schlüsselwort. Die Stunde des Mondes dagegen steht in Bezug zu *Magie* und *Intuition*. Die Stunde der Venus: *Liebe*. Die Stunde des Merkur: *Kommunikation*. Die Stunde des Mars: *aktives Handeln*. Die Stunde des Jupiter: *Expansion*. Die Stunde des Saturn: *Begrenzung*. Da die Technik der Stundenhoroskope bereits vor Jahrhunderten entwickelt wurde, gibt es keine Korrespondenzen für Uranus, Neptun oder Pluto – sie waren noch nicht entdeckt, als die Tabelle entwickelt wurde.

Um mit den Planetentabellen zu arbeiten, benötigst du zwei wichtige Informationen – die Uhrzeit des Sonnenaufgangs und des Sonnenuntergangs an dem Tag, den du für deine magische Arbeit ausgewählt hast. Diese Information findest du in deiner örtlichen Tageszeitung bei der Wettervorhersage. Ohne die genauen Zeiten für Sonnenaufgang und -untergang kannst du die Tabellen nicht nutzen. Zur Arbeitserleichterung solltest du ebenfalls einen Taschenrechner bereithalten. (Keine Angst, ganz so schlimm, wie du jetzt vielleicht denkst, ist es gar nicht!)

Wie die Planetenstunde berechnet wird

Nehmen wir an, wir hätten heute Freitag, den 1. Januar 1999. Morgen wäre Samstag. Da hast du das Haus praktisch für dich allein, weil alle unterwegs sind. Eine gute Gelegenheit also, um etwas Magie zu praktizieren! Die restliche Familie plant, morgens um 7.00 Uhr zu einem Ausflug aufzubrechen und gegen 17.00 Uhr zurückzukehren. Nun suchst du eine Stunde, die besonders gut zu dem von dir geplanten Zauber passt. Angenommen, das Ziel deines Zaubers besteht darin, die Kommunikation mit deinen Eltern zu verbessern (sie haben dir verboten, am nächsten Abend ins Kino zu gehen, und das nur wegen eines ärgerlichen Missverständnisses, das du gern aus der Welt schaffen möchtest). Auch der Zauber ist keine Garantie, dass du doch noch ins Kino darfst, aber dir gefällt diese negative Energie nicht, die in der Luft hängt. Der morgige Samstag ist schon einmal eine gute Wahl, weil dessen Energien sich gut eignen, um Negativität zu bannen. Du möchtest deinem Zauber aber einen besonderen

Schwung verleihen, und deshalb schaust du nach, welche Stunde am nächsten Tag von Merkur regiert wird (dem Planeten der Kommunikation). In dem Zauber bannst du alle Kommunikationsblockaden zwischen dir und deinen Eltern. Als Erstes schlägst du die Wettervorhersage in der Tageszeitung auf und schaust nach, wann morgen die Sonne auf- und untergeht. Leg dir dann einen Stift, ein Blatt Papier und den Taschenrechner bereit.

Schritt eins: Suche die genaue Zeit des Sonnenaufgangs und -untergangs heraus. Sonnenaufgang am 2. Januar 1999 ist um 8.27 Uhr, Sonnenuntergang um 16.25 Uhr. Notiere dir diese Zeiten.

Schritt zwei: Nun werden die Stunden in Minuten umgerechnet. Zuerst 8.27 Uhr: 8 mal 60 (ergibt 480), zuzüglich 27 Minuten. Du erhältst eine Gesamtsumme von 507 Minuten. 8.27 Uhr entspricht also 507. 16.25 Uhr ergibt 960 + 25 = 985. Gut, das war noch nicht allzu schwierig. Wir haben nun also zwei Zahlen. Sonnenaufgang (am 2. Januar 1999) ist 507, Sonnenuntergang 985.

Schritt drei: Nun wollen wir errechnen, wie viele Minuten zwischen 507 und 985 liegen. Mit anderen Worten: Wie lange braucht die Sonne (in Minuten) von Sonnenaufgang bis Sonnenuntergang? Also subtrahieren wir 507 von 985 und erhalten 478 Minuten.

Schritt vier: Die Planetenstunden-Tabellen sind in zwölf Referenzpunkte zwischen Sonnenaufgang und -untergang unterteilt. Der Abstand zwischen diesen Punkten ist gleich lang. Jeder Referenzpunkt steht für eine Planetenenergie. Wir müssen also herausfinden, wie viele Minuten zwischen den einzelnen Punkten liegen. Zu diesem Zweck teilen wir die Gesamtminuten zwischen Sonnenaufgang und -untergang, 478, durch 12 und erhalten einen Wert von 39,83. Da wir bei den Planetenstunden nicht das Dezimalsystem benutzen, runden wir diesen Wert auf 40 auf. Jede Planetenstunde bei Tageslicht dauert am 2. Januar 1999 also 40 Minuten. Diese Länge verändert sich täglich entsprechend der Tagesdauer und der Nachtdauer. Würdest du deine Magie am 2. Januar 1999 nach Einbruch der Dunkelheit ausüben wollen, müssten wir eine ganz neue Berechnung durchführen. Die Tages-Stundenpunkte können wir dafür nicht verwenden. Die Nacht hat ihre eigenen.

Schritt fünf: Nun weißt du, dass jede Tages-Planetenstunde am 2. Januar 1999 ungefähr 40 Minuten lang ist. Und du weißt, dass die Sonne um 8.27 Uhr aufgeht. Um nun die Anfangszeiten der zwölf Punkte auf der Tabelle zu bestimmen, addieren wir einfach für jede Stunde vierzig Minuten zur Sonnenaufgangszeit hinzu. Die Länge der ersten Stunde erhalten wir also, wenn wir zu 8.27 Uhr vierzig Minuten hinzuziehen. Damit wissen wir dann gleichzeitig, wann die zweite Stunde beginnt: um 9.07 Uhr. Somit beginnt die dritte Stunde um 9.47 Uhr. So machen wir es bis zur zwölften Stunde, wo dann die Berechnung der Tagesstunden enden und die Berechnung der Nachtstunden beginnen würde. Da wir die Minutenzahl der einzelnen Stunden aufgerundet haben, wird die Sonnenuntergangszeit nicht exakt mit der in der Zeitung angegebenen Zeit übereinstimmen, aber für unseren Zweck geht das in Ordnung.

Um dir die ganze Sache zu erleichtern, kannst du dir die Berechnungen auf einen Zettel schreiben, so wie ich es hier getan habe. Am 2. Januar sieht die Zeiteinteilung folgendermaßen aus:

Planetenstunde 1: 8.27 bis 9.07 Uhr
Ps 2: 9.07 bis 9.47 Uhr
Ps 3: 9.47 bis 10.27 Uhr
Ps 4: 10.27 bis 11.07 Uhr
Ps 5: 11.07 bis 11.47 Uhr
Ps 6: 11.47 bis 12.27 Uhr
Ps 7: 12.27 bis 13.07 Uhr
Ps 8: 13.07 bis 13.47 Uhr
Ps 9: 13.47 bis 14.27 Uhr
Ps 10: 14.27 bis 15.07 Uhr
Ps 11: 15.07 bis 15.47 Uhr
Ps 12: 15.47 bis 16.27 Uhr

Laut der Zeitung ist der Sonnenuntergang um 16.25 Uhr. Diese Differenz von zwei Minuten spielt nur eine Rolle, wenn du deinen Zauber in der zwölften Stunde ausführen willst, also zwischen 15.47 und 16.27 Uhr. Dann solltest du ihn besser nicht während der letzten Minuten praktizieren, sondern möglichst früh in dieser Stunde beginnen, um deren Energie optimal zu nutzen.

Schritt sieben: Nun sind wir fast so weit, dass wir die Stundentabellen benutzen können. Um zu ermitteln, welcher Planet am 2. Januar über welche Planetenstunde herrscht, müssen wir zunächst den Wochentag kennen. Das ist in unserem Beispiel der Samstag. Nun schauen wir in die Sonnenaufgangstabelle. In der Spalte für den Samstag siehst du, dass die erste Stunde von Saturn regiert wird, die zweite von Jupiter, die dritte von Mars und so weiter. Um den Überblick zu behalten, solltest du dir die Planeten neben deine Berechnungen schreiben.

Planetenstunden (Sonnenaufgang)

Stunden	Sonntag	Montag	Dienstag	Mittwoch	Donnerstag	Freitag	Samstag
1	Sonne	Mond	Mars	Merkur	Jupiter	Venus	Saturn
2	Venus	Saturn	Sonne	Mond	Mars	Merkur	Jupiter
3	Merkur	Jupiter	Venus	Saturn	Sonne	Mond	Mars
4	Mond	Mars	Merkur	Jupiter	Venus	Saturn	Sonne
5	Saturn	Sonne	Mond	Mars	Merkur	Jupiter	Venus
6	Jupiter	Venus	Saturn	Sonne	Mond	Mars	Merkur
7	Mars	Merkur	Jupiter	Venus	Saturn	Sonne	Mond
8	Sonne	Mond	Mars	Merkur	Jupiter	Venus	Saturn
9	Venus	Saturn	Sonne	Mond	Mars	Merkur	Jupiter
10	Merkur	Jupiter	Venus	Saturn	Sonne	Mond	Mars
11	Mond	Mars	Merkur	Jupiter	Venus	Saturn	Sonne
12	Saturn	Sonne	Mond	Mars	Merkur	Jupiter	Venus

Tabelle 1. Planetenstunden für Sonnenaufgang und Sonnenuntergang

Planetenstunden (Sonnenuntergang)

Stunden	Sonntag	Montag	Dienstag	Mittwoch	Donnerstag	Freitag	Samstag
1	Jupiter	Venus	Saturn	Sonne	Mond	Mars	Merkur
2	Mars	Merkur	Jupiter	Venus	Saturn	Sonne	Mond
3	Sonne	Mond	Mars	Merkur	Jupiter	Venus	Saturn
4	Venus	Saturn	Sonne	Mond	Mars	Merkur	Jupiter
5	Merkur	Jupiter	Venus	Saturn	Sonne	Mond	Mars
6	Mond	Mars	Merkur	Jupiter	Venus	Saturn	Sonne
7	Saturn	Sonne	Mond	Mars	Merkur	Jupiter	Venus
8	Jupiter	Venus	Saturn	Sonne	Mond	Mars	Merkur
9	Mars	Merkur	Jupiter	Venus	Saturn	Sonne	Mond
10	Sonne	Mond	Mars	Merkur	Jupiter	Venus	Saturn
11	Venus	Saturn	Sonne	Mond	Mars	Merkur	Jupiter
12	Merkur	Jupiter	Venus	Saturn	Sonne	Mond	Mars

Hier ist das Beispiel für den 2. Januar 1999:
Ps 1: 8.27 bis 9.07 Uhr. Saturn
Ps 2: 9.07 bis 9.47 Uhr. Jupiter
Ps 3: 9.47 bis 10.27 Uhr. Mars
Ps 4: 10.27 bis 11.07 Uhr. Sonne
Ps 5: 11.07 bis 11.47 Uhr. Venus
Ps 6: 11.47 bis 12.27 Uhr. Merkur
Ps 7: 12.27 bis 13.07 Uhr. Mond
Ps 8: 13.07 bis 13.47 Uhr. Saturn
Ps 9: 13.47 bis 14.27 Uhr. Jupiter
Ps 10: 14.27 bis 15.07 Uhr. Mars
Ps 11: 15.07 bis 15.47 Uhr. Sonne
Ps 12: 15.47 bis 16.27 Uhr. Venus

In unserem Beispiel hast du dich dafür entschieden, dass die Merkur-Stunde am geeignetsten ist. Am 2. Januar 1999 ist das die 6. Planetenstunde. Daher solltest du deine Magie zwischen 11.47 und 12.27 praktizieren.

Was ist nun, wenn die ursprünglich von dir ausgewählte Planetenstunde nicht in dein verfügbares Zeitfenster fällt? Entweder kannst du dich dann für einen anderen Tag entscheiden, oder du suchst nach einer Planetenenergie, die in den Zeitplan passt und ebenfalls dein magisches Ziel unterstützt. Manche Hexen wählen außerdem einen Tag, der mit der gewählten Planetenstunde korrespondiert. Wenn du zum Beispiel in einer Sonnenstunde zaubern willst, wäre der geeignete Tag dafür ein Sonntag, für eine Mondstunde ein Montag, für eine Marsstunde ein Dienstag und so weiter.

Die folgende Übersicht hilft dir dabei, für dein jeweiliges magisches Vorhaben die geeignete Planetenstunde zu wählen.

Planetenstunden-Zuordnungen[18]

* SONNE

Wohlstand; Wille; Zunahme; Reichtum; Divination; die Gunst reicher und mächtiger Personen gewinnen (oder von Personen, die deiner Ansicht nach in einer bestimmten Situation die Kontrolle haben); Auflösung feindseliger oder schmerzhafter Emotionen oder Reaktionen; Freundschaften schließen; einen Liebespartner finden; Güte und Mitgefühl fördern; sich psychologisch unsichtbar machen; die Willenskraft bündeln und konzentrieren.

* MOND

Alles, was mit Wasser zusammenhängt: Reisen auf dem Wasser, schwimmen etc. verloren gegangene Dinge wiederfinden; gefühlvolle Botschaften versenden; mit den Toten sprechen; Visionsarbeit, Divination; magische Hilfsmittel vorbereiten, bei denen Wasser oder andere Flüssigkeiten zu den Zutaten gehören (wie geweihtes Wasser oder Öl); Situationen, bei denen deine Mutter, Großmutter oder deine Kinder involviert sind.

* MERKUR

Kommunikation jeder Art mit den Lebenden oder den Toten; die eigene Eloquenz verbessern, im mündlichen und schriftlichen Bereich (z. B. Hausarbeiten); Studium der Wissenschaften; Divination; Spiele, bei denen die intellektuellen Fähigkeiten beansprucht werden; Arbeit mit Computern; Botschaften per E-Mail verschicken; Videospiele.

* VENUS

Liebe; spontane Bargeldzuwendungen; Freundschaften schließen; von anderen freundlich behandelt werden; angenehme Ausflüge und Partys; sich von (mentalen oder physischen) Giften befreien; künstlerische Arbeit mit den Händen oder dem Geist; Selbststudium und Weiterbildung; Krieg.

* MARS
Sport; siegen; Feinde überwinden; Anrufung von Kriegsgöttinnen; Streitigkeiten aus der Welt schaffen; Mut entwickeln; unterwürfiges Verhalten ablegen; Probleme durch aktives Handeln meistern.

* JUPITER
Jede Art von Projekt erweitern; Spiritualität und Glauben entdecken und damit arbeiten; eine gute Gesundheit erhalten; langfristiger Wohlstand; wichtige Projekte vorausplanen; neue Freundschaften schließen; auf beruflichem Gebiet Anerkennung finden; Liebe und Freundlichkeit in sein Leben ziehen; Mitgefühl für sich selbst entwickeln.

* SATURN
Finanzieller Erfolg; Gebäude, Städte und gemeinschaftsorientierte Strukturen; Negativität bannen; unter Übeltätern Chaos stiften; Streit oder Hass überwinden; Krankheit bannen; neue Regeln aufstellen und ihnen Geltung verschaffen; finanzielle Ziele erreichen; Situationen, bei denen Großeltern, Väter, der dominierende Partner oder andere Autoritätsfiguren involviert sind.

Astrologische Glyphen als magische Siegel

Astrologische Glyphen oder Siegel sind Symbole, die für die einzelnen Planeten, Tierkreiszeichen, Punkte und deren Beziehungen zueinander stehen. Sie stellen nicht nur eine sehr praktische Kurzschrift bei der Erstellung von Horoskopen dar, sondern verfügen auch über große Zauberkraft. (Siehe im dritten Buch dieser Reihe – *Zauberkraft im Alltag* - unter *Siegel, Symbole und magische Alphabete*. Dort findest du weitere Informationen über die Arbeit mit diesen Hilfsmitteln.)

* WIDDER
Typ: Tierkreiszeichen
Siegel: ♈
Basis-Energiemuster: Anfänge, Aktivität

* STIER
Typ: Tierkreiszeichen
Siegel: ♉
Basis-Energiemuster: Manifestation, Sicherheit

* ZWILLINGE
Typ: Tierkreiszeichen
Siegel: ♊
Basis-Energiemuster: Bewegung, mentale Energie

* KREBS
Typ: Tierkreiszeichen
Siegel: ♋
Basis-Energiemuster: Emotionen, häusliche Umgebung

* LÖWE
Typ: Tierkreiszeichen
Siegel: ♌
Basis-Energiemuster: Erfolg, Mut

* JUNGFRAU
Typ: Tierkreiszeichen

Siegel: ♍
Basis-Energiemuster: Analyse, dienen

* WAAGE
Typ: Tierkreiszeichen
Siegel: ♎
Basis-Energiemuster: Schönheit, Geselligkeit

* SKORPION
Typ: Tierkreiszeichen
Siegel: ♏
Basis-Energiemuster: Regeneration, Gerechtigkeit.

* SCHÜTZE
Typ: Tierkreiszeichen.
Siegel: ♐
Basis-Energiemuster: Ideale, lernen

* STEINBOCK
Typ: Tierkreiszeichen
Siegel: ♑
Basis-Energiemuster: bauen, Geschäft und Belohnungen

* WASSERMANN
Typ: Tierkreiszeichen
Siegel: ♒
Basis-Energiemuster: humanitäre und Gruppen-Arbeit

* FISCHE
Typ: Tierkreiszeichen
Siegel: ♓
Basis-Energiemuster: Spirituelle und visionäre Bestrebungen, Transformation

* SONNE
Typ: Planet (nach astrologischer Sicht)
Siegel: ☉
Basis-Energiemuster: Erfolg

* MOND
Typ: Planet (nach astrologischer Sicht)
Siegel: ☽
Basis-Energiemuster: Emotionen

* MERKUR
Typ: Planet
Siegel: ☿
Basis-Energiemuster: Kommunikation

* VENUS
Typ: Planet
Siegel: ♀
Basis-Energiemuster: Geselligkeit

* MARS
Typ: Planet
Siegel: ♂
Basis-Energiemuster: Aktivität

* JUPITER
Typ: Planet
Siegel: ♃
Basis-Energiemuster: Expansion

* SATURN
Typ: Planet
Siegel: ♄
Basis-Energiemuster: Ordnung

* URANUS
Typ: Planet
Siegel: ♅
Basis-Energiemuster: experimentieren

* NEPTUN
Typ: Planet
Siegel: ♆
Basis-Energiemuster: Transformation

* PLUTO
Typ: Planet
Siegel: ♇
Basis-Energiemuster: Regeneration

* JUNO
Typ: Asteroid
Siegel: ⚵
Basis-Energiemuster: Ehe, Partnerschaft

* VESTA
Typ: Asteroid
Siegel: ⚶
Basis-Energiemuster: Herd und Zuhause

* PALLAS
Typ: Asteroid
Siegel: ⚴
Basis-Energiemuster: Weisheit

* CERCES
Typ: Asteroid
Siegel: ⚳
Basis-Energiemuster: Kreativität, Regeneration

* Chiron
Typ: Komet
Siegel: ⚷
Basis-Energiemuster: Heilung

* Drachenkopf
Typ: aufsteigender (nördlicher) Mondknoten
Siegel: ☊
Basis-Energiemuster: den eigenen Lebensweg in eine positive Richtung erweitern

* Drachenschwanz
Typ: absteigender (südlicher) Mondknoten
Siegel: ☋
Basis-Energiemuster: einen Weg begrenzen

* Konjunktion
Typ: Aspekt
Siegel: ☌
Basis-Energiemuster: zwei Kräfte miteinander kombinieren

* Opposition
Typ: Aspekt
Siegel: ☍
Basis-Energiemuster: Ausgleich, Vermittlung zwischen zwei Kräften

* Quadrat
Typ: Aspekt
Siegel: □
Basis-Energiemuster: Herausforderungen

* TRIGON
Typ: Aspekt
Siegel: △
Basis-Energiemuster: Harmonie

* SEXTIL
Typ: Aspekt
Siegel: ⚹
Basis-Energiemuster: Gelegenheit

* HALBSEXTIL
Typ: Aspekt
Siegel: ⚺
Basis-Energiemuster: leichte Unterstützung

* QUINCUNX
Typ: Aspekt
Siegel: ⚻
Basis-Energiemuster: Verzögerungen

Rückläufige Planeten

Wenn ein Planet für eine gewisse Zeitspanne rückwärts über den Himmel zu wandern scheint, bezeichnet man ihn während dieser Zeit als rückläufig. Rückläufige Planeten sind außerordentlich nützlich, was die magische Arbeit und das richtige Timing angeht. Sie können dir helfen, eine große Woge langfristig wirksamer Energie zu erwischen, von der du dich dann zur Erfüllung deines Wunsches tragen lassen kannst.

Die rückläufige Bewegung eines Planeten ist eine Illusion, die durch den Orbit unserer Erde hervorgerufen wird. Sie bewegen sich nämlich nicht wirklich rückwärts, es sieht nur für uns so aus. Nun sollte man vermuten, dass eine Illusion keinen Einfluss auf die Realität haben kann, aber dies ist trotzdem der Fall. Wenn du einmal darüber nachdenkst, wirst du zu dem Schluss kommen, dass es eine Menge Illusionen gibt, die die Realität beeinflussen. Die Vorstellung, dass Hexen böse sind und den Teufel anbeten, ist eine durch Fehlinformationen erzeugte Illusion – dennoch gab und gibt es leider Menschen, die derartigen Unfug glauben! Das wirkt sich dann darauf aus, wie sie Hexen behandeln (und beispielsweise behaupten, wir würden keine »wirkliche« Religion praktizieren). Nicht alle Illusionen sind negativ. Wir wissen, wenn man an etwas »glaubt«, kann man dieses Etwas Wirklichkeit werden lassen (das ist schließlich das, worum es in der Magie geht). Wie bei allen anderen Phänomenen gilt auch bei Illusionen, dass es positive und negative gibt. Wir möchten gern die Wahl haben, uns für das Gute zu entscheiden.

Alle Planeten des Sonnensystems scheinen bisweilen am Himmel stillzustehen (diese Phase nennt man »stationär«) und sich dann rückwärts zu bewegen. Nach einer Weile stehen sie erneut still und bewegen sich dann wieder vorwärts (werden wieder »direktläufig«). Da manche Planeten schnellere Umlaufzeiten als andere haben, variiert die Dauer des stationären Zustandes und der Rückläufigkeit von Planet zu Planet. Wie oft dies während deiner Lebenszeit geschieht, hängt ebenfalls vom Orbit dieses Planeten ab.

Was heißt dies nun für das magische Timing? Wenn ein Planet rückläufig wird, will das Universum uns dadurch mitteilen: »Hey! Halte einen Moment inne. Es ist Zeit, dass du dir eine Pause gönnst. Lehn dich zurück, entspann dich und komm wieder auf den Boden.« Natürlich können wir nicht einfach alle Aktivitäten einstellen, nur weil ein Planet beschlossen hat, für eine Weile rückwärts zu laufen, aber es gibt Möglichkeiten, diese Phasen für unser magisches Timing zu nutzen.

Wie kannst du überhaupt erfahren, dass ein Planet rückläufig ist? Schau einfach in deinen Almanach. Darin findest du das Symbol des Planeten und daneben ein kleines »℞«, dazu die Zeiten, wann er rückläufig wird, und ein »D«, wenn er wieder direktläufig wird. Wenn ein Planet rückläufig wird, verhält er sich ähnlich wie der Leerlauf-Mond (der während dieser Zeit sozusagen den Mund zumacht und nicht mehr mit uns redet). Du wirst feststellen, dass es in deinem Almanach viel mehr Mond-Leerläufe als rückläufige Planeten gibt. (Mondleerläufe werden durch »Mond V/C« gekennzeichnet – für »Void of Course«. Weitere Informationen zu den Mondleerläufen siehe S. 321.)

Obwohl sich alle Planeten auch während ihrer Rückläufigkeit entsprechend ihren jeweiligen Grundzügen verhalten, gibt es zwischen ihnen in den rückläufigen Phasen doch Gemeinsamkeiten. Ein rückläufiger Planet ist stark mit seiner eigenen Energie beschäftigt, so dass diese Energie sich dann konzentriert und nur wenig davon nach außen dringt. Wenn ein andere Planet, der direktläufig ist, versucht, mit einem rückläufigen zu sprechen, ist der Energieaustausch entweder verworren, oder die Energie des Direktläufers prallt einfach ab. Wenn der rückläufige Planet direktläufig wird, legt sich der Schalter für den Informationsaustausch wieder um, und wenn dieser Planet den Punkt am Himmel erreicht, wo er zuvor rückläufig wurde, geschehen in den Lebensbereichen, die von diesem Planeten regiert werden, interessante und unerwartete Dinge.

Ehrlich gesagt, liebe ich es, während planetaren Rückläufen die Leute zu beobachten. Ich kann einfach nicht anders. Es ist wirklich spaßig zuzuschauen, wie alle nervös herumrennen (besonders bei Merkur-Rückläufen), während man selbst gemütlich am alten Apfelbaum lehnt und lächelt wie eine zufriedene Katze, weil man mit dem Universum ein amüsantes Geheimnis teilt und deshalb gut vorbereitet ist!

Magische Tipps für Planeten-Rückläufe

Erster Tipp: Die wichtigste Grundregel während eines Rücklaufs lautet: »Beginne nichts Neues in dem Bereich, der von dem rückläufigen Planeten regiert wird.« Du kannst in diesem Bereich Projekte abschließen, dir Informationen beschaffen, bewundern, lernen, nachdenken, Erfahrungen sammeln und dich freuen ... aber wenn du etwas Neues beginnst, während der für diesen Bereich zuständige Planet gerade heftig rückwärts durchs Universum rudert, dann wirst du damit höchstwahrscheinlich noch einmal ganz von vorn anfangen müssen, wenn dieser Planet wieder direktläufig wird.

Zweiter Tipp: In den zwei Tagen bevor der Planet stillsteht (stationär wird), ehe er entweder rückläufig wird oder sich wieder vorwärts bewegt, geht es in den Lebensbereichen, zu denen dieser Planet korrespondiert, drunter und drüber. Sei darauf vorbereitet. Die Stärke des Planeten während dieser beiden Tage (seine Korrespondenzen zu anderen Planeten) bestimmt darüber, wie viel Aufregung er in dein Leben bringt.

Dritter Tipp: Am Tag, an dem ein Planet wieder direktläufig wird, wird jede Magie in dem Lebensbereich, der von diesem Planeten regiert wird, extrem verstärkt. Generell sollten Hexen bei ihrer Magie spezifisch sein, ihre Wünsche präzise benennen. Wenn ein Planet die Richtung ändert und direktläufig wird, gilt das umso mehr. Mach dir genau klar, was du willst. Der alte Spruch *Gib gut Acht, was du dir wünschst, es könnte in Erfüllung gehen* trifft in einer solchen Phase ganz besonders zu.

Die rückläufigen Planeten und die Magie

Um dir die Rückläufigkeit der Planeten etwas besser zu verdeutlichen, habe ich sie aufgelistet, wobei die am schnellsten laufenden am Anfang stehen, gefolgt von den langsamer laufenden. Obwohl alle Planetenrückläufe ihre allgemeinen Deutungen aufweisen, wirken sie sich doch auf jeden einzelnen Menschen unterschiedlich aus, und zwar aufgrund

1. unserer persönlichen astrologischen Blaupause, unseres Geburtshoroskops,
2. des Hauses, in dem der rückläufige Planet steht.

Diese beiden Faktoren können die Sache ziemlich kompliziert machen und, wenn du dich nicht wirklich intensiv mit Astrologie beschäftigt hast, für beträchtliche Verwirrung sorgen. Um aber allgemeines magisches Timing zu praktizieren, brauchst du die beiden Faktoren nicht zu kennen. Später, wenn du vielleicht an der Astrologie wirklich Gefallen findest, kannst du dir das entsprechende Wissen immer noch aneignen. Doch hier beschränken wir uns, wie bei den magischen Tagen, zunächst nur auf die Essenz der dir zur Verfügung stehenden Energien.

* MERKUR

Basis-Energie: Kommunikation

Rückläufige Periode: dreimal jährlich für jeweils drei Wochen

Womit zu rechnen ist/Wie Menschen sich verhalten: Kämpfe, Streitigkeiten, Kommunikationsprobleme aller Art; Reiseverzögerungen; elektronische und mechanische Pannen und Bedienungsfehler; Fehlzustellungen und Falschlieferungen; Computerviren; schlechte Zeit für Neuanschaffungen im Computerbereich oder für die Installation neuer Software.

Magische Tipps: Erst denken, dann reden! Lesen, studieren, an alten Schreibprojekten arbeiten, die du zu einem früheren Zeitpunkt begonnen hast; Ahnenforschung betreiben; alte Projekte endlich zum Abschluss bringen; magische Arbeit betreiben, die der Beschaffung von Informationen dient. Nutze den Tag, an dem Merkur vor dem Wechsel in die Direktläufigkeit wieder stationär wird, für kraftvollen Zauber, der die Entfaltung von Visionen, Klarheit und Kommunikation zum Ziel hat.

* VENUS

Basis-Energie: Geselligkeit

Rückläufige Periode: tritt alle 18 Monate ein und dauert 40 Tage

Womit zu rechnen ist/Wie Menschen sich verhalten: Auswirkung auf Liebesbeziehungen; Bargeldvorräte schwinden; es ist schwierig, an kleinere Geldbeträge heranzukommen; Außenstände lassen sich nur schwer eintreiben; häufige Diskussionen über Erziehungsfragen, ohne dass etwas dabei herauskommt; Menschen fühlen sich vom Bizarren, Außergewöhnlichen oder Obskuren angezogen; keine ideale Zeit, um die eigenen vier Wände umzudekorieren oder einen Innendekorateur anzuheuern.

Magische Tipps: Untersuche sowohl deine Liebesbeziehung als auch generell deine zwischenmenschlichen Beziehungen. Prüfe, wie du dich innerhalb dieser Beziehungen verhältst. Finde heraus, wie es Verwandten geht, die du aus den Augen verloren hast, und suche nach verloren gegangenen Gegenständen. Nutze den Tag, an dem Venus vor dem Wechsel in die Direktläufigkeit wieder stationär wird, um deinem Liebeszauber besonderen Schwung zu verleihen!

* Mars

Basis-Energie: Aktivität

Rückläufige Periode: alle 2 Jahre und 2 Monate für zehn Wochen (70 Tage)

Womit zu rechnen ist/Wie Menschen sich verhalten: Die Menschen sind aggressiv, akzeptieren kein Nein als Antwort, wollen die Wahrheit nicht hören und ziehen ihr Ding durch, egal wie vielen Leuten sie dabei wehtun; bringt Verwirrung; karmische Angelegenheiten; alte Wut und Grollgefühle kommen an die Oberfläche.

Magische Tipps: Überprüfe deine Aktivitäten während der seit dem letzten Mars-Rücklauf vergangenen zwei Jahre. Bezahle offene Rechnungen und kläre alte, schmerzliche Probleme. Meditiere über deine Lebensaufgabe. Sorge für tägliche Körperertüchtigung. Widmen dich körperlicher Arbeit, etwa indem du die Garage oder den Keller aufräumst. Nutze den Tag, an dem Mars vor dem Wechsel in die Direktläufigkeit wieder stationär wird, um einem neuen Projekt kraftvolle magische Starthilfe zu geben.

* Jupiter

Basis-Energie: Expansion

Rückläufige Periode: einmal jährlich für 120 Tage (ungefähr 4 Monate)

Womit zu rechnen ist/Wie Menschen sich verhalten: Die Energie ist eingeschränkt, begrenzt, wird zurückgehalten. Wenn du nicht vorgesorgt hast, drohen finanzielle Schwierigkeiten. Die Menschen verhalten sich weniger großzügig als sonst; sie neigen auch dazu, bei Einkäufen zu viel auszugeben und sich finanziell zu übernehmen. Gesundheitliche Probleme, die auf ungesunde Übertreibungen, besonders beim Essen und Trinken, zurückzuführen sind, können sich jetzt manifestieren.

Magische Tipps: Arbeite nun eher an inneren Veränderungen als an äußeren Manifestationen. Heilende Energiearbeit mit den Händen ist jetzt besonders wirksam. Praktiziere Kreisbeschwörungen und erweitere deinen Horizont, indem du dich mit Psychologie, Traumdeutung und fremden Kulturen beschäftigst. Gute Zeit für Schaufensterbummel.

* Saturn

Basis-Energie: Grenzen

Rückläufige Periode: einmal jährlich für 140 Tage (viereinhalb Monate)

Womit zu rechnen ist/Wie Menschen sich verhalten: Regeln, die bislang gut funktionierten, versagen nun; Politiker und andere Führungspersonen verlieren ihr Amt; Gruppen verändern ihre Strukturen oder zerbrechen; Autoritätspersonen zeigen sich taub gegenüber berechtigter Kritik; Belohnungen manifestieren sich entweder nicht erwartungsgemäß, verspätet oder überhaupt nicht. Wir werden gezwungen, uns den Realitäten zu stellen; Missbrauch kommt ans Tageslicht, sei es in der Familie, im Beruf oder in anderen Gruppen.

Magische Tipps: Verbanne unerwünschte Einflüsse aus deinem Leben – schlechte Angewohnheiten, negatives Denken, Ängste, falsche Freunde oder Organisationen, von denen du ausgenutzt wirst. Arbeite an der Verbesserung deiner eigenen Persönlichkeitsstruktur und der sozialen Strukturen. Gestalte deine täglichen Pflichten so um, dass du deine Zeit möglichst sinnvoll gestaltest. Den Tag, an dem Saturn stationär ist, solltest du nutzen, um positive Veränderungen in Gruppen, Organisationen und nationalen Regierungen voranzutreiben und um magische Arbeit zu beginnen, die der persönlichen Reifung dient.

* Uranus

Basis-Energie: Zerstörung

Rückläufige Periode: einmal jährlich für 148 Tage (ungefähr 5 Monate)

Womit zu rechnen ist/Wie Menschen sich verhalten: Freiheiten werden eingeschränkt oder bedroht; humanitäre Bemühungen bleiben vorübergehend oder permanent in den Mühlen der Bürokratie stecken; engstirniges Stammesdenken und die Aktivität von Straßenbanden nehmen zu; allerlei überwunden geglaubte gesellschaftliche Übel machen sich wieder bemerkbar.

Magische Tipps: Da Uranus fast das halbe Jahr über rückläufig ist, sind seine Einflüsse nicht leicht zu identifizieren, und die Auswirkungen dieser Energie manifestieren sich nur langsam. Nutze die stationären Phasen des Uranus, um Veränderungen in Gruppen herbeizuführen oder um die Maske, die du der Welt normalerweise zeigst, besser in Einklang mit deinem »wahren« Selbst zu bringen.

* NEPTUN

Basis-Energie: Transformation

Rückläufige Periode: einmal jährlich für 150 Tage (sechs Monate)

Womit zu rechnen ist/Wie Menschen sich verhalten: Die Leute neigen zu Fluchtverhalten; aggressive Marketing-Methoden zeigen jetzt größere Wirkung als während Neptuns Direktläufigkeit; Drogen- und Alkoholkonsum und die Flucht in Fantasiewelten nehmen zu; verleumderische Anschuldigungen ohne jede Grundlage tauchen scheinbar aus dem Nichts auf und lassen sich nur schwer bekämpfen.

Magische Tipps: Wie bei Uranus dauert auch bei Neptun die Rückläufigkeit ziemlich lange, weswegen Veränderungen nicht immer offensichtlich sind. Diese Zeit eignet sich ausgezeichnet für Gruppenrituale, bei denen Menschen zusammenkommen, um gemeinsam ihre spirituelle Verbundenheit mit dem Großen Geist zu erfahren. Ebenfalls gut für Visionssuche, Meditation, Traumanalyse, mystische Erfahrungen, das Schreiben von Gedichten, magische Tänze, Trommeln. Du kannst dich bei Vollmond nach draußen setzen und ihn um Führung bitten sowie an der Vereinigung von Körper, Geist und Seele arbeiten. Sprich mit einem Schmetterling, umarme einen Baum, schreib deine Probleme auf einen Zettel und übergib sie der Herrin vom See. Nutze die stationäre Phase des Neptun, um dich von Selbsttäuschungen zu befreien und auf das zu hören, was das Universum dir zuflüstert.

* PLUTO

Basis-Energie: Regeneration

Rückläufige Periode: einmal jährlich für ungefähr 6 Monate

Womit zu rechnen ist / Wie Menschen sich verhalten: In dieser Zeit hört man in den Nachrichten vermehrt von neuen Problemlösungen und dem Abschneiden alter, überlebter Zöpfe. Unmittelbar vor und nach dem Pluto-Rücklauf wechseln die Leute die Religion oder schlagen innerhalb ihrer Religion neue Wege ein.

Magische Tipps: Gründlicher Hausputz ist angesagt. Wirf alten Müll hinaus. Setze beim Zaubern und in Ritualen Fotografien ein. Strukturiere Rituale neu, überarbeite dein BDS, nimm dir Wissensbereiche noch einmal vor, die dir zuvor zu schwierig erschienen. Plutos stationäre Phasen sind eine Gelegenheit für persönliche und spirituelle Neuanfänge.

Rücklauf-Tipps

MERKUR: Wenn im Bereich der Kommunikation etwas zu schnell geht und du es gerne etwas abbremsen möchtest, kannst du das Symbol für den rückläufigen Merkur (☿℞) auf einer gelben Kerze anbringen und darum bitten, dass, während die Kerze niederbrennt, das Problem sich verlangsamt, so dass du genug Zeit hast, angemessen darauf zu reagieren oder die Antwort zu finden, die du benötigst, um auf faire und ehrenhafte Weise zu handeln. Du kannst petitionsmagisch (also dein Problem oder deinen Wunsch aufschreiben, das Papier auf den Altar legen und es nach Eintreten des Gewünschten verbrennen) den griechisch-römischen Gott Merkur um Hilfe bitten oder deinen Schutzengel. Das Wort *Engel* bedeutet »Bote«.
(**Hinweis:** Diesen Zauber kannst du auch anwenden, wenn der Planet Merkur nicht rückläufig ist.)

VENUS: Wenn dir das Geld durch die Finger rinnt, zeichne das Symbol für die rückläufige Venus (♀℞) auf eine weiße Kerze und stelle diese Kerze über das Geld, das du noch besitzt. Bitte darum, dass dir gezeigt wird, wie du deine Ausgaben senken und deine momentanen Reserven schützen kannst. Wenn du das Gefühl hast, dass eine Liebesbeziehung sich zu rasch entwickelt, zeichne das Symbol der rückläufigen Venus auf eine blaue Kerze. Stelle die Kerze auf ein Foto von dir selbst. Bitte darum, dass die Sache sich verlangsamt, so dass du Zeit genug hast, dir darüber klar zu werden, ob du wirklich mit dem betreffenden Menschen eine intime Verbindung eingehen möchtest. Bitte um klare Gedanken. Venus wird dir diesen Wunsch erfüllen. Schließlich ist sie die griechisch-römische Göttin der Liebe, der Beziehungen und der Leidenschaft. (**Hinweis:** Diesen einfachen Zauber kannst du auch anwenden, wenn der Planet Venus nicht rückläufig ist.)

MARS: Während eines Mars-Rücklaufs wird der Große Geist dir zeigen, wer deine wahren Freunde sind und wem du in Wahrheit völlig gleichgültig bist. Aufgepasst!

JUPITER: Bevor Jupiter rückläufig wird, solltest du dir unbedingt ein finanzielles Polster geschaffen haben, und sei es noch so klein. So wie der direktläufige Jupiter deinen Wohlstand mehren kann, kann er, wenn er rückläufig wird, deinen finanziellen Mangel vergrößern. In dieser Zeit solltest du sehr sorgfältig auf deine Finanzen achten!

Zusammenfassung: Rückläufige Planeten

Wie du siehst, müssen sich nicht alle Rückläufe auf deine tägliche magische Praxis auswirken. Acht geben solltest du bei der Planung deiner Aktivitäten aber auf Merkur- und Marsrückläufe. Die Rückläufe der anderen Planeten kannst du für eine bewusste Arbeit mit deren Energien nutzen (etwa den Pluto-Rücklauf für Selbst-Transformation oder Neptun für die Entwicklung der eigenen Spiritualität). Wenn du in deiner Hexenpraxis nicht bewusst mit Rückläufen arbeiten möchtest, dann mach dir nicht zu viele Gedanken um sie. Die Informationen, die ich dir zu diesem Thema gegeben habe, sind nur ein Werkzeug, auf das du gelegentlich einen Blick werfen oder das du ganz nach Belieben nutzen kannst. Manchmal geben uns die rückläufigen Planeten einen Hinweis darauf, weshalb in uns und um uns herum bestimmte Dinge geschehen. Sie helfen, uns besser in Einklang mit der universalen Energie zu bringen. Das Warum zu kennen erleichtert uns den Umgang mit schwierigen Situationen und bewahrt uns davor, blind im Dunkeln herumzustolpern. Diese kurze Darstellung des Phänomens der rückläufigen Planeten ist nur als erster Einstieg in das Thema gedacht. Die scheinbaren Rückwärtsbewegungen der Planeten halten noch viel mehr Erkenntnisse für uns bereit, auf die hier aber nicht weiter eingegangen werden kann.

Mondaspekte/Transite

Aspekte sind eigentlich geometrische Winkel, die sich zu einem Muster falten und wieder entfalten und dabei die Energie zurück ins Universum entlassen, während die Planeten über den Himmel wandern. Wenn es sich um eine permanente Momentaufnahme handelt (dein Geburtshoroskop, ein bestimmtes Datum, das zu einem späteren Zeitpunkt astrologisch analysiert wird), nennt man den Dialog oder Energieaustausch zwischen den Planeten *Aspekt*. Wenn wir in die Zukunft schauen, um Korrespondenzen zu deuten, die sich künftig zwischen den Planeten eines Geburtshoroskops ergeben, oder wenn wir gegenwärtig stattfindende Korrespondenzen (das, was jetzt momentan am Himmel geschieht) analysieren, wird diese Bewegung des Entfaltens und Faltens *Transit* genannt. Ja, ich weiß, es ist verwirrend. Dieses reihenweise Falten und Entfalten übersetzt sich in einen Energieaustausch zwischen zwei oder mehr Planeten. Astrologen und Hexen versuchen (ich sage bewusst »versuchen«), diese Energien zu analysieren und für ihre magische Arbeit zu nutzen – wobei wir uns allerdings auch immer wieder mal irren! Wenn du in deinem Planetenführer nachschlägst, kannst du erkennen, dass die Mondaspekte nicht sehr lange dauern. Solltest du also den Schwung der Welle nutzen (oder vermeiden) wollen, musst du die Uhr im Auge behalten, da du nur etwa zehn Stunden Zeit hast vom Beginn der Aspektphase bis zu dem Moment, wenn der Aspekt exakt wird (das heißt seine genaue Position erreicht). In dieser Zeit wird die Wirkung stündlich stärker (die Länge des Zeitraums hängt von dem Orbis ab, den du verwendest. Der Orbis ist der Spielraum, innerhalb dessen ein Aspekt als wirksam angesehen wird – also beispielsweise bei einem Sextil vielleicht 58–62 Grad). Manche magische Astrologen halbieren diese Zeitspanne, so dass nur fünf Stunden für die magische Arbeit verbleiben, andere gehen sogar nur von einem einstündigen Zeitfenster aus.

Um den Energie-Dialog zwischen den Planeten zu bestimmen, wird in der traditionellen Astrologie normalerweise das Ptolemäische Aspektesystem benutzt, bei dem die Erde als Mittelpunkt des Universums betrachtet wird. Es gibt jedoch Hunderte von Winkeln, jeweils abhängig von dem astrologischen System, mit dem du arbeitest. Hexen benutzen oft die Ptolemäischen Aspekte und nehmen noch einige andere hinzu, wenn die Situation dies erfordert. Harmonikale Aspekte – Muster aus mehreren geometrischen Winkeln – werden hier nicht erwähnt, können aber nützlich sein, wenn es darum geht, die besten Zeiten für die Divination oder für die Kommunikation mit den Toten zu ermitteln.

Die Ptolemäischen Aspekte sind:

Quadrat: Wenn zwei Planeten im Winkel von 90 Grad zueinander stehen. Quadrate stehen in der Regel für Herausforderungen. Es besteht ein harter Gegensatz zwischen den zwei planetaren Energien, und wir sind aufgefordert, eine Wahl zu treffen. Quadrate sind nicht »schlecht«, sie sind dynamisch.

Trigon: Wenn zwei Planeten im Winkel von 120 Grad stehen, gilt das als ein harmonisches Energiemuster. Es handelt sich um einen friedlichen, oft beinahe etwas selbstgefälligen Aspekt. Die beiden Planeten kommunizieren vergnügt miteinander wie zwei gute Freunde an einem Sommernachmittag. Wenn wir die Trigonal-Energie nutzen, können wir eine Menge erreichen – das Problem besteht nur darin, dass wir uns während eines Trigon-Transites oft zu wohl und zufrieden fühlen, um überhaupt aktiv zu werden. Wenn mehrere Trigone und Sextile auf einen Tag fallen und keine Spannungsaspekte in Sicht sind, ist das ein guter Tag, um eine Menge Arbeit zu bewältigen. Wie finden du das heraus? Entweder kaufst du dir ein eigenes astrologisches Computerprogramm, das dir die Transite in Bezug zu deinem Radix (Geburts-)Horoskop errechnet, oder du besorgst dir ein kostenloses Horoskop bei einer der vielen Websites, die am Ende dieses Kapitels aufgelistet sind.

Opposition: Wenn zwei Planeten in einem Winkel von 180 Grad, also einander genau gegenüberstehen. Eine Opposition erfordert es, dass wir die Energien beider Planeten in Balance bringen und möglichst einen goldenen Mittelweg finden. Oppositionen weisen auf die Notwendigkeit eines Kompromisses hin. Es geht darum, Konflikte zu schlichten, zwischen zwei Positionen zu vermitteln (was ja nicht das Schlechteste ist).

Sextil: Zwei Planeten stehen im Winkel von 60 Grad und finden das wunderbar. Das ist eine Gelegenheit für kreativen Selbstausdruck, die du allerdings auch beim Schopf greifen musst! Wenn nicht, zieht die Chance ungenutzt vorüber.

Halbsextil: Zwei Planeten stehen im Winkel von 30 Grad. Leicht unterstützende Wirkung.

Konjunktion: Zwei Planeten sind zehn Grad und weniger voneinander entfernt (je nachdem, mit welchem astrologischen System du arbeitest). Stell dir zwei Partner vor, die Wange an Wange tanzen. Die beiden Energien verstärken sich gegenseitig, zum Guten oder auch zum Schlechten. Von allen Ptolemäischen Aspekten gilt die Konjunktion als die energiegeladenste, aber sie kann auch ganz schön heikel sein. Manche Menschen empfinden sie als sehr dynamisch, andere wollen sie am liebsten so schnell wie möglich hinter sich bringen. Die Konjunktion der Sonne zu den anderen Planeten wird ebenfalls in

Abschnitte unterteilt, abhängig davon, wie nah die Sonne jedem Planeten innerhalb einer Konjunktion ist. Diese Abschnitte heißen:

Unter Sonneneinfluss (*engl.* »Under the Beams«): Wenn ein Planet zwischen 16 und 6 Grad zur Sonne steht. Die Sonne beginnt dann, die Energie dieses Planeten zu überstrahlen. Dieser Aspekt und der »verbrannte« Aspekt sind beides Stellungen, in denen die Sonne den betroffenen Planeten ein Selbstachtungs-Problem aufzwingt.

Verbrannt: Wenn ein Planet zwischen 6 und 0 Grad zur Sonne steht, 17 Bogenminuten von ihr entfernt, und Teil des Konjunktionsaspektes ist. Viele klassische Astrologen glaubten, dass die Energien eines Planeten geschwächt seien, während er sich in »verbrannter« Position befindet – die Sonne versuche dann, die Gegenwart des Planeten übermäßig zu kompensieren. Der Mond ist während der Neumondphase verbrannt. Ein Neumond gilt als doppelt wirkungsvoll, weil der Mond alles reflektiert, was er berührt. Wenn er also die Sonne berührt, reflektiert er zusätzliche Energie zur Erde.

Cazimi: Wenn ein Planet zwischen 0 Grad, 17 Minuten und 0 Grad zur Sonne steht. In diesem Fall hat die Sonne erkannt, dass der Planet ihr gar nicht wirklich Konkurrenz macht, und badet in der Aufmerksamkeit dieser anderen Planetenenergie. In früheren Zeiten war man der Ansicht, dass eine Konjunktion im Cazimi kraftvoller sei als eine verbrannte Position zur Sonne (also ein Fenster von 0 bis 6 Grad, 17 Minuten). Wenn du also herausfinden willst, was während einer Konjunktion die beste Zeit für deine magische Arbeit ist, und wenn du das Beste von beiden planetaren Energien nutzen möchtest (in diesem Fall von der Sonne und dem betreffenden Planeten), schau in deiner Ephemeride oder deinem astrologischen Computerprogramm nach, wann die Konjunktion exakt wird (also beide Planeten mit der gleichen Grad- und Minutenzahl im selben Zeichen stehen). Plane dann deine magische Arbeit so, dass du ungefähr fünfzehn Minuten vor der exakten Konjunktion beginnst. Angenommen, du weißt, dass Merkur morgen um 22.30 Uhr in den Zwillingen in Konjunktion mit der Sonne geht. Wenn du dafür zaubern möchtest, dass deine Schreib- und Lernfähigkeit sich verbessert oder dass dir ein Referat gut gelingt, solltest du mit dem Zaubern um 22.15 Uhr beginnen und das Ritual vollständig ausführen. Es macht nichts, wenn du dabei die Deadline von 22.30 Uhr überschreitest, weil du mit der Magie zur rechten Zeit begonnen hast, achte nur darauf, dass du deine magische Absicht *vor* 22.30 Uhr verkündest. Manche Hexen (auch ich) schicken den Zauber gerne in dem Moment auf die Reise, wenn der Aspekt exakt wird.

Aspekte des Mondes[19]

Nachfolgend eine kurze Liste der Aspekte des Mondes zu den anderen Planeten mit Hinweisen für die Planung von Magie und anderen Aktivitäten. Was die Vorhersage und Erforschung des menschlichen Verhaltens angeht, ist der Mond der nützlichste Planet, da er sich am schnellsten bewegt und die Emotionen symbolisiert. Wenn du jemanden um etwas bitten möchtest, solltest du vorher nachschauen, ob der Mond günstig aspektiert ist. Denk daran, dass diese Energien nichts *verursachen*. Eher verhält es sich so, dass die geometrischen Winkel der Aspekte ein Tor zur Manifestation verschiedener Erfahrungen eröffnen, die auf deinem bisherigen Verhalten und deiner psychologischen Struktur beruhen. Astrologische Magie versetzt dich in die Lage, diese besonderen Energie-Kombinationen (seien sie einfacher oder schwieriger Natur) auf positive Weise zu nutzen. Täglich bildet der Mond mehrere Aspekte, achte also auf das gerade vorherrschende Energiegemisch, um dein Leben harmonisch darauf abstimmen zu können. Mit den Rhythmen des Mondes zu leben kann sehr inspirierend sein und deine Magie ebenso wie deinen Alltag bereichern.

Aspekte Mond-Merkur

Konjunktion: schriftliche Arbeiten aller Art; Wahrnehmung von Terminen; Briefe, E-Mails, Faxe oder andere Nachrichten versenden; Telefonate führen; Geschäftsbücher durchsehen; Arbeit am BDS, an magischen Alphabeten, Siegeln, Zahlen und Talismanen.

* Eine Mond-Merkur-Konjunktion gibt es einmal monatlich.

Sextil: studieren; lernen; Buchführung, neue Schüler annehmen; Beginn von Kursen und Ausbildungen aller Art; sich von Experten beraten lassen; Forschungsarbeit für dein BDS betreiben; Beschäftigung mit Tarot und Runen.

* Ein Mond-Merkur-Sextil gibt es zweimal monatlich.

Quadrat: Gehe Diskussionen und Streit aus dem Weg. Praktiziere Magie, die zur Lösung von Kommunikationsproblemen beiträgt. Kann ein günstiger Zeitpunkt für Käufe und Verkäufe sein.

* Ein Mond-Merkur-Quadrat gibt es zweimal monatlich.

Trigon: Perfekter Zeitpunkt dafür, mit Worten oder durch andere Formen der Kommunikation zu erreichen, was du willst. Studieren; Termine, die mit Lernen und Ausbildung zu tun haben; Arbeit an Erfindungen aller Art, mentalen ebenso wie materiellen.

* Ein Mond-Merkur-Trigon gibt es zweimal monatlich.

Opposition: Verhandlungen aller Art, wobei man aber von dir erwarten wird, dass du ein wenig Entgegenkommen zeigst; magische Rituale, die dir helfen, durch schriftliche und mündliche Ausdrucksfähigkeit Erfolge zu erzielen.

* Eine Mond-Merkur-Opposition gibt es einmal monatlich.

Aspekte Mond-Venus

Konjunktion: Gilt als Glückstag – eine gute Zeit, um Geschenke zu geben und zu empfangen; magische Rituale für Liebe, Harmonie und gesellschaftliche Erfolge im beruflichen oder privaten Bereich; Arbeit, die rasch Bargeld einbringt; gute Zeit, um mit Frauen zu telefonieren und zu ihnen Kontakte zu knüpfen. Hüte dich davor, zu viel Geld auszugeben. Heilen und Gartenzauber.

* Eine Mond-Venus-Konjunktion gibt es einmal monatlich.

Sextil: Gelegenheiten in der Liebe jetzt aktiv nutzen; gute Chancen, den richtigen Partner zu finden. Entspannung und Unterhaltung sind angesagt. Hüte dich aber davor, dich zu sehr gehen zu lassen. Günstig für den Kauf von Edelsteinen und Kräutern. Gib aber nicht zu viel Geld aus.

* Ein Mond-Venus-Sextil gibt es zweimal monatlich.

Quadrat: Guter Tag, um Menschen zu analysieren. In der klassischen Astrologie gilt dieser Tag als günstig, um Einstellungsgespräche mit Bewerbern zu führen, da dir potenzielle neue Mitarbeiter nichts vormachen können, und du dennoch in einfühlsamer Stimmung bist. Achte darauf, dich nicht zu besitzergreifend zu verhalten.

* Ein Mond-Venus-Quadrat gibt es zweimal monatlich.

Trigon: Arbeite daran, dich selbst mehr zu lieben. Ein guter Tag, um eine Party zu feiern. Kauf dir etwas Neues zum Anziehen und etwas, um dein Zuhause zu schmücken, aber gib nicht zu viel aus. Liebeszauber aller Art; Selbstausdruck im künstlerischen Bereich; gute Zeit, um mit Frauen zu telefonieren und zu ihnen Kontakte zu knüpfen. Übertreibe es nicht mit dem Genuss. Gartenmagie.

* Ein Mond-Venus-Trigon gibt es zweimal monatlich.

Opposition: Auch das soll ein guter Zeitpunkt sein, um neue Mitarbeiter zu interviewen und anzuheuern. Achte darauf, dir bei der Arbeit genug Mühe zu geben. Zaubere für gutes, klares Urteilsvermögen in Beziehungsangelegenheiten und dafür, den Lohn für deine gute Zusammenarbeit mit anderen zu empfangen.

* Ein Mond-Venus-Opposition gibt es einmal monatlich.

Aspekte Mond-Sonne

Konjunktion: Konzentriere dich auf dein Privatleben, häusliche Harmonie, positive Veränderungen in deinem Lebensstil. Geheimnisse können aufgedeckt werden. Neuanfänge im spirituellen Bereich; Innenschau und Harmonie. Kerzenmagie sollte Bestandteil deiner Sonne/Mond-Zaubereien sein.

* Eine Mond-Sonne-Konjunktion gibt es einmal monatlich bei Neumond.

Sextil: Guter Zeitpunkt für eine Feinabstimmung deiner Persönlichkeitsanteile. Arbeite für positive Resultate in Meetings und Besprechungen und für zwischenmenschliche Harmonie. Sorge für häuslichen Frieden und nutze gute Gelegenheiten. Guter Zeitpunkt, um andere um Gefälligkeiten zu bitten, vor allem Vorgesetzte und andere Autoritätspersonen. Arbeite für deine Visionen und Ziele.
* Ein Mond-Sonne-Sextil gibt es einmal monatlich.

Quadrat: Spannungen drängen an die Oberfläche. Sorge für Körperertüchtigung; baue mit Hilfe von Meditation und Entspannungstechniken Stress ab. Setze deine Fähigkeiten ein, um die Herausforderung zu meistern. Erst denken, dann handeln! Lade Kerzen und andere magische Gegenstände mit aggressiver Energie auf, um schädliche Einflüsse abzuwehren.
* Ein Mond-Sonne-Quadrat gibt es zweimal monatlich.

Trigon: Deine magische Arbeit sollte jetzt vor allem auf inneren Frieden und Harmonie abzielen. Schaffe Missverständnisse aus der Welt. Nutze gute Gelegenheiten und versuche, selbst solche zu schaffen. Da die Sonne jetzt direkt mit deinem Willen verbunden ist, kannst du besonders wirkungsvoll auf deine Ziele hinarbeiten. Um zu empfangen, musst du geben – Freundlichkeit, eine helfende Hand und Geschenke, mit denen du echte Freude bereitest.
* Ein Mond-Sonne-Trigon gibt es zweimal monatlich.

Opposition: Arbeite daran, mit Meditation und Disziplin deine Probleme in den Griff zu bekommen. Betreibe Magie, die dir hilft, Gefühle und Willen in Einklang zu bringen. Rechtsstreitigkeiten lassen sich zu deinem Vorteil vorantreiben, allerdings nicht solche, bei denen der

Gegner dir finanziell überlegen ist. Zaubere dafür, Anerkennung und Lohn für deine Fähigkeiten zu empfangen.
* Eine Mond-Sonne-Opposition gibt es einmal monatlich.

Aspekte Mond-Mars

Konjunktion: Jede Art von Magie, die Macht und Erfolg fördert. Lenke überschüssige Energie in konstruktive Aktivitäten. Dazu gehören Sport und andere Körperertüchtigungen, aber auch Reinigung und Pflege deines magischen Handwerkzeugs. Ein guter Tag, um deine Vorräte aufzufüllen und magische Objekte, deren Energie nachgelassen hat, neu aufzuladen. Arbeite mit der Wünschelrute, dem Pendel und dem Tarot, um die Fokussierung deiner Energie zu verbessern und deine Konzentrationsfähigkeit zu schulen. (Du wirst merken, dass dir das zunächst schwer fällt, sich am Ende aber als lohnend erweist.) Spiele Minigolf und übe, dich auf den Wert der kleinen Dinge zu konzentrieren.
* Eine Mond-Mars-Konjunktion gibt es einmal monatlich.

Sextil: Gut, um Ausrüstung für die Jagd, das Militär oder den Sport zu kaufen. Vorbereitungen auf einen Sieg im Sport oder in anderen Wettbewerben. Gut für alle alchemistischen Arbeiten und für Zauberei, die bewirken soll, dass man dir mehr Respekt entgegenbringt. Ergreife die Initiative, damit Erfolgschancen nicht ungenutzt vorübergehen. Sei aufrichtig.
* Ein Mond-Mars-Sextil gibt es zweimal monatlich.

Quadrat: Halte dich in der Öffentlichkeit zurück und schwinge keine großen Reden – widme dich lieber im Stillen der magischen Arbeit. Wenn es unumgänglich ist, Beschwerden vorzubringen, solltest du dich vergewissern,

dass deine Klagen wirklich gerechtfertigt sind. Knüpfe jetzt keine neuen Kontakte. Widme dich der Meditation und betreibe Ausgleichssport. Führe aggressive Energie einem sinnvollen Zweck zu, indem du magische Schutzobjekte damit auflädst und Zauberei betreibst, die der Stärkung deines Selbstwertgefühls dient.
* Ein Mond-Mars-Quadrat gibt es zweimal monatlich.

Trigon: Magie, die hilft, Schwierigkeiten aller Art zu überwinden, die dir momentan zu schaffen machen, und die richtigen Prioritäten zu setzen. Guter Tag, um neue Projekte zu beginnen, bleib aber am Ball, denn der astrologische Einfluss besteht nur kurze Zeit, so dass dein Elan schnell nachlassen könnte.
* Ein Mond-Mars-Trigon gibt es zweimal monatlich.

Opposition: Zügele deinen Drang, mit Wut und Ärger zu reagieren. Meditiere für eine faire und konstruktive Lösung. Magische Arbeit hilft dir, Auswege aus Sackgassen zu finden, in die du dich selbst hineinmanövriert hast. Beziehungen zum anderen Geschlecht können sich jetzt als schwierig erweisen. Magie, die in diesem Bereich zur Lösung von Problemen beiträgt, ist daher hilfreich. Lenke überschüssige Energie durch Meditation und Sport in positive Bahnen.
* Eine Mond-Mars-Opposition gibt es einmal monatlich.

Aspekte Mond-Jupiter

Konjunktion: Jetzt lacht dir das Glück! Strebe nach Expansion in allen Lebensbereichen. Ausgezeichneter Zeitpunkt für Rechtsberatungen, Reiseplanungen, Geschäftsvergrößerungen. Die Götter – und ebenso auch deine Mitmenschen – sind jetzt gerne bereit, dir einen Gefallen zu tun. Magische Arbeit, um deine Spiritualität zu vertiefen oder deinen Platz im Universum besser zu verstehen.

* Eine Mond-Jupiter-Konjunktion gibt es einmal im Monat.

Sextil: Gespräche über juristische oder religiöse Fragen; Arbeit für eine glückliche Zukunft. Plane einen Urlaub oder eine Geschäftsreise, auf der du dir etwas freie Zeit gönnst. Erweitere deinen Horizont durch Lektüre und Weiterbildung. Kaufe Bücher über Metaphysik und magische Werkzeuge. Ausgezeichnete Zeit für Gruppenaktivitäten.

* Ein Mond-Jupiter-Sextil gibt es zweimal im Monat.

Quadrat: Magische Arbeit für Verbesserungen in folgenden Bereichen: Erkenntnis, soziale Fragen, Philosophie, Überwindung von religiösen Dogmen oder Ängsten. Hüte dich vor Selbstgerechtigkeit und Arroganz.

* Ein Mond-Jupiter-Quadrat gibt es zweimal im Monat.

Trigon: Magie, um neue Freunde zu gewinnen, sich Gruppen und Organisationen anzuschließen, neue Aspekte der Spiritualität kennen zu lernen, andere um einen Gefallen zu bitten, Kontakt mit dem Schutzengel aufzunehmen, positiv auf die eigenen Haustiere einzuwirken. Günstig für Aufenthalte in der freien Natur, um anderen zu helfen und selbst Hilfe zu erhalten und metaphysische Unterweisungen auf der physischen Ebene zu empfangen.

* Ein Mond-Jupiter-Trigon gibt es zweimal im Monat.

Opposition: Persönliche Unabhängigkeit, Eigeninitiative und der gesunde Menschenverstand sollten jetzt durch magische Arbeit gestärkt werden. Widme dich der Vertiefung deiner Spiritualität und dem Nachsinnen über künftige Ziele. Überwinde dogmatische, einengende Ansichten.

* Eine Mond-Jupiter-Opposition gibt es einmal im Monat.

Aspekte Mond-Saturn

Konjunktion: Einsamkeit und Isolationsgefühle; Schuld; Pessimismus überwinden; die eigenen Energien sinnvoll strukturieren; sich wichtige Lebensziele setzen, schwierige zwischenmenschliche Beziehungen klären; den Baum des Lebens oder andere strukturierte magische Anwendungen studieren; Bannzauber gegen Krankheit. Arbeite mit dem zeitlosen, sofort wirkenden »Hier-und-jetzt«-Aspekt der Magie.

* Eine Mond-Saturn-Konjunktion gibt es einmal im Monat.

Sextil: Magie für eine gute Beziehung zu einem älteren Menschen; Harmonie mit Autoritätspersonen; Entwicklung und Chancen innerhalb eines Systems, das nach festen Regeln funktioniert; Meditation und Nachdenken über die Fragen des Lebens; emotionales Gleichgewicht. Die Fürsorge für kranke und alte Menschen fällt jetzt leicht. Magie zur besseren Kontrolle der eigenen Finanzen und für materiellen Wohlstand.

* Ein Mond-Saturn-Sextil gibt es zweimal im Monat.

Quadrat: Unter dem Einfluss dieses Aspekts sehen die Dinge zumeist schlimmer aus, als sie tatsächlich sind. Mach dich also nicht verrückt. Arbeite konstruktiv daran, Krankheit und zwischenmenschliche Widerstände zu überwinden. Stärke deine Selbstachtung. Meditiere über deine persönliche Entwicklung und den Weg, den du künftig einschlagen willst. Achte auf eine gute Kom-

munikation mit anderen Menschen, sprich bewusst freundlich und sanft. Ein Kompliment kann Wunder bewirken. Ruhig vorgebrachte Lösungsvorschläge helfen, die Ängste vor Autoritätspersonen zu überwinden. Trennungs-Magie.
* Ein Mond-Saturn-Quadrat gibt es zweimal im Monat.

Trigon: Suche Rat bei älteren, weiseren Menschen. Magische Arbeit für Belohnungen, Selbstachtung und langfristige Zielplanung. Lerne gutes Timing. Mach dir die Bedeutung des Karmas klar. Beschäftige dich mit der Quantenphysik, mit Regierungs- oder Rechtssystemen, den Wicca-Glaubensprinzipien, dem Baum des Lebens, der hermetischen Lehre und der Geschichte. Neue Antworten auf alte Fragen finden; Reparaturen aller Art; Zauberei für erfolgreichen Hausbau und ein starkes emotionales Fundament. Studium der Numerologie.
* Ein Mond-Saturn-Trigon gibt es zweimal im Monat.

Opposition: Diese Opposition setzt innere Stärke frei, was bei magischen Ritualen sehr hilfreich sein kann, bei denen du konzentriert und realistisch bleiben solltest. Wenn du sehr schwer gearbeitet hast, kann diese Opposition dir großen Lohn bringen. Daher ist es jetzt sinnvoll, auf die Manifestation solcher Belohnungen hinzuarbeiten. Zauberei für Vertragsverhandlungen mit Vorgesetzten und anderen Autoritätspersonen. Praktische und sofortige Lösungen für alle möglichen Aufgaben. Keine gute Zeit, um Mitarbeiter einzustellen oder Bewerbungsgespräche zu führen. Keine mündlichen Zusagen geben oder akzeptieren, sich nur auf schriftliche Vereinbarungen einlassen.
* Eine Mond-Saturn-Opposition gibt es einmal im Monat.

Konjunktion: Eine Neigung zur Launenhaftigkeit, Impulsivität und Ungeduld. Die meisten Mond/Uranus-Transite bringen die ein oder andere Überraschung im emotionalen Bereich. Das ist aber kein Grund zur Panik. Vertraue dich dem Energiefluss an. Disziplin zu wahren ist jetzt schwer, also gönn dir lieber etwas magische Freiheit. Experimentiere bei deiner magischen Arbeit mit künstlerischen Ausdrucksformen, Musik, Tanz. Spontane Rituale machen jetzt Spaß. Behalte aber immer die Konsequenzen deines Handelns im Auge.
* Eine Mond-Uranus-Konjunktion gibt es einmal im Monat.

Sextil: Widme dich spannenden, stimulierenden Aktivitäten. Setze deine Magie ein, um langweilige Situationen und starre Lebensmuster zu verändern. Besuche Freunde. Führe im Rahmen einer Gruppe ein rituelles Schauspiel auf. Affirmationen, Wunschmagie und andere einfache Zaubertechniken helfen dir jetzt auf dem Weg zum Erfolg. Verbringe Zeit in der freien Natur. Spiele mit Feen und Devas. Nimm dir technische Fragen oder Projekte, deren Komplexität dir bislang Probleme bereitete, erneut vor. Surfe im Internet, aber halte dich aus »Flame Wars« heraus, in denen es beim Chatten nur um gegenseitiges Beschimpfen und Niedermachen geht!
* Ein Mond-Uranus-Sextil gibt es zweimal im Monat.

Quadrat: Handele auf keinen Fall überstürzt, bleib beherrscht. Es ist okay, auch mal über die Stränge zu schlagen, aber übertreibe es damit nicht! Probiere bei deinen Ritualen neue Techniken aus. Kreiere neue Rituale für den Einzelgebrauch und für Gruppen. Schreib auf, welche Veränderungen im Leben du herbeisehnst, und überprüfe diese Wünsche, wenn du emotional wieder besser im Gleichgewicht bist. Leg dir ein Ideen-Buch für Magie und Ritual an. Nutze die Uranus-Energie, um dich von verstaubten Gewohnheiten zu befreien. Halte dich jetzt vom Internet fern.

* Ein Mond-Uranus-Quadrat gibt es zweimal im Monat.

Trigon: Nutze diese Energie für Veränderungsrituale. Nähe ausgefallene Ritualgewänder, mach Entwürfe für Coven-Fahnen, Wappen, persönliche Siegel, Buchumschläge etc. Plane die tollste Fete aller Zeiten! Lies hochaktuelle Bücher und Artikel. Eine wunderbare Zeit für spontane Rituale und Ritualdramen. Verwandele alles, was geschieht, so bizarr es auch sein mag, in einen persönlichen Vorteil. Baue Energie auf, um mit allen Schwierigkeiten fertig zu werden. Farbmagie.

* Ein Mond-Uranus-Trigon gibt es zweimal im Monat.

Opposition: Ziehe keine voreiligen Schlüsse – schau lieber zweimal hin. Bring mehr Frieden in stürmische Beziehungen, strebe auf neue, ungewöhnliche Weise nach seelischem Gleichgewicht. Wirke durch Affirmationen und Meditation negativen Reaktionen entgegen. Meide das Internet und mach einen Bogen um sonderbare fremde Menschen, besonders wenn Uranus zusätzliche Quadrate und Oppositionen zu anderen Planeten aufweist. Arbeite mit ritueller Atmung und deiner magischen Stimme.

* Eine Mond-Uranus-Opposition gibt es zweimal im Monat, und weil der Uranus ein äußerer Planet ist und sich nur langsam bewegt, kann es sein, dass du mehrere Monate lang immer wieder die gleiche Situation erlebst, wenn der Mond in Opposition zu Uranus

steht. Da diese Erfahrung jedes Mal nur wenige Stunden dauert, solltest du dir darüber Tagebuchnotizen machen.

Aspekte Mond-Neptun

Konjunktion: Günstig für die Beschäftigung mit Paranormalem, Spiritualität, alternativen Daseinsebenen, Astral-Projektion, Aura-Training, Visualisierungen, Chakra-Meditationen, Empathie, Sensitivität etc. Praktiziere Magie, die dir hilft, anderen aufmerksamer zuzuhören. Die Kommunikation mit anderen ist während dieser Konjunktion schwierig – zieh dich besser zurück, lies Gedichte, hör Musik, male oder trommle. Es kann sein, dass du dich schläfrig fühlst. Übe dich im kontrollierten Träumen und darin, dich an deine Träume zu erinnern. Meide Drogen und Alkohol.
* Eine Mond-Neptun-Konjunktion gibt es einmal im Monat.

Sextil: Die Sensibilität ist jetzt stark erhöht, meide also Negativität, Drogen, Alkohol etc. Sprich mit Freunden, die für solche Dinge offen sind, über okkulte, mystische und spirituelle Themen. Eine gute Zeit für schriftstellerische Kreativität. Magie zur Förderung von Erkenntnis, Wahrheit, Kreativität und die Kommunikation mit den Toten. Schutzengel- und Totemmagie ist jetzt besonders aussichtsreich.
* Ein Mond-Neptun-Sextil gibt es zweimal im Monat.

Quadrat: Beteilige dich nicht an Tratsch und üblem Gerede. Sei auf der Hut vor Werbetricks und marktschreierischen Manipulationen. Geh in den Alphazustand und visualisiere eine positive Zukunft. Wenn du mystische Erlebnisse hast, solltest du dir dazu Notizen machen, diese aber erst zu einem späteren Zeitpunkt analysieren. Arbeite an der Überwindung deiner Ängste. Halte dich von Drogen und Alkohol fern, und von Leuten, die sich negativ und destruktiv verhalten. Beschäftige dich mit okkulten Themen. Misstraue dem äußeren Schein.

* Ein Mond-Neptun-Quadrat gibt es zweimal im Monat.

Trigon: Ausgezeichneter Zeitpunkt für spirituelle Arbeit. Da dies ein sehr träger Transit ist, möchtest du vermutlich Tagträumen nachhängen oder viel schlafen. Mach dir Notizen über deine Träume und führe ein aktives Tagtraum-Programm durch, in dem du künftige Erfolge visualisierst. Eine gute Zeit, um sich der Kontemplation, der Entwicklung von Mitgefühl und der Divination zu widmen. Engagement im karitativen Bereich wird durch diese Energie ebenfalls unterstützt. Übe mit einem Freund Telepathie und Fernwahrnehmung. Gute Zeit für Zeremonien zur Erinnerung an die Vorfahren.

* Ein Mond-Neptun-Trigon gibt es zweimal im Monat.

Opposition: Es besteht die Gefahr, statt auf die Wirklichkeit auf eine Illusion zu reagieren, die durch deine eigenen unterbewussten Ängste und negativen Denkmuster genährt wird. Manchmal entgehen uns gute Gelegenheiten, weil unser eigenes Denken uns im Weg ist. Stärke dein Selbstvertrauen, öffne dich für Chancen und schärfe deinen Blick, im spirituellen Bereich ebenso wie im Alltag.

* Eine Mond-Neptun-Opposition gibt es einmal im Monat.

Konjunktion: Verborgene Energien werden freigesetzt, zum Guten oder zum Schlechten. Wenn du dich mit Geheimlehren und spirituellen Studien beschäftigt hast, kann dir das nun tiefe Erfüllung schenken. Magie für spirituelles Wachstum kann dich in deiner Hexen-Ausbildung jetzt gewaltig voranbringen, du solltest aber eine zwanghafte Beschäftigung mit diesen Dingen vermeiden. Ausgezeichnet, um sich mit okkulten, astrologischen und anderen spirituellen Themen auseinander zu setzen. Nutze diese Energie für einen Hausputz sowohl auf der konkreten als auch auf der magischen Ebene. Räume deinen Ritualbereich auf und repariere magische Werkzeuge. Ein günstiger Zeitpunkt, um bei der magischen Arbeit Filme und Fotos einzusetzen.

* Eine Mond-Pluto-Konjunktion gibt es einmal im Monat.

Sextil: Gute Gelegenheit für tief greifende Veränderungen. Alles, was intensive Aufmerksamkeit erfordert, lässt sich nun sehr gut magisch beeinflussen. Nutze diese intensive Energie und Aufmerksamkeit, um ein Ziel zu erreichen. Kreisbeschwörung, der Kegel der Macht und allgemeines Anheben der Energie sind jetzt sehr wirksam. Gute Zeit, um die Arbeit mit der Wünschelrute zu trainieren. Gönne deiner Homepage ein Update. Gute Zeit für Computergrafik und andere elektronische Kunstformen.

* Ein Mond-Pluto-Sextil gibt es zweimal im Monat.

Quadrat: Hüte dich vor zwanghaftem Verhalten. Kanalisiere deine impulsive Energie in deine magische Arbeit und eine Auseinandersetzung mit deinen Emotionen.

Schuldgefühle, Eifersucht und Negativität können jetzt wirkungsvoll geheilt und Verbrechen und Missbrauch ans Licht gebracht werden.
* Ein Mond-Pluto-Quadrat gibt es zweimal im Monat.

Trigon: Strebst du nach religiösen oder spirituellen Veränderungen? Jetzt ist die Zeit, diese in die Tat umzusetzen. Befreie dich von überflüssigem Ballast und arbeite an der Entfaltung deines wahren Selbst. Zapfe heilende, erfrischende Energien an und arbeite mit der Hexenpyramide. Stelle Kräuter- und Räuchermischungen und Öle her. Guter Zeitpunkt für Energieball-Übungen, Initiations- und Widmungszeremonien. Lade deinen Altar und andere magische Werkzeuge energetisch auf.
* Ein Mond-Pluto-Trigon gibt es zweimal im Monat.

Opposition: Kläre emotionale Konflikte, damit diese einer positiven Zukunft nicht länger im Weg stehen. Überwinde überlebte Gewohnheiten, indem du gegenteilige innere Haltungen kultivierst. Beseitige innere Blockaden gegen persönliches Wachstum. Befreie dich durch mentale und körperliche Übungen von Zorngefühlen und zwanghaftem Verhalten.
* Eine Mond-Pluto-Opposition gibt es einmal im Monat.

Planetenzuordnungen (Dignitäten)

Der klassischen Astrologie zufolge ist ein Planet in zwei Tierkreiszeichen besonders wirksam: im Zeichen seiner *Herrschaft* (Domizil) und im Zeichen seiner *Erhöhung*. Da es zwölf Zeichen, aber nur zehn Planeten gibt, verfügt in der klassischen Astrologie nicht jedes Zeichen über einen erhöhten Planeten, und sogar in dieser Frage sind die Astrologen unterschiedlicher Meinung. Im Zeichen seiner Erhöhung fühlt sich ein Planet sehr wohl. Dies gilt als seine machtvollste Position innerhalb des Tierkreises.

Nach jeder Aufwärtsbewegung geht es aber zwangsläufig auch wieder abwärts – in jene Zeichen, wo die Planeten eindeutig unglücklich sind oder sich einfach nur störrisch verhalten. So wie es zwei Zeichen gibt, in denen ein Planet sich wohl fühlt, gibt es für jeden Planeten auch zwei Zeichen, in denen er sich unwohl fühlt. Heikel ist das dem Zeichen der Erhöhung gegenüberliegende Zeichen, wo der Planet *fällt*. Und das Zeichen der *Vernichtung*, das dem Domizil des Planeten gegenüberliegt, also dem Zeichen, über das er herrscht. Bei den klassischen Planeten besteht über diese Zuordnungen weitgehend Einigkeit, doch bei den erst in jüngerer Zeit entdeckten Planeten wird von den Astrologen noch eifrig debattiert. Daher habe ich sie hier nicht aufgeführt. Ich möchte dich aber ausdrücklich dazu ermutigen, weiterführende Literatur zu lesen, eigene Studien zu betreiben und zu experimentieren. Beachte, dass Venus und Merkur über zwei Sternzeichen herrschen und daher doppelt aufgeführt sind.

* SONNE
Domizil (Herrschaft): Löwe
Vernichtung: Wassermann
Erhöhung: Widder
Fall: Waage

* MOND
Domizil: Krebs
Vernichtung: Steinbock
Erhöhung: Stier
Fall: Skorpion

* 1: MERKUR
Domizil: Zwillinge
Vernichtung: Schütze
Erhöhung: Wassermann
Fall: Löwe

* 2: MERKUR
Domizil: Jungfrau
Vernichtung: Fische

* 1: VENUS
Domizil: Stier
Vernichtung: Skorpion
Erhöhung: Fische
Fall: Jungfrau

* 2: VENUS
Domizil: Waage
Vernichtung: Widder

* MARS
Domizil: Widder
Vernichtung: Waage
Erhöhung: Steinbock
Fall: Krebs

* JUPITER
Domizil: Schütze
Vernichtung: Zwillinge
Erhöhung: Krebs
Fall: Steinbock

* SATURN
Domizil: Steinbock
Vernichtung: Krebs
Erhöhung: Waage
Fall: Widder

Was fangen wir nun mit diesen Informationen an? Wenn wir Planetenmagie dann betreiben, wenn der Planet herrscht oder erhöht ist, bekommt sie dadurch einen zusätzlichen Energieschub (vorausgesetzt, es bestehen nicht gerade unangenehme Aspekte zu anderen Planeten). Das magische Timing kann dadurch allerdings ziemlich kompliziert werden, vor allem, wenn man die besten Energien mehrerer Planeten zu kombinieren versucht. Für den Anfang solltest du dich deshalb auf einen Planeten beschränken, die optimale Zeit für diesen Planeten wählen und dir Notizen über die Resultate machen. Wenn du dein magisches Wissen auf astrologische Planung und Stundenastrologie ausdehnen möchtest, wirst du lernen müssen, auf die Planetenzuordnungen und noch viele weitere Faktoren zu achten. Das Problem mit diesen Zuordnungen ist, dass sie nicht bei jedem Menschen gleich wirken. Beispielsweise ist der Mond im Skorpion zwar fallend und sollte sich daher in diesem Zeichen unwohl fühlen, doch für mich ist ein Skorpion-Mond fantastisch, weil mein Geburtshoroskop die Energie des Skorpion-Mondes unterstützt. Meine magische Arbeit während eines Skorpion-Mondes ist stets sehr wirkungsvoll. Deshalb ist es wichtig, dass du dir Notizen machst und einfach auch ein wenig experimentierst.

Die Tierkreiszeichen

Die zwölf Zeichen des Tierkreises
markieren zwölf unterschiedliche Lebenswege.
... Jedes Zeichen besitzt seine eigene Art des
Ausdrucks, höhere und niedere Möglichkeiten,
und es liegt am einzelnen Menschen,
welche dieser Möglichkeiten
er wählt und wie er sie nutzt.

Karen Hamaker-Zondag,
Autorin von *Astro-Psychology*

Die Beschäftigung mit den planetaren Energien macht ungefähr ein Drittel der astrologischen Studien aus. Die anderen zwei Drittel widmen sich den Tierkreiszeichen und dem Häusersystem, das man als Grundlage für die Horoskoperstellung benutzt. Die Abbildung oben zeigt die Zeichen in ihren *natürlichen* Häusern (in deinem Geburtshoroskop dürfte die Platzierung in den Häusern anders aussehen).

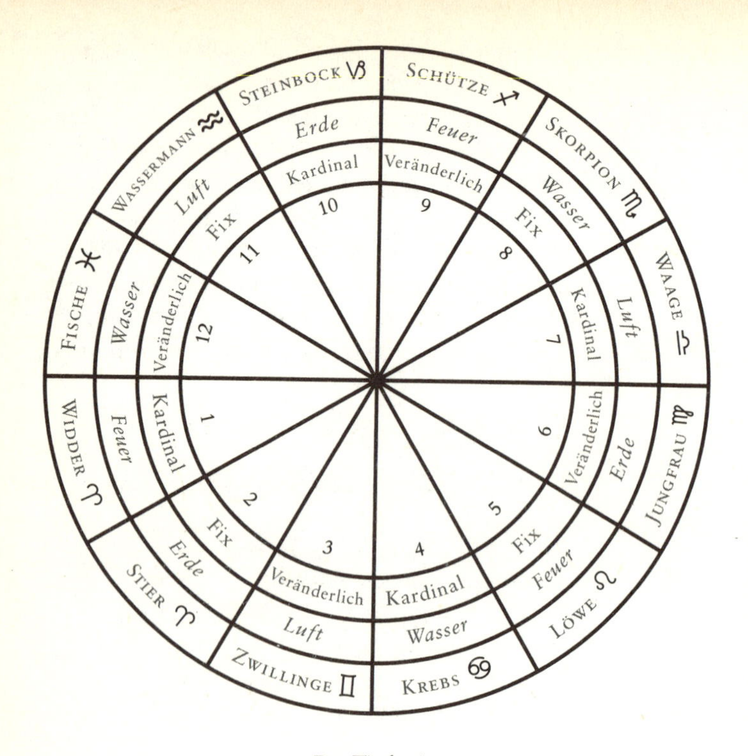

Der Tierkreis

* Widder

Sonne in diesem Zeichen: 21., 22. März – 19., 20. April
Herrscher: Mars
Erhöht: Sonne
Schlüsselbegriffe: *Grundtendenz: Anfänge.*
Arrogant, aufbrausend, brüsk, dominant, dynamisch, eifrig, gewalttätig, Ich zuerst, impulsiv, intolerant, konkurrenzorientiert, lebt in der Gegenwart, mutig, Pioniergeist, unabhängig, unerfüllt.
Qualität: kardinal, Feuer

* Stier

Sonne in diesem Zeichen: 20., 21. April – 20., 21. Mai
Herrscher: Venus
Erhöht: Mond
Schlüsselbegriffe: *Grundtendenz: Manifestation.*
Besitzergreifend, dogmatisch, geduldig, gierig, gründlich, häuslich, komfortorientiert, konservativ, künstlerisch, loyal, maßlos, materialistisch, praktisch, sinnlich, stabil, stur, träge, verlässlich.
Qualität: fix, Erde

* Zwillinge

Sonne in diesem Zeichen: 21., 22. Mai – 21., 22. Juni
Herrscher: Merkur
Erhöht: –
Schlüsselbegriffe: *Grundtendenz: mentale Energie.*
Anpassungsfähig, aufgeweckt, einfallsreich, expressiv, geschickt, gesprächig, gewandt, intrigant, neugierig, rastlos, sympathisch, undankbar, unkonzentriert, veränderlich, vielseitig, zerstreut, zweigesichtig.
Qualität: veränderlich, Luft

* Krebs

Sonne in diesem Zeichen: 22., 23. Juni – 23., 24. Juli
Herrscher: Mond
Erhöht: Jupiter und Neptun
Schlüsselbegriffe: *Grundtendenz: emotionale Energie.*
Einfühlsam, emotional, empfindlich, faul, grübelnd, häuslich, hilfsbereit, intuitiv, manipulativ, materiell, mitfühlend, negativ, selbstmitleidig, selbstsüchtig, traditionell, verlässlich, verletzlich, vorsichtig.
Qualität: kardinal, Wasser

* LÖWE
Sonne in diesem Zeichen: 23., 24. Juli – 23., 24. August
Herrscher: Sonne
Erhöht: Pluto
Schlüsselbegriffe: *Grundtendenz: Entwicklung.*
Anspruchsvoll, arrogant, autokratisch, dramatisch, ehrgeizig, eitel, Führungspersönlichkeit, grausam, großzügig, idealistisch, kindisch, kreativ, künstlerisch, musisch, optimistisch, prahlerisch, romantisch, selbstsicher, statusbewusst, stolz, würdevoll.
Qualität: fix, Feuer

* JUNGFRAU
Sonne in diesem Zeichen: 23., 24. August – 22., 23. September
Herrscher: Merkur
Erhöht: Merkur
Schlüsselbegriffe: *Grundtendenz: Perfektion.*
Ängstlich, besorgt, kritisch, faktenversessen, fleißig, human, kleinlich, lernbegierig, melancholisch, methodisch, pedantisch, perfektionistisch, scharfsinnig, sauber, sentimental, skeptisch, wählerisch, wissenschaftlich.
Qualität: veränderlich, Erde

* WAAGE
Sonne in diesem Zeichen: 23., 24. September – 23., 24. Oktober
Herrscher: Venus
Erhöht: Saturn
Schlüsselbegriffe: *Grundtendenz: Ausgewogenheit.*
Apathisch, diplomatisch, entscheidungsschwach, Frieden um jeden Preis, friedliebend, gesellig, heuchlerisch, intrigant, kooperativ, kultiviert, künstlerisch, schmollend, schreckhaft, überzeugend, umgänglich, unbeständig, ver-

urteilend, zuvorkommend.
Qualität: kardinal, Luft

* SKORPION
Sonne in diesem Zeichen: 24., 25. Oktober – 21., 22. November
Herrscher: Pluto (Mars)
Erhöht: Uranus
Schlüsselbegriffe: *Grundtendenz: Regeneration.*
Arrogant, eifersüchtig, einfallsreich, entschlossen, führungsstark, gewalttätig, heimlichtuerisch, intolerant, leidenschaftlich, misstrauisch, motiviert, nachbohrend, nachforschend, rachsüchtig, reizbar, sarkastisch, scharfsinnig, wissenschaftlich, zurückgezogen.
Qualität: fix, Wasser

* SCHÜTZE
Sonne in diesem Zeichen: 22., 23. November – 21., 22. Dezember
Herrscher: Jupiter
Erhöht: –
Schlüsselbegriffe: *Grundtendenz: Idealisierung.*
Athletisch, barsch, begeisterungsfähig, drängend, freiheitsliebend, belehrend, geradeheraus, gesprächig, gerecht, großzügig, hitzköpfig, idealistisch, liberal, missionarisch, neigt zu Übertreibungen, optimistisch, philosophisch, religiös, Spielernatur, streitlustig, ungeduldig, unmäßig, zaudernd.
Qualität: veränderlich, Feuer

* STEINBOCK
Sonne in diesem Zeichen: 22., 23. Dezember – 19., 20. Januar
Herrscher: Saturn

Erhöht: Mars
Schlüsselbegriffe: *Grundtendenz: Wirklichkeit gestalten.* Arbeitsam, ernst, gehemmt, geschäftsmäßig, gewissenhaft, dominierend, fatalistisch, grübelnd, kalt, konventionell, nachtragend, ökonomisch, perfektionistisch, praktisch, statusbewusst, störrisch, traditionsbewusst, überehrgeizig, verantwortungsbewusst, verurteilend, vorsichtig, zuverlässig.
Qualität: kardinal, Erde.

* WASSERMANN
Sonne in diesem Zeichen: 20., 21. Januar – 18., 19. Februar
Herrscher: Uranus (Saturn)
Erhöht: –
Schlüsselbegriffe: *Grundtendenz: Experimentieren.* Einfallsreich, einzigartig, exzentrisch, fixiert, fortschrittlich, human, individualistisch, intellektuell, launisch, logisch, kalt, nicht an Details interessiert, radikal, rebellisch, tolerant, unabhängig, unberechenbar, unpersönlich, wissenschaftlich.
Qualität: fix, Luft

* FISCHE
Sonne in diesem Zeichen: 19., 20. Februar – 20., 21. März
Herrscher: Neptun (Jupiter)
Erhöht: Venus
Schlüsselbegriffe: *Grundtendenz: Spiritualität.* Ängstlich, einfühlsam, emotional, Flucht vor der Wirklichkeit, gehemmt, introspektiv, intuitiv, kreativ, melancholisch, mitfühlend, musikalisch, pessimistisch, redselig, Selbstaufopferung, spirituell, träge, unpraktisch, verträumt, visionär, wohltätig, zaudernd.
Qualität: veränderlich, Wasser

Günstiger Zeitpunkt: Dienstag, Marsstunde, Mond im Widder oder Sonne im Widder.

Fokus: Der Widder schenkt uns die Kraft, alle Hindernisse zu überwinden. Er verleiht uns Führungsstärke, aber auch den Mut, einer Niederlage unerschrocken ins Auge zu sehen. Wenn die Widder-Energie von unseren Händen ausstrahlt, kann uns nichts unterkriegen.

Zauber: Zeichne das Hindernis, das dir den Weg versperrt, auf ein Blatt Papier. Das kann eine rasch hingeworfene Skizze sein, eine detaillierte Zeichnung oder auch nur ein paar Farbkleckse, die für das stehen, was du überwinden möchtest. Zeichne auf die Rückseite des Blattes das angestrebte Ziel. Unter die zweite Zeichnung schreibst du: (Dein Name) benutzt die Mars-Energie (♂), fokussiert durch die Widder-Energie (♈), und überwindet so (nenne das Hindernis). Richte diesen Zauber bei Sonnenuntergang (oder zu der oben empfohlenen Zeit) als Petition an den Großen Geist und bitte um Hilfe bei deinem momentanen Dilemma. Verbrenne die Zeichnung draußen im Freien (Feuer-Magie), während du den Sonnenuntergang beobachtest – in dem Wissen, dass, so wie das Feuer des Himmels vom Horizont der Erde absorbiert wird, auch das Hindernis in deinem Leben vom Universum absorbiert und in positive Energie umgewandelt werden wird. Zeichne ein gleicharmiges Kreuz in die Luft, um den Zauber zu besiegeln. Vermische die Asche mit den Blütenblättern einer roten Rose. Streue diese Mischung in den Wind. Zünde anschließend in deinem Zimmer eine weiße Kerze an und bitte den Großen Geist darum, dass er Reinigung und Läuterung in dein Leben bringt.

Günstiger Zeitpunkt: Freitag, Venusstunde, Sonne im Stier oder Mond im Stier.

Fokus: Der funkelnde Aspekt der Stier-Energie bringt dauerhafte Stärke und Macht, deren letztes Ziel Frieden und heitere Gelassenheit sind. Der Stier baut Kraft auf, während er zugleich eine schützende Bastion errichtet. Wenn du beharrlich an deinen Zielen festhalten willst, kann die Stier-Energie allen Gegenkräften Einhalt gebieten, die von dir faule Kompromisse verlangen. Und sie verleiht dir die Hartnäckigkeit, bis zum Ziel durchzuhalten.

Zauber: Nimm einen dunkelblauen Briefumschlag, in den du Folgendes hineinlegst: sieben getrocknete Blütenblätter von Gänseblümchen; ein goldenes Band, 33 Zentimeter lang, mit einem Knoten an jedem Ende, fest um einen Eisennagel gebunden; einen Teelöffel fruchtbare Erde. Versiegele den Umschlag mit goldenem Wachs, in den du deinen Fingerabdruck presst. Zeichne die astrologischen Symbole für Venus (♀) und Stier (♉) auf den Umschlag. Halte die Hände über den Umschlag und bitte den Großen Geist um Hilfe. Benenne deine Ziele und Bedürfnisse klar und deutlich. Besiegele den Zauber, indem du den Umschlag küsst. Vergrabe ihn dann in deinem Garten. Wenn du in einer Mietwohnung lebst, kannst du den Umschlag stattdessen unten in einen Blumentopf legen und mit Blumenerde bedecken.

Günstiger Zeitpunkt: Mittwoch, Merkurstunde, Mond in den Zwillingen oder Sonne in den Zwillingen.

Fokus: Blitzschnell und hervorragend für alle Formen der Kommunikation, saust die Zwillings-Energie voran und findet einfache Lösungen für die kompliziertesten Probleme. Die Dynamik der Zwillinge kann uns außerdem fruchtbare Kommunikation mit den Toten ermöglichen oder die Wirkung jedes Zaubers beschleunigen.

Zauber: Silvers Merkur-Pulver. Du kannst dieses Zauberpulver für sich allein benutzen oder es bei anderen magischen Praktiken ergänzend verwenden (zum Beispiel, indem du eine kleine Prise davon benutzt, um die Unterseite einer magischen Kerze damit einzureiben). Zerstoße die folgenden Zutaten in einem Mörser: getrocknete weiße Rosenblätter, Silberglitter, blaues Pulver, getrocknetes Eisenkraut, Ingwer und getrocknete, zerdrückte Veilchenwurzel. Zeichne mit dem Finger oder einem Stift das Symbol des Merkur (☿) und das Symbol der Zwillinge (♊) in das Pulver. Halte deine Hände über das Pulver und bitte darum, dass es mit den dynamischen Energien der Zwillinge geladen werden möge. Fülle das Pulver in einen Plastikbeutel, der einen Mondstein enthält. Wenn du dringend eine bestimmte Information benötigst, geh nach draußen und stell dich mit dem Gesicht nach Osten. Schütte einen Teelöffel des Pulvers auf deine Handfläche und blase es über die Fingerspitzen. Bitte dabei das Element der Luft, dein Anliegen unverzüglich weiterzuleiten und dir alles erforderliche Wissen so schnell wie möglich zu übermitteln.

Günstiger Zeitpunkt: Montag, Mondstunde, Sonne im Krebs, Mond im Krebs, Vollmond.

Fokus: Die Krebs-Energie konzentriert sich auf das Zuhause, den heimischen Herd. Mit heftigem Beschützerinstinkt, loyal, hilfsbereit und kreativ, kreist die Krebs-Aktivität darum, persönliche Bedürfnisse auf positive Weise zu befriedigen. Wenn etwas wiederaufgebaut werden muss, ist die Krebs-Energie gefragt. Wenn du bestrebt bist, Ressourcen anzusammeln, wird dir der Krebs, der Packesel des Universums, eine große Hilfe sein. Wenn du dir mehr Rückzugsmöglichkeiten wünschst, kannst du die Krebs-Schwingungen als Schutzmechanismus nutzen.

Zauber: Eine Schale Wasser; 3 Jadesteine, 13 Zehn-Cent-Münzen. Lade die Wasserschale bei Vollmond auf. Wenn du kannst, fange das Spiegelbild des Mondes für wenigstens dreißig Minuten in dem Wasser ein. Lass langsam eine Münze nach der anderen ins Wasser fallen und formuliere deine Absichten dabei klar und deutlich. Warte, bis das Wasser wieder still geworden ist, ehe du die nächste Münze hineinfallen lässt. Wenn alle dreizehn Münzen im Wasser liegen, halte deine Hände über die Schale und wiederhole dein Anliegen. Zeichne die Siegel für Mond (☽) und Krebs (♋) über der Schale in die Luft. Nimm die drei Steine und die dreizehn Münzen und lege sie in einen grünen Zauberbeutel. Trage den Beutel bei dir, bis die Bitte sich manifestiert hat. Besprenge mit dem Wasser alle nach draußen führenden Türschwellen und wiederhole dabei deine Bitte.

Günstiger Zeitpunkt: Sonntag, Sonnenstunde, Mond im Löwen, Sonne im Löwen, oder Mittag.

Fokus: Um herauszufinden, wie es um die Willenskraft eines Menschen bestellt ist, schaut ein Astrologe im Geburtshoroskop nach, in welchem Haus die Sonne platziert ist. Die Sonne ist wie eine gigantische Himmelsbatterie, und alles, was dieser warme Himmelskörper in deinem Horoskop berührt, wird machtvoll mit Energie aufgeladen. Die Löwenenergie ist auf bedingungslose Liebe, Dramatik, Kreativität und Kinder ausgerichtet. Viel Spaß zu haben ist ebenfalls Sache des Löwen!

Zauber: Verwende den folgenden Sonnenschein-Zauber, um deine Motivation zu stärken, mit den Musen zu tanzen, gut mit Kindern klarzukommen, die Gabe der bedingungslosen Liebe zu schenken oder im Beruf gute, starke Erfolgsenergie auszustrahlen. Nimm dir eine alte CD, die du nicht mehr anhörst. Lege sie in einen Bogen Goldfolie oder goldenes Weihnachtspapier. Streue die folgende Mixtur über die CD: getrocknete, zerdrückte Sonnenblumen- oder Ringelblumen-Blütenblätter, gelbes Pulver, Goldglitter, getrocknete Orangenschale und das Kraut Gelber Ampfer. Zeichne mit dem Finger oder einem Stift die Symbole für die Sonne (☉) und den Löwen (♌) in die Mixtur. Trage die Folie mit der CD und der Mixtur an einen Platz, wo sie der direkten Sonne ausgesetzt ist. Halte die Hände darüber und formuliere deine Bitte klar und deutlich. Lass dein Projekt mindestens dreißig Minuten lang von der Sonne bescheinen und falte die Goldfolie dann vorsichtig über CD und dem magischen Pulver zusammen. Verschließe die Ränder mit Klebeband. Schreib deinen Namen und die Symbole für Sonne und Löwen auf eine goldene Kerze. Stell die Kerze auf die in Goldfolie eingeschlagene CD und lass sie vollständig herunterbrennen. Bekräftige deine Bitte an das Universum täglich mehrfach, während du einen Blick auf die Kerze wirfst. Bewahre die verpackte CD anschließend an einem Platz auf, der mit dem Bereich, in dem du glänzen möchtest, in Zusammenhang steht, zum Beispiel im Büro, dem Arbeitszimmer, deinem Auto, dem Aktenkoffer oder dem Rucksack.

Jungfrau-Energiezauber

Günstiger Zeitpunkt: Mittwoch, Merkurstunde, Sonne in der Jungfrau oder Mond in der Jungfrau.

Fokus: Die Jungfrau ist die bereitwillige Helferin im Tierkreis. Sie strebt nach der »Reparatur« schwieriger Verhältnisse und nutzt dazu ihre Gabe klaren Unterscheidungsvermögens und eines analytischen Verstandes. *Lasst es mich besser machen*, lautet der Wahlspruch der Jungfrau. Wenn du Hilfe dabei brauchst, eine Liste zu erstellen, eine Agenda zu entwickeln oder ein Projekt durchzuplanen, solltest du die Jungfrau-Energie, gelenkt durch ihren Planetenherrscher Merkur, anrufen.

Zauber: Als alle anderen Götter und Göttinnen auf den Olymp flüchteten, hatte nur eine einzige junge himmlische Schönheit den Mumm, auf der Erde zu bleiben und der Menschheit zu helfen, wodurch sie sich ihren Ehrenplatz auf dem Tierkreis verdiente. Wenn du in ernsten Schwierigkeiten steckst und nicht mehr ein noch aus weißt, kannst du auf die Jungfrau-Energie zählen. Sie wird dir aus der Patsche helfen! Nimm ein unbenutztes Scheckregister, das sich hinten in deinem Scheckheft befindet. Auf der ersten Seite listest du die Namen deiner Ahnen auf. Auf die nächste Seite schreibst du in die Datumsspalte das aktuelle Datum. Unter »Verwendungszeck« trägst du kurz dein momentanes Dilemma ein. Und in die Saldo-Spalte schreibst du die gewünschte Lösung. In den Feldern ist nicht viel Platz, du musst also präzise formulieren. Vorne auf das Scheckregister zeichnest du die Symbole für Merkur (☿) und für Jungfrau (♍). Wickle ein Gummiband um das Register und lass es dreimal richtig flitschen, während du die in das Register notierten Affirmationen wiederholst, die das Gewünschte in dein Leben bringen sollen. Bitte den Großen Geist oder deinen Schutzengel um Hilfe. Notiere jeden Tag die Schritte, die du unternommen hast, um das Problem zu lösen. In die Saldo-Spalte trägst du jedes Mal erneut die jeweils gewählte Affirmation, dein Schlüsselwort, ein. Vergiss nicht, nach jedem Eintrag wieder das Gummiband um das Register zu wickeln und es dreimal schnalzen zu lassen, wobei du deine Affirmationen wiederholst. Wenn dein Wunsch sich manifestiert hat, hast du zwei Möglichkeiten: Entweder du vergräbst das Register im Garten oder du schlägst eine neue Seite auf und nimmst dir ein neues Zauberprojekt vor, bei dem du die gleiche Methode anwendest.

Waage-Energiezauber

Günstiger Zeitpunkt: Freitag, Venusstunde, Mond in der Waage oder Sonne in der Waage.

Fokus: Wenn du dein inneres Gleichgewicht wiederfinden, zu Hause oder am Arbeitsplatz Harmonie erzeugen oder gesellschaftlichen Charme entfalten möchtest, solltest du die Waage-Energie in dein Leben ziehen. Zum Charme der Waage gehören gute Manieren, ein Sinn für Fairness, der weise Gebrauch der persönlichen Integrität und die Fähigkeit, anscheinend unvereinbare Gegensätze und Konflikte auszubalancieren. Willst du andere überzeugen? Dann schalte das Waage-Licht ein!

Zauber: Leinwand und Ölfarben oder Papier und Fingerfarben oder Wasserfarben stehen im Zentrum dieses Zaubers. Male als Erstes die Symbole der Venus (♀) und der Waage (♎) auf die Leinwand oder das Papier. Diese Symbole können entweder das Zentrum deines Gemäldes bilden oder aber kleinere Teile des ganzen Kunstwerks sein. Höre beim Malen eine Lieblingsmusik, die in Bezug zu deiner Situation oder dem Talent steht, das du kultivieren möchtest. Nimm dir für das Bild so viel Zeit, wie du willst. Es geht dabei nicht so sehr darum, dass du eine künstlerisch perfekte Darstellung erschaffst, sondern darum, die Emotionen auf die Leinwand oder das Papier zu bannen, die du gerne in deinem Leben erzeugen möchtest. Wenn du anfängst, dir Sorgen zu machen oder dich in negative Denkmuster zu verstricken, halte sofort inne. Fahre erst dann mit dem Malen fort, wenn du deinen Geist von diesen unguten Emotionen befreit hast. Während des Malens eine angenehme Räuchermischung zu verbrennen hilft ebenfalls, eine optimistische, positive Stimmung aufrechtzuerhalten. Male Spiralen, die am äußeren Rand der Leinwand beginnen und nach innen kreisen, wobei du dich darauf konzentrierst, die gewünschte Energie in dein Leben zu ziehen. Wenn das Bild fertig ist, halte die Hände darüber und lade es auf, indem du deinen Wunsch dem Großen Geist klar und deutlich mitteilst. Versiegele das Bild, indem du darüber ein gleicharmiges Kreuz in die Luft zeichnest. Verwende das Bild als Altarschmuck, während du andere magische Rituale vollziehst, die dem gleichen Ziel dienen.

Skorpion-Energiezauber

Günstiger Zeitpunkt: Dienstag oder Samstag, Mars- oder Saturnstunde, Mond im Skorpion, Dunkelmond oder Sonne im Skorpion.

Fokus: Möchtest du deine Strategie verbessern, oder benötigst du für ein Vorhaben mehr Intensität? Die Skorpion-Energie verschafft dir Erfahrungstiefe und die guten Gelegenheiten, die du dir erhoffst. Sie bringt Macht, Einfluss und dauerhafte Allianzen. Und vor allen anderen Zeichen ist der Skorpion der große Krisenbewältiger!

Zauber: Obwohl der Skorpion ein Wasserzeichen ist, trägt er tief in sich doch die Energie des Feuers. Fülle einen alten Kochtopf mit Wasser (je größer das Problem, desto mehr Wasser). Gib 3 Jettsteine hinzu, 1/2 Teelöffel Angelikawurzel, 1/2 Teelöffel Holunderblätter und 1 Teelöffel Zitronensaft. Schreib dein Problem und die angestrebte Lösung auf einen Zettel. Zeichne die Zeichen für Pluto (♇) und Skorpion (♏) über dem Topf in die Luft. Schreibe sie dann oben und unten auf deinen Zettel. Falte ihn zu einem kleinen Dreieck. Bring die Rezeptur im Topf zum Kochen. Wirf das Dreieck hinein und visualisiere ein positives Resultat. Lass das Gemisch kochen, bis das Wasser vollständig verdampft ist. (Behalte dabei den Topf im Auge, damit nichts passiert.) Lass den Topf abkühlen, kratze ihn aus und fülle den Inhalt in eine Schale. Leere die Schale um Mitternacht an einer Wegkreuzung aus.

Günstiger Zeitpunkt: Donnerstag, Jupiterstunde, Mond im Schützen, Sonne im Schützen oder Neumond.

Fokus: Expansion. Träumst du von einer Beförderung, willst du dich weiterbilden oder eine Kreuzfahrt unternehmen? Hast du ein juristisches Problem, stehst vor einer wichtigen Prüfung oder willst andere unterrichten? Her mit der Schütze-Energie! Wenn du etwas wirklich Großes vorhast, dann ist das die richtige Energie für dich.

Zauber: Poppe eine Tüte ungebuttertes Popcorn auf. Während die Körner aufquellen, denk an die Möglichkeiten, die du in dein Leben ziehen möchtest. Fädele das Popcorn und Stechpalmenblätter auf eine Schnur auf. Je länger diese Girlande wird, desto besser. Während du die einzelnen Teile auffädelst, konzentriere dich ganz auf deinen Wunsch. Wenn die Girlande fertig ist, verknote die Schnur und verkünde dabei laut deine Absicht, dein Ziel. Halte die Hände über die Girlande und konzentriere dich erneut auf deine Absicht. Zeichne die Zeichen für Jupiter (♃) und für den Schützen (♐) über der Girlande in die Luft. Leg die Girlande so lange auf deinen Altar, bis der Wunsch in Erfüllung gegangen ist. Verbrenne sie dann draußen im Freien und danke dem Großen Geist für das empfangene Geschenk. Hinweis: Du kannst die Girlande auch an deinen Jul-Baum hängen oder während der Feiertage eine Tür damit schmücken.

Steinbock-Energiezauber

Günstiger Zeitpunkt: Samstag, Saturnstunde, Sonne im Steinbock oder Mond im Steinbock.

Fokus: Die Grundenergie des Steinbocks ist das Aufbauen. Überall, wo es etwas zu bauen oder aufzubauen gibt, tut er dies außerordentlich gut. Wenn es darum geht, Grenzen festzulegen, wenn Regeln zu befolgen sind oder ein Projekt durch sorgfältige Planung auf eine solide Grundlage gestellt werden muss, solltest du die Energie des Steinbocks in dein Leben einladen.

Zauber: Nimm einen DIN-A4-Bogen Millimeterpapier und einen Bleistift oder Kugelschreiber. Oben auf das Papier (oder auf die Rückseite) schreibst du so genau wie möglich, was du aufbauen möchtest, die Grenzen, die festgelegt werden müssen, oder das Fundament, das du benötigst. Zeichne darunter die Symbole für Saturn (♄) und Steinbock (♑). Auf der Rückseite des Bogens listest du die Namen deiner Vorfahren auf, denn sie sind dein Fundament. Fülle Tag für Tag eine Zeile des Papiers aus, indem du die Kästchen ausmalst (mit Buntstiften oder einfach mit dem Bleistift). Verbrenne deine Lieblingsräuchermischung, während du dies tust. Wiederhole beim Ausmalen der Kästchen entweder laut oder nur in Gedanken deine Absichten. Wenn du deine tägliche Zeile ausgemalt hast, falte das Papier quadratisch zusammen und stell einen Salzstreuer darauf (Salz – das Fundament des Lebens), der eine Mischung aus Salz und Erde enthält (vorzugsweise Erde vom Grab eines deiner Vorfahren). Wenn dein Wunsch in Erfüllung gegangen ist, vergrabe das Millimeterpapier (auch wenn noch nicht alle Zeilen ausgemalt sind) und das Salz-Erde-Gemisch in deinem Garten.

Günstiger Zeitpunkt: Mittwoch, Merkurstunde, Sonne im Wassermann oder Mond im Wassermann.

Fokus: Willst du mehr Wildheit, Verrücktheit und Avantgardismus in dein Leben bringen? Mangelt es dir an Hingabe? Sehnst du dich nach Freiheit? Dann solltest du die Wassermann-Energie aktivieren.

Zauber: Du brauchst 13 Bänder in Farben deiner Wahl, einen Beutel mit Knöpfen sowie Nadel und Faden. Dieser Zauber ist etwas zeitaufwendig, aber die Mühe lohnt sich. Führe dir dein Ziel klar vor Augen. Nähe auf jedes der Bänder so viele Knöpfe wie möglich, wobei du an einem Ende ungefähr fünf Zentimeter freilässt. Wiederhole beim Annähen jedes Knopfes dein Ziel klar und deutlich. Du kannst dazu deine bevorzugte Inspirations-Musik hören. Wenn alle Bänder fertig mit Knöpfen benäht sind, binde sie an der Spitze zusammen (oder nähe sie zusammen). Halte deine Hände über das Werk und verkünde erneut deine Absicht. Zeichne die Zeichen des Uranus (⛢) und des Wassermanns (♒) über den Bändern in die Luft. Hänge die magischen Bänder draußen im Garten an einen Baum oder ein Geländer oder aber an eine andere Stelle deiner Wahl. Verkünde erneut laut deine Absicht, dann sprich:

Vom Himmel zur Erde, von der Erde zum Himmel,
kreisen die Winde über meinem Wunsch,
tragen meine Gedanken zu den Göttern
des Universums und kehren zurück
mit dem Geschenk der positiven Fülle.
So sei es.

Lass die Bänder hängen, bis dein Wunsch in Erfüllung gegangen ist. **Warnung:** Uranus arbeitet mit Schockeffekten, Überraschungen und plötzlichen Aufregungen. Wenn du diese Energie einsetzt, sei offen für das Unbekannte und bereite dich auf positive Veränderungen vor.

Fische-Energiezauber

Günstiger Zeitpunkt: Montag, Mondstunde, Mond in den Fischen, Sonne in den Fischen oder Vollmond.

Fokus: Die leidenschaftlichen Fische helfen uns, aus der Eintönigkeit des Alltags auszubrechen und ein Kaleidoskop von Visionen, Träumen und medialen Phänomenen für uns zu entdecken.

Zauber: Lege einen trockenen Schwamm in eine Schüssel. Mische in einem verschließbaren Gefäß Patschuliöl und Wasser. Denke gründlich darüber nach, auf welche Weise du die Fische-Energie einsetzen willst. Für prophetische Träume? Visionen in der Meditation? Um Mitgefühl für jene zu entwickeln, denen es weniger gut geht als dir? Schreib deine Absicht auf eine Karte, die du unter die Schüssel legst. Gieße nun langsam das Patschuli-Wasser auf den Schwamm und sprich: *Wie dieser Schwamm werde ich* (nenne deine Absicht) *aufsaugen.* Leg eine weiße Rose oben auf den Schwamm. Verkünde erneut laut deine Absicht. Halte deine Hände über die Rose, atme tief durch und verbinde dich mental mit der bedingungslosen Liebe des Universums. Wenn du fertig bist, zeichne die Siegel des Neptun (♆) und der Fische (♓) über Blume und Schale in die Luft. Nach einer Woche wringe den Schwamm aus und übergib die Rose einem

Bach oder Fluss. Wiederhole diesen Zauber wöchentlich, bis du dein Ziel erreicht hast.

Reinigungszauber für Luftzeichen

Wenn du eine wichtige Botschaft für einen anderen Menschen hast, Bewegung in eine verfahrene Situation bringen willst, dringend zusätzliche Erkenntnisse für eine Entscheidung benötigst oder einem Freund Gesundheit und Glück wünschen möchtest, kann die Luft-Energie für eine rasche Wirkung deiner Zauberarbeit sorgen. Um deinen magischen Raum sowie Werkzeuge und Hilfsmittel zu reinigen und einzusegnen oder um die Luft-Energie in deinen magischen Kreis zu rufen, kannst du die folgende Zauberformel benutzen. Die Wirkung lässt sich verstärken, indem du die Symbole der Luftzeichen (Zwillinge, Waage und Wassermann) in eine Kerze ritzt, die du dann während des Rituals anzündest, wobei du um Hilfe durch das Element der Luft bittest.

Reine Luft fließt, der Geist ist frei!
Inspiration! Vom Himmel zur Erde!
Göttliche Liebe Wirklichkeit werde!

Schlage anschließend siebenmal einen magischen Gong.

Reinigungszauber für Feuerzeichen

Die Feuer-Energie kann viel Inspiration und Leidenschaft in deine magische Arbeit bringen. Nachdem du Kerzen, Freudenfeuer oder Herdfeuer angezündet hast, versuche die folgende einfache Zauberformel:

Feuer facht den Zauber an.
Innerer Frieden wärmt unser Herz.
Steig empor, Flamme, reinige
und verzaubere diesen Ort,
von der Erde zum Himmel!

Zusätzliche Kraft erhält dieser Zauber, wenn du die Zeichen für Löwe, Schütze und Widder auf Topf, Kessel oder Kerze malst oder im Südviertel deines Kreises in die Erde ritzt. Wenn du im Topf eine Flüssigkeit kochst, solltest du als viertes Symbol das des Skorpions hinzufügen (»das Feuer in der Tiefe«). Wenn du Lust hast, dich künstlerisch zu betätigen, kannst du einen Salamander zu den anderen Symbolen zeichnen. Kräuter und Räucherwaren können dem Zauber eine besondere Duftnote verleihen. Du kannst sie entweder gleich von Anfang an oder erst auf dem Höhepunkt deines Rituals ins Feuer werfen. Vesta-Pulver (damit solltest du sehr vorsichtig umgehen) erzeugt eine Mini-Explosion, bunte Flammen und interessante Raucheffekte, wenn man es ins Feuer wirft. (Nur im Freien an gut gesicherter Feuerstelle verwenden – nicht für Kerzen geeignet!) Kürbisgewürz lässt die Flammen glitzern und verbreitet einen angenehmen Duft.

Reinigungszauber für Erdzeichen

Diese kleine Zauberformel lässt sich vielseitig anwenden, besonders wenn du viel unterwegs bist. Wiederhole sie im Stillen, während du auf die U-Bahn wartest (lach nicht, das funktioniert wirklich!), während du dich im Park entspannst und Vögel fütterst, wenn du im Dunkeln allein durch eine einsame Straße gehst (beim nächsten Mal solltest du trotzdem lieber einen Freund mitnehmen), wenn du einen Ort aufsuchen musst, an dem du dich unbehaglich fühlst, oder um einen heiligen Raum für deine magische Arbeit zu schaffen.

Von Welt zu Welt,
von den Engeln und Ahnen,
von Herd zu Herd
– bringe den Segen der Mutter,
ihre Reichtümer und Schätze,
zu mir, Erde!

Ritze die Tierkreissymbole der Erdzeichen (Stier, Jungfrau, Steinbock) in eine Kerze oder mixe ein Erdpulver, das Öl, Salz und verschiedene Kräuter enthält. Verwende es in Zauberbeuteln, zur Reinigung deiner Türschwelle oder indem du deine Erdelement-Kerze mit einer kleinen Menge davon präparierst.

Reinigungszauber für Wasserzeichen

Der folgende Zauberspruch dient der Reinigung und dem Schutz. Du kannst ihn als Teil eines größeren Rituals einsetzen oder mit ihm arbeiten, wenn du schwimmen gehst, im Regen unterwegs bist, eine Bootstour machst etc. Er kann auch bei der Vorbereitung auf eine Geburt oder während des Gebärens eingesetzt werden. Wenn nötig, kannst du ihn als Regenzauber verwenden.

Wasser schützt den Embryo
mit der ewigen Liebe der Ahnen.
Gezeiten und Flüsse tanzen und wogen,
erfüllen diesen Ort mit magischer Kraft.
Belebt! Bringt Veränderung! So soll es sein.

Um deine Magie zusätzlich mit Wasser-Energie aufzuladen, ritze die Tierkreissymbole von Krebs, Fischen und Skorpion in eine Kerze. Zum stärkeren Aufladen stelle diese Kerze nur wenige Zentimeter von einem Wassergefäß entfernt auf.

Tierkreis-Räuchermischungen

Benutze die folgenden Räuchermischungen für Zauberarbeit mit den Tierkreiszeichen, einschließlich des Mondes in den Zeichen. Hinweis: Mische zunächst die getrockneten Zutaten und gib dann sparsam Öl hinzu. So findest du durch Ausprobieren die richtigen Mengen.

* WIDDER
Zu gleichen Anteilen mischen: Engelwurz, Zeder, Ginseng, Basilikum, Kiefer
Öl: Zedernöl

* STIER
Zu gleichen Anteilen mischen: Andorn, Beifuß, Oleander, Eisenkraut
Öl: Eisenkrautöl

* ZWILLINGE
Zu gleichen Anteilen mischen: Augentrost, Hopfen, Zitronengras, Salbei
Öl: Rosmarinöl

* KREBS
Zu gleichen Anteilen mischen: Kamille, Mutterkraut, Heidekraut, Myrrhe
Öl: Myrrhenöl

* Löwe

Zu gleichen Anteilen mischen: Orangenschalen, Galangal, Weinraute, kanadische Gelbwurzel
Öl: Zimtöl

* Jungfrau

Zu gleichen Anteilen mischen: Bergamotte, Fenchel, Bohnenkraut, Minze
Öl: Rosenöl

* Waage

Zu gleichen Anteilen mischen: Klee, Benzoin, Lavendel, Grüne Minze
Öl: Lavendelöl

* Skorpion

Zu gleichen Anteilen mischen: Sandelholz, Boneset (Wasserhanf), Huflattich, Thymian
Öl: Sandelholzöl

* Schütze

Zu gleichen Anteilen mischen: Fingerkraut, Salbei, Muskatnuss, Betonienholz
Öl: Muskatöl

* Steinbock

Zu gleichen Anteilen mischen: Königskerze, Patschuli, Beinwell, Salomons Siegel
Öl: Patschuliöl

* Wassermann

Zu gleichen Anteilen mischen: Bockshornklee, Kiefer, Ginster, Klee
Öl: Kiefernöl

✶ FISCHE
Zu gleichen Anteilen mischen: Zitronenmelisse, Holunder, Zitronenschalen, Veilchenwurzel
Öl: Zitronenöl

Dekanate in der Hexenkunst

Jedes Tierkreiszeichen kann mit Hilfe der Dekanate weiter unterteilt werden. Jedes Zeichen beinhaltet drei Dekanate und umfasst dreißig Grad des Tierkreises, so dass jedes Dekanat des Zeichens zehn Grad groß ist. Die ersten zehn Grad enthalten, so heißt es, die »Natur« des Zeichens und beherbergen den Planetenherrscher des Zeichens. Das erste Dekanat im Widder beispielsweise harmoniert mit der Widder-Energie. Planetenherrscher im Widder ist der Mars, daher wäre Mars Herrscher über das erste Widder-Dekanat. Die nächsten zehn Grad (11 bis 20) sollen die Natur des nächsten Zeichens aufweisen, das dem gleichen Element zugeordnet ist. In diesem Fall wäre das Löwe. Der Planetenherrscher dieses Dekanats ist demnach die Sonne. Die letzten zehn Grad, 21 bis 30, sollen die Qualitäten des letzten Zeichens desselben Elementes aufweisen. Das ist in diesem Fall der Schütze, und so ist Jupiter der Planetenherrscher im dritten Dekanat des Widders. Im Umgang mit den Dekanaten sollte man immer daran denken, dass sie stets nur ein Element repräsentieren. Da es nur drei Zeichen in jedem Element gibt, werden diese drei Zeichen immer benutzt, auch wenn ihre Position (in diesem Fall ihr Dekanat) innerhalb des Zeichens variiert. Das zweite und dritte Dekanat (von 11 bis 30 Grad) gelten als »sekundäre Herrscher« des Zeichens, gegenüber denen der Herrscher des ersten Dekanats eine herausgehobene Stellung einnimmt. Siehe die nachfolgende Abbildung, auf der auch die Häuser des Mondes zu sehen sind.

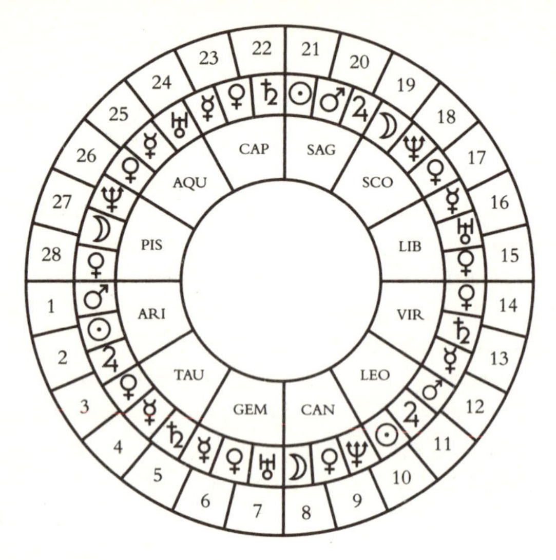

Tierkreiszeichen, Dekanatsherrscher, Häuser des Mondes (Ziffern) und Platzierungen.

Es gibt mehrere Möglichkeiten, in der Magie mit den Dekanaten zu arbeiten. Sagen wir, wir haben Neumond im Widder im zweiten Dekanat. Das wissen wir aus unserem Almanach. Der erste Planetenherrscher im Widder ist der Mars. Über das zweite Dekanat herrscht die Sonne. Daher können wir sowohl die Mars- als auch die Sonnenenergie nutzen, um unserem Zauber zusätzliche Kraft zu verleihen. Noch besser: Der Neumond bedeutet, dass Sonne und Mond Wange an Wange tanzen, was der Sonne einen zusätzlichen Energiebonus gibt. Nun kannst du deine Zaubersprüche und die verwendeten Farben, Kräuter und Räuchermittel passend zu diesen astrologischen Korrespondenzen wählen. So bist du in der Lage, Sonnen-, Mond-, Mars- und Widderenergie auf die von dir gewünschte Weise zu verschmelzen. Da der Mond fallend in einem Wasser-Element steht (wir aber möchten, dass er glücklich ist), wäre es eine gute Idee, nachzuschauen, in welche Häuser er fällt, wenn du gerade dein Zauberritual ausführst (siehe unter *Die Häuser des Mondes* auf der gegenüberliegenden Seite). In diesem Fall ist dies das zweite lunare Haus, Alkatayn, das über das Finden verborgener Schätze regiert, über die Weizenproduktion, die Sicherung der Gefängnisse, die Linderung von Zorn und das Auffinden gesuchter Menschen oder Dinge. In diesem Haus nutzen wir unsere schöpferische Inspiration. Welche dieser Kategorien lässt sich mit unserem Ziel assoziieren, und wie können wir diese Assoziation in unserem Zauberritual wirkungsvoll zum Ausdruck bringen? Zugegeben, das ist eine ganz schöne Mehrarbeit! Wenn du aber erst einmal die Grundlagen des Zauberns sicher beherrschst und eine gewisse Langeweile anfängt, sich breit zu machen (das kann vorkommen), können Techniken wie diese deine religiöse und magische Praxis frisch und lebendig erhalten.

Kleines astrologisches Lexikon

Im folgenden Glossar erkläre ich einige grundlegende Begriffe, die dir bei der Beschäftigung mit der Astrologie immer wieder begegnen werden. Dieses Glossar ist aber keineswegs vollständig und daher nur als Einstiegshilfe in die Materie gedacht.

Arabische Punkte: Imaginäre Punkte in einem Horoskop, die im Mittelalter von arabischen Astrologen benutzt wurden. Man errechnete sie mit Hilfe bestimmter mathematischer Formeln aus den Planetenstellungen. Am verbreitetsten in der heutigen Astrologie ist die Bestimmung des Glückspunktes.

Aspekte: Wenn Planeten in bestimmten Winkeln zueinander in Beziehung treten, interagieren die planetaren Energien abhängig von der Natur der Planeten, dem Winkel und der Geschwindigkeit, mit der sich die Planeten bewegen. Diese »wirksamen« Winkel werden Aspekte genannt. In der klassischen Astrologie wird im Allgemeinen das Ptolemäische Aspektesystem benutzt. Es gibt aber noch Hunderte anderer Winkel, je nachdem welches astrologische System du verwendest.

Asteroid: Ein Himmelskörper, der kleiner ist als ein Planet und sich innerhalb des Sonnenorbits befindet. Asteroiden treten zumeist in Gruppen auf und bestehen oft aus Felsen und Eis. Die in der Magie gebräuchlichsten Asteroiden sind Ceres, Juno, Pallas und Vesta. Jeder von ihnen wird einer bestimmten Göttinnen-Energie zugeordnet:

Juno: Frau des römischen Gottes Jupiter. Hilft bei Zauberei für glückliche Ehen, für mehr Hingabe und gute Beziehungen.

Ceres: Wird mit dem Abstieg der Göttin assoziiert. Fürsorglich, nährend, mütterlich und beschützend.

Pallas: Pallas Athene, Göttin der Weisheit, des Krieges, der Kreativität. Hilft dabei, weisen Gebrauch von den eigenen Talenten zu machen, erfolgreich zu studieren und dergleichen.

Vesta: Römische Göttin des Herdes und des Hauses. In der Magie hilft sie bei Zauberei, die positiv auf diese Bereiche einwirken soll, und ebenso bei der Stärkung der Disziplin und der Bewältigung von Aufgaben.

Astrologie: »Die Sprache der Sterne«, abgeleitet vom griechischen Wort *astron*, das »Stern« bedeutet, und *logos*, dem Wort für »Gespräch« oder »Sprache«. Das Studium der energetischen Einflüsse der Himmelskörper auf das Verhalten und den Zustand von Menschen, Orten und Dingen.

Aszendent: Das erste Zeichen, das auf dem Tierkreis über den Horizont steigt. Es wird in der Regel mit dem ersten Haus assoziiert. Gegenüber, auf 180 Grad, befindet sich der Deszendent.

Brennender Weg: Eine alte Bezeichnung, die ich für die magische Arbeit unglaublich nützlich finde. Danach begibt sich ein Planet auf den Brennenden Weg, wenn er zwischen 15 Grad Waage und 15 Grad Skorpion fällt. Dann ist mit Schwierigkeiten zu rechnen. Wenn aber dieser Planet für dich günstig ist (z. B. in deinem Geburtshoroskop), kannst du meiner Erfahrung nach gewiss sein, dass du letztlich gegen alle Widerstände siegreich bestehen wirst. Dies gilt besonders für den Planeten Mars.

Chaldäische Reihe: Antike Reihenfolge der Planeten: Saturn, Jupiter, Mars, Sonne, Venus, Merkur und Mond. Diese Reihenfolge wird dir begegnen, wenn du mit den Planetenstunden arbeitest.

Dekade/Dekanat: Die Unterteilung eines Tierkreiszeichens in drei Abschnitte. Jedes Tierkreiszeichen umfasst dreißig Grad, so dass jedes Dekanat innerhalb dieses Zeichens 10 Grad groß ist. Man sagt, dass die ersten zehn Grad eines Zeichens seine Natur enthalten. Im Umgang mit den Dekanaten sollte man immer daran denken, dass sie stets nur ein Element repräsentieren. Da es nur drei

Zeichen in jedem Element gibt, werden diese drei Zeichen immer benutzt, auch wenn ihre Position (in diesem Fall ihr Dekanat) innerhalb des Zeichens variiert.

Deszendent: Das vom ersten aus gesehen siebte Zeichen, rechts auf dem Tierkreis. Normalerweise wird es mit dem siebten Haus assoziiert. Es befindet sich auf 180 Grad, dem Aszendenten gegenüber.

Eckhaus (Eckfeld): Das erste, vierte, siebte und zehnte Haus eines Horoskops. Wenn ein Planet eine dieser mythischen Grenzen überschreitet, geschehen in deinem Leben unerwartete und nicht immer erfreuliche Dinge.

Eklipse: Wenn das Licht eines Himmelskörpers durch einen anderen verdeckt wird. Eklipsen von Sonne und Mond, also Sonnen- und Mondfinsternisse, spielen in der Magie eine herausragende Rolle. Der energetische Einfluss einer Mondfinsternis dauert sechs Wochen, der einer Sonnenfinsternis sogar sechs Monate.

Ekliptik: Die jährliche Bahn der Sonne durch den Tierkreis, unterteilt in zwölf gleich große Abschnitte von 30 Grad.

Ephemeride: Ein Buch, das Tabellen mit den Planetenumläufen und anderen astrologischen Daten enthält.

Erdzeichen: Stier, Jungfrau und Steinbock werden dem Element Erde zugeordnet. Man schreibt ihnen die Eigenschaften dieses Elementes zu.

Feuerzeichen: Widder, Löwe und Schütze werden dem Element Feuer zugeordnet.

Fixe (feste) Zeichen: Das sind jene, die als standhaft und unbeugsam, bisweilen aber auch als störrisch gelten: Stier, Löwe und Wassermann. Zauberei, die in einem fixen Zeichen ausgeübt wird oder bei der ein Planet benutzt wird, der sich gerade in einem fixen Zeichen aufhält, hat eine besonders dauerhafte Wirkung.

Fixstern: Ein Stern, der so weit entfernt ist, dass er stillzustehen scheint und sich in allen Horoskopen an der gleichen Stelle befindet. Aspekte der Planeten zu Fixsternen können für die magische Arbeit wertvolle Informationen liefern, vor allem, wenn es um Vorhersagen geht. Und lass dich nicht täuschen – nicht nur die Konjunktionen sind bedeutsam und wertvoll. Wenn du wirklich ernsthaft astrologisch arbeiten willst, sind alle Ptolemäischen Aspekte wichtig.

Geburtshoroskop (auch: Radixhoroskop): Eine symbolische Momentaufnahme des Himmels zum Zeitpunkt der Geburt eines Menschen. Das Diagramm ist normalerweise kreisförmig (allerdings hatten die Horoskopdarstellungen im Mittelalter Kastenform). Dargestellt werden die Positionen von Sonne, Mond, Planeten, Tierkreiszeichen und (je nach Vorliebe des Astrologen) noch andere tolle Sachen.

Geozentrisch: Die Perspektive, bei der das All so betrachtet wird, als befände sich die Erde im Mittelpunkt. Die meisten Astrologen benutzen die geozentrische Astrologie, weswegen die Astronomen uns für Spinner halten.

Glyphen: Schriftzeichen zur symbolischen Darstellung der Zeichen, Planeten und Aspekte (s. Seite 86).

Grad: Ein Grad ist der dreihundertsechzigste Teil eines Kreises. Jeder Grad ist in 60 Minuten unterteilt, und jede Minute in 60 Sekunden. Die Zeit, die ein Planet benötigt, um sich von Grad zu Grad um den Kreis zu bewegen, ist entscheidend, um in der Astrologie und in der astrologisch ausgerichteten Magie die richtige Zeitqualität zu ermitteln. Gradzahlen werden auch benutzt, um den momentanen Standort eines Planeten anzugeben.

Häusersystem: Es gibt eine ganze Menge dieser Systeme, und die Astrologen streiten sich ständig darüber, welches das richtige ist. Streitpunkt ist dabei vor allem, auf welche Gradzahlen jeweils die Anfänge der Häuser fallen. Manche Häusersysteme sind gleichmäßig (bei ihnen ist jedes Haus 30 Grad groß), andere ungleichmäßig. Ich wage noch nicht einmal, eine Empfehlung auszusprechen, welches System du verwenden solltest.

IC: Abkürzung für *Immum coeli*. Diese so genannte Himmelstiefe bezeichnet den tiefsten Stand, den ein Planet im Horoskop einnehmen kann.

Ingress: Der Eintritt eines Planeten in ein Zeichen oder Haus.

Kadente Häuser: Das zweite, fünfte, achte und elfte Haus.

Kardinale Zeichen: Widder, Krebs, Waage und Steinbock. Diese Zeichen leiten die Äquinoktien und Sonnenwenden ein und gelten daher als aktivierend, zum Handeln antreibend.

Kulminieren: Eine alte Bezeichnung dafür, dass ein Planet den MC erreicht.

Luftzeichen: Zwillinge, Waage und Wassermann sind die drei Tierkreiszeichen, die dem Luftelement zugeordnet werden.

MC: Abkürzung für *Medium coeli*. Diese so genannte Himmelsmitte bezeichnet den höchsten Stand, den ein Planet im Horoskop einnehmen kann.

Mondknoten: Es gibt den aufsteigenden nördlichen Mondknoten und den absteigenden südlichen Mondknoten, die manchmal Drachenkopf und Drachenschwanz genannt werden. Es handelt sich dabei um die Punkte im Horoskop, wo der Mond die Ekliptik kreuzt.

Mundanastrologie: Ein Zweig der Astrologie, der sich mit den Horoskopen von Nationen, Eklipsen und Sonnenwenden befasst, um auf diese Weise politische Ereignisse zu analysieren.

Orbis: Der Bereich der Wirksamkeit eines Aspekts im Horoskop. Die Größe des Orbis, in der Regel wenige Tierkreisgrade, hängt von dem jeweiligen Aspekt ab und wird vom Astrologen festgelegt.

Spannungsaspekt: Wenn ein Planet in eine negative Beziehung zu einem anderen Planeten eintritt, spricht man von einem Spannungsaspekt. Typische Aspekte dieser Art sind Quadrat und Opposition.

Stellium (Satellitium): Eine Gruppierung von drei oder mehr zueinander aspektierten Planeten in einem Zeichen.
In der Magie sehr nützlich, um unterschiedliche Energien zu kombinieren.

Sternbild: Eine Gruppe von Sternen, die am Himmel eine Formation bilden. Meist werden sie mit einem Tier, einer Person oder Begebenheit aus der Mythologie assoziiert.

Stundenastrologie: Dabei wird zu einer aktuellen Fragestellung ein Horoskop berechnet und analysiert. Die Stundenastrologie hat ihre eigenen Regeln und stützt sich auf die klassische Astrologie, wobei aber mitunter auch moderne Deutungen benutzt werden.

Sukzedente Häuser: Drittes, sechstes, neunten und zwölftes Haus.

Tages- und Nachthoroskope: Die antiken Astrologen gelangten zu dem Schluss, dass die Planeten sich bei Platzierungen am Tage anders verhalten als bei nächtlichen Platzierungen. Man glaubte, dass manche Kräfte der Planeten nur zu bestimmten Tages- oder Nachtzeiten wirksam waren.

Transite: Die sich verändernden Positionen der Planeten, während sie sich durch die Zeichen des Tierkreises bewegen. Transite beeinflussen Planeten und Punkte in jeder Art von Horoskop und können Ereignisse auslösen, wobei das auf einen einzelnen Transit allein normalerweise nichts zutrifft. Er eignet sich aber gut, um magische Anwendungen vorauszuplanen.

Veränderliche Zeichen: Zwillinge, Jungfrau und Schütze – diese Zeichen sind ständig in Bewegung und stehen in regem Austausch mit so ziemlich allem und jedem.

Vernichtung: Eine der Planetenzuordnungen (Dignitäten). Ein Planet befindet sich in seiner Vernichtung, wenn er in dem Zeichen steht, das dem Zeichen, über das er herrscht, gegenüberliegt. Der Mond beispielsweise befindet sich in seiner Vernichtung, wenn er im Tierkreiszeichen Löwe steht. Daher ist der Mond im Löwen nicht so stark, wie du vielleicht zunächst annimmst. Planetenmagie lässt sich am besten betreiben, wenn ein Planet entweder in dem von ihm beherrschten Zeichen steht oder wenn er erhöht ist.

Winkel: Die vier Winkel jedes Horoskops werden durch den Aszendenten, den Deszendenten, den MC *(Medium coeli)* und den IC *(Immum coeli)* gebildet.

Wirksamkeit: Dieser Ausdruck wird bei der Beschreibung von Aspekten verwendet. Ein Aspekt ist wirksam während eines Zeitfensters, das mit jenem Moment beginnt, in dem er eine bestimmte Entfernung zu einem anderen Planeten erreicht und die Bildung eines geometrischen Musters sich entwickelt, zumeist Winkel genannt. Dieses Fenster besteht, bis das geometrische Muster »exakt« wird. Nachdem der Aspekt exakt war, spricht man, während die Planeten das Muster (ihre Winkelposition zueinander) wieder verlassen, von einem sich entfernenden Aspekt.

Zodiak: Der »Tierkreis«, ein schmales Himmelsband von ungefähr 8 Grad auf jeder Seite der Ekliptik, in dem die meisten der Planetenbewegungen stattfinden.

Astrologische Websites

Astrodienst Online (einschließlich Fixsternen): www.astro.com

Astrolabe (kostenloses Geburtshoroskop mit kurzer Deutung): www.alabe.com

Astrology World (Material für Anfänger und Fortgeschrittene): www.astrology-world.com
www.die-sternzeichen.de
www.astrologie.de
www.astrologix.de
www.kernastro.de (mit täglichem Mondkalender)

Empfohlene Literatur
Welt der Astrologie von Julia und Derek Parker.
Lehrbuch der astrologischen Prognose von Marion D. March und Joan McEvers.
Bitte beachte, dass der Mond in den Zeichen und die Elemente in eigenen Kapiteln behandelt werden, der Mond in diesem Band, die Elemente im Band *Übung und Meisterschaft* dieser Buchreihe.

atmung

Stress ist das größte Hindernis auf dem Weg zu erfolgreicher Magie. Wenn du unter Anspannung atmest, widersetzt sich dein ganzer Körper der Verschmelzung von Seele, Geist und Leib. Dadurch kann sich sogar deine Körperchemie verändern. Auch zu enge Kleidung kann die Atmung behindern. Wenn ein Gürtel deine Taille einschnürt, atmest du möglicherweise nur mit dem oberen Teil der Lunge. Wenn dein Hemd oder deine Bluse den Oberkörper beengt, kann das dazu führen, dass du nur mit dem mittleren Teil der Lunge atmest. Ein weites Gewand, wie es bei magischen Zeremonien üblich ist, befreit deinen Körper von aller Beengtheit und ermöglicht es dir, bei deiner Hexenarbeit frei, tief und entspannt zu atmen.

Richtige Atmung versorgt alle Körperteile mit Sauerstoff und füllt die Energiezentren oder Chakras mit positiver Energie, wodurch Stress abgebaut wird. In der okkulten Philosophie assoziiert man den Atem mit dem Geist der Göttin/des Gottes und glaubt, dass er vom Magnetfeld der Erde mit Energie aufgeladen wird. Aus diesem Grunde wirst du durch den Atem eins mit dem Universum, und zwar nicht nur physisch, sondern auch geistig und spirituell. In der indischen Philosophie wird die Atem-Energie *Prana* genannt, und die Chinesen bringen den heiligen Atem mit dem *Chi* in Verbindung. Wenn das *Prana* oder *Chi* in unserem Körper und um ihn herum ungehindert fließen kann, reduziert das Stress und steigert die Abwehrkräfte des Körpers.

In vielen magischen Systemen gibt es den heiligen Atem. Im Powwow (magische Techniken deutschstämmiger Einwanderer in Amerika), atmet der Praktizierende dreimal ein und aus, ehe er mit Heilungsarbeit oder Zauberei beginnt, und wenn die Arbeit abgeschlossen ist, bläst er dreimal auf die Person oder den Gegenstand. Dabei stellt er sich vor, dass die Person oder der Gegenstand von weißem Licht umgeben ist. Danach zeichnet er ein gleicharmiges Kreuz in die Luft. Während der Powwow-Magier dreimal atmet, verbindet er sich mit dem Großen Geist und greift geistig hinauf in den Himmel, um den heiligen Atem des Göttlichen zunächst in seinen eigenen Körper zu holen und ihn dann dem Patienten oder magischen Gegenstand einzuhauchen. Das weiße Licht der Reinheit und Göttlichkeit beschleunigt, wenn wir es häufig visualisieren, die Manifestation des Gewünschten. Das symmetrische Kreuz unterstützt die Vorstellung, dass das magische Ritual erfolgreich vollzogen und abgeschlossen wurde und die empfangene Energie nicht wieder entweichen kann.

Wenn du in einem magischen Kreis mit anderen zusammenarbeitest, besteht die erste gemeinsame Handlung oft darin, im Gleichklang mit den anderen Gruppenmitgliedern zu atmen, was keine besondere Anstrengung erfordert, sondern ein gemeinsames Einstimmen auf einen natürlichen Rhythmus ist. Manchmal kann es ein paar Minuten dauern, bis alle sich synchronisiert haben und das entsteht, was man ein vorübergehendes Gruppenbewusstsein nennt.

Heiliger Atem – Übung 1

Wähle eine Zeit, während der du ungestört bist. Führe im Stehen drei Dehnübungen aus (z. B. mit den Fingern die Zehen berühren). Setz dich dann bequem auf einen Stuhl mit gerader Lehne. Lege die Hände mit nach oben zeigenden Handflächen auf die Oberschenkel. Achte darauf, dass die Füße mit den ganzen Fußsohlen fest auf dem Boden ruhen.

Schließe die Augen und entspanne dich. Atme so langsam und gleichmäßig wie möglich durch die Nase ein und durch den Mund aus. Nimm dir für das Einatmen genauso viel Zeit wie für das Ausatmen. Vielleicht hilft es dir, beim Einatmen und beim Ausatmen jeweils bis vier zu zählen. Das ist der so genannte Rhythmus des heiligen Atems. Atme nun auf diese Weise und entspanne dich dabei. Stell dir vor, dass du dabei von reinem weißem Licht umgeben bist. Führ diese Übung eine Woche lang einmal täglich durch; wenn du nervös bist oder schwer arbeiten musst, auch öfter. Zeig die Übung Eltern, Ehepartnern oder Kindern, damit ihr alle gemeinsam üben könnt. Die meisten Hexen praktizieren rhythmisches Atmen, Meditation und Visualisierung an jedem Tag ihres Lebens.

Heiliger Atem – Übung 2

Geh genauso vor wie in Übung 1, doch stell dir diesmal vor, dass du mit jedem Einatmen ein wunderschönes, weißes, heilendes Licht inhalierst. Bei jedem Ausatmen stellst du dir vor, dass alle Negativität des Tages deinen Körper verlässt. Nach einer Weile überkommt dich vielleicht ein angenehm »schwebendes« Gefühl: Das ist prima, denn nun bist du entspannt und bewegst dich in einen tieferen Alphazustand hinein. In diesem Zustand kannst du dann Meditation und Visualisierung praktizieren. Du weißt, dass du dein Ziel erreicht hast, wenn du dich plötzlich eins mit dem Universum fühlst. Dieses unbeschreiblich angenehme Gefühl wird deinen Körper durchströmen, und du wirst die grenzenlose Liebe spüren, die uns alle umgibt. Wenn du bereit zum Beenden der Übung bist, zähle von eins bis fünf, öffne dann die Augen und schüttle deine Hände aus. Wenn du kannst, mach diese Übung einen Monat lang zweimal täglich.

Erden und Zentrieren

Magisches Atmen ist auch Bestandteil der beiden als Erden und Zentrieren bezeichneten Methoden. Sie helfen dir dabei, dich vor (und nach) einer magischen Arbeit in die richtige Geisteshaltung zu versetzen. Sich zu erden bedeutet, ein Gefühl der Sicherheit zu empfinden, ein Verwurzeltsein in der Erde. Du lädst die Natur in dein Bewusstsein ein und empfindest dich selbst als Teil der Natur. Zentrieren heißt, tiefe Ruhe aus dem Zentrum deines Wesens zu schöpfen und dich gleichzeitig von deinem eigenen Standort aus zum Zentrum des Planeten hin auszudehnen und zum Zentrum des Universums. So gelangst du an jenen absoluten Punkt der Stille, an dem du dich eins mit dem Universum fühlst.

Das Erden und Zentrieren ist bei vielen Aktivitäten äußerst nützlich, beispielsweise zur Entspannung, zur Vorbereitung auf magische Rituale und um Stress und Negativität aus dem Körper zu entfernen. Manche Wicca-Lehrer verlangen, dass die Schüler sich vor und nach magischen Handlungen erden und zentrieren, andere fordern dies nur hinterher. Während der Ausbildung rate ich aber, es vorher und nachher zu tun.

Es gibt verschiedene Methoden, darunter Meditationen mit den vier Elementen, den Planeten-Energien und den Archetypen (Götter und Göttinnen). Das Erden und Zentrieren kann wenige Augenblicke dauern oder in Form einer ausgedehnten Meditation geschehen. Diese Techniken werden immer einfacher, je öfter du sie einsetzt, und sie verbessern und stärken deine medialen und magischen Fähigkeiten. Und wenn du lernst, dich gut zu erden und zu zentrieren, hat das noch einen weiteren Vorteil – wenn man dich beispielsweise unfair behandelt oder etwas dich aus der Fassung bringt, du dich unsicher und isoliert fühlst, einsam und verloren in diesem riesigen Universum, dann wird diese Technik hilfreich für dich sein.

Erde und zentriere dich

* vor und nach der Meditation
* vor und nach dem Zaubern
* vor und nach Ritualen
* wenn du wütend, aufgeregt oder krank bist
* jeden Morgen als fester Bestandteil deiner täglichen spirituellen Praxis. Manche Hexen erden und zentrieren sich zu den vier heiligen Stunden (Sonnenaufgang, Mittag, Sonnenuntergang und Mitternacht).

Man kann sich im Sitzen oder im Stehen erden und zentrieren und braucht dafür nicht lange. Je mehr du es übst, desto schneller wirst du in der Lage sein, dich zu erden und dich auf die magische Arbeit vorzubereiten, indem du dich innerlich ins Gleichgewicht bringst – fast wie ein Taucher, der sich auf den Sprung seines Lebens vorbereitet, tief hinunter in den Ozean der Magie. Die ersten Male solltest du das Erden und Zentrieren draußen im Freien üben, weil es dort leichter geht.

Erden: Atme dreimal tief durch die Nase ein und durch den Mund aus. Schließe die Augen. Stell dir vor, du wärst ein Baum und deine Füße (Wurzeln) würden tief hinein in die Mutter Erde wachsen. Fühle die stabile, sichere Energie unseres Planeten.

Zentrieren: Stell dir vor, dass deine Energie sich mit der des Universums verbindet. Lass die Geräusche und Gerüche aus deiner Umgebung an dir vorübergleiten, als schwebtest du in einem magischen Teich. Richte deine Aufmerksamkeit auf den Solarplexus. Stell dir vor, dass dort eine wunderschöne Sonne glüht (manche Leute stellen sich lieber eine Kugel aus Licht vor). Lass nun langsam in dir das Gefühl entstehen, eins mit dem Universum zu sein. Lass dich von dieser Empfindung ganz erfüllen. Das ist der Punkt der Stille. Nun ruhst du in deiner Mitte und bist bereit für Zauberei und Ritual!

Wissenschaftler sind sich darüber einig, dass jeder Mensch von einem regenbogenartigen Energiefeld umgeben ist, das rings um seinen Körper pulsiert. Es wird Aura genannt.[20] Bei der Aura handelt es sich um ein deine Haut umgebendes messbares elektromagnetisches Feld, das sich je nach Emotionen und gesundheitlicher Verfassung bis zu einem Durchmesser von achtzehn Metern um den Körper ausdehnen kann.[21] Die Aura besteht aus sechs Schichten, zu denen der Ätherkörper gehört, der Astralkörper, der niedere Mentalkörper, der höhere Mentalkörper, der spirituelle Körper und der Kausalkörper. Man kann also sagen, dass du ständig einen bunten Mantel aus Licht trägst! Zwischen deinem Schädeldach und dem Steißbein gibt es ein elektrisches Potenzial von ungefähr 400 Volt, das Teil des elektromagnetischen Fel-

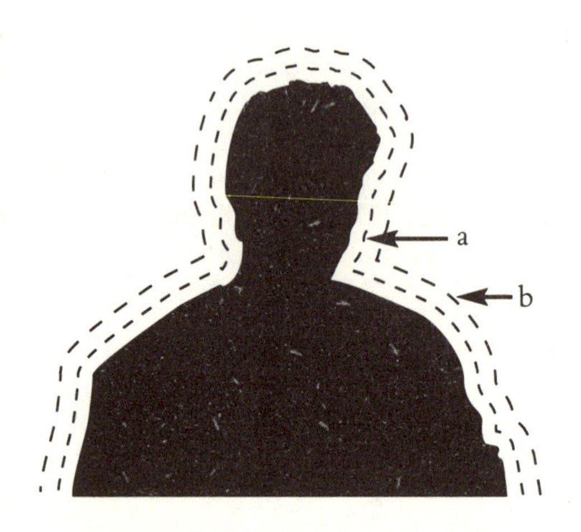

Der Ätherkörper (a) und der Astralkörper (b).

des oder der Aura des Körpers ist.[22] Beim Aurasehen nehmen die meisten Menschen jedoch nur zwei Ebenen wahr, den Ätherkörper und den Astralkörper, die oft ohne klare Trennung ineinander übergehen.

Auf den meisten bildlichen Darstellungen der Aura sieht man einen eiförmigen Lichtschein, der den menschlichen Körper umgibt, doch wenn du tatsächlich selbst die Aura sehen kannst, wirst du feststellen, dass sie durchaus auf dem Kopf stehen oder eine geometrische Form haben kann. Mit dem physischen Selbst ist die Aura durch die sieben Energiewirbel des Körpers verbunden, die Chakras (s. Seite 182). Manche Leute halten die Aura für eine Lichtmanifestation der Seele. Vergiss aber nicht, dass die Aura eine Emanation deines physischen Körpers ist, nicht etwas, das unabhängig von ihm existiert, und dass dein Energiefeld dein gesamtes Sein durchdringt. Körper, Geist und Seele bilden eine Einheit.

Die Schichten deiner Aura senden ständig Botschaften an dein Gehirn. Hast du schon einmal dicht bei einer fremden Person gestanden und, obwohl diese Person äußerlich keinerlei bedrohliches Benehmen an den Tag legte, ein unbehagliches Gefühl gehabt? Auf diese Weise übermittelt dein inneres Alarmsystem dir eine Warnung, die durch Störungen in deinem elektromagnetischen Feld ausgelöst wird. Die Leute nennen solche Empfindungen »Instinkt« oder »Bauchgefühl«. Manchmal ignoriert unser bewusster Verstand unsere Gefühle. Dann schelten wir uns selbst als dumm, müssen aber später erkennen, dass es letztlich doch besser gewesen wäre, auf unser inneres Warnsystem zu hören! Wie oft hast du schon deinen Vater oder deine Mutter sagen hören: »Ich habe diesen Jungen/dieses Mädchen nie gemocht. Ich habe von Anfang an gespürt, dass er/sie Ärger machen würde.« Sie sagen dass, weil auch sie solche Empfindungen haben,

*1 Ausströmen, Ausstrahlen

auch wenn sie nur selten darüber sprechen. Wenn deine Aura durch irgendetwas von außen gestört wird und du dieses unbehagliche Gefühl hast, solltest du das unbedingt ernst nehmen! Deine Aura kann sich mit der eines anderen Menschen vereinigen (was man besonders bei Paaren beobachten kann, die seit vielen Jahren glücklich verheiratet sind) oder von ihm abgestoßen werden (dann hast du das Gefühl, dass dir ein Mensch unsympathisch ist, ohne dies näher begründen zu können).

Für uns Hexen ist es wichtig, unsere energetischen Verbindungen zu anderen Menschen zu verstehen. Wenn du beispielsweise unter unerfreulichen Umständen deine Arbeit verloren oder dich im Streit von einem Liebespartner getrennt hast, dann ist es unbedingt notwendig, eine vollständige Reinigung deines Körpers durchzuführen und die Energiefäden zu durchtrennen, die dich noch mit diesem Menschen verbinden. Manche Hexengruppen führen eine monatliche Reinigung durch, bei der mit den vier Elementen über den Körper gestrichen wird und man dann mit dem Schwert oder Athame symbolisch die negativen Anhaftungen an andere Personen durchschneidet.

Es wird dich überraschen, wie viele Informationen du über einen Menschen empfangen kannst, in dessen Aurafeld du dich aufhältst (beziehungsweise die andere Person sich in deinem), vor allem wenn du bereits über einige magische und spirituelle Erfahrung verfügst. Wenn jemand zu dir sagt: »Oh, Sally ist schon in Ordnung«, dir deine leise innere Stimme aber sagt: »Nein, ist sie nicht«, solltest du auf diese innere Warnung hören. Manche Leute besitzen außerdem das, was man »Charisma« nennt, eine funkelnde, faszinierende Ausstrahlung, was aber nicht zwangsläufig bedeutet, dass sie deswegen gute Menschen sind. Sie wissen nur (bewusst oder unbewusst), wie sie in ihrem Sinne Situationen und Menschen manipulieren können. Schwindler und Hochstapler verfügen oft über eine Menge Charisma, was der Grund ist, dass andere so leicht auf sie hereinfallen. Durch Schmeicheleien und scheinbare Freundlichkeit versuchen sie, unser inneres Warnsystem zu umgehen und den bewussten Verstand zu verwirren, damit dieser den warnenden Instinkt ignoriert. Je länger du dich mit Magie, Energiearbeit und Ritualen beschäftigst, desto besser wirst du lernen, im Hinblick auf jede Person und Lebenslage deiner Intuition zu vertrauen.

Für die magische und spirituelle Schulung spielen die Aura, Energiearbeit, Atemübungen, Visualisierungen und die Chakras eine wichtige Rolle. Dies alles wurde in den Geheimlehren und Mysterientraditionen miteinander kombiniert. Durch tägliches Üben wird der Schüler zur spirituellen Erleuchtung hingeführt, um dann hoffentlich den Stein der Weisen (entsprechend der jeweiligen Tradition) zu finden (siehe dazu auch *Das Zauberbuch der Freien Hexe – Zauberkraft im Alltag* unter *Alchemie*). Wenn du die Mysterien täglich praktizierst, beginnt Spiritualität auf fröhliche, angenehme Weise alle Bereiche deines Lebens zu durchdringen. Dinge, die dir normalerweise Stress bereiten würden, sind plötzlich nur noch halb so schlimm. Deine schulischen oder beruflichen Leistungen verbessern sich, ebenso auch deine sportliche Kondition, und Dinge, die du einfach nur aus Freude tust, gelingen sogar noch besser! Du wirst neue, erfüllende künstlerische Ausdrucksformen in der Musik, Malerei, der Fotografie oder dem Tanz entdecken.

Wenn wir diese spirituellen Techniken das erste Mal ausprobieren, machen sie viel Spaß, und normalerweise stellen sich rasch positive Resultate ein. Nur leider vergessen wir dann oft wieder, sie regelmäßig zu praktizieren, weil wir so viele andere Dinge zu tun haben. Rasch vergeht ein Tag und wieder ein Tag, und plötzlich merkst du, dass du schon seit sechs Wochen oder gar sechs Monaten keine deiner Übungen mehr gemacht hast (Atemtechniken, Visualisierungen oder andere Energiearbeit). Vielleicht zauberst du noch ab und zu ein wenig oder führst ein Ritual durch, aber ansonsten gibt es nur Prüfungen, Termine, Arbeit – jeder kennt das. Dann spüren wir eines Tages, dass wir wirklich gestresst und fertig sind und die Dinge in unserem Leben nicht so laufen, wie wir es gerne hätten – und dann nehmen wir unsere Übungen wieder auf und sagen uns: »Oje, ich hätte es wissen müssen. Kein Wunder, dass im Moment alles schief läuft. Ich habe meine Spiritualität total vernachlässigt.« Keine Sorge, das passiert uns allen ab und zu, sogar Leuten, die sich für sehr erfahrene Hexen halten. Es ist halb so wild. Fang dann einfach wieder an, regelmäßig zu üben.

Übung: Die Aura-Wahrnehmung stärken

Leg dich hin und entspanne dich. Schließ die Augen. Stell dir vor, dass sich deine Aura ausdehnt, bis sie den Raum vollständig ausfüllt; zieh sie dann langsam wieder zusammen. Du kannst dir die Aura als Lichtschein vorstellen, als farbige Bänder, ganz wie du willst. Manchen Leuten fällt es schwer, sich Dinge bildlich vorzustellen. Das ist nicht schlimm, versuche dann stattdessen, die Aura zu »fühlen«. Führe diese Ausdehnungsübung zehnmal durch. Dehne die Aura jetzt nur noch bis zur Hälfte des Zimmers aus und zieh sie dann wieder zusammen. Mach das ebenfalls zehnmal. Zuletzt stellst du dir vor, dass die Aura sich nur etwa sieben bis acht Zentimeter rings um deine Haut ausdehnt, wie ein völlig undurchdringlicher Schutzschild (eine Art Kraftfeld). Zieh sie wieder zurück. Übe auch das zehnmal. Mach diese Übung einen Monat lang täglich. Notiere die Veränderungen, die du im täglichen Leben wahrnimmst, in deinem Tagebuch. Wenn du intensiver daran arbeiten möchtest, kannst du die Übung zweimal täglich ausführen. Wenn du ein besonders ausdauernder Mensch bist, dehne das tägliche Üben auf sechs Monate aus.

Wie man Auren sehen lernt

Spüren kannst du die Energiefelder anderer Menschen bereits von Natur aus (auch Pflanzen und Tiere haben solche Felder). Der nächste Schritt besteht darin, dieses Feld mit den Augen sehen zu lernen. Das ist nicht so schwer, wie es sich anhört. Vermutlich hast du sogar schon Auren gesehen, aber geglaubt, es handele sich um einen Lichtreflex oder eine optische Täuschung. Wenn die Menschen Auren sehen, sehen sie nur zwei der fünf genannten Energiekörper, und diese zwei nur selten, wenn überhaupt je, als getrennt wahrnehmbare Schichten. Auch gleicht keine Aura der anderen – so wie jeder Mensch, jedes Tier und jede Pflanze ein unverwechselbares Individuum ist, unterscheiden sich auch die Auren.

Bemühe dich bei den folgenden Übungen nicht krampfhaft, Auren zu sehen. Geh das Ganze eher locker, spielerisch an. Während ich an diesem Kapitel schrieb, hatte ich zwischendurch einen Termin bei meinem Börsenmakler – einem sehr netten jungen Mann, eher ruhig, mit durchdringenden blauen Augen. Als ich vor seinem Schreibtisch saß, nahm ich am Rande meines Gesichtsfeldes seine Aura wahr – sie war blau und nahezu quadratisch (Menschen, die gerne mit Zahlen arbeiten, haben oft eine Aura in dieser Form) und umgab seinen Kopf im

Abstand von mindestens zwanzig Zentimetern. Als er mich fragte, mit dem Schreiben welcher Art von Büchern ich denn meinen Lebensunterhalt verdiente, antwortete ich: »Ich beschäftige mich mit Magie und anderen okkulten Themen und schreibe darüber.« Da schrumpfte seine Aura zu einer bloßen Linie dicht um seinen Kopf. Je mehr ich mich bemühte, sie zu sehen, desto weniger gelang es mir, und schließlich gab ich auf. Meine Antwort auf seine Frage hatte eindeutig eine innere Reaktion bei ihm ausgelöst, die sich auf seine Aura auswirkte. Das andere Problem beim Aurasehen besteht darin, dass man ein wenig über den Kopf eines Menschen hinweg oder seitlich daran vorbeischauen muss. Das wirkt dann auf das Gegenüber, als würde man eine riesige Fliege beobachten, die sich anschickt, auf dessen Kopf zu landen, so dass die Leute sich fragen, auf was man denn da eigentlich starrt. Je länger ich meinen Börsenmakler auf diese Weise anschaute, desto unwohler schien er sich zu fühlen. Und weil ich nicht möchte, dass sich andere Leute in meiner Gegenwart unwohl fühlen, beachtete ich seine Aura nicht weiter.

Aura-Übung 1

Bitte einen Freund oder eine Freundin, sich in ungefähr einem halben Meter Abstand vor eine weiße Wand zu stellen. Bilder oder Tapetenmuster auf der Wand würden deine Augen nur verwirren, also sollte es wirklich eine kahle, weiße Wand sein. Wenn du keine solche Wand zur Verfügung hast, dann häng einen großen Bogen weißes Papier oder Karton hinter die Person. Die Beleuchtung sollte nicht übermäßig hell und nicht direkt auf die Person gerichtet sein. Zwar ist natürliches Licht am besten geeignet, aber ich kenne etliche Leute, die »zufällig« Auren sahen, als sie in überfüllten Konferenzräumen bei Neonlicht saßen.

Stell dich in ungefähr drei Metern Abstand vor die Testperson. Bitte sie, sich zu entspannen, normal zu atmen und langsam den Oberkörper ein wenig hin und her zu bewegen. Damit stellst du sicher, dass das, was du siehst, nicht nur auf eine Ermüdung deiner Augen zurückzuführen ist.[23] Schau nun am Kopf und den Schultern der Testperson vorbei. Konzentriere dich auf die Wand dahinter. Während du die Wand anstarrst, wirst du einen verschwommenen Umriss rings um die Testperson bemerken. Manchmal ist dieser Lichtkranz weiß, manchmal silbergrau. Er kann lediglich als Blase um den oberen Teil des Kopfes sichtbar sein oder den ganzen Kopf und die Schultern umhüllen. Er erinnert an den Heiligenschein auf religiösen Gemälden, mit dem Unterschied, dass er keine feste Form hat und fluktuiert. Siehst du? Ich habe dir ja gesagt, dass du so etwas schon mal gesehen hast! Wer hat nicht schon in der Schule aus schierer Langeweile auf die Lehrerin gestarrt und dabei ihre Aura gesehen? Dieses Licht wirkt fast so, als befände es sich hinter der Testperson. Und so schnell, wie du es gesehen hast, verschwindet es oft auch wieder. Das liegt daran, dass deine Augen unwillkürlich versuchen, sich statt auf die Wand wieder auf die Person zu fokussieren. Sobald du erneut bewusst auf die Wand schaust, wird die Aura wieder sichtbar. Am schwierigsten ist es, deine Augen davon abzubringen, sich immer wieder automatisch auf die Person im Vordergrund zu fokussieren. Du wirst ein wenig Übung brauchen, bis du den Lichtkranz über eine längere Zeit wahrnehmen kannst.

Inzwischen hat deine Testperson vermutlich zu kichern angefangen, und ihre Atmung beschleunigt sich. Wenn das geschieht, scheint die Aura zu schrumpfen. Deswegen sollten die Testpersonen nach Möglichkeit ruhig stehen bleiben und normal atmen oder sogar bewusst tief atmen, während du das Aurasehen übst. Und dann – tauscht ihr die Plätze, und du lässt es den anderen einfach auch mal versuchen!

Aura-Übung 2

Diese Übung ist schwieriger, und du wirst möglicherweise mehrere Tage oder Wochen brauchen, bis du die Farben wirklich sehen kannst. Einige wenige Leute sehen sie nie, weil sie die Farben eher fühlen, als sie visuell wahrzunehmen (aber gib nicht zu früh klein bei!). Die meisten Menschen hingegen können die Aurafarben schließlich sehen, wenn sie lange genug üben. Experten sagen, dass Gelb und Rosa meistens die ersten Farben sind, die der Schüler wahrnimmt, und mit fortschreitender Übung werden weitere Farben wahrnehmbar. Für das Farbensehen eignet sich natürliches Licht am besten, wohingegen es bei Neonlicht am schwierigsten sein soll. Bei direktem Sonnenlicht ist es eher mühsam, aber bei Kerzenlicht lassen sich ausgezeichnete Resultate erzielen, wenn du dich nicht durch die Schatten irritieren lässt.

Platziere deine Testperson wieder vor der weißen Wand, diesmal sitzend. Konzentriere dich zunächst darauf, die weiße oder silbrige Umrisslinie wahrzunehmen, und versuche dann, die Farbe zu fühlen (das erleichtert manchmal die visuelle Wahrnehmung). Lass die Testperson sanft den Oberkörper hin und her wiegen und dabei tief atmen. Ihre Aura wird die Bewegung mitmachen. Manchmal wirst du eine Kugel in einer bestimmten Farbe oder eine leuchtende Linie sehen. Versuche nicht, das Farbensehen zu erzwingen. Nimm dir Zeit, atme tief, dann werden die Farben schließlich sichtbar werden.

Aura-Übung 3

Nun wird es Zeit, dass wir uns die Auren von Tieren und Pflanzen anschauen. Die meisten Tiere werden nicht lange genug ruhig bleiben, wenn sie nicht gerade schlafen. Aber Pflanzen kann man problemlos vor die weiße Wand stellen. Notiere dir, was du siehst, und vergleiche deine Notizen mit denen von Freunden, die mit dir gemeinsam experimentieren. Manchem Menschen fällt es leichter, das Aurasehen an Pflanzen und unbelebten Gegenständen zu üben (ja, auch sie besitzen eine Aura) als an Personen.

Aura-Übung 4

Übe jetzt, deine eigene Aura zu sehen, wenn du vor einem Spiegel stehst oder besser noch in einem angenehmen Duftbad sitzt. Leg deine Füße auf den Wannenrand und betrachte sie. Das erste Anzeichen deiner Aura kann ein schimmernder Umriss um deine Füße herum sein, wie ein flimmerndes Licht. Wenn du dich entspannst und dabei deine Füße beobachtest, wirst du sehen, wie das Licht in verschiedenen Farben zu schimmern beginnt.

Besonders gut lässt sich das Aurasehen übrigens in langweiligen Schulstunden üben, am besten wenn du dabei schön entspannt bist, denn dann ist es leichter, sich in den Alphazustand zu versetzen.

Ein Mensch, dessen Aura leuchtend und rein strahlt, ist gesund und glücklich. Wenn das Licht trübe ist, fühlt die Person sich entweder unwohl oder macht gerade schwere Zeiten durch. Die nachfolgenden Farberklärungen solltest du nur als allgemeine Richtschnur benutzen. Durch Übung wirst du mit der Zeit von selbst lernen, was die Farben, die du wahrnimmst, jeweils bedeuten.

Purpurrot: hohe spirituelle Entwicklung, Verantwortung für andere
Indigo: Weisheit, künstlerische Talente
Blau: intelligent, logisch denkend (zu dunkles Blau: misstrauisch)
Grün: Gleichgewicht, Harmonie; helles, leuchtendes Grün deutet auf Anpassungsfähigkeit, Erbsengrün dagegen auf mögliche Krankheit und Eifersucht hin
Gelb: Liebe und Güte, Kreativität
Orange: körperliche Vitalität, Harmonie, vielleicht zu viel Stolz (zu dunkles Orange: nicht sehr intelligent)
Rot: Vitalität, Ehrgeiz, sexuelle Kraft, Führungsstärke, das Bedürfnis, selbst das Ruder in der Hand zu halten (zu dunkles Rot: Zorn, materialistische Einstellung)
Rosa: selbstlose Liebe, finanzieller Erfolg, möglicherweise Sturheit
Braun: Egoismus
Gold: Harmonie, Talent, unbegrenztes Potenzial
Silber: hohes Energielevel, rasches Reaktions- und Anpassungsvermögen, Idealismus
Bronze: humanitäre Gesinnung, Großzügigkeit
Grau: Unglücklichsein und Energiemangel
Schwarz: Bosheit
Weiß: Erleuchtung und Inspiration

Meistens weisen Auren eine Grundfarbe auf, die nahe beim Körper sichtbar ist und nicht mehr als drei bis acht Zentimeter vom Kopf- und Schulterbereich ausstrahlt. Obwohl die Aura den ganzen Körper umhüllt, lässt sie sich an Kopf und Schultern am leichtesten wahrnehmen. Die Grundfarbe kann mit einer anderen Farbe gemischt sein, für gewöhnlich die im Lichtspektrum unmittelbar darunter oder darüber liegende Farbe. Was Farben angeht, gibt es kein Richtig oder Falsch; die Helligkeit und Reinheit verrät uns, wie glücklich, friedvoll oder gesund eine Person ist. Die Aura ist keineswegs stabil, sondern verändert sich unaufhörlich. Deine Aura wird durch deine Gedanken, deine Ernährung und Kleidung beeinflusst und ebenso durch Einflüsse von außen, etwa Menschen oder Tiere.[24] Von der Geschwindigkeit, mit der die Aura einer Person schwingt, hängt es ab, welche Farben wir wahrnehmen. Purpurrot, Blau und Gold sind am schwersten zu erkennen, weil sie schneller schwingen als die anderen Farben. Manche Menschen nehmen sogar besondere Formen in der Aura wahr. Mit etwas Übung wirst auch du eine Vielzahl von Auren, Farben und geometrischen Mustern sehen können.

Programmiere deine Aura auf Erfolg

Schau der Realität ins Auge: Obwohl du die ganze Woche wie wild gebüffelt hast, wirst du den Mathetest oder die Geschichtsarbeit in den Sand setzen. Und die Abschlussprüfungen? O nein! Wie soll man sich all diese Fakten bloß merken? Viele Leute haben große Probleme mit Prüfungssituationen. Sie verkrampfen sich, werden nervös, der Stress schlägt ihnen auf den Magen. Mir ging es so, dass ich so heftig lernte, bis ich die Seite im Schulbuch, auf der die Antwort stand, vor meinem inneren Auge sehen konnte (inklusive Seitenzahl und Abbildungen), aber in der Prüfung konnte ich mich einfach nicht mehr an die Antworten erinnern. Wenn du wirklich ausreichend gelernt hast, aber unter großem Prüfungsstress leidest, probiere die folgende ausgezeichnete Übung aus. Wenn du regelmäßig Magie übst, und natürlich nur, wenn du den Prüfungsstoff genügend gelernt hast (ob nun Geschichte, Geografie oder was auch immer), solltest du dank dieser Methode nie wieder Probleme bei Prüfungen haben.

Benötigte Materialien: Dein Lernmaterial und etwas, das du bei der Prüfung oder Klausur bei dir tragen darfst (einen Kristall in der Hosentasche, einen Lieblingsstift oder ein Glücksbringer-T-Shirt). Lege das Lernmaterial neben dir aufs Bett oder unter deinen Stuhl.

Atmosphäre: Du solltest ungestört sein (keine herein- und herausrennenden Geschwister oder anderen Verwandten). Leise Musik ist in Ordnung, aber vermeide alles, was deine Konzentration auf die Übung beeinträchtigt. Manche Schüler bevorzugen eine Kassette mit schamanischer Trommelmusik.

Anleitung: Setze oder lege dich bequem hin. Halte deinen Glücksbringer in der Hand (auch wenn wir natürlich wissen, dass diese Übung rein gar nichts mit Glück zu tun hat, sondern ein gezieltes mentales Erfolgstraining ist). Schließe die Augen. Atme drei- bis fünfmal tief durch die Nase ein und durch den Mund wieder aus. Stell dir beim Einatmen vor, dass reines weißes Licht in deinen Körper strömt. Lass beim Ausatmen alle Sorgen und Probleme sanft davonschweben. Zähle rückwärts von zehn bis eins. Sieh dich selbst nun am Tag der Prüfung den Prüfungsraum betreten. Wenn du kein klares inneres Bild erzeugen kannst, stell dir einfach vor, dass du entspannt und konzentriert bist, wenn du den Raum betrittst und dich an deinen Platz setzt. Sieh dich selbst, wie du die Klausur oder mündliche Prüfung ruhig und locker bewältigst. Spüre die Freude, alle Fragen beantworten zu können. Verbinde deinen Glücksbringer mit der Vorstellung, die Prüfung mit Auszeichnung zu bestehen. Gehe nun in der Zeit weiter vorwärts zu dem Augenblick, wenn der Lehrer dir die Arbeit zurückgibt oder das Zeugnis aushändigt. Sieh dich selbst, wie du lächelnd deine sehr gute Note liest. Wenn du gut visualisieren kannst, versuche, die Note (eine Eins oder Eins mit Auszeichnung) deutlich vor dir zu sehen und vielleicht eine dazu geschriebene lobende Bemerkung des Lehrers, wie »Gut gemacht!« oder »Ausgezeichnete Arbeit!« Atme erneut tief durch und öffne die Augen. Präge dir weiterhin gewissenhaft den Lernstoff ein. Vergiss am Tag der Prüfung nicht, deinen Glücksbringer mitzunehmen. Wenn du während der Prüfung in Panik gerätst oder dich unsicher fühlst, berühre den Glücksbringer, atme tief durch und fahre dann fort. Wenn du diese Übung während des Lernens häufiger praktizierst, wirst du staunen, wie sich dein Notendurchschnitt verbessert. Was ist, wenn es beim ersten Mal noch nicht so gut klappt? Natürlich wirst du dann stöhnen (obwohl die ganze Methode eigentlich ein Vergnügen ist, wenn man bedenkt, wie viel man damit erreichen kann!). Aber auch hier gilt: Übung macht den Meister. Je öfter du die Aura-Programmierung praktizierst, desto besser wirst du darin. Du kannst diese Methode auch für alle anderen Ziele benutzen, die du dir gesetzt hast – von der Verbesserung deiner Gesundheit über die Karriereplanung bis dahin, das Geld für dein erstes eigenes Auto zusammenzusparen. Du solltest diese Methode auch Freunden und Verwandten empfehlen. Auch sie werden überrascht sein, wie sich ihr Leben dadurch positiv verändert.

Empfohlene Literatur
Die Botschaft der Aura. Ein praktisches Einführungsbuch von Richard Webster.
Aura schnell und einfach sehen von Mark Smith.
Handbuch der Aura-Energie von Joe H. Slate.

Chakras

Das Wort Chakra stammt aus dem Sanskrit und bedeutet »Rad aus Licht«[25]. Esoterischen Lehren zufolge besitzt der Körper sieben große und einundzwanzig kleinere Chakrapunkte. Bei den Chakras handelt es sich um Wirbel aus Energie, die sich anscheinend drehen wie Räder. Sie sind mit der Aura verbunden und Teil unseres Energiekörpers. Zusammen mit dem als Lebenskraft bekannten *Chi* (kosmische Energie) sorgen die Chakras für inneres Gleichgewicht und eine gute Gesundheit. Sie sind wie Tankstellen an deinem persönlichen Energie-Highway, und von ihnen geht ein Netzwerk von Leitbahnen (Meridianen) aus, über die der ganze Körper mit Energie versorgt wird. Jedes Chakra nährt einen anderen Bereich des Körpers. Blockaden innerhalb dieses Netzwerks können Krankheiten auslösen. Daher sollten wir, wenn wir Heilung für uns selbst und andere visualisieren, uns dabei vor allem auf die Vorstellung konzentrieren, dass die Energie frei und ungehindert durch das Netzwerk in unserem Körper strömt. Und denk daran, dass alle lebenden Geschöpfe ein Chakrasystem haben, auch deine Haustiere. Während unser System vertikal verläuft, ist das der Tiere horizontal angeordnet. Auch die Erde hat Energie-Highways. Sie werden Leylinien genannt.

Das Chi hat viele Namen, darunter Gottes(Göttinnen)-Kraft, Lebenskraft, Prana, Geist oder Od. Manche Leute glauben, dass das Chi die Grundlage der elektromagnetischen Energie ist. Alles, was lebt, zapft diese kosmische Energie an![26] Östliche Philosophen glauben, dass das Chi am Scheitelpunkt des Kopfes in den Körper eintritt und dann abwärts fließt und dabei die sieben Hauptchakras aktiviert, die dann ihrerseits die anderen Energiewirbel im Körper aktivieren. Wenn wir vollkommen gesund sind, drehen sich oder schwingen alle Chakras mit unglaublicher Schnelligkeit. Wenn der Körper gut funktioniert und in Harmonie ist, öffnen sich alle Chakras wie wunderschöne Blumen. Der Regenbogen ist das universelle Symbol für die Chakras, und normalerweise wird jedem Wirbel eine spezielle Farbe zugeordnet, die uns hilft, das jeweilige Chakra in der Meditation zu visualisieren. Die Chakras lassen sich durch Atemübungen, T'ai Chi und Meditation in Form halten und natürlich generell dadurch, dass wir gut auf unseren Körper Acht geben und uns gesund ernähren.

Durch die Erkenntnisse der Quantenphysik wissen wir, dass es mathematisch möglich ist, jedes Muster, sei es noch so komplex, in die Sprache der Lichtwellen umzuwandeln. Jede Welle besitzt eine Schwingung. In den verschiedenen Zonen unseres Gehirns werden diese Schwingungen verarbeitet. So beruht beispielsweise unser Geruchssinn auf kosmischen Frequenzen.[27] Wir interpretieren diese Daten nicht nur, wir erzeugen auch unsere eigenen, und mit Hilfe dieser Informationen und

Energie bewahren wir unsere geistige, körperliche und spirituelle Gesundheit. Einige Theoretiker der Quantenphysik sind der Ansicht, dass die objektive Realität nichts weiter ist als eine Symphonie von Wellenformen, die sich erst durch unsere Sinneswahrnehmung in die Welt verwandelt, wie wir sie kennen. Dies bedeutet, dass alles, was innerhalb unseres Körpers und außerhalb davon existiert, durch unser Denken und Handeln beeinflusst, erschaffen oder zerstört wird. Wir können buchstäblich Nicht-Dinge zu Dingen machen, indem wir Energiemuster umarrangieren. Wir sind in der Lage, Dinge durch mentale und physikalische Schwingungen zu beeinflussen, und tun das auch. Manche Leute nennen das die »kosmische Lichtkraft«.

Die vier unteren Chakras – Herz-, Nabel-, Sakral- und Wurzelchakra – arbeiten mit den Elementen. Erde = Wurzel, Wasser = Sakral, Feuer = Nabel (Solarplexus) und Luft = Herz. Die anderen Chakras – Hals-, Stirn- und Kronenchakra arbeiten mehr auf den spirituellen Ebenen. Da in der Hexenkunst mit Energien aller Art gearbeitet wird, ist es notwendig, dass wir uns mit dem Chakra-System vertraut machen, wissen, welcher Wirbel wofür zuständig ist und wie wir unser System im Gleichgewicht halten können. Wenn wir durch Meditation und magische Arbeit unsere Energie anheben, zapfen wir die kosmische Lebenskraft an. Würde eine Person ständig negative Magie betreiben (was wir selbstverständlich nicht tun), würde ihr Energiekörper schließlich erkranken und sterben. Diese Krankheit kann den Geist oder den Körper angreifen, oder aber beide. Die Wicca-Dreifachregel – *Was du gibst, kehrt dreifach verstärkt zu dir zurück* – bezieht sich auf unseren Umgang mit der Lebenskraft (Chi) und warnt uns vor einem falschen Gebrauch dieser Energie, für den wir früher oder später einen hohen Preis zahlen müssen.

Die Einführung in die Chakra-Arbeit ist fester Bestandteil der meisten modernen Wicca-Ausbildungen. Ob du mit Erfolg heilen und zaubern lernst, hängt davon ab, wie gut du den Umgang mit der Kraft beherrschst, die das Universum am Leben erhält. Du wirst entdecken, dass eine Farbe nicht einfach nur eine Farbe ist, sondern eine Energieschwingung, die einen Zauber, ein Ritual oder eine Meditation tüchtig in Bewegung bringen kann. Wenn für einen Zauber eine bestimmte Kerzenfarbe, ein Stein oder ein Kraut empfohlen wird, geschieht dies aus energetischen Gründen. Wenn wir davon sprechen, dass bestimmte Farben und Dinge miteinander harmonieren, ist der Energieaustausch zwischen ihnen gemeint. Wenn ein Mensch Probleme mit den Augen oder den Nasennebenhöhlen hat, kannst du zum Beispiel eine blaue Kerze für ihn anzünden. (Blau steht für das Stirnchakra, das den Energiefluss im Gesichtsbereich kontrolliert, aber auch für die spirituelle Energie der Intuition und Erkenntnis zuständig ist.) Außerdem kannst du für diesen Menschen einen kleinen Beutel aus blauem Filz herstellen, in den du blaue Natursteine und Blütenblätter von blauen Blumen legst. Das ist ein Zauber- oder Gris-gris-Beutel. Solche magischen Hilfsmittel wie die Kerze oder der Beutel haben zwei Funktionen: zum einen ihre heilenden Schwingungseigenschaften und zum anderen, dass sie uns helfen, uns auf eine Person, einen Ort oder Gegenstand zu konzentrieren. In den meisten Magie-Büchern werden die Beziehungen zwischen Dingen und Farben als *Korrespondenzen* bezeichnet. Zauberstäbe und andere magische Werkzeuge dienen zur Aktivierung von kosmischer Kraft (Chi).

Auch mit Tönen kann man Energie beeinflussen. Ein

Chakras von oben nach unten: Kronenchakra, Stirnchakra (Drittes Auge), Halschakra, Herzchakra, Nabelchakra (Solarplexus), Sakralchakra, Wurzelchakra

lautes, unangenehmes Geräusch beeinflusst den Körper negativ, während angenehme Klänge innere und äußere Harmonie erzeugen. Deshalb werden in Magie-Büchern spezielle Musikstücke für verschiedene magische Arbeiten empfohlen, und darum arbeiten Hexen mit Gesängen, Gongs, Klangschalen, Rasseln und Trommeln.

Die folgende Liste hilft dir dabei, die Farben der sieben Hauptchakras den einzelnen Körperregionen zuzuordnen. Gerade für Heilungsarbeit kann das sehr hilfreich sein.

⁎ KRONENCHAKRA

Farbe: Weiß

Assoziation: universelles Bewusstsein; Weisheit; spirituelle Transformation

Körperregionen: Gehirn und Zirbeldrüse

Emotionen: Frieden; Reinheit; beseitigt geistige Verwirrtheit; ermutigt neues Denken; hilft schüchternen Menschen, sich zu öffnen.

* STIRNCHAKRA (DRITTESAUGE)

Farbe: Violett
Assoziation: Intuition; Erkenntnis; übersinnliche Fähigkeiten; Verbindung mit dem Gruppen- und dem universellen Bewusstsein
Körperregionen: Gesicht, Nase, Nasennebenhöhlen, Ohren, Augen, Hypophyse, Kleinhirn und Zentralnervensystem
Emotionen: Wissen; spiritueller Fortschritt; Befreiung von emotionalen Abhängigkeiten und schmerzhaften Erinnerungen; bringt emotional zerrütteten Menschen Heilung; harmonisiert den Schlafrhythmus.

* HALSCHAKRA

Farbe: Blau
Assoziation: Kreativität; Selbstausdruck und Kommunikation; mit der Stimme die Schwingungen der Umgebung verändern
Körperregionen: Hals, Nacken, Schilddrüse, Ohren, Luftröhre und der obere Teil der Lunge
Emotionen: Frieden; Ruhe; heitere Gelassenheit; Rückschau auf die Vergangenheit, um zu lernen und sich weiterzuentwickeln; befreit die Macht des gesprochenen Wortes; befreit von geistiger Verwirrtheit.

* HERZCHAKRA

Farbe: Grün
Assoziation: bedingungslose Liebe; Mitgefühl; Heilung; lernen, im Gleichgewicht zu leben; Brücke vom physischen zum spirituellen Bereich.

Körperregionen: Herz, oberer Rücken, Brüste, allgemeine Lungenfunktionen, Blutkreislauf, Atmung. In der Nähe des Herzchakras befindet sich ein Nebenchakra, der Thymus, von dem das Lymphsystem gesteuert wird.
Emotionen: emotionale Reinigung und Einsicht; Klarheit; Stabilität; Heilung für Körper und Geist als ein harmonisches Ganzes; bringt Gleichgewicht und geistige Konzentration; Grün/Gold wirkt gegen nervöse Ticks und Stottern.

* NABELCHAKRA (SOLARPLEXUS)
Farbe: Gelb
Assoziation: der Speicher für spirituelle und physische Energie; erhält die anderen Chakras gesund. Wenn wir uns erden und zentrieren, konzentrieren wir uns dabei auf das Nabelchakra.
Körperregionen: unterer Rücken, Verdauungssystem, Leber, Milz, Gallenblase, Bauchspeicheldrüse und Insulinproduktion
Emotionen: Vergebung; beseitigt Depressionen und negatives Denken; steigert das Selbstwertgefühl; hilft, sich von Ängsten und Phobien zu befreien, und bringt Freude und Lachen in unser Leben; emotionaler Erfolg; Fülle und Vitalität. Gold hilft bei Suizidgefährdung.

* SAKRALCHAKRA
Farbe: Orange
Assoziation: Reinigung; Freude; Sinn für die Schönheit der Natur; weibliche Energie; Immunität gegen Krankheiten; befindet sich im Beckenbereich
Körperregionen: Becken, Nieren, Adrenalinproduktion, Gebärmutter, Blase und die Körperflüssigkeiten – Blut, Lymphe, Verdauungssäfte und Sperma
Emotionen: durchbricht Barrieren; hilft bei geistigen Zu-

sammenbrüchen, Depressionen, Vergewaltigung, Scheidung und Unfällen; die beste Farbe, um mit Trauer, Verlust und traumatischen Erlebnissen fertig zu werden. Hilft, Furcht zu vertreiben.

* WURZELCHAKRA
Farbe: Rot
Assoziation: Wurzel des kollektiven Unbewussten; Vitalität; Stabilität und Überleben
Körperregionen: Knochen, Zähne, Nägel, Rektum, Dickdarm, Prostata, Blut und Blutkörperchen
Emotionen: erneuert die Begeisterung; verleiht Ausdauer und die Kraft, Dinge zu tun, vor denen man sich fürchtet; Mut, Unterstützung und Willenskraft; überwindet Trägheit.

Basis-Chakrameditation

Begib dich an einen Ort, an dem du für mindestens eine halbe Stunde ungestört sein kannst (auch wenn deine erste Meditation vermutlich deutlich kürzer ausfallen wird). Setz dich bequem auf einen Stuhl. Du kannst dich auch hinlegen, aber wenn man sehr müde ist, passiert es dann leicht, dass man einschläft. Schließe die Augen und atme dreimal tief durch. Stell dir vor, dass dein ganzer Körper von weißem Licht umgeben ist. Nimm dir ein oder zwei Minuten Zeit, um diesem weißen Licht nachzuspüren. Mach dir keine Sorgen, wenn es dir nicht auf Anhieb gelingt, das Licht zu visualisieren. Mit der Zeit wirst du das immer besser hinbekommen. Atme tief durch und entspanne dich.

Stell dir nun vor, dass das weiße Licht der Göttin (Chi) an deinem Scheitel in den Körper einströmt und langsam in ihm abwärts fließt, in deinen Hals, die Schultern, Brust, Arme, Finger, Becken, Beine und bis hinunter in die Füße. Atme tief durch und entspanne dich.

Visualisiere nun, dass die Gottesenergie (Chi) in gleicher Weise deinen Körper durchströmt, bis hinunter in die Füße. Atme tief durch und entspanne dich.

Stell dir vor, dass dein Wurzelchakra rot leuchtet. Du kannst es dir als eine sich öffnende Blume vorstellen oder als eine rotierende Lichtkugel. Manchmal sehe ich die Chakras als farbige Flammen. Stell dir vor, dass dein inneres Selbst sich zum Großen Geist hinwendet wie eine Blume zur Sonne und dass es von dort genau so viel kosmische Energie empfängt, wie es für dich richtig ist. Gehe weiter zum Sakralchakra und visualisiere es orangefarben. Gehe auf diese Weise alle Chakras durch, wobei du stets die passende Farbe visualisierst. Wenn du das Kronenchakra visualisiert hast, atme tief durch und entspanne dich. Stell dir dabei vor, wie alle Chakras sich der Reihe nach, von oben nach unten, wieder schließen. Atme erneut tief durch und öffne die Augen. Schüttele ganz sanft die Hände aus. Damit ist die Meditation beendet. Übe sie mindestens einen Monat lang täglich. Für die meisten Hexen ist Meditation fester Bestandteil ihres Tagesablaufs.

Wir sind alle medial begabt, ob uns das nun gefällt oder nicht. Unser Gehirn arbeitet ähnlich wie eine Zeitmaschine, und Informationen aus der Zukunft müssen die Entscheidungen beeinflussen, die in der Vergangenheit getroffen wurden. Das ist eine evolutionäre Transformation.

Dr. Fred Alan Wolf[28]

Dr. Wolf sagt uns damit nichts anderes, als dass die Zeit nicht linear ist – sie bewegt sich nicht in einer geraden Linie vorwärts. Er weist darauf hin, dass wir nicht nur ziemlich gut in die Zukunft schauen, sondern auch aufgrund dessen, was wir sehen, unser Verhalten ändern können – was bedeutet, dass jeder Mensch sich seine Zukunft selbst wählen kann. Unser Leben ist also nicht vorherbestimmt.

Ein Reading ist kein Gesellschaftsspiel, und irgendwann wirst du dich in der Rolle wiederfinden, dass du versuchst, der Person, für die du ein Reading durchführst, also die Karten legst, die Runen wirfst o. a., Dr. Wolfs Philosophie zu erklären. Menschen, deren Bewusstsein nicht offen ist, können sich nur schwer vorstellen, dass die Welt ein riesiges Universum voller Wahlmöglichkeiten ist. Die magische Methode der Divination ermöglicht es dir, diese Wahlmöglichkeiten zu analysieren und dann die bestmögliche Wahl zu treffen.

Die meisten Hexen verwenden wenigstens eine divinatorische Technik. Das Problem mit diesen Techniken besteht darin, dass viele Leute das Ganze unheimlich verkomplizieren, obwohl doch die Botschaften meistens ganz einfach sind. Jede Hexe, die die Grundlagen der Divination kennt, sollte in der Lage sein, alle Divinationsmethoden problemlos anzuwenden. Damit will ich sagen, dass die Methoden sich zwar unterscheiden, der geistige Vorgang an sich aber immer der gleiche ist.

Divination ist kein bizarres Teufelswerk. Alles, was du tust, ist, auf durchaus wissenschaftliche Weise den zukünftigen Lichtpfad oder -kegel zu betrachten, der sich höchstwahrscheinlich entfalten wird, wenn der Klient seine gegenwärtigen Verhaltensweisen beibehält.

Wozu Divination?

Divinationsmethoden (Tarot, I Ging, Runen, Ja/Nein-Steine, Spielkarten, Lose, Muschelschalen, Kristallsehen und astrologische Prognosen, um nur einige zu nennen) sind Schlüssel, die dir die Tür zu deinem Unterbewusstsein öffnen. Darin liegt der einzige Wert dieser Methoden. Ohne die Beteiligung des Unterbewusstseins funktionieren sie nicht. Es ist dein inneres Selbst, das die eigentliche Leistung vollbringt. Hexen benutzen die Divination (die Kunst, die Zukunft, die Vergangenheit oder die Gegenwart zu deuten) als Hilfe bei magischen Anwendungen und auch im täglichen Leben. Wir müssen dabei aber immer im Auge behalten, dass wir uns bei unseren Entscheidungen in der physischen Welt niemals ausschließlich auf Divination verlassen sollten. Sie kann das ruhige, rationale Denken unseren gesunden Menschenverstand nicht ersetzen, der für eine erfolgreiche Bewältigung des Alltags unverzichtbar ist.

Wenn ein Klient zu mir gekommen ist, um ein Reading machen zu lassen, halte ich ihm oder ihr zunächst den folgenden kleinen Vortrag:

»Das Tarot ist ein Werkzeug, nicht mehr und nicht weniger. Ein Reading ist wie eine Straßenkarte und liefert dir Informationen, die dir dabei helfen, kluge Entscheidungen zu treffen – so wie du dich bei einer Reise mit dem Auto entscheiden kannst, ob du lieber die Umleitung oder den Autobahnabschnitt mit den vielen Baustellen und Geschwindigkeitsbegrenzungen nimmst. Ein Tarot-Reading ist lediglich ein Straßenschild am Highway deines Lebens. Deine Zukunft ist nicht vorherbestimmt. Sie ist ein subtiles Gewebe, das von deinen Lebenserfahrungen und Entscheidungen hin und her bewegt wird. Ich mache in meinen Readings keine Ausblicke, die weiter als sechs Monate in die Zukunft reichen, da es sonst zu viele Entscheidungsmöglichkeiten für eine genaue Deutung gäbe. Durch ein Karten-Reading erfährst du, was höchstwahrscheinlich geschehen wird, wenn du deinen gegenwärtigen Kurs beibehältst. Es steht kein ominöses übernatürliches Wesen hinter mir und flüstert mir deine Zukunft ins Ohr – kein Geist, Engel oder Dämon. Die Karten sind lediglich ein psychologisches Hilfsmittel, das wir einsetzen werden, um positive Möglichkeiten für deine Zukunft zu ergründen. Betrachte mich während der folgenden fünfzehn Minuten einfach als deine beste Freundin. Ich bin keine Richterin, ich urteile nicht über deine Lebensentscheidungen. Verstehst du das?«

Ob die Klienten meinen Vortrag verstanden haben, zeigt sich am Ende des Readings. Wenn sie mir Fragen stellen wie »Werde ich jemals heiraten? Werde ich endlich abnehmen? Werde ich meinen Seelengefährten finden? Werde ich schwanger?« weiß ich, dass sie mir nicht zugehört haben. Ich antworte darauf folgendermaßen:

1. Willst du heiraten?
2. Willst du abnehmen?
3. Ich glaube nicht, dass es Seelengefährten gibt.
4. Ich habe ein Ritual für dich, wenn du gerne schwanger werden möchtest.

Wenn du wirklich heiraten oder abnehmen willst, dann wirst du das auch in die Tat um setzen. Wenn du ein berühmter Schriftsteller werden willst, dann wirst du es auch. Wenn du ein Mittel gegen Krebs entdecken willst, wirst du es finden. Unsere Wünsche haben einen unglaublichen Einfluss darauf, was wir im Leben erreichen können und was nicht. Wie gesagt, nichts ist vorherbestimmt. Würde die Klientin zu mir sagen: »Ich versuche schwanger zu werden, kannst du mir da einen Rat geben?«, sähe die Sache völlig anders aus, und wir könnten gezielt etwas aus den Karten herauslesen. Wenn sie sagt: »Ich bin dabei, meine Ernährung umzustellen, um abzunehmen. Können wir mal nachsehen, ob ich diesbezüglich die richtigen Entscheidungen treffe?« – auch bei dieser Fragestellung können die Karten sicher nützliche Hinweise geben. In beiden Fällen hat die Klientin bereits eine Entscheidung getroffen, und wir blicken nach vorn, um uns die möglichen Folgen dieser Entscheidung anzuschauen. Die Karten können dir keine Entscheidung abnehmen. Diese Verantwortung liegt ganz allein bei dir selbst.

Die am schwersten zu beantwortende, doch von eher spirituell eingestellten Klienten am häufigsten gestellte Frage lautet. »Was ist meine Bestimmung im Leben?« Darauf antworte ich immer: »Das, was dir am meisten Freude macht.«

Wozu lassen sich Divinationsmethoden benutzen?

Wenn wir uns immer wieder ins Gedächtnis rufen, dass Divination nur ein Hilfsmittel ist, das von unserem höheren Bewusstsein benutzt wird, gibt es zahlreiche Einsatzmöglichkeiten:

* Wir können die Symbolik der Karten oder Lose (Runen) als magische Katalysatoren benutzen: einen Auslöser, den wir betrachten oder in die Hand nehmen können.
* Wenn wir zwischen zwei Möglichkeiten wählen müssen, können wir die Divination bei der Entscheidung zu Hilfe nehmen.
* Wir können ermitteln, was mit größter Wahrscheinlichkeit geschehen wird, wenn wir unseren momentanen Kurs beibehalten.
* Wir können versuchen (die Betonung liegt auf *versuchen*!), andere Menschen zu beraten, indem wir für sie die Karten legen. Divination kann aber niemals qualifizierte medizinische oder therapeutische Diagnosen und Maßnahmen ersetzen. Wenn du dich also gesundheitlich unwohl fühlst oder Schwierigkeiten hast, über den Tod eines nahen Freundes hinwegzukommen, solltest du angemessene Hilfe in Anspruch nehmen und dich auf keinen Fall nur auf Divination verlassen.
* Wir können mit Hilfe der Divination entscheiden, ob ein Ritual durchgeführt werden soll und unser magisches Handeln wirklich dem Wohl aller Beteiligten dient. Und wir können die am besten geeigneten Zaubersprüche auswählen.
* Wir können unsere Divinationsmethode in der Meditation und bei der Visionssuche zu Hilfe nehmen oder um unser Traumleben zu intensivieren und es dann zu

deuten. Das ist besonders nützlich, wenn die Divination noch Neuland für uns ist.

* Du kannst die Vergangenheit, Gegenwart und Zukunft eines Menschen ergründen, indem du dem Pfad der Entscheidungen dieser Person folgst. Hierbei sind aber bestimmte ethische Regeln zu beachten. Ich weiß nicht, wie du es mit der Divination halten wirst, aber ich schnüffele nicht in den Angelegenheiten anderer Leute herum, es sei denn, dass deren Entscheidungen Konsequenzen für mein eigenes Leben haben. Von diesem Grundsatz gibt es nur eine Ausnahme: wenn ich an der Aufklärung eines Verbrechens mitwirke.
* Manche divinatorischen Techniken werden eingesetzt, um Schüler der Magie in der Energiearbeit zu unterrichten. Vielen Hexen wird der Umgang mit Wünschelrute und Psychometrie vor allem beigebracht, damit sie ein Gespür für Energiearbeit entwickeln, und weniger zu eigentlich divinatorischen Zwecken.

Welche Methode du wie anwendest, liegt ganz bei dir. Um gute divinatorische Resultate zu erzielen ist jahrelange Erfahrung vonnöten. Das heißt aber weder, dass du nicht gleich hier und jetzt mit der Divination beginnen kannst, noch, dass du in den nächsten zehn Jahren nur grottenschlechte Readings zustande bringen wirst. Doch Zeit und Geduld braucht es auf jeden Fall.

Tipps für die Divination

Für den Umgang mit divinatorischen Techniken empfehle ich folgende Herangehensweise:

* Mach dich mit den Werkzeugen (Karten, Runen etc.) intensiv vertraut. Betrachte alle Karten oder Symbole

in Ruhe. Benutze deine Hände, deine Fantasie und deinen logischen Verstand gleichermaßen. Wenn du Karten oder andere Systeme mit vielen Farben und Bildern einsetzt, solltest du innere Zwiegespräche mit den abgebildeten Figuren führen. Es wird dich überraschen, wie viel du auf diesem Wege lernst. Lege dir jeden Abend eine der Karten (oder Runen etc.) unters Kopfkissen.

* Nimm dir ausreichend Zeit. Erwarte von dir keine Resultate, für die du noch nicht weit genug bist. Mach dir Notizen über Kartensequenzen, die immer wieder auftreten, oder andere Auffälligkeiten.
* Überwinde die Angst, du könntest etwas »falsch« machen. Die Methode selbst liefert immer brauchbare Resultate, nur liegst du eben manchmal mit deiner Deutung daneben. Bleib locker, verzichte auf allzu krampfhaftes Bemühen, aber gib auch nicht gleich auf. Ganz allmählich, Schritt für Schritt, werden deine Fähigkeiten wachsen. Und auch, wenn du dich einmal irrst, hat das in der jeweiligen Situation seinen Sinn: Es *sollte* dann eben so sein.
* Mach in der Lernphase Pausen. Lass die Divination ruhig einmal für mehrere Wochen ruhen. Mit solchen Ruhephasen geben wir uns selbst die Gelegenheit zu innerem Wachstum, das es uns ermöglicht, mit den höheren Aspekten der Tarotkarten oder anderer Hilfsmittel in Kontakt zu treten. Wir müssen uns also in Geduld üben und uns Zeit nehmen, das neue Wissen zu verarbeiten, um es später zu unserem Vorteil nutzen zu können.
* Mach dir schriftliche Notizen zu deinen Readings, wenigstens in der Anfangsphase. Das ist sehr wichtig. So kannst du immer wieder überprüfen, welche deiner Deutungen sich später als zutreffend erweisen und wo du dich geirrt hast.

* Führe zusätzlich ein separates Notizbuch zu deinen persönlichen Studien. Notiere, aus welchen Büchern oder anderen Quellen du deine Kenntnisse bezogen hast. Vielleicht möchtest du später einmal andere Menschen ausbilden und dabei auf dieses Material zurückgreifen. Die Schüler werden ganz selbstverständlich fragen: »Wo hast du das her?« Natürlich kannst du dann antworten: »Das ist ein Geheimnis.« Aber das wäre unfair, denn du nimmst ihnen damit die Möglichkeit, sich selbst mit den Quellen auseinander zu setzen.
* Wenn du dich für eine Divinationsmethode entschieden hast, solltest du möglichst viele Quellen nutzen: Bücher, Kassetten, Erfahrungsaustausch mit anderen Praktizierenden. Je größer die Vielfalt deiner Wissensquellen, desto gründlicher deine Kenntnisse.
* Veranstalte »Wahrsage-Partys« mit deinen Freunden. Dabei werden zuvor zehn Fragen aufgeschrieben, zu denen dann die Anwesenden abwechselnd Readings machen. Mindestens eine Frage sollte sich mit einem unaufgeklärten Verbrechen (in der Gegend oder überregional) befassen. Ein Mitglied der Gruppe sollte die Aufgabe übernehmen, in den Medien die weitere Entwicklung des Falls und seine (hoffentlich erfolgende) Aufklärung zu beobachten und sie mit den bei der Party von den Teilnehmern abgegebenen Readings vergleichen. Die Teilnehmer sollten bei einer solchen Party alle um einen großen Tisch sitzen, auf dem die Karten oder anderen Divinationswerkzeuge ausgelegt werden, so dass alle sie sehen können.
* Benutze im ersten Monat keinerlei externe Quellen. Mach deine Readings einfach aus dem Bauch heraus. Deine Treffsicherheit wird dadurch umso größer sein.

Eines kann ich dir auf jeden Fall versprechen: Die Divination ist eine ständige Horizonterweiterung. Du wirst nicht aufhören, dazuzulernen. Obwohl ich nun schon fünfundzwanzig Jahre mit dem Tarot arbeite, lerne ich immer noch neue Aspekte dieses Systems kennen. Bei allen medialen Techniken kommt es vor allem darauf an, seiner Intuition, dem »Bauchgefühl«, zu vertrauen. Ich nenne diese intuitiven Impulse »rote Fahnen« und stelle mir kleine Männchen vor, die tief unten im Keller unseres Bewusstseins herumhüpfen und heftig ihre leuchtend roten Fahnen schwenken, damit unser logischer Verstand sie endlich bemerkt und ihnen Aufmerksamkeit schenkt. Um zu lernen, auf diese Gefühle zu hören, brauchen wir Geduld und die Bereitschaft, Fehler zu machen. Manchmal versucht unser logischer Verstand uns auszutricksen und tut so, als sei er ebenfalls eines dieser fahnenschwenkenden Männlein im Keller. Er flüstert uns Dinge zu, und wir sind verwirrt: *War das jetzt wirklich meine Intuition? Oder versucht mein Gehirn, die Dinge auf dem Weg der Logik zu deuten?*

Du musst wirklich geduldig sein und VIEL Zeit damit verbringen, den Unterschied zwischen diesen beiden inneren Stimmen herauszufinden. Das kann dir einfach niemand abnehmen. Auch wirst du vermutlich ein paar Schrullen entwickeln. Denke aber immer daran, dass das im Grunde überflüssiges Drumherum ist. Ob du nun deine Divinationswerkzeuge mit einem schwarzen Tuch abdeckst oder deine Karten zusammen mit einem Mondstein aufbewahrst – das sind alles rein persönliche Vorlieben, die nur von Bedeutung sind, weil du selbst so viel Wert darauf legst.

Hier sind einige dieser verbreiteten Praktiken:

* die Divinationswerkzeuge vom Licht des Vollmondes oder der Mittagssonne reinigen lassen,

* zwischen den einzelnen Readings eine Rassel benutzen, um negative energetische Einflüsse zu zerstreuen,
* die Hände vor dem Reading und nach besonders schwierigen Readings mit »Visionsöl« einreiben,
* das Werkzeug über eine heilige Flamme halten (natürlich ohne es dabei in Brand zu setzen!),
* vor dem Reading ein Gebet sprechen,
* eine Kerze anzünden, deren Farbe dir zu der verwendeten Divinationsmethode passend erscheint,
* nach einem besonders schwierigen Reading die Werkzeuge mit heiligem Wasser besprenkeln,
* ein besonderes Tuch verwenden, auf dem die Karten oder Runen ausgelegt werden,
* eine geliebte verstorbene Person um Mithilfe bitten,
* dreimal auf den Kartenstapel klopfen, nachdem er gemischt wurde, um die Energien für das Reading freizusetzen,
* die Karten auf eine besondere Weise abheben,
* eine Statue, einen Kristall oder einen anderen Schutzgegenstand auf den Reading-Tisch stellen (sehr wichtig, wenn du an öffentlichen Orten die Karten legst, etwa in einem Café, auf einer Esoterikmesse oder einem anderen Platz, wo viele Menschen verkehren),
* lernen, der eigenen Intuition zu vertrauen. Das ist wohl bei allen Divinationsmethoden die größte Herausforderung. Viele erfahrene Wahrsager, auch ich selbst, machen die Erfahrung, dass man sich, wenn ein Reading wirklich gut läuft, hinterher gar nicht mehr erinnern kann, was man zum Klienten gesagt hat. Das höhere Bewusstsein übernimmt dann die Kontrolle, und man geht während des Beratungsgesprächs in den Alphazustand. Am besten ist es, einfach den Mund aufzumachen und die Intuition fließen zu lassen. Das erfordert Übung, weil der logische Verstand dagegen

protestiert und schreit: »Nein, nein, nein! Das kann unmöglich richtig sein!« Mein Rat? Ein Reading sollte nicht aus Mutmaßungen bestehen, sondern aus dem, was *wirklich mitgeteilt wird*.

Dazu musst du Folgendes wissen:

* Oft liefert das Divinationswerkzeug Informationen, die der Klient (oder du selbst) im Moment am dringendsten benötigt. Das muss aber keineswegs das sein, was du wissen *willst*.
* Jeder Wahrsager entwickelt sich auf einem Gebiet zum Spezialisten, das heißt, er erreicht bei bestimmten Fragen sehr gute Ergebnisse, während er bei anderen regelmäßig furchtbar danebenliegt.
* Die meisten Menschen belügen sich selbst und werden deshalb auch dich belügen, absichtlich oder unbewusst.
* Die meisten Leute hören nur bei einem Teil des Readings wirklich hin. Das Bewusstsein ist da wie eine schwerhörige Oma, die nur das versteht, was sie verstehen will. Oft blenden die Leute Aussagen einfach aus, die zu dem im Widerspruch stehen, was sie bereits über sich zu wissen glauben (das gilt besonders für Klienten, die selbst medial arbeiten und Wahrsagemethoden anwenden). Andere wiederum blenden Dinge aus, von denen sie lieber nichts wissen wollen. Um diese Themen machen sie einen großen Bogen, was so weit gehen kann, dass sie einfach aufstehen und das Reading abbrechen – obwohl das, was du ihnen zu sagen hast, von großem Nutzen für sie wäre. Oder der Kopf von Klienten ist bereits so mit Informationen voll gestopft, dass sie nur noch wenig zusätzlich aufnehmen können und viele eigentlich wichtige Aussagen einfach nicht mitbekommen.

Natürlich kannst du im Umgang mit Klienten den ein oder anderen Fehler machen, aber die größte und gefährlichste Fallgrube ist die, die dein eigener logischer Verstand dir gräbt. Ich erinnere mich an einen Fall, bei dem ich nicht auf meine Intuition hörte und nicht wirklich die Botschaft der Karten weitergab, wie sie sich mir präsentierte. Mein logischer Verstand sagte mir, dass eine meiner Freundinnen unmöglich schwanger sein konnte, weil ich mich irrtümlich zu erinnern glaubte, dass sie infolge einer Operation dazu gar nicht mehr in der Lage war. Deshalb legte ich die Botschaft der Karten anders aus – und lag damit völlig daneben.

Auch wirst du die Erfahrung machen, dass es Leute gibt, für die du einfach keine Readings machen kannst. Oder es geschieht etwas, das das Verhältnis zwischen dir und einem Klienten so verändert, dass es dir einfach nicht mehr möglich ist, ihm oder ihr die Karten zu legen, weil sich ganz offensichtlich Fehldeutungen und Missverständnisse unentwirrbar auftürmen. Achte bewusst auf solche Fehlentwicklungen und gehe konsequent und verantwortungsbewusst damit um.

Und akzeptiere, dass es immer wieder einmal vorkommen wird, dass du dich schlichtweg irrst. Dafür können folgende Faktoren verantwortlich sein:

* Du bist müde, krank, überarbeitet oder so mit eigenen Problemen beschäftigt, dass dein Urteilsvermögen getrübt ist. Du musst einfach lernen, nein zu sagen, wenn du zu bestimmten Zeiten nicht in der Verfassung bist, Readings für andere durchzuführen.
* Das Universum findet, dass es eine *sehr schlechte* Idee ist, dass ein bestimmter Mensch gerade zu diesem Zeitpunkt ein Reading machen lassen will und dass er seine

Entscheidung besser ohne Zuhilfenahme von Divination treffen sollte. Das kann karmische Gründe haben. Oder dieser Mensch muss lernen, auf eigenen Füßen zu stehen.

* Du hast deine Frage falsch gestellt. Das ist ein Fehler, zu dem wir alle neigen. Und oft bemerken wir es viel zu spät. Das passiert besonders leicht, wenn du schon sehr viel Routine hast und deine Fragen rasch, ohne langes Überlegen, stellst und sofort die Karten legst. Mitten während des Readings stellst du dann fest, dass du nicht mehr weißt, was du eigentlich gefragt hast. Sehr ärgerlich.
* Bei einem Reading zu viele Fragen auf einmal stellen, noch dazu zu mehreren Themen. Ich hasse es, wenn ein Klient sagt: »Ich möchte gerne dies wissen, und noch etwas zu jenem Thema, und wie wäre es mit …« Oder wenn die Leute die Karten mischen und dabei über alle möglichen anderen Dinge plaudern. Wenn die Klienten nicht wirklich bei der Sache sind, stellen sich meist sehr unbefriedigende Resultate ein. Dann musst du sie ermahnen, sich besser zu konzentrieren und die Karten erneut zu mischen, oder den Beutel noch einmal zu schütteln, je nachdem, welche Wahrsagemethode du anwendest.
* Faustregel: Wenn ein Klient beim dritten Satz deines Readings verwirrt dreinblickt oder behauptet, das könne ja wohl nicht stimmen, lächle einfach und sag zu ihm: »Dann mischen wir eben noch einmal neu.« Wenn du nach dem Grund gefragt wirst (manche Klienten wollen das wissen), antworte einfach, sie sollten sich auf die Frage konzentrieren, die ihnen am wichtigsten ist. Dann könntest du ihnen auch das genaueste Reading geben.
* Sich selbst wahrzusagen, kann problematisch sein.

Wenn du erst einmal gut mit deinem Divinationswerkzeug vertraut bist, bist du auch in der Lage, es zu beeinflussen. In gewisser Weise ist das ganz in Ordnung so, denn du kannst ja durch intensive Konzentration auch deine künftige Realität verändern und beeinflussen. Es gibt jedoch Menschen mit der ungesunden Angewohnheit, sich auf Negatives zu konzentrieren, und sie legen sich dann prompt die negativen Karten, an die sie gedacht haben. Wenn das passiert, ist es Zeit, eine andere Divinationsmethode auszuprobieren.

* Medialität lässt sich nicht ein- und ausschalten wie eine Glühbirne. Manchmal werden die intuitiven Botschaften nur so aus dir herausfließen, und zu anderen Zeiten wirst du dich wie zugenagelt fühlen. Das gilt ganz besonders für jene Wahrsagemethoden, für die man sich in einen veränderten Bewusstseinszustand versetzen muss, wie das Kristallsehen oder die Psychometrie.
* Ein skeptisches, ablehnendes Publikum kann deine Konzentration erschweren oder völlig unmöglich machen. Prahle nicht mit deinen Fähigkeiten. Wenn Freunde sich über dich lustig machen und trotzdem ein Reading wollen, sage ihnen, dass sie sich das aus dem Kopf schlagen sollen. Divination ist kein amüsantes Gesellschaftsspiel, und du solltest dich den Zweiflern nicht als Zielscheibe für Spott und Vorurteile zur Verfügung stellen.

Readings für andere Leute

Wenn du dich mit deiner Divinationsmethode vertraut gemacht hast, wirst du deine Fertigkeiten auch bei anderen ausprobieren wollen. Du solltest ihnen aber ehrlich sagen, dass du noch nicht über große Erfahrung auf diesem Gebiet verfügst. Stelle ein paar klare Grundregeln auf, welche Fragen zulässig sind und wie lange ein solches Trial-and-error-Reading dauern soll. Am Anfang werden dir Readings für andere Freude machen, und du wirst dich bei jeder Gelegenheit darin versuchen wollen, doch es kommt (unvermeidlich) ein Punkt, an dem die Leute anfangen werden, dich und deine Fähigkeiten auf missbräuchliche Weise in Anspruch zu nehmen. Das tun sie nicht absichtlich. (Nun ja, manche schon.)

Zuerst hatte meine Tochter im Teenageralter großen Spaß daran, ihren Freundinnen und deren Müttern die Karten zu lesen, aber nach einer Weile riefen sie nur noch an oder besuchten sie, um ein Reading zu bekommen, und bestürmten sie dann stundenlang mit Fragen. Das kann ganz schön zäh und ermüdend werden. Schließlich kam meine Tochter zu mir und fragte mich um Rat. Ich schlug ihr vor:

* Trage deine Karten (oder andere Divinationswerkzeuge) nicht mehr ständig bei dir. Bewahre sie zu Hause auf, besonders wenn du auf eine Party gehst (es sei denn, du glaubst, die Party würde ohne ein bisschen Kartenlegen gähnend langweilig werden, oder du möchtest gern im Zentrum der Aufmerksamkeit stehen).
* Mach deinen Freunden klar, dass Divination kein Spielzeug ist, sondern dazu dient, Menschen zu helfen, und dass Karten (oder Runen etc.) mit Respekt behandelt werden sollen. Man kann nicht irgendwelche oberflächlichen, albernen Fragen stellen und erwarten, darauf vernünftige Antworten zu erhalten. Divination ist eine Hilfe, um Lebensziele zu erreichen und Konflikte zu klären.
* Mach keine Readings für Leute, die psychisch labil

sind. Es ist wichtig, im Leben auf eigenen Füßen zu stehen und sich nicht von Wahrsagern oder den Karten abhängig zu machen.

* Lerne, höflich nein zu sagen und dann auch standhaft zu bleiben.
* Mach den Leuten unmissverständlich klar, dass du keine Readings am Telefon mehr machst.
* Begrenze die Anzahl der Fragen und die Dauer der Readings.

Für uns Hexen ist die Divination nicht einfach nur ein Fenster in die Zukunft oder die Vergangenheit, sondern ein nützliches Werkzeug, um unser eigenes Leben erfüllt zu gestalten und anderen auf ihrem Weg zu helfen. Tarot und andere Wahrsagemethoden sind eine Hilfe auf dem spirituellen Entwicklungsweg, nicht jedoch der Weg selbst.

Meditation und Divination

Eine einfache Methode, mit deinem Divinationswerkzeug zu meditieren, besteht darin, jeweils eine einzige Karte (oder Rune etc.) auszuwählen. Entspanne dich und betrachte die Karte. Versuche dabei, den ständigen inneren Dialog für eine Weile auszublenden. Wenn deine Aufmerksamkeit abschweift, bringe sie sanft zu der Karte zurück. Nimm dir nicht gleich zu viel vor: für den Anfang genügt eine Minute. Später kannst du die Zeit auf zwei Minuten ausdehnen, danach auf drei. Wer es sekundengenau liebt, kann ja eine Eieruhr zur Hilfe nehmen. Diese Art von Meditation, bei der man sich einfach auf einen Gegenstand konzentriert, nennt man passiv. Wenn du die passive Meditation ein wenig geübt hast, kannst du zur aktiven Meditation übergehen: Hier verknüpfst du das Bild auf der Karte oder das Symbol mit einer Visualisierung oder Affirmation. Oder du hältst innere Zwiesprache mit dem Bild auf der Karte. Angenommen, du wünschst dir mehr Erfolg. Dann kannst du die Sonnen-Karte deines Tarotdecks nehmen und ein Gedankenbild des Erfolgs erzeugen, während du sie betrachtest. Wenn du diese einfache aktive Meditation einmal dreißig Tage lang jeden Abend praktizierst, kann dich das deinem Erfolg ein großes Stück näher bringen. Das funktioniert tatsächlich, auch wenn es eigentlich viel zu einfach klingt.

Morgenmeditation

Es gibt nichts Inspirierenderes, als am frühen Morgen Magie zu praktizieren, wenn die ersten goldenen Sonnenstrahlen den neuen Tag ankündigen. Obwohl die meisten Leute Hexen mit der Nacht assoziieren, sind wir in Wahrheit tagsüber nicht weniger stark!

Benötigte Materialien: Den morgendlichen Temperaturen angemessene Kleidung; eine weiße Sieben-Tage-Kerze; Feuerzeug; dein Divinationswerkzeug.

Anleitung: Wähle sehr sorgfältig eine bestimmte Karte, Rune oder ein sonstiges Divinationswerkzeug aus, das am besten ein Ziel beschreibt, das du dir gesteckt hast. Schau in der Zeitung oder deinem Almanach nach, wann die Sonne aufgeht. Setz dich kurz vor Sonnenaufgang mit dem Gesicht nach Osten hin, zunächst ohne die Kerze anzuzünden.

Atme einige Male tief durch und entspanne dich. Erde und zentriere dich. Schließe die Augen und nimm Verbindung mit der dich umgebenden Natur auf: den Bäumen, dem Gras, vielleicht dem Meer und dem Sand. Wenn du in der Stadt wohnst, brauchst du nicht zu verzweifeln: Die Erde trägt dich auch dort, es gibt Vögel und Katzen, vielleicht einen Blumenkasten oder ein paar schöne Topfpflanzen, und den freien Himmel über dir. Die Natur ist immer da, auch wenn sie unter Beton, Asphalt und Mauersteinen verborgen liegt. Ganz allmählich wirst du auch in der Stadt die Anwesenheit der Naturgeister spüren, was angenehme, friedvolle Empfindungen in dir auslösen wird.

Wenn die Sonne hinter dem Horizont auftaucht, halte deine Kerze ins Licht, so dass die Sonnenscheibe sich (von dir aus gesehen) genau über dem unangezündeten Docht befindet. Hauche einmal lang und tief auf die Kerze. Schließe die Augen und bitte den Großen Geist um Segen für den neuen Tag, dein Leben insgesamt und deine spezielle Bitte. Senke die Kerze und zünde sie an. Stelle die brennende Kerze vor dich hin, auf oder dicht neben das Divinationswerkzeug, das du mitgebracht hast.

Schließe die Augen und nimm Verbindung mit deinen Geisthelfern auf. Das können die Engel sein, ein Totemtier oder dein Helferteam auf der anderen Seite des Schleiers (ja, jeder von uns hat ein solches Team). Plötzlich wirst du das Gefühl haben, dass an dem Platz, an dem du sitzt, richtig etwas los ist. Du wirst ganz stark spüren, dass du von Liebe umgeben bist. Vielleicht nimmst du auch die Nähe anderer Seelen wahr, die das Gleiche tun wie du: mit dem Großen Geist und dem Sonnenaufgang kommunizieren. Vielleicht empfängst du auch das geistige Bild eines Menschen, der draußen in unberührter Natur auf einem Hügel sitzt, oder du kommst in Kontakt mit jemandem, der oben auf dem Dach eines Wohnblocks steht. Name oder Gesicht sind unwichtig; die Kommunikation mit dem Göttlichen ist das, was zählt.

Wenn du deine Meditation beendest, nimm die Kerze

mit nach drinnen und lass sie an einem sicheren Platz ganz herunterbrennen. Wenn du keine Kerzen benutzen darfst, kannst du diese Meditation auch ohne ausführen. Halte dann einfach statt der Kerze dein Divinationswerkzeug gegen die Sonne. Vielleicht gefällt dir diese Meditation so gut, dass du sie künftig regelmäßig bei Sonnenaufgang praktizierst.

Gesundheit und Heilung

Im Mittelalter wurden Heilkräuter und Salben häufig mit heiligem Wasser oder Öl vermischt. In populären Schriften zur Heilkunde wurden die Menschen in jener Zeit ermuntert, Gebete zu sprechen, während sie Rezepturen gegen Krankheiten herstellten. In diesen Büchern können wir verfolgen, wie die alten vorchristlichen Kulturen Nordeuropas und ihre volksmagischen Praktiken immer mehr unter die Vorherrschaft des Machtapparats der christlichen Kirche gerieten.

Im zehnten Jahrhundert wurden in diesen Büchern über Heilkunde die volksmagischen Zauberrituale mit der klassischen griechisch-römischen Korrespondenzenlehre, der griechischen, römischen und ägyptischen Astrologie, lokaler Kräuterkunde und Gebeten (oft christlich umgedeutete ursprünglich heidnische Beschwörungen) zu einem Wissen vermischt, das den Menschen zu Gesundheit und Genesung verhelfen sollte. Der Klerus, der Adel, aber auch einige gewöhnliche Leute wie du und ich besaßen solche Heilkunde-Bücher, in denen Arzneirezepte mit magischen Praktiken kombiniert wurden.

Wenn man beispielsweise ein Hautleiden kurieren wollte, musste man Pflanzenteile von vier Kräutern vermischen, den Saft in einer Schale ausdrücken und ihm dann eine kleine Menge Seife hinzufügen. Das war der medizinische Teil. Aber die Verordnung geht noch weiter: Der Heiler wird angewiesen, bei Sonnenuntergang dem Kranken eine kleine Menge Blut abzunehmen und dieses in ein fließendes Gewässer zu schütten. Dabei sollte er dreimal ausspucken und dann sagen: »Nimm diese Krankheit und trage sie davon!« Anschließend sollte der Heiler durch offenes Gelände zum Haus des Kranken zurückgehen, und er sollte während des Hin- und Rückwegs schweigen. Dieser ganze Vorgang mit seinen Ritualen und Verhaltensregeln ist eindeutig magischer Natur.[29]

Auch damals schon war den Menschen offenbar bewusst, dass der menschliche Körper zu 90 Prozent aus Wasser besteht, ungeachtet der Schwere und Hässlichkeit der Krankheit, von der er befallen sein mochte. Das bedeutet, dass 90 Prozent des physischen Körpers bereits gesund sind. Wir müssen also nur mit den 10 Prozent des Körpers arbeiten, die erkranken können. Das macht die Aufgabe etwas weniger schwer und gibt uns das Gefühl, auch bei schweren Erkrankungen wirklich etwas bewirken zu können. In der mittelalterlichen Heilkunde waren die Grenzen zwischen akzeptierten magischen Praktiken und jenen Methoden, die in den Augen der Kirche als verwerflich galten, unscharf, einfach weil man so wenig über die Behandlung von Krankheiten wusste. Das hieß, dass Magie (natürlich nur in gewissen Grenzen) immer dann als akzeptabel galt, wenn es keine erprobte und anerkannte Methode gab, die die Krankheit beseitigen oder wenigstens das Leiden lindern konnte. So wurden die weiter oben aufgeführten Maßnahmen – Kräuterbeschwörungen, heiliges Wasser oder Öl, Gesundbeten –

zugelassen, wobei die Kirche allerdings in ihrem Bestreben, die Volksmagie zu unterdrücken, im England des frühen sechzehnten Jahrhunderts unter Heinrich VIII. dazu überging, die Zulassung von Ärzten und Hebammen zu überwachen.[30]

Jetzt wirst du vermutlich sagen: »Gott sei Dank gibt es heute die moderne Medizin! Wie dumm die Leute doch damals waren! Heute weiß doch jeder, dass Krankheiten durch Bakterien oder Viren verursacht werden.«

Nun ... keine voreiligen Schlüsse, bitte!

Anthropologen glauben, dass Magie in Gesellschaften dann eine wichtige Rolle spielt, wenn die Menschen nur eine geringe Kontrolle über ihre Umwelt haben. In der Antike, im Mittelalter, aber zum Teil auch heute noch, entzogen und entziehen sich Krankheiten häufig unserer Kontrolle, lassen sich nicht beherrschen. Daher ist es keineswegs unvernünftig, Medizin und Magie zu kombinieren. Obwohl diese Anthropologen glauben, dass magische Rituale für sich genommen illusionär sind, dass man durch Zaubersprüche nicht Getreide besser wachsen lassen oder Wunden heilen lassen kann, ist die Magie doch nicht sinnlos. Und das liegt an ihren positiven Nebenwirkungen im psychologischen Bereich, wie Keith Thomas argumentiert:

> *Rituale helfen, Ängste zu lindern und angestaute Frustration abzubauen. Sie vermitteln dem, der sie praktiziert, das Gefühl, etwas Positives zu tun, das zur Lösung seiner Probleme beiträgt. Wer solche Rituale praktiziert, wird dadurch vom hilflosen Zuschauer oder Opfer zum aktiv Handelnden.*[31]

Die Magie wirkt daher im Bereich der Wissenschaft des Geistes, für den wir noch nicht alle Antworten kennen.

Und ob es sich dabei nun um die Kraft des menschlichen Bewusstseins oder um die Kraft des Großen Geistes handelt, oder um beides, eines jedenfalls habe ich gelernt: Heilungsmagie wirkt!

Ehe ich näher darauf eingehe, möchte ich dennoch eines deutlich sagen: Magische Heilungsrituale können niemals die moderne Medizin ersetzen. Angenommen, du hättest fünf Dollar – würdest du dann vier davon wegwerfen, weil du ja schon einen hast? Nein, das würdest du ganz sicher nicht. Was Heilung angeht, können wir alles Wissen brauchen, das verfügbar ist! Wenn du krank bist, solltest du unverzüglich zum Arzt gehen. Nachdem das deutlich gesagt ist, können wir über Heilungsmagie im Leben einer modernen Hexe sprechen.

Die meisten heutigen Hexen praktizieren parallel zwei Herangehensweisen, was die Gesundheit angeht. Zum einen geht es um die Vorsorge: Dazu gehören regelmäßiges Durchchecken bei Hausarzt und Zahnarzt, die rechtzeitige Beachtung von Krankheitssymptomen, Meditationen und Affirmationen, um im Alltag Stress abzubauen und eine positive Geisteshaltung zu kultivieren, und das Praktizieren von Zaubersprüchen, Gebeten und Ritualen während der jahreszeitlichen Feste (und zu anderen Zeiten), um gute Gesundheit und positive Fülle für sich selbst und andere zu manifestieren. Der zweite Aspekt ist die aktive Behandlung von Beschwerden. Dann gilt es, zuallererst einen Arzt aufzusuchen, um eine angemessene Diagnose zu erhalten. (Magie funktioniert nämlich besser, wenn man weiß, womit man es zu tun hat. Du solltest aber nicht zulassen, dass irgendwelcher endgültiger, beunruhigender medizinischer Hokuspokus deiner Magie keine Chance mehr lässt. Schließlich sind auch Ärzte nicht allwissend. Wären sie es nämlich, gäbe es längst keine Krankheiten mehr.) Auch wenn du vielleicht erst sechzehn bist, bist du doch sicher intelligent genug, um eine gut informierte Patientin zu sein. Wenn das Gesundheitsproblem unbedeutend ist, umso besser – falls es sich aber doch um etwas Ernsthaftes handelt, beschaffe dir Informationen darüber. Hexen, die sich später zu Heilkunde-Experten oder -Expertinnen schulen, wurden dazu oft angeregt, weil sie in jungen Jahren persönliche Bekanntschaft mit einer Krankheit machen mussten. Vielleicht litt der Großvater an Gürtelrose, oder die Großmutter war herzkrank. Vielleicht hat dein Bruder epileptische Anfälle. Es wird du überraschen, wie viel Gutes du allein dadurch bewirken kannst, dass du dich so gut informierst, wie es nur geht! Dass du vielleicht noch ein Teenager bist, bedeutet schließlich nicht, dass es dir an Gehirnschmalz mangelt. Wenn die Diagnose und die vorgeschlagene schulmedizinische Behandlung feststehen, kannst du dich um die magische Seite kümmern. Es gibt eine Fülle von Gesängen, Zaubersprüchen und Ritualen, die du vom Ausbruch der Erkrankung bis zur Heilung anwenden kannst. Vergiss dabei nur eines nicht: Man wird nicht über Nacht krank, und deshalb wird man auch nicht von einem Tag zum anderen wieder gesund. Heilungsmagie erfordert, mehr noch als alle anderen magischen Anwendungen, Geduld und festen Glauben.

Was also ist Krankheit noch, außer einem Haufen fieser Bazillen? In der holistischen Medizin und der modernen Alternativmedizin heißt es, dass mentale Probleme und Disharmonien bei der Entstehung von körperlichen Symptomen eine wichtige Rolle spielen. Stress macht den Körper offenbar anfällig für Krankheitserreger. Auch kann man sich selbst buchstäblich krank denken, wenn man sich ständig negativen Selbstgesprächen hingibt. Tausende von Fällen beweisen, dass ein qualifizierter Hypnotherapeut Menschen (ergänzend zur erforderlichen schulmedizinischen Behandlung) bei der Genesung helfen kann, indem er ihnen zeigt, wie sie ihr eigenes Bewusstsein positiv einsetzen können. Auch wissen wir, dass Gebete immer wieder Wunder bewirken. Die medizinische Astrologie kann uns helfen, gesundheitlich problematische Aspekte und Transite in unserem Horoskop aufzudecken. Dann können wir in diesen kritischen Zeiten besonders gut für unsere Gesundheit sorgen, um ernsteren medizinischen Problemen vorzubeugen. Wir sehen also, dass in Sachen Gesundheit und Heilung erstaunliche Dinge möglich sind, wenn wir uns vernünftig medizinisch behandeln lassen, unseren gesunden Menschenverstand gebrauchen, an Genesung glauben und unterstützende Magie einsetzen.

Okay, worin besteht also der erste magische Schritt? Das ist immer irgendeine Art von Bannzauber. Im Mittelalter nannte man das eine Beschwörung oder Exorzismus. Damit ist gemeint, dass du der negativen Energie klipp und klar sagst, dass sie unerwünscht ist und gefälligst verschwinden soll. Mir wurde beigebracht, dass »eine Hexe, die nicht hexen kann, auch nicht heilen kann«. Wenn du den schwarzen Mann nicht aus dem Schrank verscheuchen oder unter dem Bett hervorholen kannst, wird es dir auch nicht gelingen, der positiven, heilenden Energie eine Tür zu öffnen. Wenn du jede Menge positive Energie auf Krankheiten wirfst (Krebs zum Beispiel), ohne zuvor kraftvoll und entschlossen das Böse gebannt zu haben, wird sich die Krankheit sogar noch verschlimmern! Auf den Bannzauber folgt der Heilungszauber, den du ausgewählt hast, und zum Abschluss wird der oder die Kranke gesegnet. Wenn du selbst krank bist, ist es sehr wichtig, dass du während der Krankheit einen positiven inneren Dialog pflegst. Bei vielen Heilungszaubern werden Beschwörung, Magie und der Segen in einer Handlung kombiniert, was bei kleineren Beschwerden gut funktioniert. Wenn du jedoch mit einer ernsteren Erkrankung konfrontiert bist, funktioniert es nach meiner Erfahrung besser, diese drei Bereiche zu trennen (also für jeden ein eigenes Ritual durchzuführen).

Hast du erst einmal ein breites Spektrum von Heilungstechniken ausprobiert, wirst du eine Auswahl von Zaubersprüchen und Ritualen treffen, mit denen du besonders gut arbeiten kannst, wobei hier natürlich, wie generell in der Magie, Übung den Meister macht. Es ist wie mit unseren Muskeln, die auch nur durch regelmäßiges Training leistungsfähiger werden. Ein interessanter Nebeneffekt besteht darin, dass sich deine Hände mit Energie aufladen, vor allem, wenn du Reiki (siehe Seite 359), Powwow (siehe Seite 342) oder Handauflegen praktizierst.

Wie überall im Leben wird es aber auch einmal vorkommen, dass du mit deinen Heilungsritualen scheiterst. Ist das dann deine Schuld?

Wenn du dich wirklich nach Kräften bemüht hast, lautet die Antwort: Nein. Du hast es versucht und damit deine Pflicht erfüllt. Es gibt bei der Heilung von Krankheiten viele Faktoren, die außerhalb deiner Kontrolle liegen. Wenn der Große Geist sagt, dass es für Tante Hilde Zeit ist, ins Sommerland weiterzureisen, dann wirst du daran nichts ändern können. Aber du kannst ihr den Übergang erleichtern, indem du lindernde und tröstende Heilrituale durchführst. Wenn du damit den physischen Körper der Tante nicht zu heilen vermochtest, so verfehlt solche Magie auf der spirituellen Ebene jedoch niemals ihre Wirkung. Ein anderes Problem, das dir zu schaffen machen kann, ist der Widerstand des Patienten. Manchen Menschen gefällt es, krank zu sein. Die Krankheit ist für sie eine Krücke, eine Möglichkeit, sich vor den täglichen Anforderungen des Lebens zu drücken – sie können sich ausklinken (hoffentlich nur für eine Weile) in der Hoffnung, dass ihre Probleme sich in der Zwischenzeit von selbst erledigen. Doch früher oder später werden sie erkennen, dass man Probleme auf diese Weise nicht loswird. Im Gegenteil haben sie nun sogar *noch mehr* Probleme, weil sie krank sind. Dann gibt es noch die Menschen, die gerne krank sind, weil ihnen die Aufmerksamkeit gefällt, die sie dadurch erhalten. In diesen Fällen hast du, anders als bei Magie, die du für dich selbst praktizierst, die Situation nicht gut unter Kontrolle. Wenn du dir dessen bewusst bist, wird es dir leichter fallen, scheinbare Niederlagen gelassen hinzunehmen.

Manchmal wird es auch unvermeidlich Situationen geben, in denen dir klar wird, dass du einfach zu spät gerufen wurdest, um noch heilend einwirken zu können (zu dieser Einsicht gelangst du durch eine persönliche Analyse deiner Fähigkeiten und der Verfassung des Patienten und seiner Umgebung). Solltest du dann seufzend die Hände heben und unverrichteter Dinge wieder gehen? Nein. In diesem Fall erwartet der Gott/die Göttin von dir, dass du dich auf das spirituelle Selbst des kranken Menschen konzentrierst. Es ist nie zu spät, um Negativität zu bannen und einen Segen zu sprechen. Nie.

Und wie steht es mit der Erlaubnis zu heilender Magie? Ah! Das ist in der okkulten Welt ein heikles Thema, sagen die Experten. Sie behaupten, man müsse in jedem Fall zunächst die erkrankte Person um Einverständnis bitten, für sie zaubern zu dürfen. Und wenn diese das ablehnt, seien uns die magischen Hände gebunden. Wie praktisch. Man dürfe nicht den freien Willen eines anderen Menschen missachten, tönen sie. Denn dann würde man sich in deren spirituellen Plan einmischen.

Sende also liebevolle Energie, und damit hat es sich – doch selbst das wird von manchen noch abgelehnt. Während meiner ersten Jahre als Hexe hörte ich auf dieses Geschwätz. Ich riet meinen Schülern sogar, dass sie ihre Bitte so umformulieren sollten, dass sie dem Patienten besonders angenehm in den Ohren klang. Das sehe ich heute anders.

Seufz! Warum machen die Leute die Welt bloß zu einem so komplizierten Ort?

Wenn Onkel Georg krank ist, und du genau weißt, dass er niemals von sich aus andere um Hilfe bitten würde (und dich erst recht nicht), wirst du dann einfach tatenlos zusehen, wie er daliegt und sich quält? Wirklich? Dann hast du also deinen Schwur, anderen zu dienen, schon vergessen? Schäm dich! Als du dich entschieden hast, als Hexe zu leben, schloss das auch die Bereitschaft ein, anderen Menschen beizustehen und zu helfen (um nichts anderes dreht sich die ganze Hexenkunst). Wenn du das nicht so siehst, hast du dir vermutlich die falsche Religion ausgesucht.

In den meisten Fällen frage ich Kranke natürlich, ob sie meine Hilfe wünschen (oder die meines Clans). Es gibt aber Situationen, in denen das nicht möglich ist. Dann muss man sich eben etwas einfallen lassen. Führe trotzdem deine Heilungsmagie durch und übergib die Angelegenheit dann dem Großen Geist. Lass den Großen Geist (Gott/Göttin) entscheiden, wer geheilt wird und wer nicht. Bitte außerdem darum, dass die heilende Energie, wenn dieser Mensch sie nicht gebrauchen kann, an eine andere Person weitergeleitet wird. Auf diese Weise fließt deine heilende Energie immer in die richtigen Bahnen, und du hast dich jedenfalls nicht bewusst von einem Menschen abgewandt, der möglicherweise dringend deiner Hilfe bedurfte.

Bewusst entscheide ich, vom Großen Geist geführt, dass (Name der Person) *nun heilende Energie zuteil wird.*
Und sollte mein Zauber dort nicht willkommen sein, möge der Große Geist bewirken, dass er einer anderen Seele zugute kommt, die Heilung braucht.

Wie Krankheiten entstehen

Beim Bannen einer Krankheit, ob es sich nun um eine banale Erkältung oder aber um etwas Ernsteres handelt, besteht der erste Schritt darin, sich die Lebensumstände des Patienten genau anzuschauen. Eine Erkältung ist nicht einfach nur eine Erkältung – sie ist das Endergebnis einer Disharmonie. Wir müssen also zunächst die Stressfaktoren im Leben des betroffenen Menschen identifizieren, ehe wir für eine umfassende Heilung tätig werden können. Wenn du über große Erfahrung mit magischem Heilen verfügst, wirst du die jeweiligen Muster schnell entdecken – bestimmte Stressfaktoren, die mit bestimmten Krankheiten in Beziehung stehen. Menschen mit Rückenschmerzen oder Rückenverletzungen hatten kurz bevor der Schmerz auftrat oft das Gefühl, die ganze Welt auf ihren Schultern tragen zu müssen. In vielen Fällen sind solche Menschen die alleinigen Ernährer einer Familie und wurden kurz vor der Rückenverletzung mit einer der folgenden Situationen konfrontiert:

* der Gefahr, durch Stellenabbau ihren Arbeitsplatz zu verlieren,
* einer tatsächlichen Kündigung,
* dem Verlust bisheriger Zusatzeinkünfte (Nebenjob verloren, Ehepartner wurde arbeitslos etc.),

* zusätzlichen häuslichen Aufwendungen (zum Beispiel neuer Nachwuchs, Steuernachzahlungen, ein Verwandter, der mit versorgt werden muss).

Frauen, die an Brustkrebs erkranken, waren oft lebensbedrohlichen Erfahrungen (oder starken seelischen Belastungen) im Umgang mit dem anderen Geschlecht ausgesetzt. Menschen, die zu Erkältungen neigen, haben Probleme, mit anderen zu kommunizieren – vielleicht leiden sie unter dem Gefühl, dass ihnen zu Hause oder im Beruf nicht genug Aufmerksamkeit geschenkt wird, oder ein großes Projekt, das viel Denk- und Schreibarbeit erfordert, droht ihnen über den Kopf zu wachsen. In diesen Fällen lautet die Botschaft des Körpers an den Geist, dass dringend eine Pause angesagt ist, dass es gilt, sich auszuruhen und die momentane Lebenssituation zu überdenken. Wenn wir also einem anderen Menschen (oder uns selbst) helfen wollen, gesund zu werden, müssen wir immer seine Lebensumstände berücksichtigen, damit wir den ganzen Menschen behandeln können und nicht nur das Symptom.

Nehmen wir beispielsweise an, Jennifer, die sich gerade im letzten Schuljahr an der Highschool befindet, erwischt es gleich nach Neujahr mit einer heftigen Erkältung. Schauen wir uns einmal an, ob Jennifer gegenwärtig besonderen Stress hat, der sich abbauen lässt, wodurch dann wiederum die Symptome gelindert werden können.

Zunächst registrieren wir, dass nicht nur Jennifer krank ist, sondern praktisch die halbe Schule mit Grippesymptomen das Bett hütet. Aus wissenschaftlicher Sicht wissen wir, wie die Krankheitserreger sich verbreiten und so viele Personen sich infizieren konnten. Aber sollten wir nicht trotzdem nach etwas anderem Ausschau halten – etwas, das eher unter der Oberfläche anzusiedeln ist? Wir wissen, dass es individuelle Stressfaktoren gibt, aber können nicht auch Stressfaktoren im Gruppenbewusstsein eine Rolle spielen? Wenn wir scharf genug hinsehen, finden wir sie vermutlich. In Jennifers Fall tobt gerade ein heftiger Konflikt zwischen der Schulbehörde und dem Lehrerkollegium. Dieser Stress wirkt sich zwangsläufig auch auf das gemeinsame Gruppenbewusstsein der Schüler aus. Auch hat es an der Schule größere Umstrukturierungen gegeben, Änderungen im Lehrplan, eine neue Schulordnung. Um zu überprüfen, inwieweit das Gruppenbewusstsein sich tatsächlich in Aufruhr befindet, würden wir Jennifer einige Fragen stellen und unsere Divinationswerkzeuge zu Rate ziehen. Wenn in einer Schule, einer Arbeitsstätte, einem Coven oder in der Familie viele Personen gleichzeitig erkranken, ist das in der Regel ein deutliches Signal, dass im gemeinsamen Bewusstsein dieser Gruppe eine erhebliche Disharmonie besteht.

Als Nächstes fragen wir Jennifer, wie ihre persönliche Situation gegenwärtig aussieht. Wenn Jennifer sagt: »Keine besonderen Vorkommnisse, alles ist wie immer«, solltest du diese Antwort nicht ohne weiteres akzeptieren. Bohre tiefer nach. Wir wissen bereits, dass Jennifer sich im letzten Schuljahr befindet – schon allein das deutet auf Stress hin. Eine große Veränderung steht bevor: der Wechsel vom Schulalltag zu einer Vollzeit-Berufstätigkeit oder an eine Universität. Außerdem entdecken wir, dass sie wegen der neuen Schulordnung besorgt ist. Einige Lehrer scheinen die neue Verordnung auszunutzen, um den Schülern zusätzlichen Ärger zu machen. Jennifer selbst hat diese neuen Disziplinarmaßnahmen zwar noch nicht zu spüren bekommen, aber sie sieht, was Mitschülern widerfährt, und hat bewusst (oder unbewusst) Angst, ihr könnte es ebenso ergehen. Sie möchte vorzeitig aufs College gehen, und ein disziplinarischer Verweis könnte diese Chance zunichte machen, was für ihre berufliche Zukunft ein schwerer Rückschlag wäre. Dann gibt es noch einige kleinere Probleme zu Hause. Ihre Mutter schuftet momentan in gleich zwei Aushilfsjobs, um die Reparatur des Daches bezahlen zu können, die nach einem schweren Sturm notwendig geworden ist. Daher muss Jennifer in diesem Monat auf ihre beiden jüngeren Geschwister aufpassen. Zwar liebt Jennifer ihre beiden drei- und sechsjährigen Geschwister, aber tief drinnen findet sie, dass für deren Betreuung eigentlich ihre Mutter zuständig wäre, vor allem gerade jetzt, wo sie kurz vor dem Schulabschluss steht! Außerdem schreibt sie gerade an einer Facharbeit, aber die Frau in der Schulbibliothck ist bei der Recherche der benötigten Informationen überhaupt nicht zu gebrauchen. So fürchtet Jennifer, dass die Arbeit misslingt. Und nun ist sie obendrein auch noch krank. Jetzt wissen wir, dass Jennifer gegenwärtig drei maßgebliche Stressfaktoren zu schaffen machen: Angst, Veränderungen und Wut. Wenn unser Heilungszauber also wirken soll, müssen wir einen Weg finden, diese Stressfaktoren zu reduzieren. Jennifer dazu zu bringen, dass sie ruhig über ihre Gefühle sprechen kann, ist bereits der erste Schritt zur Gesundung.

Medikamente segnen

Ehe du ein Medikament einnimmst, solltest du mit deinem Arzt oder Apotheker über mögliche Nebenwirkungen sprechen sowie über Wechselwirkungen mit anderen Mitteln, die du bereits einnimmst. Da es heute so viele Fachärzte gibt, die alle jeweils Medikamente innerhalb ihres Spezialgebietes verordnen, musst du dich selbst darum kümmern, dass du auch wirklich die richtige Medizin erhältst. Wenn sie ihre Medikamente dann nach einer gründlichen Beratung besorgt haben, segnen viele Hexen die Arzneien als zusätzliche Vorsichtsmaßnahme. Beschwöre zu diesem Zweck einen magischen Kreis. Nimm die Arzneipackung und reinige sie mit Hilfe der vier Elemente. Halte die Hände über die Packung und sprich:

Herr und Herrin, ihr Gnadenreichen, die ihr
seit Anbeginn der Welt herrscht über die Energien
der Liebe, des Friedens und der Heilung, bitte segnet
und weiht in eurem Namen dieses Medikament,
das mir verordnet wurde, um meine Gesundheit
wiederherzustellen. Ich glaube, dass ich Gesundheit,
Glück und Freude verdiene, wie nur ihr sie zu
schenken vermögt. Möge dieses Medikament
wunschgemäß in mir wirken und meinen
Körper heilen. So sei es!

Hebe den Kreis auf.

Eine Krankheit bannen

Wenn du eine Krankheit magisch bannen willst, solltest du Folgendes beachten:

* sachkundige medizinische Hilfe hinzuziehen,
* Stressfaktoren/auslösende Ereignisse, die vor Ausbruch der Erkrankung bestanden, mit dem Patienten durchsprechen,
* den Patienten ermutigen, positive Veränderungen seines Lebensstils vorzunehmen, wozu gehören kann, sich mehr Ruhe zu gönnen, Ausgleichssport zu treiben, Projekte und Bindungen aufzugeben, die nicht länger

förderlich sind. Mit dem Patienten nach Lösungen für Probleme suchen, die ihn belasten,

* gründliche magische Reinigung der Umgebung des Kranken durch Verbrennen von Salbei, durch Glöckchen, Klangschalen, Rasseln oder Weihrauch und Wasser. Reinigung häufig wiederholen, bis die Erkrankung abgeklungen ist,
* dem Patienten zu einem spirituellen Bad oder einer täglichen spirituellen Dusche raten,
* dem Patienten ein Heilungsgebet aufschreiben, das er jeden Morgen und Abend sprechen soll,
* durch Zaubersprüche und Rituale Negativität und Krankheit bannen,
* auf das Bannen Zaubersprüche und Rituale folgen lassen, die auf eine dauerhafte Heilung ausgerichtet sind.

Jetzt werden manche unter euch bestimmt sagen: »Wie? Das soll der ganze Heilungszauber sein?« Andere dagegen höre ich schon protestieren: »Das ist viel zu viel Aufwand! Geht es denn nicht ein bisschen einfacher?« Doch es ist nun einmal so, dass Magie generell – und Heilungszauber erst recht – mit einer Menge Arbeit verbunden ist. Eine Hexe muss Wissen, Zauber, Geduld und ausdauernde, zeitraubende Arbeit aufwenden, um Resultate zu erzielen. Doch meist sind es die Liebe und das Mitgefühl, das wir für einen Menschen oder ein Tier empfinden, die uns all diese Mühen vergessen lassen. Wenn deine Großmutter krank ist, wirst du wahrscheinlich Himmel und Hölle in Bewegung setzen, um ihr zu helfen. Diese Liebe ist eine mächtige Motivation. Ich habe gesehen, wie mein Sohn sich die Seele aus dem Leib chantete, um seine sterbende Ratte zu retten. Und das Tierchen überlebte.

Wenn eine Hexe heilende Magie anwendet, werden Patienten freudestrahlend berichten, wie Ärzte diese oder ähnliche Sätze zu ihnen sagten: »Ich weiß nicht, wie Sie das anstellen, aber Ihre Heilung verläuft viel rascher, als das normalerweise üblich ist.« Oder: »Es ist einfach unglaublich, dass Sie so schnell Fortschritte machen!« Noch besser: »Wir haben uns geirrt. Da ist gar kein Tumor«, oder: »Das ist kein Krebs, es ist nur ein Schatten auf der Röntgenaufnahme. Ich verstehe gar nicht, wie uns ein solcher Fehler unterlaufen konnte. Auf den neuen Röntgenaufnahmen, die wir gestern gemacht haben, ist keine Anomalie mehr zu erkennen. Ich weiß nicht, wie das möglich ist.«

Nein?

Wir schon!

Und noch etwas solltest du wissen: Wenn Hexenkunst am Werk ist, müssen unheilbare Krankheiten nicht immer unheilbar sein.

Banngesänge[32]

NEUN-SCHWESTERN-GESANG

Soll über einer Wunde, einem Tumor oder einer Infektion neunmal rezitiert werden, und zwar dreimal täglich für einundzwanzig Tage (oder weniger lange, falls die Wunde sich vorher schließt). Dieser Gesang stammt aus einem mittelalterlichen englischen Arztbuch. Er kann auch intoniert werden, um böse Energien aus einem Haus zu vertreiben. Während des Singens sollen die Zimmer mit heiligem Wasser besprengt und mit einem bannenden Kraut ausgeräuchert werden, zum Beispiel mit Salbei.

Neun Schwestern hatte die Not.
Aus den neun wurden acht,
aus den acht wurden sieben,

aus den sieben wurden sechs,
aus den sechs wurden fünf
aus den fünf wurden vier,
aus den vier wurden drei,
aus den drei wurden zwei,
aus den zwei wurde eine,
aus der einen wurde keine,
und da verschwand auch die Not!

Schlage anschließend ein gleicharmiges Kreuz (+) und sprich: *So ist es!*

Allzweck-Anrufung der Erdgöttin

Kann über jeder Art von Verletzung oder Krankheit gesungen werden. Wirkt besonders gut in Notfällen, bei denen du mit mehreren Stressfaktoren gleichzeitig fertig werden musst.

Möge die Erde dich vernichten
mit all ihrer Macht und Gewalt.

Schlage anschließend das Kreuzzeichen und sprich: *So ist es!*

Der Spinnen-Heilgesang

Hilft gegen Fieber, Erkältungen, Grippe und andere Ärgernisse. In diesem Gesang ist die Spinne ein guter Geist, der von dir herbeigerufen wird, um dem Patienten beizustehen. Die Spinne hat die Aufgabe, die Krankheit in ihrem Spinnennetz zu fangen und auf diese Weise unschädlich zu machen. In dem Gesang wird dem Geist der Krankheit gesagt, dass er der Spinne als Streitross dienen soll. Daher wird ihm Zaumzeug angelegt, und er wird aus dem Körper des Kranken herausgezogen.

Die in Klammern gesetzten Erläuterungen sollten nicht laut gesprochen werden. Der Gesang sollte dreimal hintereinander intoniert werden, und zwar jede halbe Stunde, bis das Fieber zurückgeht, und dann neun Tage lang dreimal täglich, wenn es sich um eine ernstere Erkrankung handelt. Außerdem kannst du, bis der Patient sich erholt hat, eine Spinne aus Gummi oder Stoff im Krankenzimmer aufhängen, die du energetisch auflädst, um die Krankheit »abzuziehen«. Wenn sie zwischendurch sorgfältig gereinigt wird, lässt sich diese Spinne immer wieder verwenden.

Im elften Jahrhundert sang man den Zauberspruch dem Patienten zuerst ins rechte Ohr, dann ins linke Ohr und zuletzt über dem Hinterkopf. Auf Hostien schrieb man Namen von Heiligen oder berühmten Persönlichkeiten wie Maximianus, Malchus, Johannes, Martimianus, Dionysius, Constantinus und Serafion. Sie wurden dann auf einem roten Faden aufgezogen und dem Kranken um den Hals gehängt, bis die Krankheit den Körper wieder völlig verlassen hatte.

Hier kam ein Spinnen-Geist herein.
Die Spinne hielt ihr Netz in der Hand (um die Krankheit zu fangen).
Sie sagte, dass du (die Krankheit) *ihr Streitross bist,*
und legte dir das Zaumzeug um den Hals.
Sie ritten aus diesem Land davon
(verließen den Körper).
Sobald sie das Land verließen,
kühlten sie ab (Fieber geht zurück).
Dann kam die Schwester der Spinne hinzu.
Sie machte dem Ganzen ein Ende
(besiegelte die Heilung,
so dass die Krankheit nicht zurückkehren konnte)

und schwor den Eid
(erzeugte einen Schutzeffekt),
dass dies den Kranken niemals verletzen werde,
noch den Anwender des Zauberspruchs.
So sei es.

Schlage anschließend das gleicharmige Kreuz und sage erneut: *So ist es!*

Tiere heilen

Wie Menschen sprechen auch Tiere gut auf magische Heilmethoden an. Zwar verstehen sie vermutlich den Sinn unserer Worte nicht, aber sie reagieren auf unsere Gefühle. Sie spüren deine Absichten und vor allem deine Liebe. Tiere befinden sich die ganze Zeit über im Alpha-Zustand, einem Gehirnwellenmuster, das es ihnen ermöglicht, sowohl mit dir als auch untereinander wortlos zu kommunizieren. Darum sind die Haustiere von Hexen und anderen Magie praktizierenden Menschen häufig aufgeweckter und gesünder als die Haustiere von Leuten, die nicht an der bewussten Entwicklung der eigenen Spiritualität arbeiten. Haustiere lieben die Energie, die erzeugt wird, wenn Menschen zu Hause meditieren, sich der Energiearbeit und der Magie widmen. Hexen wissen, dass sich ihre Haustiere von Altären, Schreinen und Ritualkreisen im wahrsten Sinne des Wortes magisch angezogen fühlen (was für das Tier nicht ungefährlich ist, wenn du dort brennende Kerzen oder Öllampen stehen hast). Haustiere lieben die harmonische Energie, die du durch deine magische Arbeit aufbaust!

Alle in diesem Buch beschriebenen Heilbehandlungen für Menschen wirken selbstverständlich auch bei Tieren.

Es gibt aber einige spezielle Ratschläge zu beachten:

* Wie bei Menschen gilt auch bei Tieren, dass jedes von ihnen eine eigene Persönlichkeit hat. Denke daran, dich immer auf das *ganze* Tier zu konzentrieren – Körper, Geist und Seele.
* Überfalle ein Tier nicht mit einem Heilungsritual. Bereite es vor, indem du es auf den Arm nimmst, es streichelst und ihm erklärst, was du vorhast. (Einem Wildtier, dem du helfen möchtest, das aber vor Berührung zurückschreckt, erklärst du deine Absichten, ohne es anzufassen.)
* Wenn du mit den Händen arbeitest, solltest du das Tier selbst entscheiden lassen, wann es genug hat. In den meisten Fällen wird dein Haustier dann einfach aufstehen und sich trollen. Halte es nicht zurück.
* Schlage um dich und das Tier einen magischen Kreis, ehe du mit der Behandlung beginnst.
* Wenn das Tier nicht berührt werden will, kannst du mit deinen Händen auch in einem gewissen Abstand zu seinem Körper arbeiten.
* Berühre niemals ein fremdes Tier, wenn es nicht von seinem Besitzer festgehalten oder auf dem Arm getragen wird. Berühre niemals Wildtiere.
* Wenn du bei der Heilbehandlung Farben einsetzen möchtest, wähle Orange für allgemeine Heilung und gegen Schock, Indigo gegen Tumore, Blau bei Fieber und Stress und Rot gegen Unwohlsein.[33]
* In meiner Familie haben wir herausgefunden, dass es die Heilung fördert, wenn wir unseren Tieren statt Leitungswasser in Flaschen abgefülltes Quellwasser zu trinken geben, das mit einem klaren Quarzkristall energetisch aufgeladen wurde. Um das Wasser zu energetisieren, musst du den Kristall ungefähr dreißig Sekunden lang über den gefüllten Trinknapf halten.

* Denk daran, immer den Totemgeist deines Haustiers um Hilfe bei der Heilung zu bitten. Du kannst auch eine Statue des Tiertotems auf deinen Altar stellen. Stell die Statue auf ein Foto deines kranken Tieres. Du übermittelst ihm damit zusätzliche heilende Energie.

Hinweis: Manche Tiere (Hunde und Ratten zum Beispiel) können sich mit Menschenkrankheiten anstecken. So bekommen Hunde Halsentzündung und Ratten Schnupfen. Wenn in deiner Familie bestimmte Infektionen immer wieder auftreten, solltest du auch dein Haustier einmal beim Tierarzt durchchecken lassen.

Heilungssegen für Tiere

Benötigte Materialien: Nimm eine Fotografie deines Tieres, die zu einer Zeit aufgenommen wurde, als es gesund war. Zusätzlich kannst du eine passende Kerze verwenden (über Kerzen und deren Verwendung mehr in *Das Zauberbuch der Freien Hexe – Geschichte & Werkzeuge*).

Technik: Nimm das Foto in die Hand. Sorge dafür, dass dich möglichst niemand stört, setz dich ruhig hin, erde und zentriere dich mit geschlossenen Augen. Du kannst das Tier nun in den Arm nehmen, während du den Sprechgesang (Chant) anstimmst, oder, wenn es kein Kuscheltier ist, nur das Bild halten und singen. Wenn du das Tier im Arm hältst, stelle eine gereinigte, geweihte und aufgeladene Kerze auf das Foto. Versuche, während du das Tier selbst oder sein Foto hältst, jenen Punkt der Stille zu finden, an dem du dich mit allem, was ist, verbunden fühlst. Arbeite, wenn nötig, mit Atem- und Entspannungstechniken. Umgib dein Tier in Gedanken mit weißem Licht. Lass dieses Licht wachsen, bis es sich stark und rein anfühlt. Beginne damit, *Ich bin* zu chanten, um deine magische Stimme zu finden (s. Seite 243), und lass dabei die Töne durch deinen ganzen Körper vibrieren. Praktiziere das dreimal täglich, bis dein Tier wieder gesund ist.

Dein Beitrag zur Heilung der Welt

Ich bin fest davon überzeugt, dass es für jede Krankheit auf diesem Planeten eine Kur gibt. Wir dürfen nur nicht länger die Köpfe in den Sand stecken und müssen uns aufmachen, danach zu suchen. Wenn wir alle zusammenarbeiten, öffnen wir gemeinsam die Tore zur Heilung sämtlicher Krankheiten. Natürlich mag es noch eine Weile dauern, aber jedes bisschen magische Energie, mit dem wir den Ärzten und Wissenschaftlern bei der Suche nach diesen verzweifelt benötigten Heilmitteln helfen, bringt uns diesem Ziel näher. Bei jedem Heilkreis, den ich veranstalte, wenn ich auf Reisen bin, bitte ich die Teilnehmer, allen Forschern, die nach einem Heilmittel für Aids suchen, positive Energie zu übermitteln. Vielleicht möchtest du dich ebenfalls für dieses Ziel engagieren oder für die Beseitigung einer anderen Krankheit, die Leid über deine Familie gebracht hat. Hier ist ein Gebet, das du an jedem Vollmond sprechen kannst (oder, wenn du möchtest, sogar jeden Tag). Die ersten vier Zeilen klingen zwar christlich, doch das trifft nicht zu. Sie wurden vor über 4000 Jahren zu Ehren der sumerischen Göttin Ishtar gesungen.[34]

Heil dir, Königin des Himmels.
Heil dir, Herrin der Engel.
Geehrt seist du, Quelle und Tor,

Ursprung des Lichtes dieser Welt.
Ich bitte dich um Segen
und Heilung für die Welt.
Bitte, heile die Kranken und Verwundeten,
lasse die Sterbenden sanft dahinscheiden
und in deinen liebevollen Armen Frieden finden.
Lasse alle Heilmittel entdeckt und
angewendet werden, besonders auch das Mittel
gegen (nenne die Krankheit).
Ich bejahe deine Liebe.
Gesegnet seist du.
So sei es.

Medizin und Mondmagie

In der Magie und Astrologie werden alle Teile des Körpers einem Tierkreiszeichen zugeordnet, und ein Blick in die Geschichte verrät uns, dass ärztliche Diagnose und Behandlung, Magie und Astrologie für sehr lange Zeit eng miteinander verknüpft waren. Die bekannte Hexe und Astrologin Sybil Leek brachte ihren Schülern bei, dass »der Mond sich auf die Gesundheit auswirkt. Es ist nicht klug, Operationen durchzuführen, während der Mond in den Zeichen auf den betroffenen Körperteil einwirkt.«[35] Sokrates hinterließ uns eine wichtige Regel, die leider im Lauf der Jahrhunderte in Vergessenheit geriet: »Bringe niemals einen Körperteil mit Eisen in Berührung, über den das gerade wirksame Mondzeichen herrscht.«[36] Damit meinte er, dass man sich keiner Operation unterziehen soll, während der Mond über jenen Körperteil herrscht, der unters Messer kommen soll. In der unten aufgeführten Liste kannst du nachlesen, welcher Körperteil mit welchem Tierkreiszeichen assoziiert wird.

Wenn der Mond beispielsweise im Widder steht, solltest du keine Operationen an Kopf, Gesicht (ausgenommen die Nase), Gehirn und Augen vornehmen lassen. Wähle für diese Körperteile einen Tag, an dem der Mond nicht im Widder steht. Manche Astrologen sind außerdem der Ansicht, dass du dich nicht operieren lassen solltest, wenn die Sonne im selben Zeichen steht wie die Krankheit, über die dieses Zeichen herrscht. Diese Information findet sich in vielen Astrologiebüchern, auch in William Lillys *Christian Astrology* aus dem 17. Jahrhundert. Ebenso solltest du dir nicht die Ohren piercen lassen, wenn der Mond im Stier steht. Medizinische Astrologen glauben, dass andernfalls Komplikationen auftreten können, wie Infektionen, schlechte Wundheilung, größere Schmerzen, Fehler bei der Anästhesie oder andere ernsthafte Schwierigkeiten. Auch zum genauen Zeitpunkt des Übergangs des Mondes von einem Viertel zum nächsten, vor allem, wenn der Mond vom zweiten Viertel (Vollmond) zum dritten (abnehmender Mond) übergeht, gelten Operationen als problematisch. Ziehe hier deinen Almanach zu Rate, um solche Termine zu vermeiden.

In der magischen Arbeit ist es okay, wenn der Mond sich im herrschenden Zeichen der Krankheit aufhält, da du ja Heilung fördern willst und nicht den physischen Körper durch chirurgische Eingriffe belastest, was für das gesamte System immer ein Schock ist. Auch vorbeugende Gesundheitsvorsorge kann selbstverständlich betrieben werden, wenn der Mond sich im herrschenden Zeichen aufhält.

* Widder
Herrscht über: Kopf, Gesicht (ausgenommen die Nase), Gehirn und Augen.[37]

* Stier
Herrscht über: Nacken, Hals, Mandeln, Ohren, Zähne und Kiefer.

* Zwillinge
Herrscht über: Schultern, Arme, Finger, Lunge, Thymus, obere Rippen.

* Krebs
Herrscht über: Magen, Zwerchfell, Brust, Lymphsystem, Leber und Gallenblase.

* Löwe
Herrscht über: Herz, Aorta, Rücken und Wirbelsäule.

* Jungfrau
Herrscht über: Dickdarm, Dünndarm, Bauchspeicheldrüse, Nerven, Milz.

* Waage
Herrscht über: Nieren, Blase, Innenohr und Haut.

* Skorpion
Herrscht über: Nase, Genitalien, Mastdarm, Dickdarm, Blut, Harnröhre und, gelegentlich, den Rücken.

* Schütze
Herrscht über: Hüften, Schenkel, Leber und Adern.

* STEINBOCK
Herrscht über: Zähne, Knochen, Gelenke und Haut.

* WASSERMANN
Herrscht über: Waden, Knöchel, Krampfadern und Blutkreislauf.

* FISCHE
Herrscht über: Füße, Zehen, Lunge und Körperflüssigkeiten.

Weiteres magisch-medizinisches Wissen

Medizinische Astrologen haben herausgefunden, dass sie den Verlauf einer Krankheit anhand der Mondphasen verfolgen können. So können sie Tage vorhersagen, die besonders kritisch sind. An solchen Tagen ist es gut, dem Patienten durch magische Rituale über die Krise hinwegzuhelfen. Kritische Tage sind immer die Vielfachen von sieben (7, 14, 21 und 28), von dem Tag an gerechnet, an dem die Krankheit ausgebrochen ist.[38] Bei lebensgefährlichen Erkrankungen wie Schlaganfall oder Herzinfarkt gilt die Regel, dass der Patient höchstwahrscheinlich durchkommen wird, wenn er einen vollständigen Mondzyklus übersteht (also 28 Tage ab Krankheitsbeginn). Dabei gilt der vierzehnte Tag als der kritischste überhaupt. Ehe du eine magische Heilbehandlung durchführst, solltest du den Patienten immer fragen, an welchem Tag die Symptome begonnen haben. Wenn er sich daran nicht erinnern kann, frag nach dem Tag, an dem er zum ersten Mal den Arzt aufgesucht hat und eine Diagnose gestellt wurde. Wenn du über astrologische Kenntnisse verfügst, hilft dir das, wirkungsvoller gegen die Krankheit zaubern zu können. Und du kannst in die Zukunft schauen und feststellen, ob gefährliche Transite im Geburtshoroskop des Kranken zu erwarten sind, ebenso wie du nachsehen kannst, welche Himmelskonstellationen bei Ausbruch der Krankheit vorherrschten. Verwende auf Kerzen, die für Kranke angezündet werden, die Symbole für den Mond, die Konjunktion und den Mars (☽ ☌ ♂), weil der Heiler größere Erfolgschancen hat, wenn der Mond sich in Konjunktion mit dem Mars befindet.

Auch die Zähne haben ihre lunaren Assoziationen. Füllungen halten offenbar länger, wenn der abnehmende Mond sich im Löwen, Skorpion oder Wassermann aufhält (drei der vier fixen Zeichen). Und Zahnbehandlungen, bei denen starke Blutungen auftreten, etwa bei Wurzelbehandlungen oder beim Entfernen von Weisheitszähnen, sollten stets während des abnehmenden Mondes ausgeführt werden und keinesfalls im Zeichen des Stiers.[39] Sybil Leek war der Ansicht, dass man auch während des Widder-Mondes schmerzhafte Zahnbehandlungen vermeiden sollte, weil uns dann meist der Mut verlässt, schon ehe wir im Behandlungsstuhl Platz genommen haben.[40]

Bisher haben wir nur an der Oberfläche des Themas »magisches Heilen« gekratzt. Auch an anderen Stellen der drei Bücher aus der Reihe *Das Zauberbuch der Freien Hexe* wirst du weitere Informationen und Rituale finden. Aber lass es nicht dabei bewenden. Erweitere ständig deinen Horizont, recherchiere und vertiefe deine Kenntnisse. Dadurch wirst du nicht nur in der Lage sein, dir selbst besser zu helfen, sondern auch anderen Menschen unschätzbare Dienste leisten zu können. In meinem Buch *American Magick* findest du weitere Informationen über das magische Heilen.

Als Hexe krank zu werden ist wirklich extrem ärgerlich. Da liegst du auf dem Sofa, schnäuzt Papiertaschentücher voll, eine nur halb gegessene Hühnersuppe steht auf dem Couchtisch, und du hustest und niest so heftig, dass du die besten Szenen von *Buffy* kaum mitbekommst. Zu zaubern ist wirklich das Letzte, was dir in solchen Momenten in den Sinn kommt, und die Idee, deinem grippegeplagten Hexenkörper ein vollständiges magisches Ritual zuzumuten, ist einfach lachhaft. Oder vielleicht hast du auch gerade einen höchst unerfreulichen Zahnarztbesuch hinter dir, was sich ähnlich auf deine Stimmung auswirken wird.

In solchen Momenten sind mentale Magie und Meditation genau richtig. Auch wenn es ein wenig Mühe kostet, solltest du wenigstens eine Meditationssequenz oder Visualisierungsübung durchhalten, bei der du deinen Körper mit heilendem weißem Licht umgibst. Ich war schon so krank, dass ich mit Schminke magische Symbole auf meinen Körper gemalt habe, weil ich einfach unfähig war, aufzustehen und ein vollständiges Heilritual auszuführen. Meine Familie hielt mich für verrückt, aber ich erholte mich viel schneller als erwartet. Auch habe ich gelernt, in Zeiten, wenn es mir gut geht, Gris-gris-Beutel anzufertigen und Kerzen aufzuladen, damit sie für meine seltenen Krankheitstage griffbereit sind. Die Idee dabei ist, die Kerze oder den Zauberbeutel mit der ganzen Kraft des Heilrituals aufzuladen, damit man diese dann nur noch durch Berührung oder wenige Worte zu aktivieren braucht. Hier ist eine Checkliste mit Dingen, die du beachten solltest, wenn du selbst krank wirst:

1. Geh zum Arzt.
2. Gönn dir viel Ruhe und befolge die Anweisungen des Arztes. Mute dir nicht vorzeitig zu viel zu. Das hat in

der Zeit der großen Influenza-Epidemien zu Beginn des 20. Jahrhunderts viele Leute das Leben gekostet. Dass du dich wieder etwas besser fühlst, bedeutet nicht, dass du gleich an einem Marathonlauf teilnehmen solltest.

3. Reinigen, reinigen, reinigen. Nimm spirituelle Voll- oder Duschbäder, räuchere das Haus mit Salbei aus (besonders das Krankenzimmer), verwende Glöckchen oder Gongs, um stagnierende negative Energie zu vertreiben, etc.
4. Reinige deinen Geist durch Meditation und Visualisierungen.
5. Aktiviere einfache magische Zauber-Talismane, die du speziell für Zeiten der Krankheit vorbereitet hast.
6. Wenn du das Glück hast, mit einer anderen Hexe befreundet zu sein, bitte sie, einen Heilungszauber für dich durchzuführen. Das enthebt dich zwar nicht der Verantwortung, dich selbst um die Punkte 1 bis 5 zu kümmern, aber ein bisschen zusätzliche Hilfe kann nie schaden.
7. Nutze die Zwangspause auf bestmögliche Weise. Ich weiß, das klingt dumm, denn schließlich willst du so schnell wie möglich wieder gesund werden – aber es lohnt sich durchaus, einmal in Ruhe darüber nachzudenken, welche Stressfaktoren uns außer Gefecht gesetzt haben und wie wir unser Leben künftig harmonischer und gesünder gestalten können.

Heilgirlande mit Orangen und Äpfeln

Zutaten: Fünf Äpfel; Zitronensaft (genug, um die Äpfel damit zu bedecken); 2 Teelöffel Salz; 6 Teelöffel Zimt; 2 Teelöffel Piment; 2 Teelöffel Gewürznelken; 2 Teelöffel Pfeilwurzelmehl; 1 Teelöffel Muskatnuss; 5 Orangen. **Hinweis:** Du kannst Plätzchenausstechformen verwenden, um aus den Äpfeln und Orangen interessante Formen herauszustechen, die zu deiner Magie passen, zum Beispiel Sterne oder Halbmonde.

Anleitung: Halte die Hände über alle Zutaten. Reinige und weihe sie und lade sie für heilende Magie auf. Entkerne die Äpfel und schneide sie in gut einen halben Zentimeter dicke Scheiben, die du dann 5 Minuten lang in Zitronensaft tränkst. Tupfe sie anschließend mit einem Papiertuch trocken. Übrige Zutaten in einem großen Plastikbeutel durchmischen. Apfelscheiben hinzugeben und schütteln, damit die Zutaten sich gut auf den Apfelscheiben verteilen. Orangen ebenfalls in gut einen halben Zentimeter dicke Scheiben schneiden. Backofen auf 50 Grad erhitzen. Apfel- und Orangenscheiben flach auf Backpapier legen. Orangen 4 Stunden, Äpfel 6 Stunden backen. Scheiben zum Trocknen auf Wachspapier legen.

Für die Girlande: Schnur oder Garn; silberne Glöckchen (optional); getrocknete Orangen- und Apfelscheiben.

Anleitung: Die Glöckchen zusammen mit den Apfel- und Orangenscheiben auf die Schnur ziehen. Für heilende Magie aufladen.

Benötigte Materialien für das Ritual: Eine grüne Kerze; etwas Stanniolpapier; einen Apfel, der gut auf einer flachen Unterlage liegen bleibt; die Girlande; ein Foto deines erkrankten Freundes oder Verwandten. (Wenn du kein Foto bekommen kannst, schreibe stattdessen den Namen auf einen Zettel.) Wähle selbst eine dir passend erscheinende Ritualform.

Anleitung: Entkerne den Apfel und stopfe das Stanniolpapier hinein, um die grüne Kerze darin zu fixieren. Führe das Ritual durch. Lege alle Hilfsmittel auf dem Altar bereit. Platziere das Foto des oder der Kranken unter dem Apfel. Schlinge die Girlande um deinen Apfel-Kerzenständer. Zünde die Kerze an und sprich den nachfolgenden Dreizehn-Kräfte-Vers:

Dreizehn Kräfte nennen die Hexen ihr Eigen,
das ist ihr Erbe in (nenne hier den Namen deines Patronatsgottes oder deiner Patronatsgöttin) *'s Namen.*
Binde einen Knoten und sprich die Worte,
oder lege die Hand auf die Stirn – das ist des Segens Wesen.
Eine Hexe kann Liebende vereinen, die einander suchen,
das Wetter beherrschen, die Sterne befragen,
im Namen (der oben genannten Gottheit)*'s segnen und verfluchen,*
böse Plagen und üble Einflüsse verjagen,
sie kann sich Tieren und Geistern mitteilen,
Schätze erschaffen, die dauerhaft bleiben,
die Zukunft deuten, guten Rat erteilen,
Kranken helfen und Verzweiflung vertreiben.

Schließe mit folgenden Worten:

Mögen alle astrologischen Korrespondenzen für dieses Ritual richtig sein und möge dieser Zauber mich mit keinerlei Fluch beladen. Ich weiß, dass du das für mich tun wirst. So sei es!

Beende das Ritual. Lass die Kerze ganz herunterbrennen. Entsorge den Kerzenstummel und den Apfel außerhalb deines Grundstücks und sage dabei: *Wie dieser Apfel verrottet, wird die Krankheit von* (nenne den Namen der Person) *verschwinden.* Bewahre die Girlande und das Foto (oder den Zettel mit dem Namen) an einem sicheren Ort auf, bis eine vollständige Heilung eingetreten ist. Wenn es sich um eine langwierige Krankheit handelt, die mehrere Behandlungen erfordert, kannst du die Girlande für dieselbe Person erneut benutzen. Entsorge die Girlande, wenn es dem Erkrankten wieder gut geht oder sich sein Gesundheitszustand im gewünschten Maße gebessert hat.

Handlesen

von Richard Webster[41]

Das Handlesen gehört zu den ältesten okkulten Wissenschaften, und erst in jüngster Zeit haben Wissenschaftler vieles von dem bestätigt, was Handleser bereits seit Jahrtausenden wissen. Beispielsweise wurde wissenschaftlich nachgewiesen, dass mögliche Krankheiten bereits lange vor ihrem Ausbruch in den Handflächen sichtbar sind. Gerade erst haben Forscher an der Universität von Barcelona herausgefunden, dass man die Intelligenz eines Menschen in seiner Handfläche ablesen kann.

Man benötigt viel Übung, um ein guter Handleser zu werden, aber glücklicherweise hat praktisch jeder Mensch mindestens eine Hand, und die meisten Leute stellen sie dir sicher gern zur Betrachtung zur Verfügung. Aber sei vorsichtig: Vor vielen Jahren las ich einer jungen Frau aus der Hand, und vier Jahre später waren wir beide verheiratet.

Als Erstes musst du die Form der Handfläche betrachten. Denke dir den Daumen und die Finger weg und schau nach, ob die restliche Form quadratisch oder länglich ist. Ist sie quadratisch, hast du es mit einem bodenständigen, tüchtigen und praktisch veranlagten Menschen zu tun. Je länglicher die Handfläche geformt ist, desto mehr neigt dieser Mensch zu Träumereien.

Schau dir nun die Länge der Finger an. Menschen mit langen Fingern lieben Details. Sie ergreifen häufig Berufe, in denen sie mit Fakten und Zahlen zu tun haben. Menschen mit kurzen Fingern bevorzugen den größeren Überblick und setzen sich nicht gern mit Details auseinander. Sie denken schnell und sind häufig besser darin, Dinge zu beginnen, als sie zu beenden.

Wir haben also vier Möglichkeiten: Quadratische Handflächen mit kurzen Fingern nennt man Erdhände. Quadratische Handflächen mit langen Fingern nennt man Lufthände. Längliche Handflächen mit kurzen Fingern nennt man Feuerhände, und längliche Hände mit langen Fingern nennt man Wasserhände.

Menschen mit Erdhänden sind verlässlich, praktisch und lieben körperliche Arbeit. Sie besitzen im Allgemeinen viel Sinn für Humor, und wenn sie einer Tätigkeit nachgehen, die ihnen Freude macht, sind sie unermüdlich. Sie mögen Herausforderungen.

Menschen mit Lufthänden besitzen einen praktischen Verstand. Sie haben viele gute Ideen und lieben es, diese zu verwirklichen. Sie schätzen es, ihre Ideen anderen mitzuteilen und sich klar und deutlich auszudrücken. Sie sind logisch veranlagt und misstrauen ihren Gefühlen.

Menschen mit Feuerhänden sind sehr unterhaltsam, denn sie stecken ständig voller toller Ideen. Es fällt ihnen leichter, Projekte anzufangen, als sie zu Ende zu bringen. Sie sind begeisterungsfähig und intuitiv.

Menschen mit Wasserhänden sind verträumt und unpraktisch. Sie träumen von einer perfekten Welt, in der alle Menschen gut miteinander auskommen. Sie sind liebevoll und fürsorglich, brauchen aber oft einen anderen Menschen, an den sie sich anlehnen können, der ihnen hilft und sie unterstützt. Sie sind gefühlsbetont und äußerst intuitiv.

Nun kannst du dich den großen Linien der Hand zuwenden. Die erste davon ist die Herzlinie, eine deutlich erkennbare Linie dicht unterhalb der Finger. Sie beginnt auf der Kleinfinger-Seite der Handfläche und endet irgendwo zwischen Zeige- und Mittelfinger. Wenn sie gewölbt ist und zwischen diesen beiden Fingern endet, spricht man von einer physischen Herzlinie. Solchen Menschen fällt es leicht, ihre Gefühle auszudrücken. Wenn die Herzlinie sich am Ende nicht den beiden Fingern zuwendet, nennt man sie eine mentale Herzlinie. Solchen Menschen muss man zeigen, dass man sie liebt und akzeptiert. Es fällt ihnen schwer, ihre tiefen Gefühle zu offenbaren. Die Herzlinie steht für die emotionale Seite des Lebens. So ist es nur folgerichtig, dass die meisten Menschen in dieser Linie kleine Inseln haben, die wie Flechtwerk aussehen und auf Zeiten hinweisen, in denen es ihnen emotional nicht gut ging. Idealerweise sollte diese Linie so glatt wie möglich verlaufen.

Die Kopflinie steht für den Intellekt. Sie verläuft größtenteils parallel zur Herzlinie. Sie beginnt zusammen oder dicht neben der Lebenslinie (der Linie, die um den Hügel herumläuft, an dem der Daumen sitzt). Sie verläuft entweder in gerader Linie über die Handfläche oder wölbt sich dem Handgelenk entgegen. Ist sie mit der Lebenslinie verbunden, handelt es sich um einen vorsichtigen Menschen, der erst denkt und dann handelt. Je größer der Abstand zwischen Kopflinie und Lebenslinie ist, desto unabhängiger und impulsiver ist dieser Mensch. Ist die

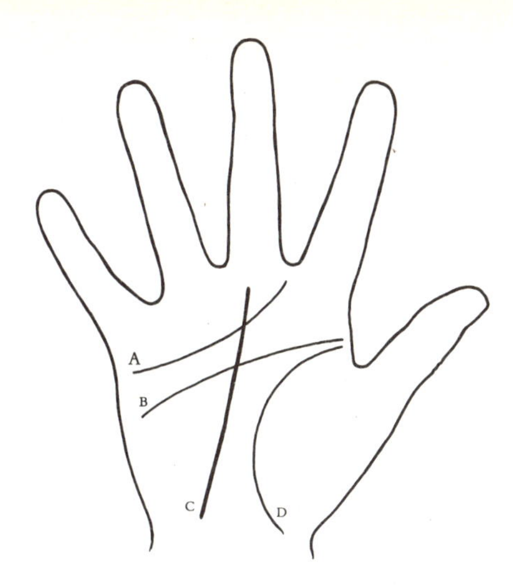

Herzlinie (A), Kopflinie (B), Bestimmungslinie (C)
und Lebenslinie (D).

Kopflinie fast gerade, handelt es sich um einen bodenständigen, realistischen Menschen. Je mehr die Kopflinie sich zum Handgelenk krümmt, desto größer die Imaginationsgabe. Menschen mit langen Kopflinien sind Denker, die sich gerne mit Details befassen, während Menschen mit kurzen Kopflinien energisch zupacken und eine Aufgabe gerne so schnell wie möglich erledigen.

Die Lebenslinie ist vermutlich am bekanntesten. Leider glauben die Leute oft, sie zeige die Lebenserwartung an, aber das stimmt nicht. Sie beginnt seitlich zwischen Daumen und Zeigefinger, schwingt sich um den Daumen herum und endet nahe beim Handgelenk. Die Größe des Fleischhügels, den sie umschließt, zeigt an, wie es um die Vitalität des Menschen bestellt ist. Jemand mit einem ausgedehnten Hügel wird über deutlich mehr Energie verfügen als jemand mit einem kleinen Hügel, dessen Lebenslinie sehr eng die Daumenwurzel umkreist. Brüche in der Lebenslinie deuten auf Zeiten der Unsicherheit im Leben dieses Menschen hin. Das kann etwas mit der Gesundheit zu tun haben, muss es aber nicht. Oft werden diese Brüche durch eine überlappende Linie geschützt, die man »Schwesterlinie« nennt.

Die vierte große Linie heißt Bestimmungslinie. Manche Leute nennen sie die Schicksalslinie, aber mir gefällt diese Bezeichnung nicht, weil das so klingt, als wäre unser Leben völlig vorherbestimmt. Wir haben aber die Kontrolle über unser Leben und können unsere Bestimmung, unser Schicksal, verändern, wenn wir das wollen. Nicht jeder Mensch hat eine Bestimmungslinie. Leute ohne eine solche Linie springen unstet von einer Sache zur nächsten und folgen normalerweise keiner der üblichen Berufslaufbahnen. Die Bestimmungslinie beginnt in der Nähe des Handgelenks und läuft auf die Finger zu, wo sie meistens unterhalb des Mittelfingers endet. Sie ist nicht so deutlich wie die anderen drei großen Linien. Wenn sie dicht neben oder innerhalb der Lebenslinie beginnt oder sie berührt, war der Mensch in seiner Kindheit und Jugend starken äußeren Einflüssen ausgesetzt. Dabei handelt es sich in der Regel um den Einfluss seiner Familie. Je weiter entfernt von der Lebenslinie die Bestimmungslinie beginnt, desto unabhängiger fühlte sich dieser Mensch in seiner Jugend.

Idealerweise sollte diese Linie gerade, lang und gut erkennbar sein, was anzeigt, dass ein Mensch konsequent eine lebenslange Karriere verfolgt. Bei vielen Menschen gibt es aber im Lauf des Lebens starke berufliche Veränderungen, und dies zeigt sich darin, dass die Linie die Richtung ändert oder durchbrochen ist. Die Bestimmungslinie kreuzt die Kopflinie im Alter von 35 Jahren und die Herzlinie im Alter von 49 Jahren, woran sich zeigt, dass für die meisten Menschen ihr Lebensweg mit 35 klar festliegt.

Wie du siehst, ist also bereits ein kurzer Blick auf die Form einer Hand und auf die vier großen Linien höchst aufschlussreich. Lernen kannst du das Handlesen am besten, indem du dir so viele Hände wie möglich ansiehst. Lies (in Büchern, meine ich) so viel du kannst über das Thema und überprüfe das Gelernte dann, indem du dir die Hände der Menschen anschaust. Jede Hand ist anders. Sogar zwischen deiner rechten und deiner linken Hand gibt es Unterschiede. In den Händen zu lesen wird dich in die Lage versetzen, einfühlsamer zu werden und Menschen besser zu verstehen. Mit deinen Fähigkeiten als Handleser oder -leserin kannst du, ausreichende Übung vorausgesetzt, für viele Menschen eine große Hilfe sein.

HOODOO

Wenn du irgendwann tief in die Volks- und Pflanzenmagie eintauchst, um deine magische Ausbildung zu vervollkommnen, wirst du dabei zwangsläufig auf Hoodoo und Powwow stoßen. Diese beiden magischen Systeme florieren in Amerika seit Jahrhunderten und haben die heutige Hexenreligion zu einem gewissen Grad beeinflusst (wie stark, darüber gehen die Meinungen auseinander). Um dir ein paar grundlegende Informationen zu geben, hat Ray Malbrough dieses Kapitel über Hoodoo beigesteuert. Zu Powwow gibt es ein eigenes Kapitel, das von mir verfasst wurde. Wenn du erst einmal mit den Grundzügen dieser beiden Systeme vertraut bist, wirst du feststellen, dass in mehreren älteren amerikanischen Grimoires Elemente dieser beiden Magie-Systeme miteinander vermischt wurden.

Hoodoo-Magie

von Ray Malbrough

Hoodoo ist die amerikanische Adaption der Religion der Fon, eines Volkes, das an der afrikanischen Westküste lebt (der so genannten Elfenbeinküste), in Benin und Togo. Sie ist heute Bestandteil der magischen Tradition der Bewohner von Louisiana. Dabei geht es vor allem um die Arbeit mit Kräutern und Wurzeln, die man für Zauberbeutel verwendet, so genannte Gris-gris-Beutel. Sie ähneln sehr den Medizinbeuteln der Indianer. Im Hoodoo benutzt man außerdem kleine Päckchen, die die Leute in ihren Schuhen tragen. Die magischen Lehren des Hoodoo werden von Generation zu Generation weitergegeben, und zwar stets von Mann zu Mann und von Frau zu Frau. Nur wenn die Gefahr bestand, dass die Familientradition sonst aussterben könnte, wurde das magische Wissen ausnahmsweise auch einmal von Mann zu Frau oder Frau zu Mann weitergegeben.

Dem Hoodoo-Magier wird außerdem beigebracht, wie die magischen und spirituellen Bäder durchzuführen sind, die auch eine wesentliche Rolle im Voodoo spielen, das heute auf Haiti praktiziert wird. Zusätzlich benutzen die Hoodoo-Magier Zauberpulver, das Menschen beeinflussen soll, wenn sie es am Körper tragen oder es mit der Haut in Kontakt kommt. Wenn ein Mann oder eine Frau zum Beispiel einen bestimmten Liebespartner für sich gewinnen will, trägt er oder sie nach dem Bad ein magisches Pulver, um die Kräfte der Liebe herbeizuziehen. Oder das Pulver wird dort ausgestreut, wo der oder die Geliebte täglich vorbeikommt oder sich hinsetzt. Die magische Energie des Pulvers soll dann die andere Person in die gewünschte Richtung beeinflussen. Diese magischen Pulver werden auch auf Kerzen gestreut, um diesen zusätzliche Kraft zu verleihen. Hoodoo- oder Voodoo-Praktizierende glauben nicht, dass es schwarze oder weiße Magie gibt. Magie existiert einfach und wird als neutral betrachtet.

Der wesentliche Unterschied zwischen Hoodoo-Praktizierenden und Priestern oder Priesterinnen des Voodoo besteht darin, dass beim Hoodoo die katholischen Heiligen um Hilfe angerufen werden. Im Voodoo werden zur Lösung der Lebensprobleme die Vèvès benutzt, um die afrikanischen Geister anzurufen. Neben den magischen Praktiken gibt es zwischen Hoodoo und Voodoo noch eine weitere Gemeinsamkeit: Die Verehrung der Verstorbenen und die Kommunikation mit ihnen spielt eine wichtige Rolle. Der Tod gilt nicht als das Ende der zwischenmenschlichen Beziehungen, sondern als Beginn der Beziehung auf der spirituellen Ebene. Die Toten nehmen auch weiterhin am Leben ihrer Nachfahren auf der Erde Anteil. Man bringt ihnen Opfer dar und bittet sie um Hilfe.

Einige der wichtigsten afrikanischen Geister (man nennt sie *loa*) wurden mit katholischen Heiligen gleichgesetzt:

Damballah: St. Patrick
Erzulie-Fréda Dahomey: Unbeflecktes Herz Mariens
Papa Legba: St. Antonius von Padua
Baron Samedi: St. Gerard Majella
Erzulie Dantor: Die Sieben Schmerzen Mariens
Der Marassa: St. Cosmas und St. Damian

Diese afrikanischen Geister werden nicht als Götter betrachtet, sondern eher als planetare Geister. In der Mythologie der Fon gibt es den Schöpfergott Mawe-Lisa, der zugleich männlich und weiblich ist. Jeder *loa* oder Geist erhält seine speziellen Opfergaben und hat eigene Farben und Symbole. Die afrikanischen Geister essen und erhalten Speisen- und Blutopfer. Die katholischen Heiligen geben sich dagegen mit Kerzen und magisch präparierten Öllampen als Opfergaben zufrieden. Diese Veränderung gegenüber der ursprünglichen Religion trug dazu bei, dass die Kultur der Fon in Amerika überlebte und in Louisiana unter den Nachfahren der Europäer Anhänger fand. Eine wichtige Regel des Hoodoo muss noch erwähnt werden: Alle magischen Praktiken sind geheim, sie finden im Verborgenen statt.

Liebespulver

Man nehme 1 Teelöffel Rosenblütenblätter, 1 Teelöffel Veilchenwurzel, 1/2 Teelöffel Zimtrinde und 1/2 Teelöffel Gewürznelken. In einem Mörser zu einem feinen Pulver vermahlen. Dabei dafür beten, dass die Kräuter helfen, Liebe in das Leben des Menschen zu bringen, der das Pulver am Körper tragen wird. Die Pulvermischung mit einer Tasse Talkumpuder gut vermischen. Diese Kräuter-Talkum-Mischung auf den Altar stellen und dicht daneben eine rote Kerze anzünden. Dieses Liebespulver wird nun dem Unbefleckten Herz Mariens geweiht. Bitte Maria, das Pulver zu segnen, damit es dem Menschen, der es bei sich tragen wird, Liebe bringt. Dies tut man an neun aufeinander folgenden Tagen, wobei jedes Mal eine neue Kerze angezündet wird. Wenn alle Kerzen niedergebrannt sind, ist das Pulver bereit.

Achtung: Lass aus Sicherheitsgründen die Kerzen niemals unbeaufsichtigt brennen.

Hindernisse überwinden: Ein Gris-gris-Beutel

Besorge dir als Erstes einen alten Nachschlüssel (Dietrich). Nimm diesen Schlüssel und geh damit zu den folgenden sieben Orten, an denen du mit dem Schlüssel jeweils die Eingangstür berührst:
1. Ladengeschäft
2. Bank
3. Supermarkt
4. Krankenhaus
5. Geschäftshaus (Immobilienmakler, Anlageberater etc.)
6. Gefängnis
7. Zuletzt: das Tor des Friedhofs.

Anschließend wird der Schlüssel mit dem Öl aus der Pflanze High John the Conqueror *(Ipomoea purga, auch: Großer John)* gesalbt. Lege ihn in einen Beutel aus weichem roten Stoff oder Leder. Mit in den Beutel kommen: ein kleiner Aventurin-Stein, ein Stück High-John-Wurzel, 3 Lorbeerblätter, eine Prise Fingerkraut und 2 Magneteisensteine. Lege den Beutel neben eine Statue des St. Antonius von Padua und zünde eine weiße Kerze an. Bitte darum, dass der Heilige dir beisteht und die Hindernisse auf deinem Lebensweg beseitigt. Zünde dreizehn Tage lang täglich eine neue Kerze an und bete, dass der Heilige Antonius den Gris-gris-Beutel segnet, so dass der Beutel Hindernisse auf deinem Lebensweg aus dem Wege räumt. Wenn alle Kerzen heruntergebrannt sind, kannst du den Beutel so, dass ihn niemand sieht, unter deiner Kleidung auf der Haut tragen.

Ein spirituelles Bad, um negative Schwingungen zu beseitigen

Folgende Zutaten in zwei Liter Wasser geben: 1/4 Tasse geweihtes Wasser, 3 Teelöffel Florida Water Cologne (Informationen zur Herstellung von geweihtem Wasser und Floridawasser findest du im dritten Band dieser Reihe *Zauberkraft im Alltag* im Kapitel *Elemente*) und 1 Tasse Basilikumtee. Tee abseihen und Kraut wegwerfen. Du brauchst nur den Tee, nicht das Kraut. Stell die Wassermischung auf deinen Altar und zünde drei weiße Kerzen an, die du im Dreieck rings um den Behälter mit dem Wasser aufstellst. Weihe den spirituellen Badezusatz deinem heiligen Schutzengel und bitte ihn, die Mischung zu segnen, damit sie alle negativen Schwingungen entfernt, die du um dich herum wahrnimmst. Wenn die Kerzen heruntergebrannt und erloschen sind, ist der Badezusatz gebrauchsfertig. Schütte ein Drittel davon in eine halb gefüllte Badewanne, nachdem du dich zuvor normal abgeseift hast. Bleib nun ungefähr zehn Minuten in dem spirituellen Bad. Begieße dich mit dem Wasser und bete, dass alle negativen Einflüsse entfernt werden. Lass das Wasser auf deiner Haut trocknen. Wiederhole mit den restlichen zwei Dritteln des Wassers das Bad am nächsten und übernächsten Tag.

Kräuter

*Lerne und lerne, und schäme dich nicht
zu fragen und wieder zu fragen.*
Paracelsus

Moderne Hexen benutzen Kräuter auf zwei Arten: erstens für Homöopathie und Naturheilkunde, zweitens in magischen Anwendungen für Gesundheit und Heilung, aber auch für Erfolg, Wohlstand, Harmonie etc. Der magische Verwendungszweck einer Pflanze passt immer zu ihrem medizinischen Verwendungszweck, was sehr gut ist – denn so entsteht weniger Verwirrung. Wenn du also nicht weißt, wozu eine bestimmte Pflanze im magischen Bereich gut ist, und du in keinem Magie-Handbuch etwas über sie findest, kannst du dich stattdessen über ihre medizinischen Eigenschaften informieren um zu bestimmen, zu welchem magischen Vorhaben die Pflanze passt. Wenn Großmutter eine schlimme Erkältung hat und wir wissen, dass ein gemischter Tee aus bestimmten Pflanzen ihre Symptome lindern kann, dann können wir aus den gleichen Pflanzen auch eine Räuchermischung herstellen, mit der wir ihr Zimmer reinigen. Oder wir können die Kräuter in einen Beutel füllen, den sie sich unter das Kopfkissen legen kann, oder mit ihnen eine Girlande herstellen, die wir ihr über das Bett hängen. Das Angenehme an der Magie ist, dass wir uns dabei keine Sorgen wegen der Dosierung machen müssen, denn die Großmutter isst oder trinkt unser magisches Objekt ja nicht. Die Magie kann die medizinischen Maßnahmen ergänzen und unterstützen, sollte sie aber niemals ersetzen. Die Magie hilft bei der Heilung, und manchmal, besonders bei Notfällen, kann sie sie auch in Gang setzen und so die hoffentlich bald eintreffende medizinische Hilfe erleichtern.

Jetzt kannst du natürlich einwenden: »Aber was ist, wenn meine Großmutter nichts von Kräutern und Naturheilkunde hält und Tees hasst? Stattdessen schluckt sie lieber etwas anderes. Kann meine Magie trotzdem helfen?« Ja, wenn du die Pflanze dafür auswählst, die gegen diese Beschwerden hilft. Die Großmutter kann die vom Arzt verordneten Medikamente einnehmen, und du kannst Heilmagie mit den entsprechenden Kräutern betreiben. Die Kräuter wirken auf magische Weise, obwohl sie sie nicht einnimmt.

Wie ist das möglich? Ich habe in diesem Buch mehrfach darauf hingewiesen, dass alles mit allem verbunden ist und Energie in diesem Universum sehr frei und natürlich fließt. Die Kraft des Geistes lässt sich gezielt lenken, um damit Gutes für die Allgemeinheit zu bewirken. Auch wissen wir als Hexen nur zu gut, dass Gedanken Dinge sind, oder vielmehr Energien, die sich auf positive Weise einsetzen lassen. In den Tabellen für die entsprechenden Korrespondenzen können wir nachschauen, inwieweit die individuelle Energie eines Menschen, eines Ortes oder einer Sache ihre Entsprechung in bestimmen Edelsteinen, Pflanzen, Tieren oder Planeten findet. Wenn wir all diese Erkenntnisse nutzen, um gute Zaubersprüche und -rituale zu entwerfen, kann ein solcher Zauber durchaus erfolgreich wirken, auch ohne dass die Großmutter dafür irgendein scheußlich schmeckendes Gebräu trinken muss. Zugegeben, Großmutter wird schneller von ihrer Grippe genesen, wenn sie gut auf sich Acht gibt, genug schläft, das Richtige isst, Stress abbaut, zum Arzt geht und eine positive Geisteshaltung bewahrt. Du siehst also, dass ihre Genesung zu einem großen Teil von ihrem eigenen Verhalten abhängt. Deswegen kannst du bei jeder Form von Heilungsarbeit für andere immer nur sagen: »Ich werde es versuchen.«

Woher wissen wir, dass der Einsatz von Kräutern in der Magie funktioniert? Wir haben über Heilung gesprochen, aber was ist mit Erfolg, dem Finden einer neuen Arbeitsstelle, mehr Geld oder dem Bestehen dieser schrecklichen Chemie-Prüfung? Wie immer in der Magie ist die Grundvoraussetzung der Glaube, die innere Gewissheit, dass unser Wunsch in Erfüllung geht und dass das, was wir tun, funktionieren wird. Dieser Glaube wächst mit jedem neuen erfolgreich umgesetzten magischen Vorhaben. Hat ein Zauber einmal seine Wirksamkeit unter Beweis gestellt, stärkt das dein Selbstvertrauen und dein Vertrauen in die Hexenkunst. Darum ist es so wichtig, dass du experimentierst und selbst praktische Erfahrungen sammelst. Erfolg haben kannst du eben nur, wenn du es auch versuchst.

Die Geschichte der Pflanzenmagie

Bis zum siebzehnten Jahrhundert wurden die Wissenschaften (Magie, Astrologie, Astronomie, Philosophie, Chemie und Medizin, um nur einige zu nennen) als Einheit betrachtet. Wenn man eine davon studierte, beschäftigte man sich zwangsläufig auch mit allen anderen. Wir Hexen halten das, im Gegensatz zu den meisten Wissenschaftlern, heute immer noch so, und damit folgen wir den berühmten Männern und Frauen der Renaissance nach, die danach strebten, zur Entwicklung der Menschheit beizutragen. Viele dieser Menschen begannen ihre Studien schon in ihrer Jugend. Deswegen finde ich es amüsant, wenn manche Leute behaupten, Teenager seien noch zu jung, um sich mit Magie zu beschäftigen. Einige der größten Leistungen auf magischem und medizinischem Gebiet reiften in den Köpfen von Teenagern heran, nur dass man Menschen dieses Alters damals nicht als Jugendliche betrachtete, sondern bereits als Erwachsene. Das lag sicher daran, dass die Lebenserwartung viel niedriger war als heute. Wer dreißig Jahre alt wurde, gehörte schon zu den Glücklichen. Seuchen, Kriege, Hunger und politische Torheiten rafften die Menschen früh dahin.

Michelangelo, Leonardo da Vinci, Kepler, Kopernikus und andere vollbrachten bereits in ihrer Jugend Erstaunliches. Du lachst? Und was tust du gerade? Mit den anderen Kids im Einkaufszentrum herumhängen? Nein, du liest hier in meinem Buch und willst herausfinden, wie das Universum funktioniert, um mit diesem Wissen dir selbst und anderen zu einem besseren Leben zu verhelfen.

Deine Beschäftigung mit den magischen Künsten wird dazu führen, dass du schließlich eine größere Bibliothek haben wirst als die meisten Leute. So ist das eben – je mehr wir auf der Suche sind, desto mehr wächst unsere Bibliothek. In diesen Büchern wirst du Tabellen mit Korrespondenzen finden, die durch die Jahrhunderte überliefert wurden. Woher stammen diese Tabellen, und von wem wurden sie zusammengestellt? Kann man sich auf sie verlassen? Nur weil etwas in einem Buch steht, muss es noch nicht richtig sein. Um einige dieser Fragen zu beantworten, müssen wir mit unserer inneren Zeitmaschine in die Vergangenheit reisen. Nun stöhne nicht gleich! Wenn du zu deinem ersten Heiden-Festival fährst, kannst du die Leute dort mit deinem profunden okkulten Wissen verblüffen.

Die Erforschung der Heilpflanzen lässt sich bis zu den alten Griechen zurückverfolgen, und einer der ersten Schriftsteller, die sich mit Pflanzenheilkunde und deren Bezügen zu Astrologie und Magie befassten, war Dioskorides. Sein Werk *De Materia Medica* erschien 77 n. Chr. Während Dioskorides die Pflanzen studierte, studierten seine Nachfolger ihn! Was bedeutet, dass für längere Zeit Autoren nicht selbst mit den Pflanzen arbeiteten, sondern bei Dioskorides abschrieben und versuchten, seine Ideen mit den Pflanzen in ihrer Region in Einklang zu bringen (was nicht immer gut funktionierte). Das passiert in der Geschichte immer wieder: Wissen wird von einer Generation zur nächsten weitergereicht, und dabei kommt es zu Entstellungen und Missverständnissen. Denk mal an deine eigene Schulzeit: Etwas, was du anhand eigener Experimente selbst nachvollziehen kannst, prägt sich viel besser ein als aus Büchern angelerntes Wissen, das du nicht selbst im Alltag erprobt hast. Das Lernen aus Büchern ist viel langweiliger und gerät viel schneller wieder in Vergessenheit. Wenn du dich zu erinnern versuchst, machst du viel leichter Fehler, weil du keine Experimente gemacht hast, um selbst nachzuprüfen, ob das, was in den Büchern steht, auch tatsächlich stimmt.

Im sechzehnten Jahrhundert sorgte die Druckerpresse für eine immer schnellere Verbreitung neuen Wissens. Obwohl die Kirche willkürlich verfolgte und mordete, erweiterten Denker wie Agrippa von Nettesheim (1486–1535), Johannes Trithemius (1462–1516) und Philippus Aureolus Paracelsus (1493–1541) mutig den menschlichen Horizont. Statt nur in alten Texten nachzuschlagen, führten sie eigene Experimente durch und beschäftigten sich mit Alchemie, Medizin, Kräutern, Astrologie, Theologie und mehr.[42] Diese Leute waren die größten Gelehrten ihrer Zeit, woran du siehst, dass du dich in guter Gesellschaft befindest! Und was noch besser ist: Sie veröffentlichten ihre Forschungen, so dass sie allen Menschen zugänglich wurden. Sie überprüften das in den klassischen Texten der Griechen und Römer überlieferte Wissen und überarbeiteten es, wenn es nicht mit ihren eigenen Forschungsergebnissen übereinstimmte.

Im Bereich der Kräuterkunde bedeutete dies, weite Reisen zu unternehmen, mit allen möglichen Heilern zu sprechen und dann den Wahrheitsgehalt dieser Informationen selbst zu testen. Während die »Ärzte« jener Zeit Reißaus nahmen, wenn irgendwo eine Seuche ausbrach, harrten Menschen wie Paracelsus an Ort und Stelle aus und halfen, so gut sie konnten. Und natürlich kann man sich denken, dass sie wegen ihres persönlichen Mutes bei denen, die feige davonliefen und die Kranken im Stich ließen, verhasst waren.

Für Agrippa, Trithemius und Paracelsus und auch viele ihrer Zeitgenossen stand außer Zweifel, dass eine Weltseele existiert, dass wir alle auf irgendeine Weise miteinander verbunden sind, und ausgehend von dieser Vorstellung wurden Korrespondenzen zwischen Kräutern, Astrologie und Magie untersucht und niedergeschrieben. Paracelsus lehrte, dass der Körper kein isoliertes Etwas sei, sondern ein Haus für die Seele, und dass der Arzt deshalb Körper und Seele behandeln müsse, wenn er Kranke heilen wolle. Und da hast du gedacht, diese Idee verdankten wir erst dem New Age!

Wie berühmt waren diese Leute? Der Schweizer Paracelsus gilt beispielsweise als der Vater der pharmazeutischen Chemie, der modernen Wundheilkunde und der Homöopathie – beachtlich, nicht wahr? Für uns besonders interessant aber ist, dass er außerdem Magier war, der Mittel aus der Volksmagie, Amulette und Talismane erforschte, um seine Patienten heilen zu können. Damit zog er den Zorn vieler Zeitgenossen auf sich und brachte die Kirchenoberen auf die Palme. Paracelsus reiste in der Renaissance durch ganz Europa, sprach mit Ärzten, Barbieren (die sich oft als Hilfsdoktoren betätigten), weisen Frauen, Zauberern, Alchemisten, Nonnen, Mönchen, Badern, Rittern, Fürsten, Königen und Zigeunern[43], um so viel Heilwissen wie irgend möglich zu sammeln. Er lehrte, dass die Furcht vor einer Krankheit gefährlicher sei als die Krankheit selbst.[44] Wie oft hast du diesen Satz schon gehört? Wenn du dich mit Magie oder Heilkunde beschäftigst, vermutlich jeden Tag.

Wir sollten Pflanzen und ihr enormes Heilpotential im Geiste des Paracelsus betrachten. In seiner Signaturenlehre ging er davon aus, dass man von der äußerlichen Gestalt einer Pflanze auf deren medizinisches Potential ebenso schließen könne wie auf die Möglichkeiten, sie für Erfolgsmagie, Schutz, Bannzauber, zur Erzeugung von Harmonie und viele andere Zwecke einzusetzen. Später gaben moderne Mediziner dieses Konzept auf, weil sie über kein okkultes Wissen mehr verfügten. Dass es eine »Sympathie« oder Resonanz zwischen den Dingen geben könnte, galt nun als dumme, kindische, wissenschaftlich nicht nachprüfbare Vorstellung. Weil spätere Autoren an Paracelsus' ursprünglichen Aufzeichnungen herumpfuschten und die damalige Theorien mit Aberglauben (also noch unbewiesenen Mutmaßungen) vermischt waren, schlichen sich in die Signaturenlehre viele Fehler ein.

Paracelsus und andere Gelehrte seiner Zeit berücksichtigten bei ihrer Heilarbeit mit Pflanzen die Bedingungen an den Orten, an denen diese Pflanzen natürlich vorkamen, und die planetaren Korrespondenzen für Heilung und Magie bei der Behandlung einer bestimmten Krankheit. Natürlich waren nicht alle damals aufgestellten Behauptungen richtig, und im fünfzehnten und sechzehnten Jahrhundert kursierten noch eine Menge abergläubischer Vorstellungen. Manche Leute glaubten sogar, dass Insekten aus verrottendem Mist entstanden und dass es sich bei Kristallen um versteinertes Eis handelte (zwei Vorstellungen, die Paracelsus übrigens heftig ablehnte).

Im weiteren Verlauf der Jahrhunderte spalteten die Wissenschaften sich immer mehr auf – Chemie, Medizin und Astronomie entwickelten sich zu eigenen Fachrichtungen, die Magie ging in den Untergrund, und die Beliebtheit der Astrologie unterlag starken Schwankungen. Heute nun hat sich, wie zur Zeit von Paracelsus, das Blatt gewendet. Die Menschen interessieren sich erneut für die Weltseele, die Verbindung von Körper und Geist, die Möglichkeiten der Magie. Wieder strebt der Mensch danach, seine Rolle im großen Plan des Universums zu verstehen.

Kräuter und Astrologie

Im Gegensatz zu anderen Leuten, die sich mit Pflanzenheilkunde beschäftigen, gilt das Interesse der Hexen vor allem der Homöopathie und der Astrologie. Die Homöopathie liefert uns die modernsten Informationen über den medizinischen Gebrauch der Pflanzen, und die Astrologie ermöglicht es uns, die richtigen Korrespondenzen und die Zeitqualität für unsere magische Arbeit mit den Pflanzen zu ermitteln.

Wenn moderne Mediziner dazu neigen, die Verbindung von Astrologie und Heilkunde rundweg zu leugnen, können wir ihnen das, wenn wir fair sind, eigentlich nicht verübeln. Als die Wissenschaft sich in verschiedene Fachrichtungen aufsplitterte, neigten die Leute dazu, sich ausschließlich auf ihren eigenen Bereich zu konzentrieren. Wenn jemand Jahre damit zubrachte, in vielen Experimenten die medizinischen Eigenschaften von Pflanzen zu erforschen, mochte er zumeist keine Zeit darauf verschwenden, sich außerdem noch mit Dingen zu befassen, die (oberflächlich betrachtet) als fachfremd erschienen.

Wenn dann diese fachfremde Wissenschaft auch noch in Misskredit geriet und in den Untergrund gehen musste, wäre eine Beschäftigung damit der Karriere gewiss nicht förderlich gewesen. Genau das geschah zwischen Medizin und Magie. Zwar verfügten die magisch arbeitenden Menschen auch weiterhin über eine tiefe Kenntnis der verborgenen Zusammenhänge und gaben ihr Interesse an seriöser wissenschaftlicher Forschung nicht auf, aber die Wissenschaft verlor jeden Draht zu den okkulten Lehren.

Wer sich in der modernen magischen Szene mit Kräutermagie beschäftigt, wird früher oder später auf *Culpeper's Herbal* stoßen, ein Buch, das zum ersten Mal 1652 in London erschien, damals noch unter dem Titel *The English Physician*. Sein Autor Nicholas Culpeper wurde berühmt, weil er sich die Mühe machte, Bücher über Heilpflanzen in eine Sprache zu übersetzen, die einfache Leute verstehen konnten. Außerdem strich er aus den Rezepturen alle exotischen Zutaten, die sich ein Bäcker, Metzger, Bauer oder Kerzenmacher nicht leisten konnte. Culpeper beschränkte sich ganz auf die medizinischen Eigenschaften der Pflanzen und ließ alle magischen Komponenten weg. Die astrologischen Bezüge behielt er aber bei. Da keine Magie mehr in seinem Werk zu finden war, gingen spätere Botaniker davon aus, Culpeper habe die Signaturenlehre aufgegeben. Sie verstanden nicht, dass er sie in Wirklichkeit beibehalten hatte, da er zu jeder Arznei stets die planetaren Einflüsse angab. Culpepers Heilpflanzenbuch ist wichtig, weil es sich erstens immer noch ziemlicher Beliebtheit erfreut (in modernen Ausgaben werden Culpepers klassische Verordnungen durch aktuelle medizinische Erkenntnisse ergänzt) und zweitens, weil es eines der wenigen Bücher ist, die seit dem siebzehnten Jahrhundert immer wieder neu aufgelegt wurden und magische Hinweise zu Pflanzen in Form der aufgeführten Planeteneinflüsse enthalten. Wenn du dich fragst, woher die Leute in der ersten Hälfte des zwanzigsten Jahrhunderts ihr Wissen für die magische Arbeit mit Pflanzen bezogen, wirf einen Blick in *Culpepers Herbal*. Damals war auf dem Buchmarkt kaum andere Literatur für magische Studienzwecke erhältlich. Heute sind wir da einen Schritt weiter. Das verdanken wir dem verstorbenen Scott Cunningham und seiner *Encyclopedia of Magickal Herbs* sowie Paul Beyerl's *A Compendium of Herbal Magick*. In diesen Büchern werden Magie und Kräuterkunde wiedervereinigt. Natürlich können wir hier, was die Zusammenhänge von Astrologie, Botanik und Magie angeht, nur an der Oberfläche kratzen, aber die Informationen in diesem Kapitel ermöglichen dir einen ersten Einstieg. Welche Wege du danach weiter einschlagen wirst, liegt ganz bei dir.

Hilfsmittel für die Pflanzenmagie

In der modernen Hexenkunst können Kräuter grundsätzlich bei jeder Art von Zauber eingesetzt werden. Dabei sind die der Pflanze innewohnenden natürlichen Kräfte (ihre Lebensenergie) und ihre Korrespondenzen zu anderen Daseinsbereichen zu beachten. Generell benötigt man Mörser und Stößel (vorzugsweise aus Keramik); einen Glaskrug; ein spezielles Messer, das auf besondere Weise gereinigt, geweiht und aufgeladen wurde, für die Ernte der Kräuter und Blumen; ein kleines Schneidebrett aus Holz und ein Sieb oder Gaze zum Passieren. Nützlich sind außerdem Fläschchen für Elixiere, Parfüms, Öle, Tinkturen und Zaubertränke; Stoff zur Herstellung von Zauberbeuteln und -kissen; Nadel und Faden, um getrocknete Blüten und Kräuter zusammenbinden oder aufnähen zu können; Schnur (um die Kräuter zum Trocknen aufzuhängen) und kleine verschließbare Plastikbeutel zur Aufbewahrung von Pulvern, Räuchermischungen und unverarbeiteten Kräutern. Die teuerste Anschaffung auf dieser Liste sind Mörser und Stößel. Früher oder später wirst du auch eine große Kiste oder einen Schrank brauchen, wo du diesen ganzen Kram verstauen kannst.

Viele moderne Hexen benutzen auch Gewürzmühlen und Küchenmaschinen, um widerspenstige Substanzen wie Nüsse, Baumrinde oder Füllstoffe (beispielsweise Reis) zu zerkleinern. Lies die Gebrauchsanweisung der Geräte sorgfältig durch. Die meisten werden für deine Zwecke ungeeignet sein, und die Hochleistungsgeräte, die du dafür bräuchtest, sind vermutlich doch ein bisschen zu teuer. Aber auch diese Hexen benutzen weiter Mörser und Stößel, denn die in einer solchen Küchenmaschine zerkleinerte Mischung wird anschließend in einem magischen Kreis noch einmal mit Mörser und Stößel bearbeitet und während der mahlenden Bewegung im Uhrzeigersinn geweiht und aufgeladen.

Korrespondenzen und Signaturen für das Aufladen von Pflanzen

Aus der Geschichte haben wir gelernt, dass nahezu jedes Ding auf Erden früher oder später mit den Elementen, Planeteneinflüssen und Tierkreiszeichen in Verbindung gebracht wurde. Viele Hexen studieren diese alten Lehren, um herauszufinden, wann welche magischen Objekte oder Rituale ihre größte Wirksamkeit entfalten. Das Problem dabei ist nur, dass es Unmengen von Tabellen, Listen und Büchern gibt, die die magischen Korrespondenzen zu einer Vielzahl von Objekten nennen. Vieles davon wurde im Lauf der Jahrhunderte immer wieder verändert. Wie kannst du also sicher sein, was »richtig« ist und was nicht? Am besten, du benutzt diese Tabellen (beispielsweise die in diesem Buch) als Einstieg. Lass dich von ihnen dazu anregen, selbst magische Kenntnisse zu sammeln. Mit der Zeit und wachsender Erfahrung wirst du dann deine eigenen Ideen entwickeln. Und denk daran, dass jede Pflanze zu jeder Zeit aufgeladen werden kann, wenn sie in der Not dringend gebraucht wird, ganz unabhängig von den astrologischen Korrespondenzen.

Die folgende Liste ist für jene Hexen gedacht, die einen Pflanzenzauber planen, bei dem die astrologischen und Element-Energien genutzt werden sollen, welche mit den einzelnen Teilen der Pflanze assoziiert werden. Anschließend wird anhand eines Beispiels erläutert, wie du diese Informationen in der Praxis anwenden kannst.

Allgemeines zum Aufladen von Pflanzen

WURZELN
Magische Elemente: Erde/Luft
Planet: Saturn
Günstiger Zeitpunkt für das Aufladen: Mond im Steinbock oder Wassermann

SAFT
Magisches Element: Feuer
Planet: Sonne
Günstiger Zeitpunkt für das Aufladen: Mond im Widder oder im Löwen oder wenn der Mond sich in deinem Sonnenzeichen aufhält.

Rinde
Magische Elemente: Luft/Erde
Planet: Merkur
Günstiger Zeitpunkt für das Aufladen: Mond in den Zwillingen oder in der Jungfrau

Blätter
Magisches Element: Wasser
Planet: Mond
Günstiger Zeitpunkt für das Aufladen: Mond im Krebs, oder wenn der Mond sich im Mondzeichen deines Geburtshoroskops aufhält.

Blüten
Magische Elemente: Luft/Erde
Planet: Venus
Günstiger Zeitpunkt für das Aufladen: Mond im Stier oder in der Waage

Früchte
Magische Elemente: Feuer/Wasser
Planet: Jupiter
Günstiger Zeitpunkt für das Aufladen: Mond im Schützen oder in den Fischen
Samen und Schalen
Magische Elemente: Luft/Erde
Planet: Merkur
Günstiger Zeitpunkt für das Aufladen: Mond in den Zwillingen oder in der Jungfrau

Angenommen, du möchtest gerne einen Blütenzauber ausführen, um mehr Liebe in dein Leben zu bringen. Du kannst nun in ein Blumengeschäft gehen und dir gezielt bestimmte Blumen aussuchen oder, wenn du gerade knapp bei Kasse bist, dich mit denen begnügen, die hinter dem Haus blühen. Nehmen wir weiter an, du hast in eines der oben erwähnten Pflanzenbücher geschaut oder in die Listen ab Seite 266. Dort ist dir aufgefallen, dass die Blumen, die du dir ausgesucht hast, entweder von den Planeten- und Elementezuordnungen her nicht miteinander harmonieren oder aber gar nicht dort aufgeführt sind. Was nun? Hier kann dir die oben aufgeführte Liste weiterhelfen.

Laut dieser Liste stehen Blüten unter der Herrschaft der Elemente Luft und Erde und des Planeten Venus. Da Venus (in ihrer Göttinnen-Form) die Energie der Liebe ist, werden wir sie bei diesem Zauber als Göttinnen-Figur einsetzen. Entsprechend der Liste können wir uns für Erdmagie oder für Luftmagie entscheiden (oder beides). Für diesen Zauber wählen wir einen Chant, der zum Luft-Element passt. Da das mit den Blumen assoziierte Luftzeichen die Waage ist, wählen wir eine Zeit, wenn der Mond sich in der Waage aufhält. Was ist nun, wenn wir beim Blick in unseren Almanach feststellen, dass der Mond, wenn er in der Waage steht, sich nicht in einem Viertel befindet, das günstig ist, um magisch etwas in unser Leben zu ziehen (wie in diesem Fall die Liebe)? Zuerst schauen wir, ob der Mond im Stier in eine günstigere Zeit fällt (was vermutlich zutrifft). In diesem Fall entscheiden wir uns für den Mond im Stier. Das geht in Ordnung, denn die Venus herrscht auch über den Stier.

Nun wollen wir die anderen Zutaten für diesen Liebeszauber auswählen. Wie wäre es mit einer rosa Kerze, deinem Lieblingsparfüm, einem Stift, einem goldenen Faden und einer Nadel (nicht zu vergessen natürlich die Blumen, die du dir ausgesucht hast).

Stelle an dem Abend, dessen Datum du anhand deines Almanachs ausgesucht hast, alle benötigten Materialien auf deinen Altar. Schlage einen magischen Kreis und rufe die Kreisviertel an. Reinige und weihe deine magischen Hilfsmittel und lade sie mit den vier Elementen und den passenden Worten der Macht auf. Zeichne mit dem Stift das Symbol der Venus ♀ auf die Kerze. Reibe die Kerze mit dem Parfüm ein. Halte die Kerze dann mit beiden Händen und konzentriere dich auf die Liebe, die du gern in dein Leben ziehen möchtest (denke dabei nicht an eine bestimmte Person, denn damit würdest du in Konflikt mit deren freiem Willen geraten). Stelle eine geistige Verbindung zur Göttin Venus her. Versuche, dir ihr Aussehen möglichst lebhaft vorzustellen. Bitte sie nun, Liebe in dein Leben zu bringen. Sei gewiss, dass du es verdienst, geliebt zu werden, und dass du eine erfüllte Liebe erleben darfst und kannst. Öffne dich für diese Liebe. Zünde die Kerze an.

Ziehe den Faden auf die Nadel und verknote ihn. Ziehe dann die Blüten vorsichtig auf den Faden auf. Dieser sollte auf beiden Seiten ungefähr zehn Zentimeter länger sein als die Blumengirlande. Während du die Blumen auffädelst, intoniere immer wieder die folgenden Worte:

In meiner Schönheit wandle ich
wie wolkenlose Sternennacht.
Vermählt auf meinem Antlitz sieh
des Dunkels Reiz, des Lichtes Pracht.[45]

Wenn die Girlande fertig ist, halte die Hände über die Blumen und sprich:

Herrin Venus, mein Weg führt
in neue Reiche der Spiritualität.
Ich suche nach einer neuen Liebe,

die mir Erfüllung bringt
und wahre Harmonie
auf meinem spirituellen Pfad
und die das Beste in mir hervorbringt
an Worten und Taten.
So sei es.[46]

Danke dem Göttlichen, entlasse die Kreisviertel und hebe den Kreis auf. Hänge die Girlande außen vor dein Schlafzimmerfenster und sage dabei:

Geister der Luft und Geister der Erde
(wenn du dich für den Mond im Stier entschieden hast),
führt mich zur Erfüllung meines Wunsches.

Magische Kräuteranwendungen

Wie Steine kann man auch Kräuter als Amulette und Talismane bei sich tragen. Diese Kräuter werden üblicherweise im magischen Kreis gereinigt, geweiht und aufgeladen. Wurzeln und Samen eignen sich besonders gut als Talismane, weil man sie nicht in einen Beutel einpacken muss (obwohl man das tun kann, um ihre Energie zu schützen). In der folgenden Liste sind die Kräuter, ihre Verwendung, planetare Einflüsse sowie die für ihre Aufladung günstigsten Tage und Mondviertel aufgeführt.

Pflanzenamulette und -talismane

Beachte bitte, dass keine der aufgeführten Pflanzen für den Verzehr bestimmt ist.

* Aprikosenkern
Verwendung: Liebe
Planet: Venus
Tag für Aufladung: Freitag
Günstiges Mondviertel: erstes und zweites

* Avocadostein
Verwendung: Schönheit
Planet: Venus
Tag für Aufladung: Freitag
Günstiges Mondviertel: erstes und zweites

* Bambus
Verwendung: Schutz, Glück, Neutralisierung negativer Energie, Wunscherfüllung
Planet 1: Sonne – Glück, Wunscherfüllung und Schutz
Tag für Aufladung: Sonntag
Günstiges Mondviertel: erstes und zweites
Planet 2: Saturn – Bannen negativer Energie
Tag für Aufladung: Samstag
Günstiges Mondviertel: drittes und viertes

* Baumwolle
Verwendung: Glück, Heilung, Schutz, Regen
Planet: Mond
Tag für Aufladung: Montag
Günstiges Mondviertel: erstes und zweites

* Cashew
Verwendung: Geld
Planet: Sonne
Tag für Aufladung: Sonntag oder Donnerstag
Günstiges Mondviertel: erstes und zweites oder wenn der Mond sich in deinem Sonnenzeichen aufhält

* EICHEL
Verwendung: Gesundheit, Geld, Heilung, Schutz und Glück
Planet: Sonne
Tag für Aufladung: Sonntag
Günstiges Mondviertel: erstes und zweites, oder wenn der Mond sich in deinem Sonnenzeichen aufhält

* FEIGE
Verwendung: Divination, Liebe
Planet: Jupiter
Tag für Aufladung: Donnerstag
Günstiges Mondviertel: erstes und zweites

* GEWÜRZNELKE
Verwendung: Schutz, Austreibung böser Einflüsse, Liebe, Geld
Planet: Jupiter
Tag für Aufladung: Schutz – Montag (**Günstiges Mondviertel:** erstes und zweites); Liebe – Freitag; Geld – Donnerstag; Austreibung – Samstag (**Günstiges Mondviertel:** drittes oder viertes)

* GINSENG
Verwendung: Liebe, Wunscherfüllung, Heilung, Schönheit, Schutz und sexuelle Lust
Planet: Sonne
Tag für Aufladung: Sonntag
Günstiges Mondviertel: erstes und zweites oder wenn der Mond sich in deinem Sonnenzeichen aufhält

* HIGH JOHN THE CONQUEROR (WURZEL)
Verwendung: Geld, Liebe, Erfolg, Glück
Planet: Mars

Tag für Aufladung: Dienstag
Günstiges Mondviertel: erstes und zweites

* INGWER
Verwendung: Liebe, Geld, Erfolg, Macht
Planet: Mars
Tag für Aufladung: Dienstag
Günstiges Mondviertel: erstes und zweites

* KASTANIE
Verwendung: Liebe, Geld
Planet: Jupiter
Tag für Aufladung: Liebe – Freitag; Geld – Donnerstag
Günstiges Mondviertel: erstes und zweites

* KIEFERNZAPFEN
Verwendung: Heilung, Schutz, Geld, Bannen
Planet: Mars
Tag für Aufladung: Dienstag
Günstiges Mondviertel: erstes und zweites, außer für Bannen, dafür drittes und viertes

* MANDEL
Verwendung: Wohlstand, Geld und Weisheit
Planet: Merkur
Tag für Aufladung: Mittwoch
Günstiges Mondviertel: erstes und zweites

* MINZE (BLÄTTER)
Verwendung: Geld, Heilung, Reisen, Schutz, Bannen
Planet: Merkur
Tag für Aufladung: Mittwoch; Samstag (Bannen)
Günstiges Mondviertel: erstes und zweites, außer für Bannen, dafür drittes und viertes

* Moos

Verwendung: Glück und Geld
Planet: Mond
Tag für Aufladung: Montag
Günstiges Mondviertel: erstes und zweites

* Paranuss

Verwendung: Liebe
Planet: Venus
Tag für Aufladung: Freitag
Günstiges Mondviertel: erstes und zweites

* Pfirsichkern

Verwendung: Liebe, langes Leben, Wunscherfüllung, Bannen
Planet: Venus
Tag für Aufladung: Freitag; Samstag (Bannen)
Günstiges Mondviertel: erstes und zweites; außer für Bannen, dafür drittes und viertes

* Pistazienkern

Verwendung: einen Liebeszauber unwirksam machen (falls dir da ein Irrtum unterlaufen sein sollte)
Planet: Merkur
Tag für Aufladung: Mittwoch
Günstiges Mondviertel: drittes und viertes

* Rettich

Verwendung: Schutz
Planet: Mars
Tag für Aufladung: Dienstag
Günstiges Mondviertel: erstes und zweites

* Rosskastanie

Verwendung: Geld und Heilung
Planet: Jupiter
Tag für Aufladung: Donnerstag
Günstiges Mondviertel: erstes und zweites

* Senfkörner

Verwendung: Schutz, geistige Kräfte, Glaube
Planet: Mars
Tag für Aufladung: Dienstag
Günstiges Mondviertel: erstes und zweites

* Sonnenblumenkerne

Verwendung: Wunscherfüllung, Gesundheit, Weisheit
Planet: Sonne
Tag für Ermächtigung: Sonntag
Günstiges Mondviertel: erstes und zweites oder wenn der Mond sich in deinem Sonnenzeichen aufhält

* Stechpalme (Blatt)

Verwendung: Schutz, Glück, Traummagie
Planet: Mars
Tag für Aufladung: Dienstag
Günstiges Mondviertel: erstes und zweites

* Vanilleschoten

Verwendung: Liebe und geistige Kräfte
Planet: Venus
Tag für Aufladung: Freitag
Günstiges Mondviertel: erstes und zweites

* Walnuss

Verwendung: Gesundheit, geistige Kräfte, Wünsche
Planet: Sonne

Tag für Aufladung: Sonntag
Günstiges Mondviertel: erstes und zweites oder wenn der Mond sich in deinem Sonnenzeichen aufhält

* ZEDER
Verwendung: Heilung, Geld und Schutz
Planet: Sonne
Tag für Aufladung: Heilung – Sonntag; Geld – Donnerstag; Schutz – Samstag.
Günstiges Mondviertel: erstes und zweites oder wenn der Mond sich in deinem Sonnenzeichen aufhält

* ZIMTSTANGE
Verwendung: Spiritualität, Erfolg, Heilung, mediale Fähigkeiten, Schutz, Liebe und Geld
Planet: Sonne
Tag für Aufladung: Sonntag
Günstiges Mondviertel: erstes und zweites oder wenn der Mond sich in deinem Sonnenzeichen aufhält.

Besprengen

Bei diesem Ritual wird ein Ort oder Raum mit geweihtem Wasser besprengt. Das geschieht oft, indem man ein Bündel frischer Kräuter zusammenbindet, sie, nachdem man sie für die Reinigung aufgeladen hat, in einen Kelch mit heiligem Wasser taucht und das Wasser dann von ihnen abtropfen lässt, während man im Uhrzeigersinn um den Ritualbereich schreitet. Zum Binden der Kräuter kannst du Bänder in den passenden Farben verwenden oder ein Stück Schnur. Zwar ist es am besten, frische Pflanzen zu nehmen, aber auch getrocknete Kräuter eignen sich, solange man den Haltbarkeitszeitraum beachtet.

Nachfolgend sind die für das Besprengen gebräuchlichsten Kräuter und Blumen aufgeführt. Zwar kannst du Pflanzen zu jeder Zeit beschwören, um damit magisch zu arbeiten, aber der Zauber ist im Allgemeinen wirkungsvoller, wenn der Mond sich im passenden Zeichen befindet. **Hinweis:** Falls du Culpepers, Cunninghams oder Beyerls Pflanzenführer verwendest, wirst du feststellen, dass die Elemente nicht mit den hier aufgeführten übereinstimmen. Die hier genannten Elementezuordnungen entstammen der klassischen Astrologie. Es wurden die ursprünglichen planetaren Herrschaftsbeziehungen angegeben, wie sie in Schriften aus dem 17. Jahrhundert zu finden sind.

* Aloe
Verwendung: Liebe und Spiritualität
Planet/Element: Mond/Wasser
Mond in: Krebs oder in deinem Mondzeichen

* Basilikum
Verwendung: Astralreisen, Liebe, Bannen, Reichtum, Schutz
Planet/Element: Mars/Feuer, Wasser
Mond in: Widder oder Skorpion

* Birke
Verwendung: Schutz, Bannen, Reinigung
Planet/Element: Venus/Luft, Erde
Mond in: Waage oder Stier

* Efeu
Verwendung: Schutz und Heilung
Planet/Element: Saturn/Erde, Luft.
Mond in: Steinbock oder Wassermann

CHE
vendung: Schutz, Gesundheit, Geld, Heilung, chtbarkeit, Glück
anet/Element: Sonne/Feuer
ond in: Löwe oder in deinem Sonnenzeichen

* ENGELWURZ (ANGELIKA)
Verwendung: Bannen, Schutz, Heilung, Visionen
Planet/Element: Sonne/Feuer
Mond in: Löwe oder in deinem Sonnenzeichen

* FLIEDER
Verwendung: Bannen und Schutz
Planet/Element: Venus/Erde, Luft
Mond in: Stier oder Waage

* GEISSBLATT
Verwendung: Geld, mediale Kräfte und Schutz
Planet/Element: Jupiter/Feuer, Wasser
Mond in: Schütze oder Fische

* KIEFER
Verwendung: Heilung, Schutz, Bannen, Geld
Planet/Element: Mars/Feuer, Wasser
Mond in: Widder oder Skorpion

* KOPFSALAT
Verwendung: Schutz, Liebesdivination, guter Schlaf
Planet/Element: Mond/Wasser
Mond in: Krebs oder im Mondzeichen deines Geburtshoroskops

* Lavendel
Verwendung: Liebe, Schutz, guter Schlaf, langes Leben, Reinigung, Glücklichsein
Planet/Element: Merkur/Erde, Luft
Mond in: Jungfrau oder Zwillinge

* Löwenmaul
Verwendung: Schutz und Reinigung
Planet/Element: Merkur/Luft, Erde
Mond in: Widder oder Skorpion

* Mimose
Verwendung: Schutz, Liebe, prophetische Träume, Reinigung
Planet/Element: Saturn/Erde, Luft
Mond in: Steinbock oder Wassermann

* Minze
Verwendung: Geld, Heilung, Reisen, Bannen, Schutz
Planet/Element: Merkur/Luft, Erde
Mond in: Zwillinge oder Jungfrau

* Petersilie
Verwendung: Schutz und Reinigung
Planet/Element: Merkur/Luft, Erde
Mond in: Zwillinge oder Jungfrau

* Spanisches Moos
Verwendung: Schutz und Reinigung
Planet/Element: Merkur/Luft, Erde
Mond in: Zwillinge oder Jungfrau

* Stechpalme
Verwendung: Schutz, Glück und Traummagie

Planet/Element: Mars/Feuer, Wasser
Mond in: Widder oder Skorpion

* Tulpe
Verwendung: Wohlstand, Liebe, Schutz
Planet/Element: Venus/Erde, Luft
Mond in: Stier oder Waage

* Usambaraveilchen
Verwendung: Spiritualität und Schutz
Planet/Element: Venus/Luft, Erde
Mond in: Waage oder Stier

* Weide
Verwendung: Liebe, Divination, Schutz, Heilung
Planet/Element: Mond/Wasser
Mond in: Krebs oder im Mondzeichen deines Geburtshoroskops

Kräuter werden außerdem verwendet als Zutat für das heilige Wasser, als Schmuck für Körper, Altar und andere heilige Bereiche, in spirituellen Bädern, beim Kochen, zum Putzen, für magische Pulver, Räuchermischungen, Kissen, Zauberbeutel und Puppen. Man kann sie im Ritualraum ausstreuen, sie pressen und unter eine Ritualkerze legen oder, zu Girlanden gebunden, aufhängen.

Blütenzauber

Im strengen viktorianischen Zeitalter ging das Liebeswerben sehr diskret vonstatten. Durch die Art, wie ein Blumenbukett gestaltet war, wurden bestimmte geheime Botschaften übermittelt, was zusätzlich zur Magie der jeweiligen Blumen beitrug. Die Anzahl der Blätter auf einem Zweig zeigte das Datum eines heimlichen Rendezvous an, und die Anzahl der Blüten wies auf die Heftigkeit der Gefühle hin. Kodierte Bukette, deren Botschaften in speziellen Listen, später sogar in Büchern aufgeführt wurden, erfreuten sich damals großer Beliebtheit.[47]

Blumen für Zauberbeutel, Traumkissen und Puppen

* Aster

Verwendung: Liebe
Botschaft: Anfänge
Planet: Venus
Aufladungstag: Freitag

* Chrysantheme

Verwendung: Schutz
Botschaft: Wahrheit (weiß); gekränkte Liebe (gelb)
Planet: Sonne
Aufladungstag: Sonntag

* Erika

Verwendung: Liebe, Schutz, Regenmachen, Glück
Botschaft: Leidenschaft (rot); Schutz vor der Leidenschaft anderer (weiß)
Planet: Venus
Aufladungstag: Freitag

* Flieder

Verwendung: Bannen und Schutz[48]
Botschaft: frisch verliebt

Planet: Venus
Aufladungstag: Freitag; für Bannzauber Samstag

* GÄNSEBLÜMCHEN
Verwendung: Liebe
Botschaft: Unschuld
Planet: Venus
Aufladungstag: Freitag

* GARDENIE
Verwendung: Liebe, Frieden, Heilung und Spiritualität
Botschaft: Anmut
Planet: Mond
Aufladungstag: Montag

* GEISSBLATT
Verwendung: Liebe, Geld, mediale Fähigkeiten, Schutz
Botschaft: fesselnde Liebe
Planet: Jupiter
Aufladungstag: Donnerstag

* GLYZINIE
Verwendung: geistige Klarheit
Botschaft: Ich hänge an dir.
Planet: Merkur
Aufladungstag: Mittwoch

* HAHNENFUSS
Verwendung: Liebe und Heilung
Botschaft: Kindlichkeit
Planet: Mond
Aufladungstag: Montag

* Hartriegel
Verwendung: Schutz und Wunscherfüllung
Botschaft: Beharrlichkeit
Planet: Mond
Aufladungstag: Montag

* Hyazinthe
Verwendung: Liebe, Schutz und Glücklichsein
Botschaft: Flirten
Planet: Venus
Aufladungstag: Freitag

* Iris
Verwendung: Reinigung und Weisheit
Botschaft: Nachrichten
Planet: Merkur
Aufladungstag: Mittwoch

* Jasmin
Verwendung: Liebe, Geld, prophetische Träume
Botschaft: Glück ist zu erwarten.
Planet: Mond
Aufladungstag: Montag

* Kornblume
Verwendung: Liebe
Botschaft: Hoffnung und Einsamkeit
Planet: Jupiter
Aufladungstag: Donnerstag

* Krokus
Verwendung: Liebe und Visionen
Botschaft: Missbrauche mich nicht.

Planet: Venus
Aufladungstag: Freitag

* LAVENDEL
Verwendung: Liebe, Schutz, guter Schlaf, langes Leben, Reinigung, Glücklichsein, Frieden
Botschaft: Ich vertraue dir nicht.
Planet: Merkur
Aufladungstag: Mittwoch

* LILIE
Verwendung: Schutz, Unwirksammachen eines Liebeszaubers[49]
Botschaft: Unschuld und Reinheit
Planet: Mond
Aufladungstag: Montag; für Bannzauber Samstag

* MAGNOLIE
Verwendung: Liebe und Treue
Botschaft: Würde
Planet: Venus
Aufladungstag: Freitag

* ORCHIDEE[50]
Verwendung: Liebe
Botschaft: Ekstase
Planet: Venus
Aufladungstag: Freitag

* OSTERGLOCKE
Verwendung: Liebe und Glück
Botschaft: Ritterlichkeit
Planet: Venus
Aufladungstag: Freitag

* Pfingstrose

Verwendung: Schutz und Bannen
Botschaft: Geheimnisse, Schüchternheit, Wohlstand
Planet: Sonne
Aufladungstag: Sonntag; für Bannzauber Samstag

* Ringelblume

Verwendung: Schutz, Träume, juristische Angelegenheiten, mediale Fähigkeiten
Botschaft: Erfolg
Planet: Sonne
Aufladungstag: Sonntag

* Rose

Verwendung: Liebe, mediale Fähigkeiten, Heilung, Liebesdivination, Glück, Schutz
Botschaft: Eifersucht (gelb); Liebe (rot); Schweigen (weiß)
Planet: Venus
Aufladungstag: Freitag

* Rosmarin

Verwendung: Liebe, Schutz, geistige Fähigkeiten, Bannen, Reinigung, Heilung, guter Schlaf, Jugend
Botschaft: Erinnern
Planet: Sonne
Aufladungstag: Sonntag; für Bannzauber Samstag

* Sonnenblume

Verwendung: Wunscherfüllung, Gesundheit, Weisheit, Geldzauber
Botschaft: Macht
Planet: Sonne
Aufladungstag: Sonntag

* STRELITZIA (PARADIESVOGELBLUME)
Verwendung: Liebe
Botschaft: ein sonderbares und wundervolles Ereignis
Planet: Mars
Aufladungstag: Dienstag

* TULPE
Verwendung: Liebe, Wohlstand, Schutz
Botschaft: Liebeserklärung
Planet: Venus
Aufladungstag: Freitag

* VEILCHEN
Verwendung: Liebe, Glück, Wunscherfüllung, Frieden, Heilung, Schutz
Botschaft: Ehrlichkeit, Glaubwürdigkeit
Planet: Venus
Aufladungstag: Freitag

* VERGISSMEINNICHT
Verwendung: Liebe und Erinnerung
Botschaft: Erinnern
Planet: Merkur
Aufladungstag: Mittwoch

* WICKE
Verwendung: Freundschaft, Mut, Stärke
Botschaft: stürmisches Temperament
Planet: Venus
Aufladungstag: Freitag

Das Trocknen von Kräutern und Blumen für magische Zwecke

Zwar gibt es auch fertig abgepackte Kräuter und Trockenblumen zu kaufen, aber besser ist es, sie selbst zu schneiden und zu trocknen, so dass man die richtige astrologische Zeitqualität beachten kann. Du kannst die frisch geschnittenen Kräuter zusammenbinden und in der Garage oder unter dem Dach einer Veranda zum Trocknen aufhängen. Man kann sie auch im Haus an Wäscheleinen oder Kleiderbügel hängen. Wähle einen Platz ohne direkte Sonneinstrahlung, da die Blätter durch das Sonnenlicht dunkel werden und die ätherischen Öle verdunsten. Die Kräuter müssen gut belüftet werden, um Schimmelbildung zu vermeiden. Breite Kräuter, die zu klein sind, um sie gebündelt aufzuhängen, auf einem mit Mull, Küchenkrepp oder mit einem Netz belegten Rost aus. Für magische Zwecke ist es nicht erforderlich, Stängel und Blätter zu trennen (manche Hexen tun dies aber). Doch solltest du verfärbte oder angeschimmelte Blätter entfernen und die Blätter unzerkleinert lagern. Verwende dafür luftdichte Plastikbeutel, Plastikdosen oder Glasgefäße. Blumen und Blätter behalten ihre magischen Eigenschaften ein Jahr lang, Wurzelteile und Rinden zwei Jahre. Beschrifte alle Gefäße mit dem Namen der Pflanze, dem Erntedatum und den magischen Eigenschaften.

Heilkräuter in der Magie

In der nachfolgenden Liste sind die häufigsten gesundheitlichen Beschwerden aufgelistet, zusammen mit den nach den Regeln der Homöopathie jeweils passenden Heilkräutern. Diese Liste ist aber ausschließlich für magische Zwecke gedacht. Auf keinen Fall dürfen die aufgeführten Pflanzen in irgendeiner Form verzehrt werden! Außerdem sollte, wenn du selbst oder eine andere Person unter den aufgeführten Beschwerden leiden, unbedingt ein Arzt konsultiert werden. Ein weiterer Warnhinweis: Wenn du zu magischen Zwecken mit Kräutern hantierst, solltest du dir vorher und nachher gründlich die Hände waschen. Stecke niemals die Finger in den Mund, während du Kräuter mischst! Wenn du Kräuter verbrennst, sollte das an einem gut belüfteten Ort geschehen. Halte dein Gesicht niemals unmittelbar über den Rauch, wenn du nicht genau über die Pflanze Bescheid weißt.

Fülle die aufgeführten Kräuter in einen Zauberbeutel oder eine magische Puppe, oder bestreue das untere Ende einer Kerze damit. Die Kräuter sind nicht zum Verzehr geeignet. Die medizinischen Korrespondenzen sind ausschließlich für magische Zwecke gedacht. **Hinweis:** In dieser Liste sind ausschließlich die klassischen Planetenherrscher angegeben.

* ABZESS

Kräutermischung (Planet, Element): Echinacea (Jupiter, Feuer); Krauser Ampfer (Jupiter, Feuer); Löwenzahn (Jupiter, Feuer)
Aufladen, wenn Mond in: Schütze

* ANÄMIE

Kräutermischung (Planet, Element): Brennnessel (Mars, Feuer); Krauser Ampfer (Jupiter, Feuer); Löwenzahn (Jupiter, Feuer)
Aufladen, wenn Mond in: Schütze oder Widder

* ANGINA

Kräutermischung (Planet, Element): Ingwer (Mars,

Feuer/Wasser); Knoblauch (Mars, Feuer/Wasser); Weißdorn (Mars, Feuer/Wasser)
Aufladen, wenn Mond in: Skorpion

* ÄNGSTLICHKEIT (1)
Kräutermischung (Planet, Element): Hopfen (Mars, Feuer); Johanniskraut (Sonne, Feuer); Gartenraute (Mars, Feuer)
Aufladen, wenn Mond in: Widder oder Löwe oder in deinem Sonnenzeichen

* ÄNGSTLICHKEIT (2)
Kräutermischung (Planet, Element): Baldrian (Venus, Luft); Eisenkraut (Venus, Luft); Hafer (Venus, Luft); Helmkraut (Saturn, Luft); Passionsblume (Venus, Luft)
Aufladen, wenn Mond in: Waage

* ARTHRITIS (1)
Kräutermischung (Planet, Element): Gelbwurz (Merkur, Luft); Große Klette (Venus, Luft); Mutterkraut (Venus, Luft); Nachtkerze (Venus, Luft); Selleriesamen (Merkur, Luft); Weide (Mond, Wasser)
Aufladen, wenn Mond in: Waage oder Zwillinge

* ARTHRITIS (2)
Kräutermischung (Planet, Element): Ananas (Sonne, Feuer); Brennnessel (Mars, Feuer); Cayennepfeffer (Mars, Feuer); Ingwer (Mars, Feuer)
Aufladen, wenn Mond in: Widder oder Sonne oder in deinem Sonnenzeichen

* ASTHMA
Kräutermischung (Planet, Element): Kaffee (Mars,

Feuer); Knoblauch (Mars, Feuer); Rosmarin (Sonne, Feuer); Tee (Sonne, Feuer)
Aufladen, wenn Mond in: Widder oder Sonne oder in deinem Sonnenzeichen.

* BLASENENTZÜNDUNG
Kräutermischung (Planet, Element): Echinacea (Jupiter, Wasser); Goldrute (Venus, Luft); Löwenzahn (Jupiter, Wasser); Maishaar (Venus, Luft); Preiselbeere (Jupiter, Wasser); Uva ursi/Bärentraubenblätter (Jupiter, Wasser)
Aufladen, wenn Mond in: Waage oder Fische

* CHOLESTERINSPIEGEL (ERHÖHT)
Kräutermischung (Planet, Element): Bockshornklee (Merkur, Luft); Ingwer (Mars, Feuer); Knoblauch (Mars, Feuer)
Aufladen, wenn Mond in: Mars oder Zwillinge

* DEPRESSION
Kräutermischung (Planet, Element): Eisenkraut (Venus, Luft); Ginseng (Sonne, Feuer); Hafer (Venus, Luft); Johanniskraut (Sonne, Feuer); Lavendel (Merkur, Luft)
Aufladen, wenn Mond in: Löwe, Zwillinge oder Waage oder in deinem Sonnenzeichen

* ERKÄLTUNG UND/ODER BRONCHITIS
Kräutermischung (Planet, Element): Andorn (Merkur, Luft); Augentrost (Sonne, Feuer); Cayennepfeffer (Mars, Feuer); Echinacea (Jupiter, Feuer); Pfefferminze (Merkur, Luft); Schafgarbe (Venus, Luft); Thymian (Venus, Luft); Ysop (Jupiter, Feuer)
Aufladen, wenn Mond in: Widder, Löwe, Schütze, Zwillinge oder Waage

* Gallensteine

Kräutermischung (Planet, Element): Gelbwurz (Merkur, Luft); Löwenzahn (Jupiter, Wasser); Mariendistel (Mond, Wasser); Pfefferminze (Merkur, Luft)
Aufladen, wenn Mond in: Krebs oder Zwillinge

* Hoher Blutdruck

Kräutermischung (Planet, Element): Knoblauch (Mars, Feuer); Löwenzahn (Jupiter, Feuer); Weißdorn (Mars, Feuer)
Aufladen, wenn Mond in: Fische oder Skorpion

* Infektionen, allgemein

Kräutermischung (Planet, Element): Ingwer (Mars, Feuer); Knoblauch (Mars, Feuer); Olive (Sonne, Feuer); Orangenschalen (Sonne, Feuer); Zitronenmelisse (Mond, Wasser)
Aufladen, wenn Mond in: Krebs, Skorpion oder Löwe

* Lungenentzündung

Kräutermischung (Planet, Element): Echinacea (Jupiter, Feuer); Goldrute (Sonne, Feuer); Süßholz (Venus, Luft)
Aufladen, wenn Mond in: Löwe, Schütze oder Waage

* Multiple Sklerose

Kräutermischung (Planet, Element): Nachtkerze (Venus, Luft);
Portulak (Mond, Wasser)
Aufladen, wenn Mond in: Waage

* Osteoporose

Kräutermischung (Planet, Element): Alfalfa (Venus, Luft); Rotklee (Merkur, Luft); Schachtelhalm (Saturn, Luft)
Aufladen, wenn Mond in: Waage oder Wassermann

* Rückenschmerzen

Kräutermischung (Planet, Element): Cayennepfeffer (Mars, Feuer); Ingwer (Mars, Feuer); Johanniskraut (Sonne, Feuer); Kamille (Sonne, Feuer); Rosmarin (Sonne, Feuer); Zimt (Sonne, Feuer)
Aufladen, wenn Mond in: Widder oder Sonne oder in deinem Sonnenzeichen

* Schlaflosigkeit

Kräutermischung (Planet, Element): Baldrian (Venus, Luft); Helmkraut (Saturn, Luft); Kamille (Sonne, Feuer); Katzenminze (Venus, Luft); Lavendel (Merkur, Luft); Zitronenmelisse (Mond, Wasser)
Aufladen, wenn Mond in: Waage, Zwillinge oder Krebs

* Schlaganfall

Kräutermischung (Planet, Element): Alfalfa (Venus, Luft); Ingwer (Mars, Feuer); Knoblauch (Mars, Feuer); Weißdorn (Mars, Feuer)
Aufladen, wenn Mond in: Widder

* Sodbrennen

Kräutermischung (Planet, Element): Aloe (Mond, Wasser); Kohl (Mond, Wasser); Pfefferminze (Merkur, Luft)
Aufladen, wenn Mond in: Krebs oder Zwillinge

* Stress

Kräutermischung (Planet, Element): Baldrian (Venus, Luft); Hopfen (Mars, Feuer); Kamille (Sonne, Feuer); Linde (Jupiter, Feuer); Passionsblume (Venus, Luft)
Aufladen, wenn Mond in: Schütze, Löwe oder Waage

* Verbrennungen

Kräutermischung (Planet, Element): Lavendel (Merkur, Erde); Schwarzwurz (Saturn, Erde)
Aufladen, wenn Mond in: Steinbock oder Jungfrau

* Verstauchungen

Kräutermischung (Planet, Element): Johanniskraut (Sonne, Feuer); Kastanie (Jupiter, Feuer); Zaubernuss (Sonne, Feuer);
Schwarzwurz (Saturn, Erde)
Aufladen, wenn Mond in: Löwe

* Warzen

Kräutermischung (Planet, Element): Ananas (Sonne, Feuer); Bananenschale (Venus, Luft); Blutkraut (Mars, Feuer); Löwenzahn (Jupiter, Feuer); Zeder (Sonne, Feuer)
Aufladen, wenn Mond in: Waage oder Löwe

Kräutersäckchen

Kräutersäckchen lassen sich ganz einfach herstellen. Man braucht dazu nur ein weißes Taschentuch, ein Band und Kräuter. Ein kleines Foto der kranken Person kann entweder direkt in das Bündel gelegt werden, oder du kannst das Säckchen auf das Foto legen. Zerreibe die Kräuter mit Mörser und Stößel. Lege die gemahlenen Kräuter mittig auf ein neues, sauberes weißes Taschentuch. Lade die Kräuter im magischen Kreis auf, wobei du deine bevorzugte Ritualform einsetzt. Du kannst zusätzlich kleine Schmucksteine oder andere natürliche Objekte in das Säckchen legen. Verschließe das Bündel, indem du nacheinander die vier Ecken des Tuches hochhebst und dabei jeweils sagst:

Aus dem Osten – Heilung und Glück
für (nenne den Namen der Person).
Aus dem Süden – Heilung und Glück
für (der Name).
Aus dem Westen – Heilung und Glück
für (der Name).
Aus dem Norden – Heilung und Glück
für (der Name).
Aus den vier Ecken des Universums
rufe ich heilende Energien herbei für (der Name).
Im Namen von (Name deiner persönlichen Gottheit
oder einer anderen für Heilung zuständigen Gottheit)
– die Heilung hat begonnen!

Binde das Bündel zu und intoniere dabei: *Heilung naht, die Krankheit flieht!* Wenn das Säckchen zugebunden ist, sage: *So sei es!*

Übergib das Säckchen dem oder der Kranken als Heilungszauber. Wenn du glaubst, dass die- oder derjenige es nicht annehmen würde, lege es stattdessen auf deinen Altar. Zünde eine weiße Kerze an, um dem Zauber dadurch zusätzliche Kraft zu verleihen. Sie kannst die Füllung des Säckchens aus drei oder mehr Kräutern anhand der nachfolgenden Liste zusammenstellen. Bedenke dabei, dass Feuer und Luft gut zusammenwirken und ebenso Erde und Wasser. Da einige Planeten über mehr als ein Zeichen herrschen oder sich ein Zeichen teilen, stehen dir entsprechend den klassischen Korrespondenzen zum Teil mehrere Elemente zur Auswahl. Beispielsweise herrscht im klassischen System Mars über den Widder, ein Feuerzeichen, und über den Skorpion, ein Wasserzeichen.

* Eiche
Planet: Sonne
Element: Feuer

* Esche
Planet: Sonne
Element: Feuer

* Farnkraut
Planet: Merkur
Element: Luft/Erde

* Gartenraute
Planet: Mars
Element: Feuer/Wasser

* Geranie
Planet: Venus
Element: Luft/Erde

* Johanniskraut
Planet: Sonne
Element: Feuer

* Kümmel
Planet: Merkur
Element: Luft/Erde

* Koriander
Planet: Mars
Element: Feuer/Wasser

* Majoran
Planet: Merkur
Element: Luft/Erde

* Muskat
Planet: Jupiter
Element: Feuer/Luft

* Rainfarn
Planet: Venus
Element: Luft/Erde

* Sassafras
Planet: Jupiter
Element: Luft/Feuer

* Thymian
Planet: Venus
Element: Luft/Erde

* Wacholder
Planet: Sonne
Element: Feuer

* Walnuss
Planet: Sonne
Element: Feuer

Zum Abschluss eine Auswahl von Fachbegriffen aus der Kräutermagie.

Absud: Ähnelt einem Aufguss, nur dass in diesem Fall Wurzeln und Rindenstücke verwendet werden. Nicht nur ziehen lassen wie den Aufguss, sondern bis zu zwanzig Minuten kochen, um die chemischen Bestandteile zu aktivieren.

Aufguss: Verwende dafür pro Tasse einen Teelöffel getrocknete Kräuter, die du mit kochendem Wasser übergießt. Zugedeckt zehn bis zwanzig Minuten ziehen lassen. Vor Gebrauch abseihen und abkühlen lassen. Aufgüsse gelten als die einzig wahren Hexen-Zaubertränke. Sie werden als Tees getrunken, ins Badewasser gegeben, auf Möbel oder Böden aufgetragen oder für Einreibungen des Körpers verwendet. **Warnhinweis:** Aufgüsse halten sich nur kurze Zeit. Daher möglichst rasch verbrauchen.

Beschwörung: Durch Reinigung und Weihen wird alle Negativität von einer geernteten Pflanze entfernt, und dann wird sie darauf eingestimmt, im Sinne der Göttin/des Gottes Gutes zu bewirken.

Einstimmung/Verzauberung: Die Kräutermischung wird auf medialem Weg mit einem geistigen Bild deines magischen Wunsches oder Zieles imprägniert.

Kranz: Blüten und Blätter werden zu einer Krone geflochten, die Brautleuten oder den Teilnehmern eines der Hohen Heiligen Feste aufgesetzt wird.

Pulver: Zu einem feinen Pulver gemahlene Kräuter werden mit gefärbtem Talkumpuder oder feinem Buntsand vermischt. Das Pulver wird dann zu magischen Zwecken unter Teppichen oder an Türschwellen aufgetragen, in Gris-gris-Beutel oder Puppen gefüllt, zum Präparieren von Kerzen verwendet etc.

Räuchermischung: Eine Kombination aus Pflanzenteilen (manchmal auch ätherischen Ölen) und einem Grundmaterial, die auf speziell dafür hergestellten Holzkohlestücken verbrannt wird.

Säckchen: Zu Heilzwecken oder für andere Zauber-Aktivitäten zusammengestellte Kräuter werden in einen kleinen Stoffbeutel gefüllt oder in ein Tuch eingenäht. Solche Säckchen kann man am Körper tragen, unter das Kopfkissen legen oder für zahlreiche magische Aufgaben an anderen Stellen platzieren. Manchmal ist stattdessen auch von Mojo-Beuteln, Zauberbeuteln oder Gris-gris-Beuteln die Rede.

Salbe: Kräuter werden mit einer Grundlage aus Schmalz oder Bienenwachs vermischt. Moderne Hexen mischen stattdessen auch einen Teelöffel Kräutertinktur mit einer handelsüblichen Hautlotion.

Segnen: Die magische Kraft der Pflanze mit der göttlichen Kraft verbinden.

Spirituelles Kräuterbad: Die Kräuter werden magisch aufgeladen und dann als Aufguss oder Säckchen ins Badewasser gegeben, um Körper, Geist und Seele zu reinigen.

Tinktur: Ein Extrakt, der nicht auf Wasser-, sondern auf Alkoholbasis hergestellt wird. Tinkturen sind sehr konzentriert und lange haltbar. Das Standardrezept für Tinkturen lautet: 5 Unzen (ca. 140 g) Wodka, Brandy oder Apfelessig und 1 Unze (ca. 28 g) des Krautes sechs Wochen lang in geschlossenem Behälter stehen lassen. Alle paar Tage kräftig durchschütteln und, wie alle Kräuterzubereitungen, vor direktem Sonnenlicht schützen. Die in diesem Buch beschriebenen Tinkturen und anderen Rezepte dienen ausschließlich magischen Zwecken und dürfen nicht oral verabreicht werden!

Medialität und das Übersinnliche

Eine Zeitungsumfrage von 1997 in England zeigte, dass 90 Prozent der Erwachsenen an übersinnliche Phänomene glauben. Da diese Phänomene aber schwer fassbar sind, vorzugsweise an den Rändern des alltäglichen Lebens auftauchen und sich fast nie in Laboratorien dingfest machen lassen, hat man die Existenz des Übersinnlichen jahrzehntelang geleugnet.

Uri Geller[51]

Seit dem Anbeginn der menschlichen Geschichte werden unsere Religionen und Zivilisationen durch übersinnliche Kräfte mit Energie versorgt. Von den Leuten aber, die danach streben, das Bewusstsein ihrer Mitmenschen zu beherrschen und zu kontrollieren – sei es aus Macht- oder Geldgier oder aus der Angst, die Gesellschaft könnte aus den Fugen geraten, wenn andere nicht das Gleiche glauben wie sie selbst –, werden diese Kräfte offiziell geleugnet.

Viele neue Hexenschüler glauben fälschlicherweise, mediale und paranormale Phänomene seien der Weg, der zu Wicca führe. Zwar kann die Beschäftigung mit den okkulten Wissenschaften und die religiöse Praxis des Wicca die eigenen medialen Kanäle für übersinnliche Erfahrungen öffnen, doch die verschiedenen medialen Methoden wie Kristallsehen, Radiästhesie, Telekinese, Telepathie, Fernwahrnehmung (Remote Viewing), Divination und deren Resultate sind eigenständige Richtungen, die nicht zwangsläufig etwas mit Wicca zu tun haben. Man muss kein Wicca sein, um mit ihnen zu arbeiten und sie zu erforschen. Es stimmt, dass Wicca eine der wenigen Religionen ist, in denen die Mitglieder ausdrücklich dazu ermutigt werden, eine aufgeschlossene Haltung gegenüber den paranormalen Phänomenen einzunehmen. Und es stimmt auch, dass Wiccas, die viele Jahre lang ihre Religion praktizieren, durch ihre täglichen geistigen Übungen Fähigkeiten jenseits der üblichen fünf Sinne entwickeln.

Viele Wiccas machen die Erfahrung, dass sich, wenn wir meditieren und die geistigen Künste praktizieren, unsere medialen Wahrnehmungskanäle allmählich öffnen, und zwar in genau dem Tempo, das für uns richtig und angemessen ist. Aber das ist harte Arbeit und erfordert Geduld und tägliche Übung. Man kann übersinnliche Fähigkeiten nicht herbeizwingen, und sie lassen sich auch nicht ein- und ausknipsen wie eine Glühbirne. Eher entfalten sie sich in jedem Menschen auf individuelle Art. Wenn du nach innerer Harmonie strebst und im spirituellen Sinne an deiner Selbstvervollkommnung arbeitest, dann können deine medialen Fähigkeiten sich schneller entwickeln, doch *wie* schnell, hängt immer noch von deinem persönlichen Lebensweg ab.

Bei manchen erweckt die Wicca-Religion verschüttete

Fähigkeiten wieder zum Leben, über die sie einst als Kinder verfügten. Andere müssen diese Fähigkeiten erst ganz neu entdecken und entwickeln. Nichtsdestotrotz sind die meisten Wiccas sicher, dass alle Menschen und Tiere mediale Fähigkeiten besitzen und dass wir alle in uns diese Talente beleben können. Der erste Schritt besteht darin anzuerkennen, dass sie existieren. Der zweite, viel schwierigere, ist, sich kontinuierlich den geistigen Übungen zu widmen, durch die unsere Medialität geschult wird.

Glossar des Paranormalen

Die folgenden Begriffe werden dir in der Literatur über paranormale und mediale Phänomene häufig begegnen:

Akasha-Chronik: Die Aufzeichnungen des Großen Geistes. Die universale Bibliothek, in der alle Gedanken, Worte und Taten jedes einzelnen Menschen aufgezeichnet werden. Nur durch Meditation ist es möglich, sich zu diesen Informationen Zugang zu verschaffen. Diese Bibliothek existiert nicht in dreidimensionaler Form. Manchmal wird sie auch die *Halle der Allwissenheit* oder die *Halle der Aufzeichnungen* genannt. Das verstorbene Medium Edgar Cayce sprach oft über sie.

Astralleib: Die Energie einer Seele oder Person.

Außersinnliche Wahrnehmung (ASW): Telepathie, Präkognition, Hellsehen und Psychokinese.

Außerkörperliche Erfahrung (AKE)**:** Erlebnisse des menschlichen Bewusstseins während einer Astralreise.

Bilokation: Die Fähigkeit, an zwei Orten gleichzeitig in Erscheinung zu treten, oder seinen Köper zurückzulassen und mit dem Bewusstsein an einen anderen Ort zu reisen.

Chi: Die Lebensenergie.

Divination: Mit Hilfe von Werkzeugen wie Tarotkarten, einer Kristallkugel, Münzen etc. vergangene oder mögliche zukünftige Ereignisse untersuchen.

Fernwahrnehmung (Remote Viewing): Die Fähigkeit, ein deutliches geistiges Abbild eines räumlich entfernten Ortes oder einer Person wahrzunehmen.

Graphologie: Durch die Analyse der Handschrift eines Menschen seinen Charakter deuten.

Handlesen: Den Charakter eines Menschen deuten, indem man die Größe und Form seiner Hände und Finger sowie die Linien auf seinen Handflächen untersucht.

Hellsehen: Ereignisse, die an einem anderen Ort stattfinden, vor seinem inneren Auge sehen.

Kristallsehen: Bilder aus der Vergangenheit, Gegenwart oder Zukunft in einer Kristallkugel sehen. Auch andere Hilfsmittel mit schimmernder Oberfläche können benutzt werden, etwa dunkles Glas oder eine Schale mit Wasser.

Kundalini: Die frei fließende Energie des Bewusstseins.

Leylinien: Energiebahnen auf der Oberfläche der Erde.

Luzides Träumen: Lebhaftes Träumen, bei dem der Träumer gewissermaßen in seinem Traum »erwacht« und diesen bewusst steuert.

Meditation: Geistige Konzentrationsübung.

Medium: Ein paranormal begabter Mensch, der mit Verstorbenen kommunizieren kann.

Nahtoderfahrung (NTE): Eine außerkörperliche Erfahrung von Menschen, die dem Tode nahe waren, aber wieder ins Leben zurückgeholt werden konnten.

Numerologie: Ein Methode, bei der mit Hilfe von Zahlen Divination betrieben wird.

Parapsychologie: Die Erforschung der außersinnlichen Fähigkeiten des Menschen und anderer natürlicher Phänomene, die übernatürlich zu sein scheinen.

Poltergeist: Lautstarkes, manchmal gewalttätiges physikalisches Phänomen, das zumeist von einem Menschen unbewusst verursacht wird, dessen Hormonhaushalt im Ungleichgewicht ist oder der seine Wut unterdrückt.

Präkognition: Die Fähigkeit, zukünftige Ereignisse vorherzusagen.

Psychokinese: (Parakinese/Telekinese) Die Fähigkeit, mit der Kraft des Geistes physikalische Objekte zu bewegen, ohne sie zu berühren.

Psychometrie: Die Vergangenheit eines Menschen oder eines Gegenstandes erspüren, indem man etwas, das diesem Menschen gehört, bzw. den Gegenstand in der Hand hält.

Radiästhesie: Mit Hilfe einer Wünschelrute oder eines Pendels verborgene Wasseradern, Mineralien, Menschen, Tiere, Gegenstände oder Energien aufspüren.

Synchronizität: Etwas, das wie ein Zufall wirkt, tatsächlich aber aus gutem Grund geschieht und daher überhaupt kein Zufall ist.

Telepathie: Die Fähigkeit, anderen Menschen die eigenen Gedanken zu senden oder deren Gedanken zu lesen.

Transzendenz: Die »All-Einheit« des Universums erfahren.

Veränderte Bewusstseinszustände: Zufällig auftretende oder gezielt herbeigeführte Zustände, in denen das Gehirn Zugang zu Informationen hat, die ihm normalerweise verborgen geblieben wären. Einen veränderten Bewusstseinszustand kann man durch Meditation, Rituale, Selbsthypnose etc. herbeiführen.

Literatur- und Surf-Tipps

ParaScience von Uri Geller.
Das große Handbuch der Parapsychologie von Milan Ryzl.
Das fünfte Feld von Ervin Laszlo.
Uri Gellers Website: www.uri-geller.com
Deutsches Institut für Parapsychologie: www.parapsychologie.de
www.paranormal.de

Aktive Meditation zur Entwicklung von Spiritualität und medialen Fähigkeiten

In allen Religionen geht es bei der Spiritualität weniger um das Erlernen von Techniken und Methoden, als um das Einswerden der eigenen Seele mit dem Göttlichen. Wenn wir lernen, uns besser zu konzentrieren, steigert das unser Selbstvertrauen in der Magie, bei Ritualen und in unserem spirituellen Leben insgesamt, und mediale Eindrücke finden leichter den Weg in unser Wachbewusstsein. Führe diese Basis-Übung zwei Wochen lang mindestens einmal täglich durch, und nimm dir dann die Aufbauübung vor. Nach weiteren zwei Wochen beginnst du mit der Übung für Fortgeschrittene, die du drei Monate lang mindestens einmal wöchentlich praktizieren solltest, jedes Mal mit einer anderen Tonfigur. Überspringe die Anfängerübung bitte nicht. Selbst wenn du schon ein echter ASW-Profi bist, ist die Übung eine nützliche Form der Selbstkontrolle.

Benötigte Materialien für die Anfänger- und Aufbauübung: keine. **Optional:** Räuchermischung und Kerzenlicht für Übung 1.

Benötigte Materialien für Fortgeschrittene: Modellierton in verschiedenen Farben. **Optional:** Räuchermischung und Kerzenlicht.

Anfängerübung: Schließe die Augen. Atme dreimal tief durch. Erde und zentriere dich. Visualisiere, dass du von schützendem weißem Licht umgeben bist. Zähle langsam von 25 bis 1. Stell dir vor, dass es auf der Mitte deiner Stirn ein drittes Auge gibt, das gegenwärtig geschlossen ist. Wenn du gut visualisieren kannst, kannst du hier ruhig ein bisschen deine Fantasie spielen lassen. (Weil ich eine Frau bin, trägt mein drittes Auge zum Beispiel Lidschatten, darüber etwas Glimmer und ein interessantes Tattoo im äußeren Augenwinkel.) Atme tief durch und konzentriere dich auf dieses Auge. Es ist nichts Schlechtes oder Böses daran, es ist einfach nur ein zusätzliches Sinnesorgan – eben jener sechste Sinn, von dem du schon so viel gelesen hast. Dieser Sinn ist ganz normal und natürlich. Du kannst damit Dinge bewusst »sehen«, die deine anderen Sinne zwar teilweise unbewusst aufschnappen, die jedoch zu schwach ausgeprägt sind, um sie ans Bewusstsein weiterzuleiten. Dafür benötigst du, jedenfalls einstweilen, dieses dritte Auge. Wenn du Probleme damit hast, dir vorzustellen, ausgerechnet du könntest über mediale Fähigkeiten verfügen, denk an deine Kindheit zurück, als alle Dinge diesen ganz besonderen Zauber hatten. Mit ein bisschen Übung wirst du dich wieder in diesen kindlichen Zustand hineinversetzen können.

Konzentriere dich in den ersten zwei Wochen einfach darauf, das dritte Auge zu öffnen. Wie fühlt es sich an, wenn dieses Auge allmählich erwacht? Spürst du Wärme? Kälte? Ein angenehmes Kribbeln? Jeder Mensch empfindet diesen Vorgang anders. Furcht sollte sich allerdings nicht einstellen. Wenn du merkst, dass du Angst bekommst, brich die Übung ab. Anscheinend bist du einfach noch nicht bereit dafür, diese Gabe aufzuwecken. Mach dich deswegen nicht verrückt. Vielleicht musst du vorher noch ein wenig dein magisches Wissen vertiefen, oder es gibt in deinem Leben momentan ein wichtigeres Problem, das zuerst einmal bewältigt werden muss. Wenn du jedoch keine Angst spürst, solltest du dich mit deinem dritten Auge ein wenig umschauen. (Achte darauf, dass deine beiden anderen Augen geschlossen sind.)

Blicke im Zimmer umher. Was siehst du? Wenn du keine klaren Bilder empfängst, ist das kein Grund zur Panik. Du beginnst schließlich erst damit, eine Gabe wiederzuentdecken, die lange brachgelegen hat. Versuche auf keinen Fall, etwas zu erzwingen. Wenn du das Gefühl hast, fürs Erste genug geübt zu haben, konzentriere dich darauf, das Auge wieder zu schließen. Erde und zentriere dich erneut, zähle dann von 1 bis 5. Öffne die Augen und atme tief durch. Wenn du irgendwelche medialen Eindrücke empfangen hast (bei den ersten Versuchen ist das meist noch nicht der Fall), halte sie in einem Notizbuch fest.

Aufbauübung: Diese Übung führst du nicht bei dir zu Hause aus, sondern während du unterwegs bist und deinen Alltagsaktivitäten nachgehst. Wenn du möchtest, kannst du ein Notizbuch mitnehmen, um deine Erfahrungen aufzuschreiben. Wichtig ist, dass du den Anweisungen Schritt für Schritt folgst, ohne etwas auszulassen. Und bevor du das dritte Auge öffnest, solltest du unbedingt das schützende weiße Licht um dich herum aufbauen, um eine emotionale Verbindung mit dem, was du wahrnimmst, zu verhindern.

Schritt eins: Erden und zentrieren.
Schritt zwei: Weißes Licht als Schutzhülle visualisieren.
Schritt drei: Schau eine andere Person an. Betrachte die Stelle auf ihrer Stirn, wo sich das dritte Auge befindet.
Schritt vier: Öffne dein eigenes drittes Auge.
Schritt fünf: Registriere völlig emotionslos die Eindrücke, die du empfängst. Versuche nicht, aktiv in das Bewusstsein der anderen Person einzudringen und sie auszuforschen. Darum geht es in dieser Übung nicht. (Außerdem wäre es sehr aufdringlich, und früher oder

später würde der anderes es bemerken. In dem Fall musst du mit einer unerfreulichen Gegenreaktion rechnen.)

Schritt sechs: Schließe mental dein drittes Auge.

Schritt sieben: Atme tief durch und schiebe mit dem Ausatmen alle Negativität weit von dir. Notiere später deine Eindrücke, ohne dich dabei von deinen Gefühlen oder Werturteilen beeinflussen zu lassen (die Übung lohnt sich schon allein dafür, diese Reaktion, alles immer gleich bewerten und beurteilen zu müssen, besser kontrollieren zu lernen).

Woher weißt du nun, ob du die Übung erfolgreich gemeistert hast? Wenn du anfängst, den »Geistkörper« der Person wahrzunehmen, die du mit dem dritten Auge betrachtest, bist du auf dem richtigen Weg. Wenn du den Geistkörper siehst, verschwinden alle Emotionen, die normalerweise dein Bild der anderen Person trüben. Du siehst die anderen, wie sie wirklich sind – normalerweise als leuchtende Lichtkörper (wobei die Strahlkraft des Leuchtens von einer Vielzahl Faktoren abhängt, etwa von der körperlichen und seelischen Verfassung des Betreffenden). Zweitens gilt: Wenn die Informationen, die du auf diesem Wege empfangen hast, sich später als richtig herausstellen, weißt du ebenfalls, dass deine mediale Wahrnehmung funktioniert hat. Ein Warnhinweis: Wenn du einen schlechten Tag hast, seelisch oder körperlich nicht in Form bist, kann das zu einer fehlerhaften Wahrnehmung führen. Wir sollten also keine vorschnellen Urteile fällen, im Umgang mit auf medialem Weg erlangten Informationen geduldig sein und unseren gesunden Menschenverstand gebrauchen.

Übung für Fortgeschrittene: Weiter unten sind neun Objekte aufgelistet, die du selbst aus Ton formen kannst. Reinige und weihe den Ton innerhalb eines magischen Kreises. Forme dann das jeweilige Objekt mit deinen Händen, wobei du dich auf das damit verbundene Ziel konzentrierst. Lass die Figur trocknen.

Wenn du bereit bist, setz dich bequem zur Meditation hin und halte die Figur mit beiden Händen in deinem Schoß. Denke über das magische Ziel nach, das zu der jeweiligen Figur angegeben ist. Schließe die Augen. Atme dreimal tief durch. Erde und zentriere dich. Stell dir vor, dass du von schützendem weißem Licht umgeben bist. Zähle langsam von 25 bis 1. Visualisiere ein drittes Auge mitten auf deiner Stirn, das momentan geschlossen ist. Atme erneut tief durch und konzentriere dich auf dieses Auge. Nimm dir ausreichend Zeit, in dir die starke Gewissheit aufzubauen, dass du tatsächlich über diese mediale Gabe verfügst und dass sie es dir ermöglicht, das von der Tonfigur in deinen Händen symbolisierte Ziel zu erreichen. Öffne langsam dein inneres Auge. Entspanne dich und lass die Bilder fließen. Was siehst du? Wenn du zunächst keine klaren Eindrücke empfängst, ist das kein Grund zur Verzweiflung. Versuche nicht, etwas zu erzwingen. Wenn nichts geschieht, brauchst du dir deshalb keine Sorgen zu machen. Arbeite eine Woche lang mit der Figur. Wenn du dann noch immer keine inneren Eindrücke empfängst, wechsele in der folgenden Woche zur nächsten Figur über. Später, wenn du einmal mit allen Figuren gearbeitet hast, kannst du je nach Bedarf auswählen, welche Figur dir für dein jeweiliges magisches Vorhaben am passendsten erscheint.

Wenn du das Gefühl hast, die Übung beenden zu wollen, konzentriere dich darauf, das Auge wieder zu schließen. Erde und zentriere dich erneut und zähle dann von 1 bis 5. Öffne die Augen und atme tief durch. Wenn du irgendwelche medialen Eindrücke empfangen hast (bei den ersten Versuchen ist das meist noch nicht der Fall), schreibe sie in ein Notizbuch.

Woche 1 – Die Göttin. Ziel: Verbindung mit der Energie der Göttin aufnehmen.
Woche 2 – Der Gott. Ziel: Verbindung mit der Energie des Gottes aufnehmen.
Woche 3 – Dein bevorzugtes Totemtier. Ziel: Verbindung mit dem Reich der Tiere aufnehmen.
Woche 4 – Ein Berg. Ziel: Verbindung mit der Erdenergie aufnehmen.
Woche 5 – Eine Wolke. Ziel: Verbindung mit der Luftenergie aufnehmen.
Woche 6 – Eine Flamme. Ziel: Verbindung mit der Feuerenergie aufnehmen.
Woche 7 – Ein Wasserfall. Ziel: Verbindung mit der Wasserenergie aufnehmen.
Woche 8 – Ein Engel. Ziel: Verbindung mit der Engelenergie aufnehmen.
Woche 9 – Ein Rad. Ziel: Verbindung aufnehmen mit dem Kreislauf der Jahreszeiten und dem Kreislauf des Lebens.
Woche 10 – Ein Kreis. Ziel: Verbindung aufnehmen mit allen positiven Religionen dieses Planeten. Das eigene Einssein mit dem Universum entdecken.
Woche 11 – Ein Pentagramm. Ziel: Geist, Körper und Seele miteinander verbinden, so dass sie harmonisch zusammenwirken.
Woche 12 – Ein Schädel. Ziel: Auf positive Weise Verbindung zu den eigenen Vorfahren aufnehmen.

Meditation

Alles, was du tust, beginnt mit der Kraft deines Geistes. Ob du zu einem Gleichgewicht von Körper, Geist und Seele gelangst, liegt ganz bei dir – du hast die Wahl. Der chinesische Philosoph Konfuzius glaubte, dass Güte und Wohltätigkeit die Grundlagen eines harmonischen Lebens sind. Er sagte, dass ein Mensch, der sich innerlich in Harmonie befindet, auch um sich herum Harmonie verbreitet. Die Gesundheit der Welt, so lehrte er, hängt von der inneren Harmonie jedes Menschen ab, der in dieser Welt lebt. Wiccas teilen diese Ansicht. Eine der alten Regeln für die magische Ausbildung lautet, dass man erst »sein eigenes Haus in Ordnung bringen muss« (also sich selbst), ehe man es in der Hexenkunst zu etwas bringen und anderen Menschen auf magische Weise wirklich helfen kann. Wenn du innerlich nicht im Gleichgewicht bist, dann überträgst du diese Disharmonie auf deine Schüler und deine ganze Umgebung. Wenn du hingegen echte spirituelle Fortschritte machst, werden sich dadurch auch dein Familienleben und deine berufliche Situation verbessern. Du wirst zum Zentrum einer positiven Kettenreaktion, und alle Negativität in deiner Umgebung wird gezwungen, sich entweder in etwas Harmonisches umzuwandeln oder ganz zu verschwinden. Auch in der hinduistischen Kultur wurden die spirituellen Ideen von Gleichgewicht und Weisheit mit dem alltäglichen Streben nach Gesundheit und Wohlstand verbunden. Sowohl in China wie in Indien kennt man Meditation als Weg, um inmitten der praktischen Erfordernisse des Alltags die eigene Spiritualität zu kultivieren.

Dass die Europäer und Amerikaner sich kopfüber in die östlichen spirituellen Praktiken stürzten, verdanken wir vermutlich Madame Blavatsky. Während viele ihrer Zeitgenossen sich mit ägyptischen Mysterien und dem Studium des Aramäischen befassten, brachten die Blavatsky und ihre Gefolgschaft Praktiken aus Ceylon, Indien und Tibet in die Salons der europäischen und amerikanischen Elite und entfachten außerdem die Kreativität der berühmtesten Künstler jener Zeit. Reiche Männer und Frauen der Gesellschaft propagierten als Fluchtmöglichkeit vor der Langeweile gerne exotische Ideen und Moden, und Meditation, Atemübungen und andere östliche Praktiken waren außergewöhnlich genug, um ihr Interesse zu wecken. Als diesen gesellschaftlichen Eliten das Korsett des Christentums zu eng wurde, fanden sie so neue Freiräume, um ihrem Leben einen Sinn zu geben. Dies wirkte sich auf die Kreativen jener Zeit aus – auf die, die sich Tanz, Musik, Malerei, Theater und der Kunst des Geschichtenerzählens verschrieben hatten und stets auf der Suche nach ungewöhnlichem neuem Material waren. Das Wissen des New Age ist also gar nicht so neu – es wird nur (wieder einmal) neu verpackt.

Unabhängig davon, auf welchem Weg die Meditationstechniken nach Europa und in die Neue Welt gelangten, ist das Interesse an ihnen seit hundert Jahren ungebrochen (ganz zu schweigen von den Jahrtausenden in Indien, Tibet und China), und zwar ganz einfach weil diese Techniken so gut funktionieren. Ivan Pawlow, ein russischer Wissenschaftler, bewies in seinen Studien zum Thema Konditionierung die Macht des Geistes und verhalf uns zu der Einsicht, dass wir erschaffen, was wir denken.[52] Ein Weg, in unserem Leben positive Veränderungen herbeizuführen, ist die Meditation. Durch Meditation und Affirmationen können wir auf gesunde Weise unseren Geist konditionieren, ins Gleichgewicht kommen und unser Leben zum Besseren verändern. Hexen wissen außerdem, dass durch tägliches Meditieren unsere persönliche Kraft in allen Bereichen der magischen Arbeit spürbar wächst. Und je glücklicher wir sind, desto besser ist unser Zugang zu unserem sechsten Sinn, dem intuitiven Teil unseres Bewusstseins, der unser Leben gestaltet.[53] Meditation hilft uns, Stress abzubauen, positive Veränderungen in unserem Denken und Verhalten herbeizuführen und gezielt eine positive Zukunft zu planen. Und die wohltuenden Effekte der Meditation können auch unsere medialen, paranormalen Fähigkeiten steigern.

Grundregeln für die Meditation

Wenn wir meditieren, treffen wir eine bewusste Entscheidung, still zu sitzen und Körper und Geist zu entspannen. Du kannst täglich fünf Minuten meditieren, eine halbe Stunde oder länger. Das liegt ganz bei dir. Meditation wird oft mit Atemübungen verbunden, die helfen, den täglichen Stress zu reduzieren. Wenn du lernst, regelmäßig zu meditieren, wird das positive Auswirkungen auf deine schulischen oder beruflichen Leistungen, auf deine sportliche Kondition und deinen gesamten Alltag haben. Aber es braucht etwas Geduld, bis die Früchte der Meditation sichtbar werden. Dein Motto sollte daher lauten: »Niemals aufgeben.« Hier sind ein paar Tipps, die dir während der Meditation helfen:

* Versuche, möglichst nur an einem stillen, friedlichen Ort zu meditieren. Wenn um dich herum Unruhe herrscht, wird das die innere Sammlung erschweren oder gar unmöglich machen. Wähle Zeit und Ort so, dass du nicht gestört wirst. Störungen während der Meditation können emotionalen Stress verursachen, weil du dich darüber ärgern wirst.

* Leise, entspannende Musik und gedämpftes Licht können helfen.
* Übe in der Meditation die Tiefenatmung. Ehe du mit der Meditation beginnst, solltest du mindestens dreimal tief durchatmen und beim Einatmen und Ausatmen jeweils bis zehn zählen. Erde und zentriere dich, wie auf Seite 165 beschrieben.
* Zähle nach den Atemübungen langsam von fünfzehn bis eins. Dadurch hältst du dein Bewusstsein beschäftigt und signalisierst Körper, Geist und Seele, dass du dich auf die Meditation vorbereitest.

Meditation und Gebet

Durch Beten können wir uns mit Körper, Geist und Seele einstimmen auf das, was das Universum lenkt. Wie du persönlich dieses Etwas nennst – Gott, Göttin, das kollektive Unbewusste, Allah etc. –, ist nicht wirklich wichtig. Entscheidend ist, dass das, woran du glaubst, wirklich existiert. Alle Zaubersprüche, Beschwörungen und Rituale sind letztlich Formen konzentrierten Betens. Wenn wir Meditationstechniken mit gezieltem Beten kombinieren, verleiht das unseren Zielen zusätzliche Schwungkraft, weil wir die innere Arbeit mit der äußeren verbinden. Das folgende Gebet lässt sich während jeder Art von Meditation einsetzen, aber ebenso vor Zauberritualen oder der Arbeit mit einem Divinationswerkzeug. Wenn das Wicca-Alchemie-Gebet dir nicht zusagt, kannst du dir eigene Gebetstexte aufschreiben, die auf deine Bedürfnisse zugeschnitten sind. Gebete, die du selbst formulierst und aufschreibst, sind besonders wirkungsvoll.

Wicca-Alchemie-Gebet

In meiner tiefen inneren Stille
höre ich das Seufzen der Mutter.
Mit Licht und Atem wende ich mich
nach innen und beschwöre
die liebevolle Wärme des Großen Geistes.
Die Urmaterie, das bewusste Feuer,
schwingt in allen Partikeln dieser Welt,
so auch in mir, der Hexe,
die den erwünschten Wandel bringt
mit jenem Zauberring, für den die
meisten Menschen blind.
Ich jedoch weiß um meine Kraft.
Erst schwarz, dann rot, dann weiß, dann golden,
wie oben, so auch unten.
Aus eins mach zwei, aus zwei mach drei,
aus drei mach vier, aus vier mach wieder eins.
So sei es!

MOND

Wenn das Mondlicht in deinem Herzen wohnt,
bleibst du von dunkler Verzweiflung verschont.
Bete vertrauensvoll zum vollen Mond,
dann wirst du mit Glück auf Erden belohnt.[54]

Mondgöttinnen

Chinesisch: Yin
Ägyptisch: Isis, Hathor, Neith, Ma'at
Germanisch: Holda

Griechisch: Demeter, Hera, Artemis, Aphrodite, Selene, Persephone, Hekate, Europa, Pallas Athene
Indisch: Kali, Aditi, Durga
Japanisch: Kannon
Im Mittleren Osten: Inanna, Tiamat, Ishtar, Astarte, Lillith
Nordisch: Freya
Römisch: Juno, Diana, Luna, Titania
Tibetisch: Tara

Der Mond ist der der Erde am nahesten stehende Himmelskörper. Für eine Erdumrundung braucht er 27 Tage, 7 Stunden und 43 Minuten, wobei sein größter Abstand zur Erde 406 740 km und der geringste 356 410 km beträgt. Gemeinsam kreisen Erde und Mond wie die anderen sieben Planeten und ihre Monde um die Sonne. In den alten Kulturen, der Astrologie und sogar der Alchemie werden dem Mond stets die gleichen Qualitäten zugeordnet: empfangend, passiv und weiblich in seiner magischen Natur (in den meisten Sprachen ist, im Gegensatz zum Deutschen, der Mond weiblich und die Sonne männlich). Im Wicca steht der Mond (oder besser: die Mondin) für die Göttin, während die (männliche) Sonne die Macht und Kraft des Gottes symbolisiert. Dass den Planeten ein bestimmtes Geschlecht zugeordnet wird, geht auf die Zeit um 500 v. Chr. und den griechischen Mathematiker Pythagoras zurück. Sie kann aber durchaus auch noch viel älter sein. So besteht in China das Konzept der universalen Ur-Elemente Yin und Yang schon seit 4000 Jahren. Dabei steht Yin für das Weibliche, Dunkle, Geschlossene, Feuchte und Kalte, während Yang für das Männliche, Helle, Offene, Trockene und Heiße steht.[55]

Die Wicca-Feste orientieren sich an den himmlischen Energien von Sonne und Mond. Esbate, stets abends gefeiert, sind der Arbeit mit den Mondphasen gewidmet, während die Sabbat-Zeremonien die jahreszeitlichen Veränderungen feiern, die durch die Bahn der Erde um die Sonne hervorgerufen werden. Manche heutigen Hexen bezeichnen die Esbate als Kreisnächte. In der Astrologie und im Wicca wird Sonne und Mond der gleiche Status eingeräumt wie den anderen acht Planeten. Bei der Planung von magischen Aktivitäten und des Alltags gelten Sonne und Mond als zwei der »großen Drei« Planeten. In diesem Buch wird immer wieder auf die Bedeutung des Mondes für die Bestimmung der magischen Zeitqualität eingegangen, so dass du inzwischen vermutlich zu dem (richtigen) Schluss gelangt bist, dass beinahe alle Bereiche der Hexenkunst irgendwie mit dem Mond zusammenhängen.

Die Mondphasen

In diesem Buch spreche ich statt von den Phasen des Mondes fast immer von seinen Vierteln, was es dir ermöglicht, durch einen Blick in die Tageszeitung oder die handelsüblichen magischen Almanache den optimalen Zeitpunkt für deine magischen Rituale zu bestimmen. Viele Wiccas benutzen jedoch auch die Mondphasen, um den günstigsten Moment für ihre Hexen-Aktivitäten zu errechnen. Bei den Mondphasen wird der Mondumlauf nicht in vier, sondern in acht gleich lange Abschnitte unterteilt.

NEUMOND

* Mond steht 0–45 Grad vor der Sonne.
* Mond geht bei Tagesanbruch auf und bei Einbruch der Dunkelheit unter.

* Zeitraum: exakter Neumond bis 3,5 Tage danach.

Geeignet für: Anfänge und Impulse.

Sichelförmiger Mond

* Mond steht 45–90 Grad vor der Sonne.
* Mond geht am Vormittag auf und nach Sonnenuntergang unter.
* Zeitraum: 3,5 bis 7 Tage nach Neumond.

Geeignet für: Bewegung und Aktivität.

Erstes Viertel

(Nicht verwechseln mit dem ersten Viertel im Mondkalender – siehe unter *Almanache*).

* Mond steht 90–135 Grad vor der Sonne.
* Mond geht mittags auf und gegen Mitternacht unter.
* Zeitraum: 7 bis 10,5 Tage nach Neumond.

Geeignet für: Aufbauen und Strukturieren von Energien.

Buckliger Mond

* Mond steht 135–180 Grad vor der Sonne.
* Mond geht gegen 15 Uhr auf und gegen 3 Uhr morgens unter.
* Zeitraum: 10,5 bis 14 Tage nach Neumond.

Geeignet für: Arbeit an Details und persönliches Wachstum.

Vollmond

* Mond steht 180–225 Grad vor der Sonne.
* Mond geht bei Tagesanbruch auf und bei Einbruch der Dunkelheit unter.
* Zeitraum: 14 bis 17,5 Tage nach Neumond.

Geeignet für: Vollendung und Ernte.

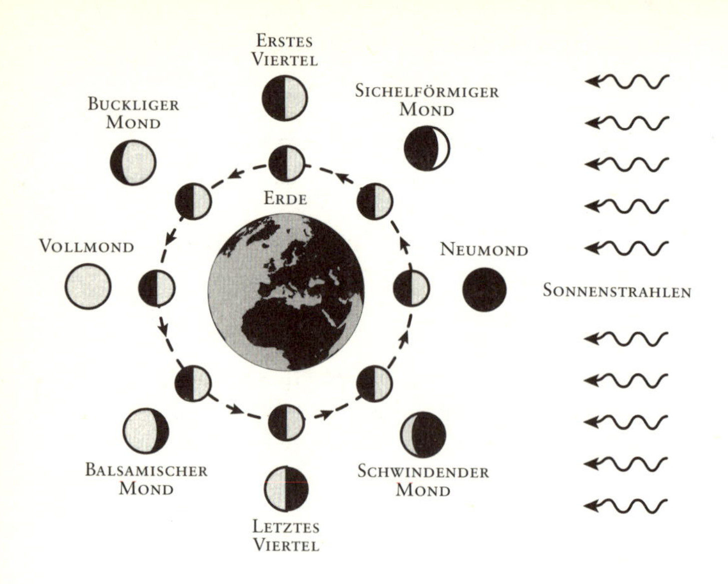

Der Mond, wie er auf seiner Bahn um die Erde
von der Sonne angestrahlt wird.

Schwindender Mond

* Mond steht 225–270 Grad vor der Sonne.
* Mond geht am Abend auf und vormittags unter.
* Zeitraum: 3,5 bis 7 Tage nach Vollmond.

Geeignet für: Bannen; praktische Umsetzung dessen, was vor dem Vollmond gelernt wurde.

Letztes Viertel

* Mond steht 270–315 Grad vor der Sonne.
* Mond geht um Mitternacht auf und mittags unter.
* Zeitraum: 7 bis 10,5 Tage nach Vollmond.

Geeignet für: Zerstörung, Abbau.

BALSAMISCHER MOND

* Mond steht 315–360 Grad vor der Sonne.
* Mond geht gegen 3 Uhr morgens auf und gegen 15 Uhr unter.
* Zeitraum: 10,5 bis 14 Tage nach Vollmond.

Geeignet für: Ruhe.

Den Mond herabziehen

In der Hexenreligion steht der Mond für die vereinte Kraft des Gottes und der Göttin, obwohl viele Leute den Mond selbst einfach als Repräsentation der Göttin betrachten. In religiöser Hinsicht werden bei Vollmond Sonne, Mond und Erde gefeiert – eine heilige Dreiheit der Energien. Im Gegensatz zur Astrologie gelten Sonne und Mond astronomisch nicht als Planeten, sondern die Sonne wird als Stern und der Mond als Satellit der Erde klassifiziert. Astronomisch betrachtet, tritt ein Vollmond dann auf, wenn der Mond unmittelbar gegenüber der Sonne steht. Das Sonnenlicht wird von der ganzen Oberfläche des Mondes reflektiert. (Daher scheint er, von der Erde aus gesehen, zu leuchten.)

Wenn wir diesen Vorgang spirituell deuten, dann wird die Kraft der Sonne (des Gottes) dem Mond übergeben, der sie dann (als Göttin) zur Erde leitet, damit wir Gebrauch davon machen können. Das ist die grundlegende Definition. Interessant für die Mondmagie ist das Tierkreiszeichen, in dem der Mond sich gerade aufhält. In manchen Grimoires aus der europäischen Renaissance wird davor gewarnt, während des Vollmonds magisch zu arbeiten. Man ging damals von der astrologischen Betrachtungsweise aus, wonach während einer Opposition die Energien der beiden beteiligten Planeten im Konflikt miteinander stehen, so dass nur ein Kompromiss weiterhilft. Wir Hexen erkennen die Energien der Opposition zwar an, haben aber gelernt, die Willenskraft (Sonne) mit den Emotionen (Mond) zusammenarbeiten zu lassen, indem wir den Mond herabziehen und so einen inneren Kompromiss zwischen beiden Kräften erzeugen. So können wir beide Energien vereinen und gezielt in ein magisches Projekt, eine Meditation oder eine andere Hexenarbeit fließen lassen. Das klingt kompliziert, ist es aber nicht. Du wirst sehen, dass es dir mühelos gelingt. Du brauchst dabei lediglich den Mond anzuschauen und dich einem in dir entstehenden Empfinden hingeben, das man als »Gefühl der Vollkommenheit« beschreiben könnte. Auf diese Weise fangen die Hexen die Energien der Sonne und des Mondes ein und nutzen sie auf sinnvolle Weise.

Das Herabziehen des Mondes geht täuschend einfach. Es ist selbst aber immer nur Bestandteil einer größeren Ritualform. Wenn du also den nächsten Esbat nutzen willst, um den Mond herabzuziehen, musst du die nachfolgenden dreizehn Ritualschritte befolgen:

Schritt eins: Reinige den Ritualraum, indem du nacheinander die Symbolgegenstände, die die einzelnen Elemente repräsentieren, im Uhrzeigersinn um den rituellen Bereich herumträgst, immer ein Element nach dem anderen.

Schritt zwei: Öffne die Altar-Energien, indem du die vier Elemente segnest (oder den Altar weihst, wie ich es in *Zauberschule der Neuen Hexen – Sprüche & Beschwörungen* beschrieben habe).

Schritt drei: Zünde die Beleuchtungskerzen an.

Schritt vier: Beschwöre den magischen Kreis (im Uhrzeigersinn).

Schritt fünf: Entzünde die Kerzen für die Kreisviertel und rufe die Kreisviertel an.

Schritt sechs: Rufe die Gottheit an.
Schritt sieben: Verkünde laut das Ziel des Rituals.
Schritt acht: Ziehe den Mond herab.
Schritt neun: Vollziehe deine magische Arbeit, was beinhalten kann, Energie herbeizuziehen und das Energielevel anzuheben.
Schritt zehn: Nimm die Kommunion zu dir (falls gewünscht).
Schritt elf: Danke der Gottheit, den Kreisvierteln, entlasse die Energien und lösche die Kreisviertel-Kerzen.
Schritt zwölf: Hebe den magischen Kreis auf (gegen den Uhrzeigersinn). Versiegele die Altar-Energien und lösche die Beleuchtungskerzen.
Schritt dreizehn: Säubere (wenn du die Kommunion vollzogen hast) die Trankopferschale außerhalb deines Ritualraumes.

Zu keiner Zeit repräsentiert der Mond stärker das Rohmaterial des Universums als während des Neumonds. Daher gilt diese Phase astrologisch als ideal geeignet, um neue Projekte zu beginnen. Der Vollmond, besonders wenn er golden zu leuchten scheint, ist der Inbegriff der Manifestation der göttlichen Energie und repräsentiert daher die Ernte oder die Vollendung eines magischen Projektes. Dieser Mond ist erfüllt von magischer Kraft. Wenn eine Hexe den Mond herabzieht, öffnet sie sich für die empfangende, passive, reflektierende Energie des Mondes. Zu diesen Zeiten können wir am besten in Kontakt mit der ursprünglichen Energie (Neumond) und der Macht (Vollmond) treten und diese Kräfte in uns aufnehmen, um unsere wahren Herzenswünsche zu verwirklichen. Wünsche, mit Ernsthaftigkeit und Aufrichtigkeit bei Vollmond ausgesprochen, werden in der Regel erfüllt, solange sie nicht deinem spirituellen Lebensplan zuwiderlaufen.

Aber woher stammt die Idee des Mond-Herabziehens? Einen Hinweis finden wir in Ovids Metamorphosen, im Monolog der Medea, der ein echter Mutmacher ist, falls du gerade an deinen magischen Fähigkeiten zweifeln solltest:

O Nacht, du Getreue meiner Geheimnisse, und ihr goldenen Sterne, die ihr, gemeinsam mit dem Mond, die Feuer des Tages überwindet, und du, dreigesichtige Hekate, die meinen Plan kennt, und ihr magischen Künste, und auch du, Erde, die du den Zauberern mächtige Kräuter schenkst; auch ihr Winde, Berge, Flüsse und Seen und all ihr Gottheiten der Wälder, all ihr Gottheiten der Nacht, kommt herbei; dank eurer Hilfe vermag ich nach meinem Willen den Lauf der Flüsse umzukehren von ihren erstaunten Mündungen zu den Quellen, und mit meinem Zauber beruhige ich die aufgewühlten Meere und bringe sie in Wallung, wenn sie still sind; mit meinen magischen Worten breche ich den Schlangen ihre Kiefer; ich versetze die mächtigen Felsen, reiße ganze Eichenwälder aus der Erde; ich lasse die Berge erzittern und die Erde stöhnen und die Toten sich aus ihren Gräbern erheben. ***Und dich, o Mond, ziehe ich vom Himmel herab!*** *«*[56]

Ronald Hutton, der herausragende englische Historiker, teilte mir in einem privaten Schreiben vom 9. August 2002 seine Ansichten zum Herabziehen des Mondes mit:

Ovid ist gewiss eine Quelle, aber auch andere römische Autoren seiner Zeit, etwa Lucan, und ich kann den Ursprung dieses Begriffs zurückverfolgen bis zum griechischen Dramatiker Aristophanes aus dem fünften Jahrhundert v. Chr. Es handelt sich um einen Zaubertrick, der anfangs den Hexen von Thessalien zugeschrieben wurde, später, in der christlichen Ära, dann allen Hexen:

die Fähigkeit, den Mond aus dem Himmel zu pflücken und ihn hinunter auf die Erde zu legen. Erst zu Gardners Zeit wurde er mit einer anderen antiken Tradition vermischt: der zunächst rein ägyptischen Vorstellung, man könnte Gottheiten dazu bringen, in Statuen oder, wie man später glaubte, sogar in lebende Menschen hineinzufahren.

Den Mond herabziehen solltest du nur, wenn du entweder allein oder aber in einem Hexenzirkel bist, bei dem alle Teilnehmer sich der Bedeutung dieses Rituals bewusst sind. Die meisten Hexen schlagen einen magischen Kreis, rufen die Kreisviertel an und teilen dem Universum dann mit, welchem Ziel die magische Arbeit dieser Nacht dient. Betrachte dann den Mond, während du dich erdest und zentrierst. Bei der Arbeit in der Gruppe hilft synchrones Atmen dabei, das Ritual zu stabilisieren und alle Teilnehmer angemessen einzustimmen. Wenn du allein arbeitest, atme tief und langsam, bis du dich eins mit dem Universum fühlst. Das Herabziehen des Mondes ist Teil des Großen Werks der Alchemie. Du lässt dabei dein Inneres vom göttlichen Geist durchdringen, um im Äußeren Gutes für dich selbst und andere zu bewirken. Hebe deine Hände langsam zum Mond. Wenn deine Finger oder Handflächen kribbeln oder warm werden, ist das völlig in Ordnung. Stell dir vor, wie das Mondlicht durch deine Fingerspitzen in deinen Körper hineinströmt und jede Faser deines Seins mit göttlicher Energie erfüllt. Öffne deinen Geist für die Urmaterie (Neumond) oder die goldene Kraft (Vollmond) und wiederhole im Stillen deine Bitte. Wenn du die Mondkraft deutlich in dir spürst, kannst du anfangen zu chanten oder zu beten. Wenn du fertig bist, senke langsam die Arme. Während du diese Bewegung ausführst, ziehst du deinen Wunsch hinunter in die irdische Wirklichkeit. *Wie oben, so unten* – der alchemistische Prozess hat begonnen! Erde und zentriere dich. Entlasse die Kreisviertel und hebe den Kreis auf.

Das ist nur eine der zahlreichen Methoden, den Mond herabzuziehen. Manche Wicca-Gruppen intonieren spezielle Gebete oder haben ihre eigenen Handbewegungen. Es gibt Hexen, die den Mond herunterziehen, indem sie mit dem Zauberstab auf ihn deuten. Auch Spiegel, Kristalle oder langstielige Rosen lassen sich in das Ritual einbauen. Deiner Kreativität sind hierbei keine Grenzen gesetzt. Hier noch einmal der Ablauf:

Schritt eins: Atme mehrfach tief durch.

Schritt zwei: Erde und zentriere dich.

Schritt drei: Beschwöre einen magischen Kreis.

Schritt vier: Blicke zum Vollmond hoch. Lass dir dabei genug Zeit. Verbinde gedanklich den Vollmond mit der Macht Gottes und der widerspiegelnden, empfangenden Energie der Göttin.

Schritt fünf: Hebe die Arme und lege deine Hände so gegeneinander, dass deine Handflächen dem Mond zugewandt sind und Zeigefinger und Daumen ein Dreieck bilden, durch das du den Mond sehen kannst.

Schritt sechs: Stell dir, während du den Mond betrachtest, vor, dass deine Willenskraft und deine Gefühle zusammenarbeiten.

Schritt sieben: Nimm das Gefühl harmonischer Vollkommenheit wahr, das sich dadurch einstellt. Schließe die Augen und verweile bei diesem Gefühl, solange du kannst.

Schritt acht: Öffne die Augen und formuliere einen Wunsch, während du zum Mond hochblickst. Hier geht es nicht um eine alberne Kleinigkeit, sondern um ein wirklich spirituelles Anliegen.

Schritt neun: Danke der Gottheit.
Schritt zehn: Senke die Arme und atme tief durch.
Schritt elf: Erde und zentriere dich.

Leerlauf-Mond

Wenn du den optimalen Zeitpunkt für deine magische Arbeit ermitteln möchtest, solltest du dich stets vergewissern, dass der Mond sich nicht gerade im »Leerlauf befindet«. Schau in deinem Mondkalender nach. (Der Mond befindet sich zwölfmal im Monat im Leerlauf, manchmal nur für Minuten, manchmal einen ganzen Tag lang.) Was hat es nun mit diesen Mond-Leerläufen auf sich? Wie du bereits weißt, besucht der Mond jedes Tierkreiszeichen einmal im Monat. Dabei bildet er, wie ich ebenfalls an anderer Stelle bereits ausgeführt habe, Aspekte zu den anderen Planeten. Im Leerlauf befindet sich der Mond, wenn er auf dem Weg von einem Tierkreiszeichen ins nächste einen Aspekt zu einem Planeten hinter sich gelassen hat, aber noch keinen neuen Aspekt eingegangen ist, also gerade »nichts zu tun« hat. Auch die anderen Planeten (außer der Sonne) haben solche Ruhephasen, aber bei ihnen nennt man das »Rückläufigkeit« (siehe Seite 95–96). Das Nette am Mond und den anderen Planeten ist, dass sie stets einem festen Fahrplan folgen. Sie sind immer pünktlich, und alle ihre Bewegungen sind im Almanach verzeichnet.

Um herauszufinden, wann der Mond sich im Leerlauf befindet, müssen wir uns also die Tabellen im Mondkalender anschauen. Hierbei ist zu beachten, dass in vielen Almanachen die Sommerzeit nicht berücksichtigt wird, so dass man in den Sommermonaten zu den angegebenen Zeiten eine Stunde addieren muss.

Warum ist es nun so wichtig, ob der Mond sich im Leerlauf befindet oder nicht? Wenn der Mond keine Aspekte zu anderen Planeten bildet, bedeutet das, dass keine Kommunikation zwischen ihm und den anderen Planeten stattfindet. Man könnte sagen: Er hat sein Handy abgeschaltet und ist für niemanden erreichbar – und damit auch nicht für dich und deine magischen Vorhaben. Wenn du während eines Mond-Leerlaufs etwas beginnst, gibt es drei Möglichkeiten:

* Die Sache verläuft im Sande, und deine Pläne erweisen sich als undurchführbar.
* Die Dinge entwickeln sich anders als geplant.
* Du selbst denkst gar nicht mehr an dein Vorhaben, vergisst zum Beispiel eine Verabredung.

Während Mond-Leerläufen solltest du also besser keine großen Vorhaben starten und keine wichtigen Verabredungen einplanen. Gönn dir stattdessen eine Ruhepause. Meditiere, mach eine innere Bestandsaufnahme – nimm dir eine kosmische Auszeit. Wenn du gelernt hast, entspannt mit Mond-Leerläufen umzugehen, wirst du die rückläufigen Phasen der anderen Planeten ebenfalls viel besser und spielerischer nutzen können.

Die Mondhäuser

Aufgrund ihrer Beobachtung, dass der Mond in achtundzwanzig Tagen den Tierkreis durchwandert, teilten die Weisen Indiens und die meisten antiken Astrologen dem Mond achtundzwanzig Häuser zu. Und in diesen achtundzwanzig Häusern liegen viele Geheimnisse der Alten verborgen, mit denen sie Wunder vollbrachten an allen Dingen, über denen der Mond seine Bahn zieht. Und jedem Haus ordneten

sie Korrespondenzen, Bilder und Siegel zu und entdeckten die es beherrschenden Intelligenzen, deren Tugenden sie für ihre Werke nutzten.
Francis Barrett, 1801[57]

Die Mondhäuser sind uns durch die klassische Astrologie überliefert worden. Dabei handelt es sich um eine weitere Möglichkeit, jedes Tierkreiszeichen in drei Abschnitte zu unterteilen, nur dass bei den Mondhäusern die Segmente von Zeichen zu Zeichen überlappen. Insgesamt gelangt man dennoch zu einem vollständigen Kreisbogen von 360 Grad, aber die einzelnen Segmente sind 12 Grad, 51 Minuten und 26 Sekunden groß.

Bei Donald Tyson, im Kommentar seiner Übersetzung von Henricus Cornelius Agrippas *De occulta philosophia*, heißt es: »Die Mondhäuser sind aus den arabischen *Al Manavil al Kamr* (Ruhestätten des Mondes) abgeleitet, die durch die Mittagsrast eines Kamelreiters in der Wüste versinnbildlicht werden.« Tyson ist der Ansicht, dass es sich bei ihnen möglicherweise um die ältesten Unterteilungen des Himmels überhaupt handelt, älter noch als der Tierkreis. Man findet sie in Indien, China, Arabien, Babylonien, Ägypten, Persien und anderen Stätten früher Hochkulturen. Die vedische Astrologie der Hindus kennt siebenundzwanzig Häuser, während es in der arabischen achtundzwanzig gibt. Der Unterschied zwischen den beiden Systemen betrifft die Umlaufzeiten des Mondes. »Bis zur Zeit Christi begann die Liste der Häuser mit den Pleiaden am Anfang des Stiers, aber später ging man zu den Sternen am Anfang des Widders über, was mit dem Vorrücken der Tagundnachtgleichen zusammenhing.«[58]

Wenn du einmal prüfst, in welchem Mondhaus der Mond oder ein anderer Planet sich aufhält, verschafft dir das Informationen über ein bereits stattgefundenes Ereignis oder im Hinblick auf ein geplantes Vorhaben. Auf diese Weise kannst du bestimmen, wann der Zeitpunkt für einen geplanten Zauber günstig ist. Wenn du beispielsweise ein Zauberritual für eine gute Reise planst, kannst du dieses ausführen, wenn der Mond zwischen 0° Widder und 12° 51′ 26″ (12 Grad, 51 Minuten, 26 Sekunden) Widder steht, und zwar im ersten und zweiten Mondviertel. (Zusätzlich ist aber zu beachten, dass der Mond nicht ungünstig aspektiert sein darf – er sollte keine Spannungstransite mit anderen Planeten haben und sich auch nicht im Leerlauf befinden.) Natürlich wird der Mond nicht immer dort stehen, wo du ihn gerne hättest, aber du kannst das System auch zur Lokalisierung anderer Planeten benutzen, wobei du deren anfängliche Energiestruktur im Gedächtnis behalten solltest. Klassische magische Astrologen versuchen das aufsteigende Zeichen, die Planetenstunde und das Mondhaus aufeinander abzustimmen – was aber bedeutet, dass du mit deinen magischen Handlungen warten musst, bis die richtigen astrologischen Konstellationen eintreten. Das erfordert eine langfristige Vorausplanung.

1, ALVACH[59]
Gradzahlen: 0° Widder bis 12° 51′ 26″ Widder; Hörner des Widders
Hausherr: Geriz
Magie – erstes und zweites Viertel: Sicheres Reisen und Aufbau von Energie. Ausgezeichnet für magische Arbeit, bei der andere Menschen beteiligt sind.
Magie – drittes und viertes Viertel: Ruft Streitigkeiten zwischen Freunden hervor. Ausgezeichnet für magische Arbeit, bei der andere Menschen beteiligt sind.

2, ALKATAYN
Gradzahlen: 12° 51′ 26″ Widder bis 21° 42′ 12″ Widder; Bauch des Widders
Hausherr: Enedil
Magie – erstes und zweites Viertel: Verborgene Schätze finden; Weizenproduktion; Gefängnisse sichern; sich von Zorn befreien; Personen oder Dinge auffinden. Günstige Gelegenheiten nutzen. Pentagramme für magische Anwendungen herstellen. An Selbstausdruck und Kreativität arbeiten.
Magie – drittes und viertes Viertel: Ein Gebäude zerstören, bevor es fertig gestellt ist; Streit und Zwietracht säen.

3, ACORAXA
Gradzahlen: 21° 42′ 12″ Widder bis 8° 3′ 2″ Stier; der kosmische Regen oder die Pleiaden
Hausherr: Annuncia
Magie – erstes und zweites Viertel: Rettung von Seeleuten und ihre sichere Rückkehr; Gefängnisse ausbruchsicher machen; alchemistische Arbeit; jede Art von Arbeit, bei der Feuer eine Rolle spielt; Jagden auf dem Land, und Liebesbande zwischen Mann und Frau knüpfen; die guten Dinge des Lebens.
Magie – drittes und viertes Viertel: Übermäßigen Genuss einschränken.

4, ALDEBARAN
Gradzahlen: 8° 3′ 2″ Stier bis 21° 25′ 20″ Stier; das Auge des Stiers
Hausherr: Assarez
Magie – erstes und zweites Viertel: Verborgene Schätze finden; ein wichtiges Treffen zu deinem Vorteil nutzen; magische Arbeit für große finanzielle Erfolge.

Magie – drittes und viertes Viertel: Zerstörung einer Stadt oder eines Gebäudes; zwischen Angestellten und ihrem Chef Streit säen; Ehestreitigkeiten; Zerstörung von Brunnen und Gewässern; Reptilien und andere giftige Tiere töten oder fangen; Ausräuchern.

5, ALMITES

Gradzahlen: 21° 25′ 20″ Stier bis 4° 17′ 20″ Zwillinge
Hausherr: Cabil
Magie – erstes und zweites Viertel: Mystische Lehren; sichere Reise durch fremde Länder; rasche Rückkehr von einer Reise; sicheres Reisen auf dem Wasser; Gebäude renovieren und einsturzsicher machen; Einverständnis zwischen zwei Menschen herstellen; Gutes von Königen und anderen Würdenträgern empfangen; nächtliche Traumbotschaften; gute Gesundheit; gute Zeit für Gespräche über praktische Dinge; Zauberrituale zur Förderung von Ausbildung und Lernen.
Magie – drittes und viertes Viertel: Bruch von Bündnissen und Freundschaften.

6, ATHAYA

Gradzahlen: 4° 17′ 20″ Zwillinge bis 17° 8′ 36″ Zwillinge; kleiner Stern des Großen Lichts
Hausherr: Nedeyrahe
Magie – erstes und zweites Viertel: Freundschaft zwischen Verbündeten; Jagdglück; Liebe zwischen zwei Menschen; Verbindungen aller Art aufbauen und pflegen; Versöhnung von Feinden.
Magie – drittes und viertes Viertel: Zerstörung von Städten, Festungen und Geschäftsimperien; Belagerung; Rache gegen Feinde und Könige; Vernichtung von Ernte und Wald; Vernichtung von Medikamenten, so dass sie nicht an Bedürftige ausgegeben werden können.

7, ALDIRAH
Gradzahlen: 17° 8′ 32″ Zwillinge bis 0° Krebs; der Arm des Zwillings
Hausherr: Selehe
Magie – erstes und zweites Viertel: Handel gedeiht und bringt gute Erträge; gute Zeit für Reisen und um Freundschaft zwischen Gegnern zu stiften; gut für Besprechungen mit dem König (Chef) und jeder anderen Person; Mitmenschen reagieren jetzt wohlwollend auf vorgebrachte Anliegen; Erwerb von Besitz; eine Situation zum eigenen Vorteil nutzen; gesellschaftliche Kontakte verbessern.
Magie – drittes und viertes Viertel: Fliegen vertreiben und verhindern, dass sie ins Haus kommen; Beschädigung und Ansehensverlust hoher Ämter.

8, NATHRA
Gradzahlen: 0° 51′ 26″ Krebs bis 12° 50′ 26″ Krebs; neblig oder wolkig
Hausherr: Annediex
Magie – erstes und zweites Viertel: Liebe und Freundschaft; Sicherheit im Straßenverkehr; Freundschaft zwischen Verbündeten; Ausbruchsicherheit von Gefängnissen verbessern; Sieg; unerwartete Ereignisse zum eigenen Vorteil nutzen; Familien-Magie jeglicher Art.
Magie – drittes und viertes Viertel: Gefangene töten oder gefügig machen; Mäuseplage beseitigen; Magie zum Schutz der Mutter.

9, ATRAF
Gradzahlen: 12° 50′ 26″ Krebs bis 25° 42′ 51″ Krebs; das Auge des Löwen
Hausherr: Raubel
Magie – erstes und zweites Viertel: Sich gegen andere er-

folgreich zur Wehr setzen; anderen helfen; Einfühlungsvermögen entwickeln.
Magie – drittes und viertes Viertel: Vernichtung der Ernte; Gefahren auf Reisen; Menschen Böses tun; Zwietracht zwischen Verbündeten säen; Schwäche und Unvermögen.

10, ALGEBHAL
Gradzahlen: 25° 42′ 51″ Krebs bis 8° 26′ 18″ Löwe; Stirn oder Hals des Löwen
Hausherr: Aredafir
Magie – erstes und zweites Viertel: Liebesbande zwischen Mann und Frau knüpfen; guter Wille von Verbündeten; Heilung von Krankheiten und leichte Geburten; Gebrauch der Imagination; aufbauen und festigen.
Magie – drittes und viertes Viertel: Vernichtung der Feinde.

11, AZOBRA
Gradzahlen: 8° 26′ 18″ Löwe bis 25° 2′ 44″ Löwe; Haar auf dem Kopf des Löwen
Hausherr: Necol
Magie – erstes und zweites Viertel: Gefangene freilassen; Gebäude sichern und verstärken; den Wohlstand der Verbündeten mehren; Ansehen und Wohlstand erlangen; von anderen gefürchtet werden; Ehrungen empfangen; Zauberei und alle anderen Aktivitäten zur Erlangung von Reichtum; das Glück lacht.
Magie – drittes und viertes Viertel: Armeen gegen Städte und Burgen marschieren lassen.

12, ACARFA
Gradzahlen: 25° 2′ 44″ Löwe bis 4° 17′ 6″ Jungfrau; Schwanz des Löwen

Hausherr: Abdizu
Magie – erstes und zweites Viertel: Günstig zum Ernten und Pflanzen; Zerstörungen nehmen zu; gebildete Männer und Verbündete stärken ihren Charakter; Gefangene machen; Diener sind besonders zuverlässig; Neuanfänge; Verträge zur vollen Zufriedenheit abschließen, in denen es um die eigene Arbeit oder die Arbeit anderer geht.
Magie – drittes und viertes Viertel: Zerstörung von Schiffen; Liebende werden getrennt; schlechte Angewohnheiten aufgeben und sich von allem trennen, das nicht mehr nützlich ist.

13, Alahue
Gradzahlen: 4° 17′ 6″ Jungfrau bis 17° 8′ 36″ Jungfrau; die Hundesterne oder die Schwingen der Jungfrau
Hausherr: Azerut
Magie – erstes und zweites Viertel: Handel und Einnahmen steigern; gute Ernte; Fertigstellung von Gebäuden; Befreiung von Gefangenen; mit Diplomatie und Höflichkeit die eigenen Wünsche verwirklichen; Wohlstandsmagie und eine geschickte Hand bei finanziellen Transaktionen.
Magie – drittes und viertes Viertel: Den Status quo aufrechterhalten.

14, Alcimech
Gradzahlen: 17° 8′ 36″ Jungfrau bis 0° Waage; die Spitze der Jungfrau oder die Fliegende Spitze
Hausherr: Erdegel
Magie – erstes und zweites Viertel: Liebe von Mann und Frau; Stärkung der Schwachen; günstig für Seereisen; Liebe zwischen Verbündeten; Heilung von Impotenz, oder ein Mann und eine Frau finden zueinander, bei denen alle glaubten, dass dies ausgeschlossen sei; Divination; für den materiellen Gewinn arbeiten.

Magie – drittes und viertes Viertel: Vernichtung von Ernten und Pflanzen; enttäuschte Wünsche; starre Ansichten aufgeben.

15, ALGAFRA
Gradzahlen: 0° Waage bis 12° 51′ 26″ Waage; der Flug des Bedeckten
Hausherr: Achalich
Magie – erstes und zweites Viertel: Schätze finden; neue Chancen tun sich auf und lassen sich jetzt hervorragend nutzen.
Magie – drittes und viertes Viertel: Reisende werden aufgehalten; ein verheirateter Mann trennt sich für immer von seiner Frau; Zwistigkeiten zwischen Freunden und Verbündeten; Vernichtung von Häusern und Feinden.

16, ACUBENE
Gradzahlen: 12° 51′ 26″ Waage bis 25° 42′ 52″ Waage; Hörner des Skorpions
Hausherr: Azeruch
Magie – erstes und zweites Viertel: Befreiung der Gefangenen aus dem Gefängnis; Freundschaften schließen und Segnungen aller Art empfangen; ertragreicher Handel; gute Gelegenheiten klug nutzen.
Magie – drittes und viertes Viertel: Vernichtung von Lohngeldern, Ernten, Pflanzen; Streit zwischen Mann und Frau.

17, ALICHIL
Gradzahlen: 25° 42′ 52″ Waage bis 8° 36′ 2″ Skorpion; die Krone des Skorpions
Hausherr: Adrieb
Magie – erstes und zweites Viertel: Armeen in Stellung bringen; Gebäude stark und stabil machen; Schutz für

Seeleute; Liebesmagie von durchschnittlicher Dauerhaftigkeit.
Magie – drittes und viertes Viertel: Diebe und andere Eindringlinge vertreiben; für Gerechtigkeit sorgen.

18, Alcakl
Gradzahlen: 8° 36′ 2″ Skorpion bis 21° 25′ 44″ Skorpion; das Herz des Skorpions
Hausherr: Egrebel
Magie – erstes und zweites Viertel: Sieg über die Feinde; Gebäude befestigen; Heilung von Fiebern und anderen Schwächen des Leibes; Stärkung der persönlichen Integrität; überholte Gewohnheiten müssen aufgegeben werden, um die Arbeit erfolgreich abzuschließen.
Magie – drittes und viertes Viertel: Bruch von Freundschaften.

19, Exaula
Gradzahlen: 21° 25′ 44″ Skorpion bis 4° 27′ 10″ Schütze; der Schwanz des Skorpions
Hausherr: Annucel
Magie – erstes und zweites Viertel: Mit den eigenen Armeen Städte angreifen; gute Ernte; geflohene Gefangene werden wieder eingefangen; die Monatsblutung der Frauen wird beschleunigt; neue Ideen; keine gute Zeit, um neue geschäftliche Vorhaben zu beginnen; Entscheidungen treffen.
Magie – drittes und viertes Viertel: Zerstörung von Schiffen.

20, Nahaym
Gradzahlen: 4° 27′ 10″ Schütze bis 17° 8′ 26″ Schütze; der Strahl
Hausherr: Queyhue

Magie – erstes und zweites Viertel: Gute Zeit für Wild- und Haustiere; Jagd auf den Feldern; einen Menschen zu einer bestimmten Zeit an einen bestimmten Ort locken.
Magie – drittes und viertes Viertel: Beilegung eines Streits zwischen Freunden.

21, Elbelda
Gradzahlen: 17° 8′ 26″ Schütze bis 0° Steinbock; die Niederlage
Hausherr: Bectue
Magie – erstes und zweites Viertel: Gebäude befestigen; gute Zeit für Ernten; Magie zur Stärkung der sexuellen Kraft.
Magie – drittes und viertes Viertel: Frauen werden von ihren rechtmäßigen Ehemännern getrennt.

22, Acadaldeba
Gradzahlen: 0° Steinbock bis 12° 51′ 26″ Steinbock; der Hirte
Hausherr: (unbekannt)
Magie – erstes und zweites Viertel: Schutz für die Kranken; auf dem gesellschaftlichen Parkett das Richtige tun.
Magie – drittes und viertes Viertel: Uneinigkeit zwischen den Leuten säen.

23, Caciddebolah
Gradzahlen: 12° 51′ 26″ Steinbock bis 25° 42′ 52″ Steinbock; das verschlingende Haus
Hausherr: Zequebin
Magie – erstes und zweites Viertel: Heilung der Kranken; Heirat; gute Zeit, um Geheimnisse zu offenbaren und Rat zu suchen.
Magie – drittes und viertes Viertel: Zerstörung.

24, Caadachahot
Gradzahlen: 5° 42′ 52″ Steinbock bis 8° 34′ 28″ Wassermann; Stern des Glücks
Hausherr: Abrine
Magie – erstes und zweites Viertel: Guter Wille zwischen Männern und Frauen; erfolgreicher Handel; gutes Gedeihen der Herden.
Magie – drittes und viertes Viertel: Macht über seine Feinde erlangen und Lügner entlarven.

25, Caadaladbia
Gradzahlen: 8° 34′ 28″ Wassermann bis 21° 25′ 17″ Wassermann; Schmetterling oder das sich ausbreitende Haus
Hausherr: Aziel
Magie – erstes und zweites Viertel: Gebäude ausbessern; Schutz von Obstgärten und Feldern; nach neuen Lösungen für alte Probleme suchen; neuen Mut fassen.
Magie – drittes und viertes Viertel: Frauen werden von ihren Männern getrennt.

26, Almisdam
Gradzahlen: 21° 25′ 17″ Wassermann bis 4° 17′ 10″ Fische; erste Zeichnung
Hausherr: Tagriel
Magie – erstes und zweites Viertel: Guter Wille und Liebe.
Magie – drittes und viertes Viertel: Barrieren niederreißen, wenn die Menschen dir nicht zuhören.

27, Algaafalmuehar
Gradzahlen: 4° 17′ 10″ Fische bis 17° 8′ 36″ Fische; zweite Zeichnung
Hausherr: Abliemel
Magie – erstes und zweites Viertel: Förderung des Han-

dels; Hellsichtigkeit; Steigerung der medialen Fähigkeiten und der Spiritualität.
Magie – drittes und viertes Viertel: Die Fertigstellung von Gebäuden verzögert sich; Gefahr für Seeleute; Zerstörung von Quellen und Brunnen.

28, ARCEXE
Gradzahlen: 17° 8′ 36″ Fische bis 0° Widder; Bauch des Fisches
Hausherr: Anuxi
Magie – erstes und zweites Viertel: Förderung des Handels; Beilegung von Streitigkeiten zwischen Mann und Frau; Gefangene an der Flucht hindern; Fische werden an einem Ort zusammengebracht; Gruppenarbeit für Verständigung und Liebe; innere Gelassenheit; die Zukunft visualisieren.

Empfohlene Literatur
Lehrbuch der Stundenastrologie von Erik van Slooten.
Stunden-Astrologie von Karen M. Hamaker-Zondag.

Pentagramm/Pentakel

Das vermutlich auffälligste Symbol der Hexenkunst ist der fünfzackige Stern, besser bekannt als Pentakel oder Pentagramm. Andere Bezeichnungen sind: Stern des Mikrokosmos (weil der aufrecht stehende Stern als stilisierte Darstellung eines Menschen gesehen werden kann, der mit gespreizten Beinen und ausgestreckten Armen dasteht), Östlicher Stern, Morgenstern, Abendstern, Endloser Knoten (weil man ihn zeichnen kann, ohne den Stift vom Papier abzuheben), Druidenfuß und Hexenfuß. Fachlich korrekt bezeichnet man den Stern ohne den Kreis als Pentagramm und den Stern mit Kreis drum herum als Pentakel. Die modernen Hexen haben beide Symbole übernommen, aber auch das weibliche Gegenstück zu den Freimaurerlogen, der so genannte Orden des Östlichen Sterns, benutzt sie. Und im amerikanischen Justizwesen und Militär ist der Stern ebenfalls in Gebrauch.

Der fünfzackige Stern ist höchstwahrscheinlich das Ergebnis astrologisch/astronomischer Forschungen, die vor ungefähr 6000 Jahren in der Euphrat-Tigris-Region (dem heutigen Irak und Iran) stattfanden.[60] Daran sehen wir bereits, dass dieses Symbol nichts mit Teufel, Christentum, Satanismus oder dem mittelalterlichen Inquisitionswahnsinn zu tun hat – es ist Jahrtausende älter als dieser ganze Unfug! In Palästina haben Archäologen Tonscherben aus der Zeit um 4000 v. Chr. gefunden, auf die das Pentagramm eingraviert war, und es gibt Beweise, dass dieses Symbol bei den Sumerern um 2700 v. Chr. gebräuchlich war.[61] Aus anderen Forschungen wissen wir, dass die babylonisch/sumerische Kultur die erste frühe Hochkultur war, woraus sich wiederum ergibt, dass es sich beim Pentagramm um eines der ältesten Symbole der Menschheit handelt. Wenn du 4000 v. Chr. ein Pentagramm unter einen Brief setztest, signalisiertest du damit, dass du dem Adressaten Glück und gute Gesundheit wünschtest. Um 700 v. Chr. tauchte das Pentagramm in Italien auf, und später, im sechsten vorchristlichen Jahrhundert, wurde das Pentakel (der Stern mit Kreis) von den pythagoreischen Mystikern benutzt. Bei ihnen galt es als Symbol für den Menschen. Die fünf Spitzen des Sterns repräsentierten Kopf, Arme und Beine, und der Kreis symbolisierte die Einheit des Menschen mit dem Geist und das kosmische Ei (Uroboros). Das ist die Definition, die von den modernen Hexen übernommen wurde und die sie dir geben werden, wenn du eine von ihnen nach der Bedeutung des Pentakels fragst, das sie um den Hals trägt.[62] Das Pentakel spielte eine wichtige Rolle als offizielles Siegel der Stadt Jerusalem in der Zeit von 300–150 v. Chr.[63] und trug in der mittelalterlichen jüdischen Mystik den Namen Salomons Siegel oder Salomons Schild. Auch der sechszackige Stern wird Salomons Siegel genannt. Er ist als doppeltes Dreieck Symbol für das magische Gesetz *Wie oben, so unten* und wird in der Kabbala und der jüdischen Mystik benutzt. Einer Legende zufolge trug König Salomon das Pentakel an seinem linken kleinen Finger.

Mit dem Pentagramm verbindet sich jedoch ein Geheimnis, das viel eindrucksvoller ist als alle oben erwähnten zusammen. Astronomen haben herausgefunden, dass es die geometrische Darstellung der Himmelsbewegungen des Planeten Venus ist. Sie vermuten, dass die Beobachtung der Venusbahn am Himmel die Völker in der Euphrat-Tigris-Region dazu brachte, vor achttausend Jahren die ersten Pentagramme zu zeichnen. Das Pentakel gibt die Bewegung der Venus am Himmel von der

Erde aus gesehen wieder und ihre kreisförmige Bahn um die Sonne. Das erklärt auch, warum das Pentagramm manchmal Morgenstern und Abendstern genannt wird und warum dieses Symbol mit Innana in Verbindung gebracht wurde, mit Ishtar/Astarte (einer mächtigen Liebes- und Kriegsgöttin, deren Herrscherplanet die Venus war, auch wenn dieser Planet damals natürlich einen anderen Namen trug) und später mit Venus/Aphrodite in der griechisch-römischen Kultur. »Wenn wir die synodische Orbitalzeit der Venus in den Tierkreis zeichnen, stellen wir fest, dass sie als Morgenstern fünf Positionen durchläuft, wofür sie genau acht Jahre und einen Tag benötigt ... So zeichnet sie das Pentakel in den Himmel.«[64] Im Okkultismus steht die Zahl acht für Meisterschaft und ist das Symbol für die Unendlichkeit (oder den Uroboros). Und in der Hexenkunst stehen die acht Kreise für die acht Pfade der Macht und die acht Phasen des Mondes.

Aber das ist noch nicht alles.

In der Alchemie stehen vier Spitzen des Sterns für die Elemente Erde, Luft, Feuer und Wasser und die fünfte Spitze für die Quintessenz, also den Geist – das fünfte Element. Zusammen mit dem Kreis, der den Stern umgibt, haben wir hier die göttliche Transformation, die Idee des Steins der Weisen und der vollkommenen Reinigung an Körper, Geist und Seele – und das ist nun wirklich meilenweit von der lächerlichen Symbolik des Bösen in Hollywood-Horrorfilmchen entfernt!

In den magischen Schulen, die sich stärker der zeremoniellen Magie verschrieben haben, zeichnet man das Pentakel auf unterschiedliche Weise, um die verschiedenen Elementar-Energien zu beschwören oder zu entlassen. Manche Gruppen benutzen es auch als Zentrum des Altars, oder es wird auf den Boden gemalt, wodurch die beiden Energien der Kreisbeschwörung und der Anrufung der Göttin (das Pentakel wird normalerweise mit der weiblichen Gottheit assoziiert) in einem einzigen Ritual kombiniert werden. Dieser Prozess symbolisiert auch den Aufstieg des menschlichen Bewusstseins. Wenn du das Symbol von oben nach unten zeichnest, drückst du damit aus, dass der Geist in die Materie hinabsteigt, und wenn du es von unten nach oben zeichnest, ist die Materie in ihrer höchsten Form gemeint. Die horizontale Linie steht für die Entwicklung unseres Intellektes und die Verbindung von Kraft und Form. Wird das Pentakel auf diese Weise benutzt, spricht man auch vom Großen Stern des Lichts oder dem Flammenden Pentagramm, in Anerkennung der göttlichen Kräfte, die dem Symbol innewohnen.[65]

In der modernen Magie benutzt man das Pentakel aus verschiedenen Gründen, die alle mit seiner Geschichte zusammenhängen:

* als Schutzzauber,
* als Symbol zur Stärkung der persönlichen Macht,
* als Symbol für die Wicca-Religion,
* als ein magisches Werkzeug, um Energien zu beschwören oder zu bannen.

Das Pentakel kann, wie jedes Symbol, von allen getragen werden, auch von Menschen, die nicht gemäß den Wicca-Gesetzen leben und von der uralten Geschichte dieses cool aussehenden Sterns keine Ahnung haben. Es kann auch von Dilettanten getragen werden, also von Leuten, die hier und da ein paar Brocken eines magischen Systems aufschnappen und damit herumexperimentieren, ohne sich die Zeit für gründliche Studien zu nehmen und sich ernsthaft auf die Wicca-Religion einzulassen. Daher tragen viele moderne Hexen ihr Pentakel lieber unsichtbar unter der Kleidung, betrachten es als ein sehr privates religiöses Symbol, das eine tiefe Bedeutung hat und nicht bloß dekorativer Schmuck sein soll. Eine weitere Schwierigkeit im Umgang mit dem Pentakel besteht darin, dass seine auf dem Kopf stehende Variante in Horrorfilmen und bei satanischen Praktiken auftaucht und daher mit den kriminellen Seiten unserer Gesellschaft assoziiert wird. Wenn dagegen traditionelle Hexen ihre Ausbildung zum zweiten Grad durchlaufen, vollziehen sie im Ritual den Abstieg der Göttin nach (dabei weisen die Schüler alle Negativität und alles Böse zurück und konfrontieren sich mit den Schattenseiten ihrer Persönlichkeit). In diesem Ritual wird das umgekehrte Pentakel benutzt, um den Abstieg zu symbolisieren und die Macht, die es uns ermöglicht, die dunkle Seite unserer Persönlichkeit unter Kontrolle zu halten (statt unsere negativen Gefühle ständig an unserer Umgebung auszulassen). In einigen wenigen Traditionen wird von diesen Schülern verlangt, das umgekehrte Pentakel unsichtbar zu tragen, bis sie in den dritten Grad (den Rang der Priester) eingeweiht werden, wo das Symbol wieder aufrecht stehend getragen wird und damit anzeigt, dass die Schüler nach der inneren Kontemplation nun bereit sind, sich der äußeren Arbeit des dritten Grades zu widmen. Diese Assoziation findet sich auch bei der Karte des Eremiten im Tarot, die den Schüler auffordert, zunächst seine Persönlichkeit ins Gleichgewicht zu bringen, ehe er darangeht, der Welt seine Erkenntnisse mitzuteilen. Wenn das umgekehrte Pentakel auf diese Weise verwendet wird, symbolisiert es das Licht des Geistes, das in der Materie verborgen ist.[66]

In zeremonialmagische Kreise scheint das Pentagramm erstmals durch Eliphas Zahed Levi eingeführt worden zu sein (mehr Informationen dazu findest du in *Das Zauberbuch der Freien Hexe – Geschichte & Werkzeuge* unter dem Stichwort *Ritual*), der die beschwörenden und bannenden Pentagramme erfand, wie sie in der zeremoniellen Hexenkunst heute gebräuchlich sind. Er empfahl, das Zeichen nach einem speziellen Muster in die Luft zu zeichnen, um die Elementargeister herbeizurufen, und es dann in ungekehrter Reihenfolge zu zeichnen, um sie nach Abschluss des Rituals wieder zu bannen.[67] Lade das Pentakel für folgende Zwecke auf:

* Wirst du durch unerwünschte Telefonanrufe belästigt? Schneide aus Silberpapier einen Stern aus, den du dann als Schutz auflädst. Lege ihn mit der glänzenden Seite nach oben unter das Telefon. Tausche ihn alle dreißig Tage gegen einen neuen aus.
* Zeichne ein Pentakel auf dein Notizbuch, um es gegen Diebstahl und neugierige Augen zu schützen.
* Male dir vor Ritualen, Zauberei oder Meditation mit heiligem Öl oder hautfreundlichem Salböl Pentagramme auf Hände und Stirn, um unerwünschte Energien zu bannen und deine medialen Kräfte zu steigern.
* Machen dir schlechte Träume zu schaffen? Zeichne das Pentakel auf ein Blatt Papier, besprenge es mit Lavendel und leg es dir unter das Bett. Einmal wöchentlich erneuern.
* Zeichne Pentakel auf Kerzen, um Negativität zu bannen und die Kerzen mit den Energien der fünf Elemente aufzuladen (Erde, Luft, Feuer, Wasser und Geist).
* Gibst du zu viel Geld aus? Zeichne ganz vorsichtig ein Pentakel auf eine Knoblauchschale und verbrenne diese dann, um das Geld im Haus zu halten.
* Banne Krankheiten, indem du kleine Pentakel aus Ton herstellst. Binde sie mit rotem Garn zusammen und stecke sie zusammen mit dem Namen des Kranken in einen roten Zauberbeutel.
* Füge das Pentakel Binderunen hinzu.

Benötigte Materialien: Ein großer Bogen Papier (wähle eine Farbe, die zu deiner magischen Absicht passt); ein Stift; eine passende Räuchermischung; Schere; Klebeband; eine Schale mit Wasser.

Anleitung: Zeichne einen großen Stern auf das Papier und schneide ihn dann aus. Schreibe deinen Wunsch in die Mitte des Sterns. Beginne, nachdem du (während des passenden Mondviertels) einen Kreis beschworen hast, damit, dass du die Hand hoch über den Kopf hältst, als wolltest du dort oben etwas pflücken. Während du dann den Zauberspruch rezitierst, senke langsam den Arm und berühre im Uhrzeigersinn die Spitzen des Sterns (um etwas in dein Leben zu ziehen) oder entgegen dem Uhrzeigersinn (um etwas aus deinem Leben zu verbannen). Intoniere den folgenden Zauberspruch dreimal:

Vom Himmel auf die Erde
senden die Sterne ihre Energie.
Erde und Luft, Feuer und Wasser,
Seele der Menschen, Sohn und Tochter.
Tanzt im Kreis den endlosen Tanz,
der das Böse verjagt und die Zeit anhält.
Stern der Macht mit flammenden Spitzen,
vereinige im Namen der Göttin!

Falte nun, mit der oberen Spitze beginnend, im Uhrzeigersinn jede Spitze zur Mitte des Sterns. Fixiere das gefaltete Papier mit einem Klebestreifen. Trage es so lange bei dir, bis der Wunsch sich manifestiert hat. Bedanke dich dann beim Universum, verbrenne den Stern und streue die Asche in den Wind.

POWWOW

Bei dem ungefähr 300 Jahre alten Powwow handelt es sich um ein magisches System, das von den deutschen Einwanderern in Amerika benutzt wurde. Es setzt sich aus drei Elementen zusammen:

1. deutsche Volksmagie,
2. hohe deutsche Zeremonialmagie, einschließlich Alchemie,
3. Kräuterheilkunde der amerikanischen Ureinwohner.

Obgleich Powwow vor allem in den deutsch-amerikanischen Siedlungen in Pennsylvania populär war, verbreitete es sich auch entlang der Ostküste und drang dann westwärts nach West Virginia und Ohio vor. Das Wort »Powwow« ist indianischen Ursprungs und bedeutet »er, der träumt«. Das Wurzelwort »Powwow« stammt aus der Sprache der Algonquin und tauchte im Englischen erstmals um 1640 auf. Das Grundkonzept des Powwow ist das Heilen durch Einsatz der magischen Stimme, durch Kräuter, rhythmische Zaubergesänge und körperliche Auslöser, zum Beispiel bestimmte Handbewegungen. Da es sich bei Powwow um ein System und keine Religion handelte, unterschieden sich die ethischen Grundsätze der Praktizierenden, abhängig von Umwelteinflüssen, Familiengeschichte und Persönlichkeit. Wie in den meisten Systemen gab es auch eine Reihe von Tabus, aber auch diese hingen von den jeweiligen Heilern oder Heilerinnen ab und von ihren Lehrern oder Lehrerinnen, von denen sie die »Kraft« empfingen.

Aus der Beschäftigung mit Powwow und seiner Geschichte können wir lernen, welche Art von Magie im Leben der einfachen Leute vor dreihundert Jahren und danach üblich war. Und wir bekommen eine Vorstellung davon, wie die magisch geprägten Kulturen früherer Zeiten ausgesehen haben mögen, in denen die Anwendung von Magie so alltäglich war wie heute das Autofahren. Wir sehen, wie ganz normale Menschen wie du und ich damals Magie, Religion und Alltag vermischten. Powwow-Magie ist sehr praktisch ausgerichtet, befasst sich vor allem mit Haustieren, bäuerlicher Landwirtschaft, dem Wohlergehen der Dorfgemeinschaft, Schutz und wirtschaftlichem Erfolg. Mit ihren Handauflege-Techniken ist sie die amerikanische Version des Reiki (s. Seite 359). Es werden Alltagsobjekte benutzt – Nadel, Faden, Schere, Garn, Bänder, Gemüse, Steine aus einem Bach, Nägel, Teller, Locken etc. – also nichts, was auf den ersten Blick besonders magisch wirken würde. Deswegen spricht man in diesem Zusammenhang von Volksmagie (manchmal auch niedrige Magie genannt). Doch Powwow hat auch seine zeremoniellen (hochmagischen) Komponenten – Astrologie, die magische Stimme und diverse Siegel, die aus wissenschaftlich anspruchsvolleren europäischen und arabischen Systemen übernommen wurden. Das magische System des Powwow stellt, wie die Wicca-Religion, eine erlesene Mischung aus Neuer und Alter Welt, praktischem Wissen und Gelehrsamkeit da. Die meisten Zauberrituale, die ich in diesem Buch vorstelle, entstammen dem Powwow, wurden aber an die ethischen Grundsätze der Wicca-Religion angepasst.

Die magische Stimme

Powwow-Heiler waren dafür bekannt, dass sie die magische Stimme einsetzten, entweder laut sprechend oder manchmal auch leise flüsternd. Jeder Mensch besitzt eine magische Stimme. Es ist jener Ton, der deinen ganzen Körper zum Schwingen bringt und bei jedem Menschen ganz individuell und einzigartig ist. Du kannst mit Hilfe deiner Stimme dein ganzes körperliches System synchronisieren und damit Harmonie in Körper, Geist und Seele erzeugen. Bei manchen Menschen handelt es sich um eine Art Singsang, bei anderen ist es nur ein einzelner Summton.

Wenn du deine magische Stimme kennen lernen und trainieren möchtest, solltest du dich an einen Ort zurückziehen, wo du ungestört bist und niemand dich hören kann. Viele Menschen scheuen anfangs vor dem öffentlichen Gebrauch ihrer magischen Stimme zurück, weil sie Angst haben, sich lächerlich zu machen. Denk mal an deine Kindheit zurück. Damals hast du dich am Klang deiner Stimme erfreut und vergnügt mit den vielen Tönen gespielt, die du hervorbringen konntest. In gewisser Weise hast du schon damals deine magische Stimme gesucht.

Setze oder stelle dich bequem hin, achte aber darauf, dass deine Körperhaltung aufrecht ist und du nicht in dir zusammensackst. Schließe die Augen. Atme mehrmals tief durch die Nase ein und durch den Mund aus. Beginne mit dem tiefsten Ton, der dir gelingt, und intoniere ihn mindestens eine Minute lang. Arbeite dich dann die Tonleiter hinauf. Es macht nichts, wenn du unmusikalisch bist und die Töne nicht halten kannst – schließlich suchst du nur nach dem einen Ton, der durch deinen ganzen Körper vibriert. Wenn du ihn gefunden hast, merkst du das sofort, denn du wirst ein angenehmes Kribbeln im ganzen Körper spüren, und wenn du den Ton eine Weile erklingen lässt, nimmst du wahr, wie deine Energie sanft »Klick« macht und sich in dir drin und um dich herum eine wohltuende Harmonie ausbreitet. Das ist der Ton deiner magischen Stimme.

Atme noch ein paarmal tief durch und wiederhole den Ton dann. Konzentriere dich dabei darauf, dich eins mit dem Universum zu fühlen, wie ich es dir schon erklärt habe. Finde diesen Punkt der inneren Stille und verbinde dann diesen Ton, der wie von selbst aus dir herauskommt, mit dem meditativen Zustand. Setze diese Übung mehrere Minuten lang fort, aber versuch nicht, etwas zu erzwingen. Wenn du müde wirst oder den Ton verlierst, hör erst einmal auf. Das macht nichts und ist völlig normal.

Wenn du während der nächsten Tage immer wieder übst, wirst du feststellen, dass deine magische Stimme sich jedes Mal ein bisschen anders anhört, mal höher, mal tiefer als am ersten Tag. Das ist ebenfalls völlig normal und ein Zeichen dafür, dass die totale Selbstharmonie begonnen hat. Nach mehreren Tagen wird dir der Ton wie ein natürlicher Teil deiner selbst vorkommen (was er ja auch ist). Nun kannst du damit beginnen, in dieser Tonlage verschiedene Worte, Chants und Anrufungen einzuüben. Durch ständiges Üben wird die Stimme ganz selbstverständlich mit deinen Alltagsgewohnheiten verschmelzen, und bald wirst du entdecken, dass diese magische Stimme ganz von selbst da ist, wenn du sie brauchst, ohne dass du sie herbeizwingen oder bewusst darüber nachdenken musst. Sie wird sich sogar, wie in der Praxis der echten Powwow-Künstler, als ein magisches Flüstern manifestieren.

Mit der magischen Stimme Negativität bannen

Um dich selbst und den Ort, an dem du dich gerade aufhältst, rasch von Negativität zu reinigen, stell dich mit dem Gesicht nach Westen auf. Deine Fersen sollten sich berühren und die Fußspitzen leicht nach außen zeigen. Forme mit den Händen einen Diamanten, indem du die Fingerspitzen aneinander legst. Die Öffnung zwischen deinen sich berührenden Zeigefingern und Daumen soll wie ein Diamant oder eine Kerzenflamme aussehen. Erde und zentriere dich. Atme dreimal tief durch: Der erste Atemzug reinigt den Körper, der zweite reinigt den Geist, und der dritte reinigt die Seele. Intoniere nun, nachdem du ein weiteres Mal angenehm tief geatmet hast, mit deiner magischen Stimme »kiiiiii« (den Ton des Bannens), während du die Luft langsam aus deiner Lunge entweichen lässt. Wiederhole diesen Vorgang mindestens dreimal; falls du sehr aufgeregt, ängstlich oder besorgt bist, sogar siebenmal. Versuche nicht, dich krampfhaft auf bestimmte Gedanken zu konzentrieren. Lass innerlich einfach los und lausche darauf, wie der Klang deiner Stimme den Raum erfüllt. Vielleicht spürst du eine plötzliche Leichtigkeit der Schultern, als ob eine schwere Last von dir abfallen würde. Zum Abschluss atme erneut dreimal tief durch: einmal, um den Körper zu reinigen, das zweite Mal, um den Geist zu reinigen, und das dritte Mal, um alle Hindernisse zu beseitigen, die dir im Weg stehen. Öffne die Augen.

Powwow-Wohlstandszauber

Benötigte Materialien: Zitronenöl; eine gelbe Kerze; fünf goldfarbene Münzen; schwarzes oder weißes Papier; goldener oder grüner Stift; das unten abgebildete Siegel; geweihtes Wasser; ein kleiner roter Stoffbeutel. Hinweis: Statt goldfarbener Münzen kannst du auch mit goldener Farbe bemalte Kieselsteine nehmen.

Anleitung: Zeichne das abgebildete alchemistische Symbol entweder mit goldenem Stift auf schwarzes Papier oder mit grünem Stift auf weißes Papier.

Es handelt sich dabei um das alchemistische Symbol für Manifestation. Es beginnt mit dem schwarzen Kreis (der Leere), mit der manifestierenden Spirale in der Mitte und ist umgeben von den vier Elementen: Erde oben, Luft auf der rechten, Feuer auf der linken Seite und Wasser unten. An der Spitze befinden sich die Ideogramme für »Geist« und »vermischen«. (Das Vermischen heißt in der Alchemie Amalgamation.) Am Fuß der Zeichnung befindet sich das Symbol für Gold (erfolgreicher Abschluss). Du kannst dieses Symbol auch mit einer Nadel in die gelbe oder goldene Kerze ritzen oder es mit Maismehl auf ein Brett malen und dann die Kerze darauf stellen.

Erde und zentriere dich. Beschwöre einen magischen Kreis und rufe die Kreisviertel an. Lege das Symbol der Manifestation in die Mitte deines Altars. Reinige, weihe und lade alle magischen Werkzeuge auf, die du benutzt. Reibe die Kerze mit Zitronenöl ein und konzentriere dich dabei auf materiellen Wohlstand oder auf einen konkreten Geldbetrag, den du gerade benötigst. Präsentiere die Kerze den vier Vierteln, wobei du mit dem Nordviertel beginnst und dann im Uhrzeigersinn weitergehst. Stell die Kerze auf das alchemistische Symbol in der Mitte des Altars. Besprenge die fünf Münzen (oder goldenen Steine) mit heiligem Wasser. Benutze nun deine magische Stimme und intoniere locker und fließend die Vokale a-e-i-o-u. Schüttele die Münzen (Steine) ein wenig und übertrage die Schwingungen deiner Stimme durch deine Hände auf die Münzen. Denke dabei an die Farbe Gold, da sie mit Wohlstand assoziiert wird. Trage die Münzen nun zu den vier Vierteln, beginnend im Norden, und bitte um den Segen jedes Viertels für die Wohlstands-Manifestation.

Kehre zum Altar zurück und lege die fünf Münzen (Steine) im Kreis um die Kerze. Halte die Hände über den Altar. Atme dreimal tief durch und entspanne dich. Zünde die Kerze an. Konzentriere dich auf die Flamme. Stell dir möglichst lebhaft vor, dass du dort in der Flamme eine Vision von der Verwirklichung deines Wunsches siehst. Sprich nun neunmal den folgenden Zauberspruch:

Auf ewig möge die silberne Schnur
spirituelle Erleuchtung bringen,
die goldene Schale mit Harmonie gefüllt sein,
der Kelch aufgeladen sein und überfließen
wie ein Brunnen,
das Rad des Lebens erfüllt sein mit Erfolg.

Nachdem du den Text neunmal gesprochen hast, sage:

Ich weiß, dass du das für mich tun wirst.
Weil ich es so will, ist es so.

Zeichne ein gleicharmiges Kreuz über der Kerze in die Luft. Lass die Kerze ganz herunterbrennen. Wenn sie erloschen ist, lege die fünf Münzen oder Steine, etwas Wachs von der Kerze und das alchemistische Symbol in den roten Beutel und trage es immer bei dir. Jedes Mal wenn dich Zweifel überkommen, ob dein Wunsch auch wirklich in Erfüllung geht, nimm den Beutel in die Hand und wiederhole den Zauberspruch und die zwei Abschlusssätze dreimal.

Wenn dein Wunsch in Erfüllung gegangen ist, lege den Beutel auf den Altar und leere ihn aus. Verbrenne das Manifestationssymbol und danke der Gottheit für die guten Gaben. Streue die Asche in den Wind und vergrabe das Kerzenwachs. Wasche die Münzen oder Steine mit heiligem Wasser und lege sie einen Tag lang in die Sonne. Danach kannst du sie und den Beutel erneut verwenden.

Psychometrie

Der Begriff *Psychometrie* bedeutet so viel wie »Seelenmessung« und wurde von dem amerikanischen Physiologieprofessor Joseph R. Buchanan im Jahr 1840 geprägt. Dabei wird von der Annahme ausgegangen, dass Gegenstände die (positive und negative) Energie von Menschen und Tieren aufnehmen, mit denen sie in Berührung kommen. So wird ein in Psychometrie geschultes Medium zu einer Art paranormalem Spürhund. In jüngerer Zeit setzte Uri Geller die Psychometrie ein, um der Polizei den entscheidenden Hinweis zu liefern, der zur Festnahme des Serienmörders »Son of Sam« führte.[68]

Wie viel Energie in einem Gegenstand durch häufigen Gebrauch gespeichert sein kann, hängt von mehreren Faktoren ab:

* dem Material, aus dem der Gegenstand besteht,
* der Natur der Person oder des Tieres,
* der Energie der Umgebung, in der der Gegenstand sich befunden hat,
* davon, wie viele andere Personen mit dem Gegenstand in Berührung kamen, seit er nicht mehr seinem ursprünglichen Besitzer gehörte.

Wenn wir Psychometrie praktizieren, begreifen wir, warum Hexen ihre Ritualgegenstände reinigen, weihen und aufladen. Wenn du einen Abend in der Gruppe damit verbringst, deine psychometrischen Fähigkeiten zu trainieren, wirst du beeindruckt sein, wie viel Energie in materiellen Gegenständen gespeichert sein kann!

Am besten kannst du Psychometrie üben, indem du über deine Eindrücke genau Buch führst. Für den Anfang eignen sich vor allem Fotos, weil du das, was du siehst, mit dem mischen kannst, was dein Bewusstsein innerlich wahrnimmt. Bei den meisten Wicca-101-Kursen wird auch Psychometrie gelehrt, weil das ein guter Weg ist, sich andere Wahrnehmungskanäle jenseits unserer fünf Sinne zu erschließen. Manche Leute empfangen bezüglich eines Gegenstandes nur »Gefühle«, während andere kurze Geistesblitze wahrnehmen oder einfach etwas »wissen«, ohne dass sie etwas sehen oder spüren. Der größte Stolperstein bei der Psychometrie ist es, wenn derjenige, der dir die Fragen stellt, zu sehr nachbohrt, und dein logischer Verstand dann versucht, die Lücken auszufüllen. Hier sind die Regeln der Psychometrie:

* Sage immer das Erste, was dir in den Sinn kommt, ganz gleich, wie dumm oder unlogisch es klingen mag.
* Schließe die Augen, weil du dann nicht durch visuelle Eindrücke abgelenkt wirst und leichter vom (wachbewussten) Beta- in den Alphazustand gelangst.
* Lass dich nicht beirren, wenn jemand sagt: »Das stimmt aber nicht.« Und zwar aus folgenden Gründen:
  a) Derjenige kennt vielleicht nicht alle Orte, an denen der Gegenstand sich bereits befunden hat, und du nimmst eine Energie-Nuance wahr, von der die andere Person nichts ahnt.
  b) Die Wahrnehmung der Menschen ist unterschiedlich. Es kann durchaus sein, dass du mit deiner psychometrischen Deutung richtig liegst.
  c) Die andere Person sagt die Unwahrheit, absichtlich oder unbewusst. Auch rechtschaffene Menschen neigen bisweilen dazu, unangenehme Erlebnisse zu verdrängen.

Aber natürlich wird es auch immer wieder vorkommen, dass du überhaupt nichts empfängst. So ist das Leben halt. Wenn deine Freunde feststellen, dass du auch nur ansatzweise über psychometrische Fähigkeiten verfügst, wird man dich immer wieder drängen, diese Fähigkeiten zu demonstrieren. Lass dich nicht darauf ein. Es ist eine wirklich frustrierende Erfahrung, in einem überfüllten Zimmer zu sitzen und von allen möglichen Leuten Gegenstände in die Hand gedrückt zu bekommen, die man »lesen« soll. Wenn du kein wirklich außergewöhnliches Talent auf diesem Gebiet hast, solltest du während der Lernphase öffentliche Demonstrationen auf ein Minimum beschränken. Noch eine letzte Warnung, die du dir unbedingt zu Herzen nehmen solltest: Wenn jemand in deiner Umgebung in illegale Aktivitäten verstrickt ist, vielleicht ein Freund einer Freundin, in dessen Gegenwart du jedes Mal eine Gänsehaut bekommst, solltest du dich unbedingt bedeckt halten und Stillschweigen über deine Divinationsfähigkeiten bewahren. Es gibt nämlich, wenn du die von dir bevorzugte Divinationsmethode wirklich gut beherrschst, kaum noch etwas, das dir verborgen bleiben wird. Natürlich wirst du dich, wie immer und überall im Leben, gelegentlich einmal irren – aber andere Leute wissen das nicht, besonders wenn sie bereits eine Demonstration deiner Talente miterlebt haben. Divination sollte niemals für illegale Zwecke missbraucht werden, und umgekehrt solltest du Acht geben, dass du nicht zur Zielscheibe für jemanden wirst, der Angst hat, du könntest seine kriminellen Machenschaften aufdecken.

Radiästhesie

Für uns Hexen ist die Radiästhesie ein ausgezeichneter Weg, um Energiefelder erspüren zu lernen. Die Erforscher der medialen Fähigkeiten des Menschen glauben, dass die Methoden der Radiästhesie – Wünschelrutengehen und Pendeln – älter sind als die Entwicklung der Schrift. Auf Höhlenmalereien im Atlasgebirge in Algerien und ägyptischen Darstellungen sind Menschen zu sehen, die mit der Wünschelrute arbeiten. Die Technik des Rutengehens, bei der man auf rituelle Weise geschnittene Zweige benutzte, um Erz aufzuspüren, gelangte in der Mitte des sechzehnten Jahrhunderts aus Deutschland in die Neue Welt.[69] Im Vietnamkrieg benutzten US-Marines (eigenmächtig, ohne offizielle Anweisung) das Rutengehen, um Sprengsätze, Minen und feindliche Stellungen aufzuspüren.[70] Ob du also nach Wasser oder nach gefährlichen Waffen suchst, die Kunst des Rutengehens ist keineswegs ausgestorben. Neben der Wünschelrute, bei der es sich zumeist um einen gegabelten Ast handelt (der nach unten ausschlägt, wenn das Gewünschte gefunden wurde), sind bei der Radiästhesie auch Rutenstäbe aus Metall in Gebrauch (zum Beispiel Kleiderbügel, von denen die Haken abgeschnitten wurden), die sich aufeinander zubewegen, wenn das Gewünschte gefunden ist. Oder es wird das so genannte Pendel benutzt: Es besteht aus einem Stück Metall oder einem Kristall, die an einer Kette oder Schnur hängen und ausschlagen oder sich zu drehen beginnen. Manche Medien halten das Pendel über eine Karte oder ein selbst gezeichnetes Diagramm und suchen auf diese Weise nach vermissten Personen oder Gegenständen.

Im Wicca-101-Training gibt es neben der schon erwähnten Psychometrie auch mindestens eine Gruppenstunde, die sich mit den verschiedenen Techniken des Rutengehens und Pendelns beschäftigt. Die radiästhesische Praxis sieht wie folgt aus:

1. Lege fest, was du suchen möchtest: Wasser, Energie oder einen im Boden verborgenen Gegenstand.
2. Formuliere innerlich klar und bestimmt den Namen der gesuchten Person oder Sache.
3. Befolge die Bedienungsanweisungen des jeweiligen Werkzeugs. Ruten und manche Pendel sind fertig oder als Bausätze im Handel erhältlich.
4. Führe über deine Experimente genau Buch.

Wenn du nicht genug Geld hast, um dir ein Pendel zu kaufen, befestige einen ungefähr zweieinhalb Zentimeter langen Kristall an einer etwa sechzig Zentimeter langen Schnur. Reinige den Kristall zuvor unter fließendem Wasser. Halte die Finger geschlossen und wickele das andere Ende der Schnur um Zeige- und Mittelfinger. Halte das Pendel so, dass der Kristall senkrecht nach unten hängt. Ehe du beginnen kannst, musst du festlegen, welche Bewegung was bedeutet. Sage zum Beispiel: *Zeige mir, was »Ja« bedeutet.* Versuche, Hand und Pendel ganz ruhig zu halten. Nach einer Weile wird das Pendel zu schwingen beginnen. Vielleicht bewegt es sich vor oder zurück oder aber im Kreis. Halte die Bewegung an und sage: *Zeige mir »Nein«*. Beobachte wieder, welche Bewegungen das Pendel nun macht und schreib es dir auf. Halte das Pendel wieder an und sage: *Zeige mir »Ich weiß es nicht«*. Notiere auch diese Pendelbewegung. Nun bist du bereit dafür, deine erste Frage zu stellen.

Manche Menschen erzielen mit dem Pendel große Erfolge, während andere es unzuverlässig finden. Es gibt ein paar Regeln, die bei der Arbeit mit dem Pendel zu beachten sind:

* Formuliere deine Frage, bevor du das Pendel in die Hand nimmst.
* Atme langsam und tief und geh die Sache gelassen und entspannt an, statt krampfhaft und mit angespannten Muskeln auf die Antwort zu warten.
* Versuche, die Hand so ruhig wie möglich zu halten, und lass es zu, dass das Pendel sich von selbst bewegt.

In der Gruppenausbildung werden Wünschelruten benutzt, um zu messen, wie gut die Schüler selbst die Energie anheben und die Energie eines magischen Kreises spüren können. Wenn du siehst, wie die Ruten sich bei der Energiearbeit bewegen, hilft dir das, Verständnis für die energetische Dynamik magischer Rituale zu gewinnen.

Radiästhesie-Experiment 1: Die Kreis-Energie prüfen

Hierzu benötigst du zwei Kleiderbügel aus Metall. Trenne die Haken ab, belasse die Bügel aber in ihrer dreieckigen Form. Fasse die Bügel an der langen geraden Seite, in jeder Hand einen. Die kurzen Schenkel der Dreiecke weisen nach vorn, so dass die Spitzen, wo sich die Haken befanden, als »Zeiger« dienen. Halte die Bügel nicht so lose, dass sie beim Gehen hin und her schwanken, aber auch nicht so fest, dass sie sich gar nicht bewegen können. Am Anfang sollen die Zeiger etwas nach links (bei dem Bügel in der linken Hand) und etwas nach rechts (bei dem rechten Bügel) zeigen. Lege die Bügel nun hin und beschwöre einen magischen Kreis. Schneide eine Tür in den Kreis. Verlasse den Kreis. Schließe die Tür. Nimm die Bügel und entferne dich mit ihnen zwei, drei Meter von dem Kreis. Justiere die Bügel wie zuvor beschrieben und geh dann auf den Kreis zu. Was tun die Bügel? Wenn du dich dem Kreis näherst, sollten sie nach vorn schwenken und auf den Kreis zeigen. Wie dicht musstest du an den Kreis herangehen, damit das passierte? Wiederhole den Versuch nun innerhalb des Kreises. Was geschieht jetzt? Prüfe die hineingeschnittene Tür. Was passiert dort? Wenn Energie durch die Tür entweicht, musst du die Qualität deiner Visualisierung verbessern. Hebe den Kreis auf und messe mit den Bügeln erneut die Energie. Wenn du die Kreisenergie nicht vollständig entlassen hast (was unerfahrenen Schülern mitunter passiert), wird es noch Ausschläge der Bügel geben. Dann musst du auch diese Visualisierungstechnik verbessern.

In Experimenten mit Hexenschülern im ersten Ausbildungsjahr habe ich herausgefunden, dass die meisten einen Kreis schlagen, der vom Körper aus gemessen einen Radius von knapp einem Meter hat. Erfahrenere Schüler können um sich herum Kreise mit einem Radius von etwa dreieinhalb bis vier Metern beschwören. Das Beschwören des Kreises gelingt auch Anfängern in der Regel problemlos, doch das Aufheben bereitet immer wieder Probleme. Mein wichtigster Rat lautet: Lass dir genug Zeit. Allzu oft beschwören die neuen Schüler ihren Kreis geduldig (besonders wenn sie ihn dreimal abschreiten), nehmen sich aber zu wenig Zeit für das Aufheben (gehen dabei nur eine einzige Runde entgegen dem Uhrzeigersinn). Meist sind sie dann gedanklich schon mit dem beschäftigt, was sie anschließend tun werden (einkaufen gehen, eine Freundin anrufen etc.). Wenn du mit den Rutenstäben experimentierst, wirst du sehen, dass die Ruten nach außen schwingen, wenn der Kreis sich auflöst.

Ich habe noch etwas herausgefunden: Wenn du durch einen Kreis hindurchläufst, ohne ihn vorher aufzuheben, zischt die Energie in alle Richtungen davon, und die ganze Mühe der Kreisbeschwörung, des Anrufens der Kreisviertel etc. war vergebens. Das Hereinschneiden einer Tür kann ebenfalls Probleme machen: Der Kreis eines Anfängers beginnt sich bereits nach zwanzig Sekunden aufzulösen, wenn er die Tür weit offen stehen lässt. Wenn Schüler oder Schülerin sich nicht die Zeit nehmen, die Tür sorgfältig zu schließen, also dieses Schließen konzentriert zu visualisieren, löst sich der Kreis sofort auf. Einfach nur mit der Hand zu wedeln und den Teilnehmern im Kreis zu sagen, dass die Tür nun wieder zu ist, genügt nicht. Bei deinen Experimenten sollten die Rutenstäbe deutlich wahrnehmbar nach außen schwingen, wenn die Tür ausgeschnitten wird, und wieder nach vorn schwingen, wenn sie geschlossen wird.

Radiästhesie-Experiment 2: Magisches Versteckspiel

Wie bei den Versteckspielen deiner Kinderzeit muss sich eine Person aus der Gruppe verstecken, und du suchst dann mit Hilfe der Ruten nach ihr. Du kannst auch üben, indem du nach deinem Haustier suchst. Denke aber immer daran, dass du innerlich klar und präzise formulieren musst, wen oder was du genau suchst. Wenn du diese Methode erst einmal sicher beherrschst, wirst du verlorene Autoschlüssel oder dergleichen problemlos wiederfinden!

Radiästhesie-Experiment 3: Chakra-Übung

Für diese Übung brauchst du einen Partner. Sie dient dazu, die Fähigkeit eines Menschen zu testen, die diversen Chakras an seinem Körper zu öffnen und zu schließen. Wenn die Versuchsperson ein Chakra öffnet, sollten die Ruten sich so drehen, dass sie auf diesen Punkt zeigen. Wenn die Versuchsperson das Chakra mental wieder schließt, sollten die beiden Rutenstäbe über diesem Teil des Körpers wieder auseinander schwingen. Daran, wie schnell die Chakras sich öffnen und schließen, kann man erkennen, wie gut die Versuchsperson sich in der Meditation zu konzentrieren vermag. Wir haben verschiedene Variationen dieser Übung ausprobiert, aber am besten geht es, wenn die Versuchsperson auf einem Tisch liegt, und zwar auf dem Rücken. Sie sollte die Augen schließen und sich dann erden und zentrieren. Der stehende Übungspartner gibt nun die Anweisung: »Öffne das Kronenchakra.« Wenn die Rutenstäbe reagiert haben, sagt der stehende Partner: »Es ist geöffnet. Nun schließe das Chakra wieder.« Wenn die Rutenstäbe sich nicht sofort bewegen, sollte er der liegenden Person dies mitteilen, sie ermutigen und ihr vielleicht helfen, das Chakra deutlicher zu visualisieren. Übe mit deinem Partner das Öffnen und Schließen aller Chakras und anschließend das Ausdehnen und Zusammenziehen der Aura. Wenn die Übung abgeschlossen ist, tauscht ihr die Plätze.

Radiästhesie-Experiment 4: Energetische Ladung testen

Teste die energetische Aufladung deiner magischen Werkzeuge, des Altars oder anderer aufgeladener Gegenstände. Erde und zentriere dich. Stell dich in zwei Meter Abstand zu dem Gegenstand auf, wobei die Rutenstäbe in deinen Händen nach außen zeigen. Wenn du nun langsam auf den Gegenstand zugehst, achte auf den Punkt, an dem die Rutenstäbe nach vorn schwingen und sich berühren. Auf diese Weise kannst du bei deinen sämtlichen magischen Utensilien prüfen, wie viel Energie sie enthalten. Wenn du täglich mit deinem Altar arbeitest, sollten die Rutenstäbe einen knappen Meter vor dem Altar nach vorn schwingen und sich berühren. Wenn der Altar längere Zeit nicht benutzt wurde, werden sich die Rutenstäbe vermutlich erst berühren, wenn du sie dicht darüber hältst. Während eines Rituals strahlt ein aktivierter Altar von der Kante seiner Oberfläche aus gemessen bis zu zwei Meter weit Energie ab.

Radiästhesie-Experiment 5: Herabziehen

Diese Übung wird zu zweit ausgeführt. Entsprechend den Anweisung auf Seite 315 zieht einer der beiden Partner den Mond herab, während der andere die Energieschwankungen mit der Rute überwacht. Tauscht dann die Plätze. Führe über die Ergebnisse Buch.

Reiki

von Autumn Ayla Craig[71]

Reiki ist eine gechannelte Form der Energieheilung, die in Japan entstanden ist. Das Wort stammt aus dem Kanji, der japanischen Bilderschrift. *Rei* bedeutet »spirituell geführt« und *ki* ist die Lebensenergie. Reiki wurde gegen Ende des neunzehnten Jahrhunderts von Mikao Usui aus Kioto wiederentdeckt. Er glaubte, es sei eine uralte Heilmethode, die von allen großen Heilern angewendet wurde, auch von Jesus und Buddha. Nach Jahren des Forschens und Reisens fastete und meditierte der Mönch Usui einundzwanzig Tage lang auf dem Gipfel eines heiligen Berges in Japan. Dort wurde ihm das Geheimnis des Reiki in einer Vision offenbart. Nach dieser Vision beschloss er, Reiki zu benutzen, um Bettler zu heilen und ihnen zu helfen, ein besseres Leben zu führen. Doch nach jahrelangem Dienst für die Bettler wurde ihm klar, dass er sie keine Dankbarkeit gelehrt hatte, und leider wussten viele von ihnen das Geschenk der Heilung nicht zu schätzen. Da er sein Wissen weitergeben wollte, beschloss er, sich auf die Suche nach wirklichen Schülern zu machen, und schon bald gewann er eine große Gefolgschaft, zu der Dr. Chujiro Hayashi gehörte, ein Reserveoffizier der Marine. Nach Mikao Usuis Tod eröffnete Dr. Hayashi eine Reiki-Klinik und bildete einen Mitarbeiterstab aus. Bei den meisten seiner Klienten handelte es sich um Adelige und Reiche. Man glaubte, dass nur jemand, der viel Geld dafür bezahlte, die Gabe der Heilung wirklich wertschätzen könne. Wurde das Wissen dagegen kostenlos weitergegeben, achteten die Leute es gering.

Zusammen mit der Reiki-Ausbildung gab Dr. Usui die Ideale des Reiki weiter, die heute noch ebenso wertvoll sind wie damals: »Sorge dich heute nicht. Zürne heute nicht. Achte deine Lehrer, deine Eltern, deine Nachbarn, deine Freunde. Danke allen lebendigen Geschöpfen. Verdiene deinen Lebensunterhalt auf ehrliche Weise.«

Hawayo Takata war eine gebürtige Hawaiianerin japanischer Abstammung. Als sie nach Japan reiste, um ihre Familie zu besuchen, erkrankte sie dort schwer. Sie erkundigte sich, ob es für ihr Leiden eine alternative Behandlungsmethode gäbe, und ihr Arzt empfahl ihr die Reiki-Klinik. Als sie ihre Gesundheit wiedererlangt hatte, war sie fest entschlossen, auch weiterhin gesund zu bleiben. Daher musste sie unbedingt selbst Reiki lernen. Sie ließ nicht locker, und schließlich setzte sich ihr behandelnder Arzt bei Dr. Hayashi für sie ein. Sie wurde zu der intensiven Klinikausbildung zugelassen, zu der auch die Mitarbeit in der Krankenpflege gehörte. Im Jahr 1937 kehrte sie schließlich nach Kauai zurück. Im Lauf ihres Lebens bildete sie zweiundzwanzig Reiki-Meister aus.

Alle, die heute Reiki praktizieren oder lehren, sind Teil der Traditionslinie, die sich in ununterbrochener Folge bis zu diesen zweiundzwanzig Meistern und damit zu Mrs. Takata, Dr. Hayashi und schließlich zu Dr. Usui zurückverfolgen lässt.

Reiki lässt sich nicht erlernen wie andere Heilmethoden. Um dich selbst und andere Menschen mit Reiki behandeln zu können, muss deine Energie »justiert« werden, damit du Reiki channeln kannst. Diese Energieübertragung zwischen Meister und Schüler wird Einstimmung genannt. Während der Einstimmung werden heilige Symbole in deinem Energiefeld verankert und dein Kronen-, Herz- und Handchakra geöffnet, damit die Energie durch sie fließen kann. Wenn du deine Einstimmung erhalten hast, kannst du sofort Reiki geben, und es wird dir von da an dein ganzes Leben lang zur Verfügung stehen, ob du es nun anwendest oder nicht.

Der Reiki-Praktizierende schließt sich an den grenzenlosen Vorrat der universalen Lebensenergie an, lässt diese Energie durch sein Kronenchakra einströmen und gibt sie durch seine Hände weiter. Dabei werden dem Behandelten die Hände aufgelegt oder es wird auf sein Energiefeld (die Aura) eingewirkt. Dies geschieht mittels einer Reihe von Standard-Handstellungen, mit denen alle wesentlichen Körperzonen behandelt werden können. Im Gegensatz zu anderen Formen energetischen Heilens setzen die Reiki-Gebenden niemals ihre persönliche Lebensenergie ein, sondern stellen sich nur als Kanal für die universale Energie zur Verfügung. Daher profitieren sie auch selbst von der gesundheitsfördernden Wirkung, wenn sie Menschen, Tiere oder Pflanzen mit Reiki behandeln. In einer zusätzlichen Ausbildung kann man lernen, Reiki-Fernbehandlungen durchzuführen, also Menschen zu helfen, die sich an anderen Orten aufhalten. Reiki ist überaus nützlich – ein persönlicher Erste-Hilfe-Koffer in deinem Inneren, den du ständig bei dir trägst.

Empfohlene Literatur
Reiki-Essenz von Diane Stein.

RUNEN

Bei den Runen handelt es sich um ein System der Magie und Divination, das wir von den germanischen Völkern geerbt haben. Schon vor 3500 Jahren entwickelten die zahlreichen germanischen Stämme eine einzigartige und komplexe materielle und spirituelle Zivilisation, die sich über das ganze nördliche Europa erstreckte. Von der Sonnenkultur der Bronzezeit bis zur Völkerwanderung in der späten Eisenzeit hatte die germanische Welt in Europa beträchtlichen Einfluss. Das germanische Heidentum gedieh noch im Mittelalter im von den Wikingern beherrschten Skandinavien, auf Island und in Deutschland. Die Britischen Inseln waren immer wieder Ziel von Eroberungsfeldzügen und Besiedelungswellen, sowohl durch die Sachsen wie durch die nordischen Seefahrer, die das Fundament für die englische Sprache, Gesetzgebung und Tradition legten.

Wir wissen, dass es sich bei den frühesten Runensymbolen um Felszeichnungen handelte, in denen die kosmischen Einsichten bronzezeitlicher Schamanen mitgeteilt wurden. Diese heiligen Glyphen wurden anhand von in Trancezuständen gewonnenen Visionen und Erkenntnissen gestaltet. In einer solchen Trance kommunizierte die Seele des Schamanen mit der Geisterwelt und deren Bewohnern. Man nimmt an, dass um 500 bis 400 v. Chr. die Stämme der Heruli (auch Eruli) aus diesen magischen Zeichen einen heiligen Code entwickelten. Dieser wurde dann mit den Lautwerten der norditalischen Buchstaben verbunden. So entstand das Runensystem, das wir heute kennen. Der Gebrauch der Runen für Magie, Kommunikation, Orakel und Inschriften war unter nahezu allen germanischen Völkern weit verbreitet. Germanen, Goten, Briten und Wikinger entwickelten jeweils ihre eigenen Runenformen. Daher existieren in der heutigen magischen Welt verschiedene Runenalphabete mit zum Teil abweichenden Bedeutungen.[72] Es gibt außerdem Hexenrunen, die vergleichsweise moderner Herkunft sind und nicht mit dem ursprünglichen germanischen Divinationswerkzeug verwechselt werden sollten.

Heute begegnen uns Runen in zwei Formen: Runenkarten (vergleichbar einem Deck Tarotkarten) und Runensteine (kleine Steine, die jeweils mit einer Rune beschriftet sind). Beide Varianten werden als Divinationswerkzeug und für magische Zwecke benutzt. Es gibt viele Arten, die Runen zu lesen, aber die wirkungsvollste Methode besteht darin, sie auf eine Matte oder Decke zu werfen. Die Runen in der Mitte bestimmen die für das Reading bedeutsamen Energien, während die weiter entfernt gefallenen Runen ergänzende Informationen liefern. Die Steine, die mit dem Zeichen nach oben fallen (so dass man sie nicht umdrehen muss), liefern Informationen, die offensichtlich sind, während verdeckt fallende Steine (die umgedreht werden müssen) verborgene Informationen preisgeben.

Runen sind unter modernen Hexen sehr beliebt, weil man mit ihnen rasch und unkompliziert die an einer Situation beteiligten Energien herauslesen kann. Man muss sich nur vierundzwanzig verschiedene Symbole merken, kann sie aus Ton oder Holz selbst herstellen, und jede Glyphe (für sich allein oder in Kombination mit anderen) erzeugt, wenn sie auf richtige Weise beschworen wird, sehr machtvolle Energien. Wie bei anderen Werkzeugen gilt auch hier, dass intensive Studien erforderlich sind. Die Runen sind aber sehr benutzerfreundlich, der Umgang mit ihnen ist einfach, und so fällt das Lernen leicht. Hier nun eine Liste, die dir dabei hilft, dich mit den Runen vertraut zu machen. Das kann aber nur ein erster Einstieg sein. Für ein vertiefendes Studium empfehle ich dir die am Ende des Kapitels genannte weiterführende Literatur.

Feoh

Grundbedeutung: Geld, Reichtum, Sinn für materielle Werte, Ego, Karma
Magische Anwendungen: Projekte vorantreiben; wird benutzt, um die Energie anderer Runen zu »senden«; vorübergehende Veränderungen
Gottheiten: Freyja, Audhumla, Surt, Niord, Frey

Ur

Grundbedeutung: Stärke; Heilung; geistige Kräfte; innerer Übergang; spirituelle Stärke
Magische Anwendungen: verleiht Stärke; geeignet, um Tapferkeit zu »senden«
Gottheiten: Firogynn, Thor

Thorn

Grundbedeutung: Schutz; ein unerfreuliches Ereignis; Selbstdisziplin; Organisation; Reinigung; Meditation
Magische Anwendungen: Durchbrüche; Verteidigung; Veränderung
Gottheit: Thor

Asa

Grundbedeutung: Förderung; Führerschaft; Information durch das geschriebene oder gesprochene Wort; sorgfältige Planung; göttliche Weisheit
Magische Anwendungen: Weisheit; Eloquenz; Inspiration; Informationsübermittlung
Gottheiten: Odin, Huginn, Muninn

Rad

Grundbedeutung: Reisen; kurze Unternehmungen; Vorwärtskommen; Transport; Denkmuster verändern; ein neuer spiritueller Pfad
Magische Anwendungen: Schutz bei Astralreisen und Reisen in der physischen Welt; Dinge in Bewegung bringen
Gottheit: Regin

Cen

Grundbedeutung: Dokumente, Briefe, Bücher oder andere schriftlich festgehaltene Informationen; Einsichten; Ideen; Lösungen; Erfolg; Kreativität; Erleuchtung; neue Möglichkeiten entdecken
Magische Anwendungen: sich neue Wege erschließen; Bannzauber; Licht ins Dunkel bringen; Feuerzauber jeder Art
Gottheit: Freyja

Gyfu

Grundbedeutung: angenehme Partnerschaft; materielle Geschenke; Großzügigkeit; Schwüre; göttliche Gaben und Fähigkeiten (etwa im musischen Bereich)
Magische Anwendungen: Dinge ins Gleichgewicht bringen; heilen; Energien bündeln; Luftmagie jeder Art
Gottheiten: Idunna, Gefion

Wyn

Grundbedeutung: das Gruppenbewusstsein (Familie, Clan, Coven etc.); Feste und Feiertage; Erfolg; Erfüllung; Harmonie
Magische Anwendungen: Wunschrune; Erfolg; »sendet« Autorität und Führungsstärke; verbindet die Energien innerhalb einer Gruppe auf positive Weise
Gottheiten: Alben

ᚻ Haegl

Grundbedeutung: unerwartete Ereignisse; Ent-Täuschung; spirituelle Kämpfe; Schutz gegen Feinde
Magische Anwendungen: Hindernisse überwinden; Bannzauber; Segnen; Abwehrmaßnahmen
Gottheiten: Holda (Frau Holle), Gandreid

ᚾ Nyd

Grundbedeutung: materielle, emotionale oder spirituelle Bedürfnisse
Magische Anwendungen: Streben nach Freiheit, Befreiung; eine zunächst unerfreuliche Situation zum Guten wenden; Feinde vertreiben
Gottheiten: Nott, Schwarzalben

ᛁ Isa

Grundbedeutung: materielle, mentale oder spirituelle Inaktivität
Magische Anwendungen: negative Energie blockieren; Vorgänge unterbrechen oder zum Stillstand kommen lassen; Klärung einer Situation; negative Energien binden
Gottheiten: Eisriesen, Skadi

ᛃ Jera

Grundbedeutung: Verbesserung physischer Umstände; neues Zuhause; Renovierungen; neuer Job; neue Beziehung; zu einer neuen Perspektive gelangen; spirituelle Fortschritte
Magische Anwendungen: behutsame Veränderung; die Früchte der eigenen Arbeit ernten; verdienten Lohn empfangen; eine Situation verbessern oder ein Gebäude ausbessern, renovieren
Gottheiten: Frey, Scyld, Sif

ᛇ Eoh

Grundbedeutung: plötzlicher, aber vorteilhafter Ortswechsel; Rückkehr eines alten Freundes oder Feindes; der Tod; sich dem eigenen Schatten stellen; spirituelle Initiation
Magische Anwendungen: Feinabstimmung von Energien; die Rune der Jäger; wahre Herzenswünsche verwirklichen; Projekte erfolgreich beenden; sich von Ängsten befreien; Abschluss
Gottheiten: Uller, Frigg, die Disen

ᛈ Peorth

Grundbedeutung: Magie; die Resultate der eigenen magischen Arbeit; Enthüllung von Geheimnissen; okkulte Interessen; göttliches Eingreifen
Magische Anwendungen: die tieferen, unterschwelligen Energien einer Situation verstehen; Initiation; Geheimnisse; Visionssuche; schamanische Arbeit; Schicksal
Gottheiten: Schicksalsschwestern, Mütter, Nornen

ᛉ Algiz

Grundbedeutung: Hilfe und Unterstützung von außen; Ethik und Werte; Schutz; Göttlichkeit; der Pfad der Erleuchtung; Intuition; Informationen aus einer göttlichen Quelle
Magische Anwendungen: Schutz; Glück; Verteidigung; mit Hilfe göttlicher Führung die eigenen medialen Fähigkeiten entfalten
Gottheiten: die Walküren, Heimdall

ᛋ Sol

Grundbedeutung: Erfolg; Heilung; persönliche Leistungen; die persönliche mit der göttlichen Energie verbin-

den; den richtigen Pfad finden; die eigene wahre Bestimmung erkennen
Magische Anwendungen: den Sieg erreichen; Erfolg; Heilung; weise Entscheidungen treffen, die dem Fortschritt dienen
Gottheiten: Sunna, Baldur

 Tyr

Grundbedeutung: Gerechtigkeit; Schlachten gewinnen; Gedanken und Gefühle ordnen; starker Glaube
Magische Anwendungen: Gerechtigkeit; Ehre; Sieg; Glaube; Ordnung; persönliche Sicherheit; Verteidigungsmaßnahmen; Mut
Gottheiten: Tyr, Saxnot

 Beorc

Grundbedeutung: Geburt; Empfängnis eines Kindes; ein neuer Job; eine Beziehung; emotionales Wohlbefinden; weibliche Mysterien; Schutz für Frauen
Magische Anwendungen: ein neues Projekt beginnen; Zauberrituale für Geburt, Reinigung, Mutterschaft, Reinkarnation und Schutz, besonders für Frauen und Kinder
Gottheiten: Berchtholda, Berchta

 Eh

Grundbedeutung: Bewegung und die Fahrzeuge, mit denen wir uns bewegen; Zusammenarbeit zwischen zwei Parteien; Verhandlungen; geistiger Austausch; göttliche und mediale Kraft empfangen
Magische Anwendungen: Etwas in Bewegung bringen; geschäftliche und andere Partnerschaften aufbauen; durch Zusammenarbeit Hindernisse überwinden; mediale Fähigkeiten in der Interaktion mit anderen Menschen
Gottheiten: Sleipnir, Zwilling

Man

Grundbedeutung: Karriere, soziales Leben, Vereine und andere Organisationen; Freundschaften; in der Gruppenarbeit Kontakt mit dem Göttlichen herstellen
Magische Anwendungen: gezielt einzelne Gedanken an andere Menschen senden; Intelligenz; berufliches und schulisches Weiterkommen; gerechte Schiedssprüche
Gottheiten: Mannus, Ask, Embla

Lagus

Grundbedeutung: erhöhte Sensitivität; unbewusste Aktivitäten; Träume; universale Liebe; kollektives Unbewusstes; Medialität
Magische Anwendungen: Stärkung der okkulten Fähigkeiten; Träume und andere psychische Phänomene deuten; Anziehungskraft; Glanz (auch falscher, verführerischer)
Gottheiten: Mani, Bil, Hjuki

Ing

Grundbedeutung: die Natur und die Welt um uns; Leidenschaft; Gleichgewicht; eine Sache, die dir Kopfzerbrechen bereitet hat, kommt zum Abschluss; Harmonie in allen Dingen finden, einschließlich der Natur
Magische Anwendungen: lernen, sich gut zu erden und zu zentrieren; gute Gelegenheiten nutzen; Geisteskrankheit überwinden; häuslichen Streit beilegen
Gottheiten: Lichtelben

Odal

Grundbedeutung: Aufbauen von Gebäuden, aber auch von Traditionen oder emotionalen Strukturen; Schutz des eigenen Besitzes
Magische Anwendungen: Wohlstand ins Haus bringen;

günstige Einflüsse für Heim und Wohlstand nutzen; das eigene Erbe
Gottheiten: Hlodyn, Odin

ᛞ DAG
Grundbedeutung: Zufriedenheit in allen Lebenslagen; positiver Blick in die Zukunft (oder die Notwendigkeit, einen solchen zu entwickeln); durch die eigenen spirituellen Erkenntnisse zu innerem Gleichgewicht und Harmonie gelangen; Transformation; eine neue Art zu leben
Magische Anwendungen: spirituelle Erleuchtung erlangen und anderen vermitteln; Entscheidungen treffen, die der eigenen Spiritualität förderlich sind; zu einer positiven Sicht der Dinge gelangen; Reichtum und Glück mehren
Gottheit: Baldur der Schöne

LEERER STEIN (LEERE KARTE)
Grundbedeutung: Jetzt ist nicht der richtige Zeitpunkt, um die gewünschten Informationen zu erhalten – oder: Die Zukunft ist das, was du selbst daraus machst.
Magische Anwendungen: keine
Gottheiten: keine

Binderunen

Einzigartig am Runensystem ist die Möglichkeit, Binderunen zu verwenden. Dabei werden zwei oder mehr Runen zu einem Symbol verbunden, um ihre Macht zu steigern. Diese kombinierte Kraft wird dann in magischen Ritualen eingesetzt. Der abgebildete Aegishjalm (der Schreckenshelm) ist eine solche Binderune und wird für Schutzzauber, Reinigung und Runenmacht eingesetzt. Welche Runen entdeckst du im Aegishjalm?

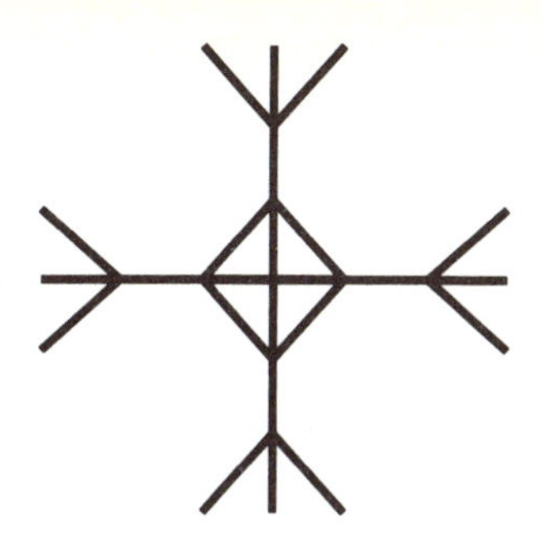

Die Binderune Aegishjalm, Schreckenshelm.

Hier sind Beispiele anderer Binderunen, die du in deiner magischen Arbeit einsetzen kannst:

Hilfe für Unglückliche, Traurige, Sorgenbeladene. Kombiniere Fehu, Ing und Lagus.

Für Heilung. Kombiniere Ur, Jera und Sol.

Feinde bannen. Kombiniere Thorn, Isa und Nyd.

Sich aus einer einengenden Situation befreien. Kombiniere Asa, Fehu und Ing.

Negativität an ihren Urheber zurückschicken. Kombiniere Haegl, Jera und Rad.

Eine Entwicklung verlangsamen. Kombiniere Isa, Lagus und Nyd.

Versöhnung herbeiführen. Kombiniere Gyfu, Man und Wyn.

Für besseres Wetter sorgen. Kombiniere Gyfu, Asa und Rad.

Astrale Angriffe abwehren. Kombiniere Dag, Eh und Lagus.

Genereller Schutz. Kombiniere Sol, Algiz und Asa.

Kommunikation mit den Toten. Kombiniere Haegl, Nyd und Tyr.

Mystisches Wissen erlangen. Kombiniere Eh, Man und Asa.

Dinge in Bewegung bringen. Kombiniere Sol, Rad und Cen.

Eine/n Lebensgefährtin/en finden. Kombiniere Cen, Jera und Ing.

Für Arbeit mit den Elementen. Kombiniere Eh, Lagus und Rad.

Um in Diskussionen andere Menschen zu überzeugen. Kombiniere Asa, Tyr, Wyn und Rad.

Für den Sieg. Kombiniere Tyr, Wyn und Odal.

Um deine Privatsphäre zu schützen. Kombiniere Asa, Lagus und Ur.

Für finanziellen Wohlstand und Erfolg. Kombiniere Feoh, Birca und Sol.

Binderunen aufladen

Zeichne die ausgewählten Binderunen auf ein Blatt Papier (oder auf Pergament, wenn du dir das beschaffen kannst). Schreibe den Namen des Menschen, für den die Rune bestimmt ist, auf die Rückseite des Blattes. Erde und zentriere dich. Beschwöre einen magischen Kreis und rufe die Kreisviertel an. Male dir den Schreckenshelm mit heiligem Wasser auf die Stirn. Wenn du in diesem Ritual die Gottheit beschwörst, solltest du ausschließlich Gottheiten aus dem germanisch-nordischen Pantheon verwenden, den Herrn und die Herrin oder die allgemeine Bezeichnung »das Göttliche«. Runen reagieren negativ, wenn man sie mit anderen Pantheons als ihrem eigenen kombiniert.

Zieh das Papier durch den Rauch deiner bevorzugten Räuchermischung. Stelle einen sauberen Teller auf den Altar. Lege einen Eiswürfel auf den Teller. Platziere ein Teelicht oben auf dem Eiswürfel. Halte die Hände über den Teller und sprich: *Ich rufe die Kräfte von Frost und Feuer an, dient mir und erfüllt meine Wünsche!* Zünde das Teelicht an.

Halte deine Hände über das Blatt mit der Binderune und sprich:

Ihr geheiligten Mächte von Eis und Feuer
aus uralten Welten und Erinnerung teuer,

von Asgard zu Hel kommt in diesen Raum,
von der Wurzel zum Wipfel am heiligen Baum,
ich rufe die Mächte der Rune herbei,
auf dass mein Wunsch Befehl euch sei!
Die drei guten Schwestern ihre Netze weben,
dass der Zauber sich erfülle in meinem Leben!

Fahre dreimal mit dem Blatt Papier über die Kerzenflamme. Hauche dreimal auf das Papier und versiegele es dann mit einem Kuss. Die Binderune ist nun aufgeladen, so dass du ihre Kraft zur Unterstützung anderer Zauberrituale einsetzen kannst. Oder aber du lässt sie ganz für sich ihre Wirkung entfalten. Danke der Gottheit, entlasse die Kreisviertel und hebe den Kreis auf. Lass das Teelicht brennen, bis es von selbst erlischt. Gieße das Wasser des geschmolzenen Eiswürfels draußen im Freien weg und sprich dabei: *Für die Götter!*

Hinweis: Du kannst Binderunen auch in Kerzen ritzen und auf Rucksack, Skateboard oder Geldbörse malen. Die alten Ägypter malten Hieroglyphen direkt auf die Haut, um Krankheiten zu heilen und das Wohlbefinden zu steigern. So kannst du es auch mit den Runen machen.

Empfohlene Literatur

Die Blätter von Yggdrasil von Freya Aswynn.
Heilige Runen von Géza von Neményi.
Runen-Weisheit von Ralph Blum.
Runen von Kenneth Meadows.

SCRYING

Indem wir uns die Muster anschauen, die sich in dem astralen Material formen, können wir das wahrscheinliche Ergebnis in die materielle Welt projizieren.
Raven Grimassi[73]

Das englische Wort *Scrying* geht auf das Französische *descry* zurück, das vom Lateinischen *describe* abgeleitet ist. *Describe* hat drei Bedeutungen: »hinausrufen«, »etwas aus der Ferne sehen« und »durch Beobachtung entdecken«. Im vierzehnten Jahrhundert wurde das Wort *descry* mit astronomischen und magischen Lehren in Verbindung gebracht.[74] Zurückverfolgen lässt sich die Technik des Scrying aber bis ins alte Ägypten, wo die Magier Bronzeschalen verwendeten, in die Darstellungen des Gottes Anubis eingraviert waren. Diese Schalen wurden mit Wasser gefüllt, auf dem man dann eine dünne Ölschicht schwimmen ließ. Das Medium (nicht notwendigerweise der Magier selbst) schaute auf die stille Oberfläche der Flüssigkeit und verkündete, was er oder sie dort sah.[75] Scrying ist demnach eine Methode, bei der man auf eine glatte, stille Oberfläche schaut – oft, aber nicht immer, eine dunkle Oberfläche – und aus dem Geschauten zukünftige, gegenwärtige oder vergangene Ereignisse deutet. Eine andere Bezeichnung für Scrying ist Kristallsehen, wobei aber, wie gesagt, nicht nur Glas- oder Kristallkugeln verwendet werden können, sondern alle glatten, durchschimmernden Oberflächen. Die berühmte irische Hexe Biddy Early benutze eine mit Wasser gefüllte Flasche aus blauem Glas als praktisches, preiswertes und unspektakuläres Scrying-Werkzeug.[76]

In der mittelalterlichen Literatur wird immer wieder

das Spekulum als Scrying-Werkzeug erwähnt. Davon gab es zwei Ausführungen. Die eine diente als chirurgisches Besteck, die andere – ein Spiegel aus poliertem Metall oder Glas, der manchmal eine Linse enthielt – wurde zu wissenschaftlichen Studien und für astronomische Beobachtungen benutzt. Abgeleitet von diesem Instrument werden heute alle Arten von Scrying-Werkzeugen (also auch Biddys blaue Glasflasche) als *Spekulum* bezeichnet.

Ob du nun eine schwarze Schale mit Wasser benutzt, ein Stück Glas, das auf einer Seite schwarz angemalt ist, eine Flasche aus farbigem Glas, eine Kristallkugel oder andere geeignete Objekte, die meisten Scrying-Experten sind sich einig, dass die beste Zeit für die Herstellung eines solchen Instruments der zunehmende Mond ist. Du solltest es bei Mondschein aufladen. (Sonnenlicht gilt als zu starke Kraft.) Astrologisch am besten geeignet sind Zeiten, wenn Mond oder Sonne im Skorpion stehen. Benutzen kannst du dein Spekulum am besten bei Vollmond. Neben der Verwendung eines Spekulums oder einer Flüssigkeit ist auch »Feuerschauen« populär, bei dem man in eine Kerzenflamme oder ein Kaminfeuer blickt.

Scrying mit einer Flasche aus Buntglas

Auswahl der Flasche: Nimm eine große Flasche mit so wenigen Kerben und aufgeprägten Buchstaben wie möglich. Je dunkler die Farbe, desto besser die Ergebnisse, obwohl ich auch schon mit großem Erfolg eine türkisgrüne Flasche verwendet habe.

Vorbereitungen: Reinige, weihe und lade das Spekulum in einem magischen Kreis bei zunehmendem Mond auf. Du kannst es deiner Lieblings-Gottheit weihen oder zur

Weihe einfach nur die Begriffe »Großer Geist« oder »Herr und Herrin« benutzen. Fülle die Flasche bei Vollmond mit heiligem Wasser oder einer Mischung aus heiligem Wasser und deinem bevorzugten ätherischen Öl, das ebenfalls geweiht worden sein sollte. Verschließe die Flasche. Bring die Flasche nach draußen, um sie aufzuladen. Wenn du nicht ins Freie gehen kannst, stell sie an ein Fenster, in das der Vollmond hereinscheint. Drehe die Flasche so, dass der Mond sich darin spiegelt. Lass sie mindestens eine Stunde im Mondlicht stehen.

Anleitung für das Scrying: (Diese Anweisungen gelten nicht nur für Flaschen, sondern auch für andere Scrying-Werkzeuge wie Kristalle oder Zauberspiegel.)

Schritt eins: Wische alle Fingerabdrücke von der Flasche. Beschwöre einen magischen Kreis und rufe die Viertel an. Setz dich mit der Flasche in der Mitte des Kreises bequem hin. Scrying wird meistens bei Kerzenlicht oder mit stark gedämpfter Beleuchtung betrieben, da helles Licht, das sich in der Oberfläche des Scrying-Instruments spiegelt, hinderlich ist. Die Lichtquelle sollte sich hinter dir befinden und nicht direkt die Flaschen anstrahlen. Wenn du möchtest, kannst du leise Musik laufen lassen und/oder ein Duftöl benutzen.

Schritt zwei: Erde und zentriere dich. Atme dreimal langsam und tief. Schließe die Augen und zähle von zehn bis eins. Entspanne deinen Körper und stell dir vor, dass alle Negativität aus dir entweicht. Visualisiere, dass du von weißem Licht umgeben bist.

Schritt drei: Halte die Flasche bequem im Schoß. Später wirst du es vielleicht vorziehen, sie auf einen Tisch zu stellen, aber jetzt, während du lernst, halte die Flasche behutsam in den Händen, so dass du ihre glatte Oberfläche bequem betrachten kannst. Schau auf das Glas, aber streng dich dabei nicht an. Wenn du dich anspannst, wird es schwerer, in den veränderten Bewusstseinszustand zu gelangen. Wenn du bereits über einige Meditationserfahrung verfügst, wird dir der Wechsel vom Wachbewusstsein in den Alphazustand leichter fallen. Wirklich bemerken wirst du den Übergang aber nicht, denn auch sonst gleiten wir immer wieder in den Alphazustand, etwa beim Fernsehen, Tagträumen oder Essen.

Schritt vier: Die Ränder der Flasche werden irgendwann etwas verschwimmen, oder vielleicht siehst du plötzlich silberne Wolken auf der Oberfläche der Flasche, einen feinen Nebel oder ein paar Lichter. Das ist normal und das erste Stadium des Scrying. Statt dich anzuspannen, wenn solche Wahrnehmungen auftreten, entspanne dich weiter. Falls du auch nur ein kleines bisschen nervös bist, schließe die Augen und umgib dich erneut mit weißem Licht. Öffne dann die Augen wieder und beobachte weiter den »Nebel« in der Flasche.

Schritt fünf: Allmählich werden die Wolken sich in eine weiche, tintige Schwärze verwandeln (manchmal auch ein dunkles Blau) – fast als würdest du auf flüssigen Samt schauen. Dann wird die Schwärze aufbrechen oder sich zurückziehen und das dritte Stadium des Scrying enthüllen – die eigentliche Vision. Diese Vision findet vielleicht nur vor deinem inneren Auge statt, oder du siehst tatsächlich etwas in der Flasche. Ganz abhängig von deiner Persönlichkeit kann die Vision konkret, symbolisch oder wie ein nächtlicher Traum erscheinen, der später gedeutet werden muss.

Schritt sechs: Wenn du spürst, dass das Scrying abgeschlossen ist, stell die Flasche ab und schließe die Augen. Erde und zentriere dich mit geschlossenen Augen. Atme dreimal langsam und tief. Zähle von eins bis zehn und öffne dann die Augen. Atme erneut tief durch. Halte deine Eindrücke in einem Notizbuch fest, um sie später rekapitulieren und vergleichen zu können. Entlasse die Viertel und hebe den Kreis auf. Bewahre die Flasche an einem geschützten Ort auf, wo sie keiner direkten Sonneneinstrahlung ausgesetzt ist. Du kannst die gefüllte Flasche einen Monat lang benutzen. Beim nächsten Vollmond gießt du das Wasser weg, spülst die Flasche gründlich aus und füllst sie mit frischem heiligem Wasser. Lass sie wieder mindestens eine Stunde im Licht des Vollmonds stehen, um sie erneut aufzuladen.

Wie alle medialen Techniken braucht auch das Scrying Hingabe und Übung. Viele Experten empfehlen ein tägliches Training von fünfzehn bis zwanzig Minuten, bis du das Gefühl hast, diese Kunst gut zu beherrschen. Das mag bei einigen Leuten schon nach einem Monat der Fall sein, andere werden ein ganzes Jahr benötigen.

Tarot

Zwar sind Tarotkarten zum Erlernen der Hexenkunst durchaus nicht zwingend notwendig, aber sie scheinen dennoch eines der beliebtesten Divinationswerkzeuge der modernen Magie zu sein. Da heute eine Vielzahl von Tarotdecks auf dem Markt ist, solltest du dir die Zeit nehmen, sorgfältig eines auszuwählen, das dir ein gutes Gefühl vermittelt. Wenn ich Tarot unterrichte, verbiete ich meinen Schülern, während der ersten drei Wochen irgendwelche Bücher zu diesem Thema zu lesen. Stattdessen ermutige ich sie dazu, mit den Karten zu arbeiten und ihre Bedeutung intuitiv zu erfassen. Ihre anfänglichen Deutungen der Karten sind dann zwar nicht immer »lehrbuchmäßig«, aber zumeist wunderbar einleuchtend und treffend. Dieses »buchlose« Training, begleitet von täglichen Meditationen über die Karten, ermutigt die Schüler, ihre medialen Fähigkeiten auf angenehme Art zu entwickeln. Nachfolgend findest du eine Liste mit Grundbedeutungen für die einzelnen Karten. Ich rate dir aber, täglich mit den Karten zu meditieren und zu arbeiten und Bücher zu lesen, die sich ausschließlich mit dem Tarot befassen.

Das Tarot verbreitete sich in Europa vermutlich ab dem zwölften Jahrhundert und hat sich seither nur wenig verändert. Es gibt achtundsiebzig Karten, die in zwei unterschiedliche Sätze aufgeteilt sind: die Großen Arkana, bestehend aus zweiundzwanzig Trümpfen, und die Kleinen Arkana, bestehend aus vier Farben zu vierzehn Karten, was zusammen sechsundfünfzig Karten ergibt. Ich lege die Karten, seit ich dreizehn bin – was bedeutet, dass ich inzwischen seit dreiunddreißig Jahren das Tarot lege. Hier findest du meine persönlichen Deutungen der Karten. Es steht dir aber selbstverständlich frei, eigene Studien zu betreiben und deine eigene Intuition sprechen zu lassen.

Große Arkana

0, Der Narr
Potenzial; etwas Neues beginnen; kindliche Unschuld; Lernen durch Erfahrung; Wagnisse eingehen.
Astrologische Assoziation: Uranus

1, Der Magier
Die Macht, Gedanken sichtbare Gestalt annehmen zu lassen; Meisterung der Kreativität; Zeit, um aktiv zu werden und Gelegenheiten beim Schopf zu packen; Können und Initiative.
Astrologische Assoziation: Merkur

2, Die hohepriesterin
Offenbarte Geheimnisse; okkulte Lehren und Studien; diese Karte erscheint oft kurz vor einer Epiphanie (Erscheinung) oder Initiationserfahrung; Geheimnisse; Intuition; das Unbewusste; Weisheit; das Symbol für die Alchemie und die Göttin Sophia.
Astrologische Assoziation: Mond

3, Die Herrscherin
Kündigt eine Schwangerschaft an, konkret oder in dem Sinne, dass jemand geistig mit etwas schwanger geht; Fülle; Fruchtbarkeit; Mutterschaft; die Erfahrung, genährt und versorgt zu sein; Gartenarbeit; weiblicher Unternehmergeist; Gaia; Herrschaft über die Erde.
Astrologische Assoziation: Venus

4, Der Herrscher
Führungsqualitäten; geschäftliche Aktivitäten; männlicher Unternehmergeist; Autorität; Chefs und Manager; Verantwortung; Vaterschaft; Macht.
Astrologische Assoziation: Widder

5, Der Hierophant
Tradition; das Bedürfnis, von anderen akzeptiert zu werden; Dogmatismus; Konformismus; spirituelle Führung; Streben nach Erleuchtung.
Astrologische Assoziation: Stier

6, Die Liebenden
Eine Wahl treffen; ein Vertrag; Liebe und Begierde; Versuchung; Konflikt zwischen echter Liebe und romantischer Schwärmerei; Harmonie erzeugen.
Astrologische Assoziation: Zwillinge

7, Der Wagen
Gleichgewicht; Sieg nach langem Kampf; Kauf eines neuen Fahrzeugs oder ein Fahrzeug ist reparaturbedürftig; Leistung; Erfolg; Kontrolle; Selbstdisziplin; Größe; Veränderungen im Beruf oder in anderen Lebensbereichen; Reisen.
Astrologische Assoziation: Krebs

8, Kraft
Reden oder Schriften, die zu kraftvollem Handeln auffordern; innere Stärke; ruhige Entschlossenheit; die eigenen Talente optimal nutzen; Integrität; Mut.
Astrologische Assoziation: Löwe

9, Der Eremit
Selbstanalyse; für sich allein nach der Wahrheit suchen; philosophische Bestrebungen; Selbstbetrachtung; Einsamkeit; Meditation.
Astrologische Assoziation: Jungfrau

10, Rad des Schicksals
Unerwartete Glücksfälle oder Schicksalsschläge; bezüglich eines alten Projektes wird ein neues Kapitel aufgeschlagen; neue Möglichkeiten tun sich auf; lernen, klug mit dem Strom des Lebens zu schwimmen, ohne zum Opfer der Umstände zu werden.
Astrologische Assoziation: Jupiter

11, Gerechtigkeit
Gerechtigkeit; Gleichheit; Fairness; Gerichtsprozesse und andere juristische Angelegenheiten; vernünftige Lösungen für Probleme finden; unparteiisches Urteil.
Astrologische Assoziation: Waage

12, Der Gehängte
Plötzlicher Umschwung im Denken; andere durch das eigene Handeln überraschen; die Verwirklichung von Plänen hinausschieben; von Menschen, Dingen oder Orten lassen, die uns nicht länger förderlich sind; Projekte für eine gewisse Zeit ruhen lassen.
Astrologische Assoziation: Neptun

13, Tod
Veränderung; Transformation; Kommunikation mit den Toten; abruptes Ende eines Projekts, einer Arbeit; sich von überholten Lebensmustern lösen, um persönliche Weiterentwicklung zu ermöglichen; neue Ideen und Chancen.
Astrologische Assoziation: Skorpion

14, Mässigkeit
Dein Schutzengel wacht über dich; Geduld lernen; Selbstbeherrschung; vernünftige Entscheidungen treffen; Teamwork; Kompromisse; glückliche Partnerschaft.
Astrologische Assoziation: Schütze

15, Der Teufel
Einschränkung; an etwas gebunden sein, zum Guten oder zum Schlechten; Drogen-/Alkoholsucht; Persönlichkeitsstörungen aller Art; unethisches Verhalten; Machtmissbrauch; Ausweichen vor der Verantwortung; Versuchung; Verleugnen.
Astrologische Assoziation: Steinbock

16, DER TURM
Schuldgefühle; zur falschen Zeit am falschen Ort sein; Katastrophen, die zu tiefen Einsichten führen; Pläne werden über den Haufen geworfen; zerstörte Illusionen; Demut lernen; eine bestehende Struktur wird niedergerissen, um sie anders wieder aufzubauen.
Astrologische Assoziation: Mars

17, DER STERN
Hoffnungen, Träume und Wünsche; Interesse für Astrologie; Verständnis; gedankliche Klarheit; Erneuerung des Glaubens; Erkenntnis; Harmonie; Optimismus; mit Erfolgen ist zu rechnen; positive innere Führung; ein Versprechen.
Astrologische Assoziation: Wassermann

18, DER MOND
Intuition; Täuschung; nächtliche Arbeit; verborgene Gefahren; Instinkt; Ringen um geistige Gesundheit; Veränderung; mögliche Verwirrung; Magie; Klatsch; zwischen Baum und Borke feststecken; Probleme mit der Selbstachtung; Einfühlungsvermögen.
Astrologische Assoziation: Fische

19, DIE SONNE
Erfolg; der Wille; Glücklichsein; Freude; eine gute Ehe oder Partnerschaft; positive Lebenseinstellung; Kreativität; handlungsorientiert.
Astrologische Assoziation: Sonne

20, DAS GERICHT
Alte Sünden holen dich ein; Verantwortung für die eigenen (gegenwärtigen und früheren) Handlungen übernehmen; spirituelles Erwachen; Vergebung; sich Konse-

quenzen stellen; aus der Erfahrung lernen; ernten, was man gesät hat.
Astrologische Assoziation: Pluto

21, DIE WELT
Abschluss eines Zyklus; Erfolg und Erfüllung; Dinge zum Abschluss bringen; Alchemie; spirituelle Einsicht; Bewegung und Reisen; die Suche nach dem Stein der Weisen; Beschäftigung mit den Wissenschaften und der Quantenphysik.
Astrologische Assoziation: Saturn

Münzen

Geld, Besitz, alle Dinge von Wert
Astrologische Assoziation: Erde
Zeitqualität: Winter

AS DER MÜNZEN
Fülle; Reichtum; ein Vertrag, der finanzielle Dinge regelt; Leistungen; gute Neuigkeiten; ein Neubeginn, besonders in finanzieller Hinsicht; Geschenke; positiver materieller Zuwachs; neue geschäftliche Angebote.

ZWEI MÜNZEN
Mit Geld jonglieren; den einen bestehlen, um es dem anderen zu geben; Situationen in den Griff bekommen, bei denen es um Geld oder Besitz geht oder um etwas, das dir teuer ist; Konkurrenz; Interessenkonflikte; ein kleiner Geldbetrag steht ins Haus; lernen, in finanziellen und geschäftlichen Dingen flexibler zu sein; mögliche geschäftliche Partnerschaften, die erhöhte Verantwortung mit sich bringen, sich aber nicht als lukrativ erweisen werden.

Drei Münzen

Ausbildung, besonders auf weiterführenden Schulen oder berufliche Weiterbildung; sich auf etwas spezialisieren, das in der Zukunft hohe finanzielle Gewinne verspricht; Können; künstlerische Leistungen; erfolgreicher Start eines neuen Projekts; harte Arbeit findet Anerkennung in Form einer Beförderung, einer Gehaltserhöhung oder anderen finanziellen Zuwendungen.

Vier Münzen

Einen Garten anlegen; etwas an ein Gebäude anbauen; Besitz erwerben; Renovierungsarbeiten an Haus und Grundstücken; das Fundament für ein Projekt legen; Wohlstand, Stabilität; auf Verwirklichung der eigenen Ambitionen hinarbeiten.

Fünf Münzen

Unerwartete finanzielle Schwierigkeiten oder Probleme in einer Sache, die dir viel bedeutet; sich emotional isoliert fühlen; Rückschläge; negativer Stress; Enttäuschungen; Probleme lösen, die durch eine Scheidung oder einen Todesfall in der Familie entstanden sind; Probleme mit einem Testament oder Nachlass; juristische Probleme; finanzielle Verluste; mangelnder Blick für Details in Finanzangelegenheiten, wodurch unnötiger Schaden entsteht.

Sechs Münzen

Großzügigkeit sich selbst und anderen gegenüber; Wohlstand; Güte; verdienter Lohn; einen Wohltäter finden; Geschenke aller Art.

Sieben Münzen

Investitionen, die sich später auszahlen; Fortschritt und Gewinn; du selbst bist deines Glückes Schmied; Erfolg in einem Bereich, der dir sehr wichtig ist; berufliche Veränderungen, die sich als segensreich erweisen, vorausgesetzt, du hast hart genug dafür gearbeitet; Richtungsänderung in der Finanzplanung oder einem Projekt, das mit finanziellen Dingen zu tun hat; Entscheidungen haben jetzt weitreichende Konsequenzen für deine finanzielle Lage.

Acht Münzen

Eine Fähigkeit meisterlich beherrschen; Freude an der eigenen Arbeit; Handwerk und Kunst; ernten, was man gesät hat; im finanziellen oder geschäftlichen Bereich schließt sich ein Kreis; Berufsausbildung; neue Karrieremöglichkeiten tun sich auf; eine Chance, mehr Geld zu verdienen, sollte genutzt werden.

Neun Münzen

Weisheit erlangen; glücklich sein und ein gutes Selbstwertgefühl haben; materielle und finanzielle Sicherheit; finanziell gut für seine Kinder und Angehörigen vorsorgen; eine Erfolgsprämie.

Zehn Münzen

Materielle Erfüllung; Einsatz wird belohnt; eine Aufgabe oder ein Projekt wird erfolgreich abgeschlossen; ein glücklicher Ausgang; finanzielle Absicherung und ein solides Fundament.

Bube der Münzen

Gute Neuigkeiten in finanzieller Hinsicht; ein junger Mensch mit neuen, kreativen Ideen.

Ritter der Münzen

Bewegung in finanziellen Angelegenheiten; Ausdauer und Geduld; Hingabe an eine bestimmte Sache.

Königin der Münzen
Eine bodenständige Frau, die für ihren Scharfsinn in finanziellen Angelegenheiten bekannt ist; Fürsorglichkeit; ein Mensch, der sich gern in der Natur aufhält und die Gartenarbeit liebt; Sparsamkeit; finanzielle Einträglichkeit; praktische Ideen sinnvoll nutzbar machen.

König der Münzen
Erfahrener, erfolgreicher Geschäftsmann oder andere Führungspersönlichkeit; ein sparsamer, zuverlässiger, standhafter und oft einfallsreicher Mensch; gutes Planungstalent; bodenständige, pragmatische Persönlichkeit.

Stäbe

Kommunikation, Gedanken und Ideen
Astrologische Assoziation: Feuer
Zeitqualität: Frühling

As der Stäbe
Neue Unternehmung oder Idee; neues Projekt oder eine Reise; Ideen in die Tat umsetzen; die eigene Imagination einsetzen; Kreativität; das As steht immer für Anfänge.

Zwei Stäbe
Eine neue Partnerschaft; durch Führungsstärke Kommunikationsprobleme lösen; Begegnungen; Konflikte lösen; mildernde Umstände werden angemessen berücksichtigt; Firmenfusionen; Erfolg; durch Eigeninitiative Hindernisse überwinden.

Drei Stäbe
Eine mögliche Reise auf dem Wasser; eine berufliche

Laufbahn, bei der man viel umherreist; internationaler Handel; glückliche Hand in geschäftlichen Dingen; die erste Phase eines Projekts kommt zum Abschluss; Suche nach Auslandsinvestitionen; mit Menschen in Führungspositionen zusammenarbeiten; Ideengeber sein; Konferenzen, Symposien, Messen.

Vier Stäbe

Solide finanzielle Grundlagen schaffen; Frieden; Freude; kreative Wurzeln schlagen; an einer Hochzeit teilnehmen oder selbst heiraten; Feste; Picknicks; Urlaubsfreuden; Feiern aller Art, einschließlich Geburtstagen, Jubiläen, beruflichen Erfolgen; eine Gartenlaube bauen, Gartenmöbel und andere Utensilien für den Garten kaufen; Liebesglück (du solltest aber diesbezüglich auch die benachbart liegenden Karten berücksichtigen).

Fünf Stäbe

Konflikte, die zu geistiger Annäherung zwischen den Parteien führen; Debatten; verbale Konflikte, die aber zu neuen Ideen führen; Wettbewerb; mentaler Kampf; Rebellion (schau dir die benachbarten Karten an); Verzögerungen und Frustration; eine schwierige Wahl zwischen Wille und Begierde.

Sechs Stäbe

Sieg und Erfolg; Triumphgefühle; für die eigene harte Arbeit öffentliche Anerkennung finden; alle Hindernisse überwinden; gewinnen; Aussicht auf wirkliche Erfüllung.

Sieben Stäbe

Dorthin gehen, wo sich sonst keiner hinwagt; durch mutiges Handeln Erfüllung finden; schwere Herausforderungen, die sich aber meistern lassen; Unsicherheit und

Risiken; Erfolg nach Überwindung extremer Schwierigkeiten.

Acht Stäbe
Botschaften; Kommunikation; Internet und Geschäft; E-Mails; Telefonanrufe; Faxe; lange Reisen; hastiges Handeln; leidenschaftliche Liebesbriefe; Aktivität und Aufregung; tatkräftig seine Ziele verfolgen; wenn du erst nachdenkst, bevor du handelst, kannst du eine Menge erreichen.

Neun Stäbe
Den Stier bei den Hörnern packen; aktiver Einsatz; andere Menschen inspirieren; Freiheit des Denkens; eine Führungsposition erreichen; Widerstand entschlossen begegnen; Reisen und Umzüge.

Zehn Stäbe
Überarbeitet; zu viele Lasten auf den Schultern; zu viel Verantwortung im Beruf oder in der Familie; das Gefühl, dass ein Projekt niemals fertig wird – aber gib nicht auf! Das Ziel ist früher erreicht, als du denkst; der Versuch, sich an überlebten Situationen und Mustern festzuklammern; der Versuch, zu viel zu schnell anzuhäufen.

Bube der Stäbe
Botschaften im Bereich Karriere und Kreativität; ein junger Mensch, der impulsiv und begeisterungsfähig ist.

Ritter der Stäbe
Frischer Wind im beruflichen Bereich, neue Ideen; wohlmeinender, jedoch oft unzuverlässiger junger Mann.

Königin der Stäbe
Erfolg in Familie und Beruf; Erholung bei Freizeitaktivitäten im Freien; Liebe zu allem Schönen; intelligente Frau mit rascher Auffassungsgabe.

König der Stäbe
Kreativer Mensch mit einem Blick für Schönheit; oft impulsiv, aber dabei freundlich. Hilfsbereit im geschäftlichen oder kommunikativen Bereich.

Kelche

Emotionen
Astrologische Assoziation: Wasser
Zeitqualität: Sommer

As der Kelche
Beginn einer Romanze oder einer anderen schönen Erfahrung; überfließendes Glück; Produktivität, die durch Freude am Leben und der eigenen Lebensaufgabe entsteht; ein schönes Geschenk; ein neues faszinierendes Projekt voller vielversprechender Möglichkeiten; die eigene Zeit Dingen widmen, die dir Erfüllung schenken.

Zwei Kelche
Partnerschaft, die auf positiven Emotionen beruht; neue Freundschaften; eine Affäre; Harmonie und Gleichgewicht.

Drei Kelche
Sich einer Gruppe Gleichgesinnter anschließen; emotional angenehme Feste aller Art; positive Gruppengefühle; Wohlbehagen; ein glückliches Ende für ein emotional be-

lastendes Problem; glückliche Fügungen; etwas lange Erwartetes erfüllt sich auf emotional befriedigende Weise.

Vier Kelche

Zu viel des Guten; Unentschlossenheit, gefühlsmäßige Schwankungen; Apathie; infolge emotionaler Unzufriedenheit oder Belastung eine falsche Entscheidung treffen; Erschöpfung; theatralisches Gehabe (aus einer Mücke einen Elefanten machen); Langeweile; sich nur auf das Negative einer Situation konzentrieren, statt auch die guten Seiten zu sehen.

Fünf Kelche

Ein schmerzhafter Konflikt; eine Veränderung, die durch Verlust oder Reue ausgelöst wird; richte deine Aufmerksamkeit auf das Positive, das dir geblieben ist; emotionale Enttäuschung; einen Freund verlieren; in unsinniger Weise Vergangenem nachtrauern.

Sechs Kelche

In der Vergangenheit leben; mangelnde Bereitschaft, sich vom Gestern zu lösen und nach vorn zu blicken; sich der Geschichte oder der Ahnenforschung widmen; eine wichtige Entdeckung aus der Vergangenheit; jemanden aus deiner Vergangenheit wiedertreffen; eine Erbschaft; ein Geschenk von einem Bewunderer (wenn andere Karten diese Deutung unterstützen); Nostalgie; die Möglichkeit, dass ein/e frühere/r Geliebte/r zurückkehrt (auch hierbei sollten wieder die benachbart liegenden Karten mit berücksichtigt werden); Handlungen aus der Vergangenheit tragen in der Gegenwart emotionale Früchte; eine sentimentale Reise.

Sieben Kelche
Es ist nicht alles Gold, was glänzt; lies auch das Kleingedruckte; sich Illusionen hingeben; Illusionszauber; eingebildeter Erfolg; Selbsttäuschung; eine mögliche Persönlichkeitsstörung; Tatsachen leugnen; viele Masken tragen, aber der Welt niemals sein wahres Gesicht zeigen. Die Warnung, die von dieser Karte ausgeht, lautet: *Lebe dein wahres Selbst. Vergeude keine Zeit damit, nach den Vorstellungen anderer zu leben, sondern höre auf deine innere Stimme.* Und sei bei anstehenden Entscheidungen auf der Hut – möglicherweise versucht jemand, dich hereinzulegen.

Acht Kelche
Personen, Orte und Dinge hinter sich zurücklassen, die der persönlichen Entwicklung im Weg stehen; sich selbst in einem neuen Licht sehen und neuen Horizonten entgegengehen; Enttäuschungen in der Liebe; eine neue Ebene der Spiritualität erreichen; Zeit für emotionalen Hausputz; bewusst den eigenen Lebensstil ändern, um so spirituelle Harmonie zu erzeugen; nicht mehr gewollte oder überflüssig gewordene emotionale Bindungen lösen sich auf.

Neun Kelche
Alle deine Wünsche gehen in Erfüllung. Eine der besten Karten im ganzen Deck. Wohlstand, jede Menge Liebe und Streicheleinheiten, emotionale Zufriedenheit. Überlege nur sehr gut, was du dir wünschst, denn es geht bestimmt in Erfüllung. Auch deine magische Arbeit ist von Erfolg gekrönt.

Zehn Kelche
Erfolg; dauerhaftes Glück; häusliche Zufriedenheit; lie-

bevolle Partnerschaft und gute Freundschaften; emotionale Erfüllung.

Bube der Kelche
Eine Botschaft emotionaler Natur; ein künstlerisch talentierter, fantasiereicher Schüler; ein emotional expressives und kreatives Kind.

Ritter der Kelche
Entwicklung und Klärung im emotionalen Bereich; eine Nachricht oder Einladung steht ins Haus; ein wankelmütiger junger Mann; ein junger Mensch, der in emotionaler Hinsicht seine eigenen Wege geht.

Königin der Kelche
Eine heimlichtuerische, kreative Frau. Oft ist sie »die andere« in einer heimlichen Liebesaffäre; schwatzhaft und nachtragend; emotional.

König der Kelche
Emotionaler Mensch; kreativ; eher labil; launisch; zeigt der Welt viele Gesichter, aber ist dahinter als Person nur schwer fassbar; möglicherweise ein Schwindler und Gauner.

Schwerter

Intellekt, Gesundheitsthemen
Astrologische Assoziation: Luft
Zeitqualität: Herbst

As der Schwerter
Eine verblüffende neue Idee; den Verstand gebrauchen,

um ein Problem auf neue Weise anzugehen; ein persönlicher Sieg.

Zwei Schwerter

Weder vor noch zurück können; zwischen zwei Gegensätzen gefangen sein; Notwendigkeit, mit der Dualität einer Situation zurechtzukommen; mit Klatsch und Tratsch umgehen lernen; Unentschlossenheit; Streben nach Gleichgewicht.

Drei Schwerter

Trauer und Schmerz. Der Fragesteller hat in jüngster Zeit eindeutig einen Verlust erlitten (was manchmal geleugnet wird, wenn auch eher selten). Emotionale Pein, Enttäuschung, Verrat; Streitigkeiten und Trennungen.

Vier Schwerter

Bedürfnis nach Ruhe und Entspannung; Bedürfnis nach einer erholsamen, stressarmen Umgebung; es ist Zeit für einen Urlaub, möglichst in schöner Naturumgebung; eine willkommene Entlastung von schwerer Arbeit oder eine Veränderung zum Besseren.

Fünf Schwerter

Von einem Freund bestohlen werden; Verlust oder Niederlage; Demütigung; die Unfähigkeit, sich selbst angemessen zu verteidigen; unfaire Behandlung; Erfolg wird sich erst einstellen, wenn du gelernt hast, die eigenen Grenzen zu akzeptieren; nimm es nicht hin, wenn man dich schikaniert und drangsaliert!

Sechs Schwerter

Krankheit, Schmerz und Sorge hinter sich lassen; Erholung; aktiv werden, um seine Probleme zu überwinden;

du gehst besseren Zeiten entgegen, lass also den Mut nicht sinken; eine Reise, die wegen ungünstiger Umstände schon oft verschoben werden musste; dringendes Bedürfnis nach einem »Tapetenwechsel«.

Sieben Schwerter

Von einem Fremden bestohlen werden; ein möglicher Umzug; ein Rückschlag; eine Pechsträhne; achte unbedingt darauf, dich jederzeit taktvoll zu benehmen; mögliche Teilerfolge, die aber im Grunde die dafür einzugehenden Risiken nicht wert sind.

Acht Schwerter

Lass dich nicht von deiner Umgebung als Müllschlucker missbrauchen! Niedriges Selbstwertgefühl, weil den negativen Bemerkungen anderer zu viel Bedeutung beigemessen wird; mögliche Lebenskrise; vorübergehender Gefängnisaufenthalt möglich; beengende, einschränkende persönliche Lebensumstände.

Neun Schwerter

Alptraum; in den eigenen Ängsten gefangen; nächtliche Schlafstörungen; selbst verschuldete Leiden und Enttäuschungen; unbegründete Sorgen; sich in einem Menschen täuschen; mögliche Gefahr – beachte die benachbart liegenden Karten.

Zehn Schwerter

Der Wunsch, aus Schmerz und Unglück zu entfliehen; die dunkelste Stunde ist immer die kurz vor Anbruch des neuen Tages – verzweifele nicht, die Dinge werden sich zum Besseren wenden; das Gefühl, dass enge Vertraute dir in den Rücken fallen; Seelenqualen; baue emotionale Distanz auf, um dich zu schützen.

Bube der Schwerter
Botschaften, die der Wahrheitsfindung dienen; junger, intelligenter Mensch; ein Faible für Geheimnisse und deren Ausspionierung; ein Mensch, der über ein eindrucksvolles Netzwerk von Informanten verfügt.

Ritter der Schwerter
Ein schnelles Kommen und Gehen; furchtloses Eintreten für Gerechtigkeit.

Königin der Schwerter
Loyale, entscheidungsfreudige Frau mit Geschäftssinn; nicht viel Sinn für Humor; logisch, klug, mit wacher Intensität; lebt manchmal allein, aber nicht immer; aggressiv; in emotionaler Hinsicht manchmal distanziert; durchschaut Intrigen und üble Tricks; exzellente Freundin; als Feindin nahezu unbesiegbar.

König der Schwerter
Starke, mächtige Autoritätsperson; loyal, intelligent; beruflich oft in der Justiz, beim Militär oder in gefährlichen Berufen wie Polizeibeamter oder Rettungssanitäter tätig; guter Notfallmediziner oder Chirurg; exzellenter Freund; als Feind nahezu unbesiegbar.

Die Karten legen

Reinige die Karten mit einem Glöckchen, heiligem Wasser oder anderen magischen Instrumenten vor, nach und zwischen den Sitzungen. Was das Mischen angeht, sind die Meinungen geteilt: Manche Kartenleger sagen, dass der Fragesteller die Karten mischen soll, andere halten es so, dass ausschließlich derjenige die Karten berühren darf, der sie auch legt und deutet. Da ich selbst täglich mehrere Tarotreadings gebe, ziehe ich es vor, die Karten selbst zu mischen. Auch in der Frage, wie oft die Karten gemischt werden sollen, gibt es unterschiedliche Auffassungen. Die meisten Kartenleger mischen so lange, bis sie das Gefühl haben, dass es genug ist. Es ist sinnvoll, den Fragesteller zu bitten, während des Mischens still zu sein und sich auf seine Frage zu konzentrieren. Wenn die Leute in diesem Moment drauflosplappern und oberflächlich Konversation betreiben, kann die Qualität der Sitzung darunter leiden und sich allerlei sonderbares Zeug in die Deutung einschleichen.

Nun werden die Karten in drei Stapel aufgeteilt. Manche Kartenleger drehen einfach die Stapel um und deuten die drei obersten Karten. Andere legen die Stapel wieder zusammen – rechter Stapel auf den linken Stapel und beide auf den mittleren Stapel. Die Karten werden dann nach einem vom Kartenleger gewählten System ausgelegt. (Siehe auch unter dem Stichwort *Divination*) Da das Keltische Kreuz das am häufigsten angewandte Legesystem ist, stelle ich es hier vor:

Das Keltische Kreuz

Wähle vor dem Mischen eine Karte aus dem Deck aus, von der du das Gefühl hast, dass sie am besten den Menschen symbolisiert, dem du die Karten legen möchtest. Ich zum Beispiel fühle mich am besten durch die Königin der Schwerter repräsentiert, und als Karte für meinen Mann wird immer wieder der König der Schwerter gezogen. Daher benutzen wir als Symbole für uns selbst diese beiden Karten. Wenn du unsicher bist, schließe die Augen und denke über Gesicht und Persönlichkeit der

Rat suchenden Person nach. Versuche dann, frei zu assoziieren. Meist wird eine Hofkarte oder eine Karte der Großen Arkana ausgewählt.

Du kannst auch bewusst eine Karte aussuchen, die zu der aktuellen Situation passt. Wenn beispielsweise deine Freundin einen gewalttätigen Ehemann hat und wissen will, wie ihre häusliche Situation sich künftig entwickeln wird, könntest du mit der Karte »Der Teufel« beginnen und von dort aus weitermachen. Aber diese Vorgehensweise empfehle ich nur erfahrenen Kartenlegern.

Karte 1 (Signifikator) wird vertikal auf die den Fragesteller symbolisierende Karte gelegt. Sie symbolisiert den momentan im Leben des Fragestellers vorherrschenden Einfluss.

Karte 2 (die Karte, die kreuzt) wird horizontal auf Karte 1 gelegt. Sie steht für die Einflüsse, die momentan den Fragesteller am meisten hemmen, behindern oder blockieren.

Karte 3 (Wachbewusstsein) wird vertikal unter die ersten beiden Karten gelegt. Sie steht für einen früheren Einfluss im Leben des Fragestellers, durch den die momentane Situation hervorgerufen wurde.

Karte 4 (Unterbewusstsein) wird rechts neben die ersten beiden Karten gelegt. Sie steht für einen Einfluss, der kürzlich geendet hat oder gegenwärtig dabei ist, aus dem Leben des Fragestellers zu verschwinden.

Karte 5 (Vergangenheit) wird oberhalb der ersten beiden Karten ausgelegt. Diese Karte zeigt an, welcher Einfluss aus der Vergangenheit momentan im Leben des Fragestellers an Bedeutung gewinnt. Diese Karte bildet die »Krone«, denn dieser Einfluss wird in den nächsten Tagen sein Leben bestimmen.

Karte 6 (unmittelbare Zukunft, 1–2 Wochen) wird links neben die ersten beiden Karten gelegt. Der Einfluss, der in naher Zukunft bestimmend sein wird.

Die **Karten 7, 8, 9 und 10** werden in vertikaler Reihe von unten nach oben ausgelegt.

Die siebte Karte (Zukunft 4–6 Wochen) steht für die Ängste, die dem Fragesteller zu schaffen machen.

Die achte Karte (was andere über einen denken – muss nicht mit dem übereinstimmen, was man selbst von sich weiß) steht für Freunde, Angehörige und sonstige Personen, die Einfluss auf die künftige Entwicklung haben.

Die neunte Karte (Ängste und Wünsche) steht für das, was der Fragesteller sich in der gegenwärtigen Situation wünscht und erhofft.

Die zehnte Karte (Resultat, in sechs Monaten) ist das Endresultat, das der Fragesteller bezüglich der Situation zu erwarten hat.

Die **Karten 11, 12, 13, 14, 15:**

Die elfte Karte steht für notwendige Maßnahmen, die ergriffen werden müssen, wobei Erdenergie einzusetzen ist.

Die zwölfte Karte steht für notwendige Maßnahmen, die ergriffen werden müssen, wobei Luftenergie einzusetzen ist.

Die dreizehnte Karte steht für notwendige Maßnahmen, die ergriffen werden müssen, wobei Feuerenergie einzusetzen ist.

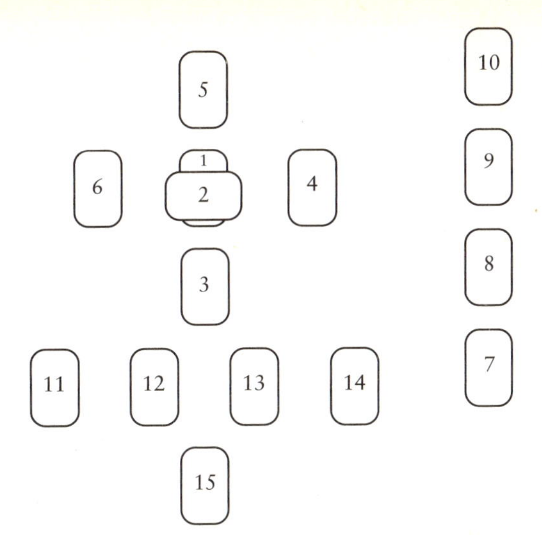

Keltisches Kreuz.

Die vierzehnte Karte steht für notwendige Maßnahmen, die ergriffen werden müssen, wobei Wasserenergie einzusetzen ist.
Die fünfzehnte Karte zeigt an, was getan werden muss, um spirituelles Wachstum zu ermöglichen.

Hinweis: Wichtig ist, die Bedeutung der Karten immer in Relation zu den anderen Karten der jeweiligen Legung zu sehen. Versuche, die Kartendeutung zu einer interessanten Erfahrung im Leben des Fragestellers zu machen, aber deute alle Ereignisse strikt auf ihn bezogen. Beachte dabei, dass es für die Positionen im Keltischen Kreuz mehrere Deutungen gibt. Dieses Beispiel ist lediglich eine davon.

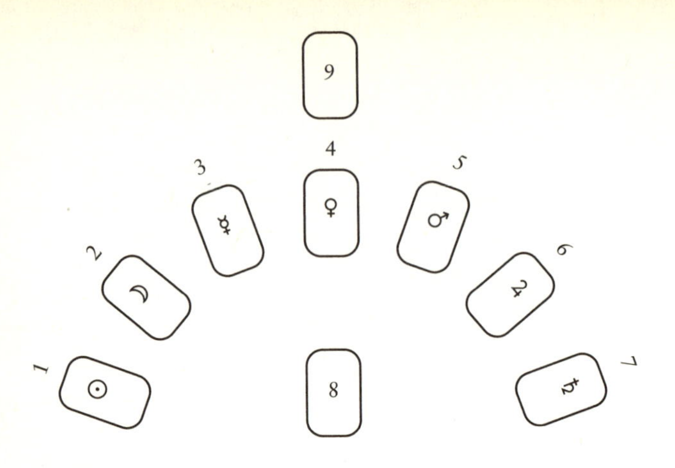

Planetare Legung. Karte 1: Sonne, 2: Mond, 3: Merkur, 4: Venus, 5: Mars, 6: Jupiter und 7: Saturn.

Tarot und Astrologie

Es gibt zwei Legesysteme, die sich für das Tarot sehr gut eignen: die Planetare Legung und das Legeschema nach astrologischen Häusern (siehe Diagramm auf Seite 405).

Die Planetare Legung

Dieses Legeschema bietet sich an, wenn du dich auf eine bestimmte Person konzentrieren willst, um herauszufinden, welche Energien, Emotionen und äußeren Einflüsse gegenwärtig in deren Leben wirksam sind.

Mische die Karten. Lege entsprechend dem abgebildeten fächerförmigen Schema auf jede der neun Positionen zwei verdeckte Karten. Die erste Karte sagt etwas über Vergangenheit und Gegenwart aus, die zweite Karte etwas über die Zukunft.

Position 1 ist die Sonne. Diese Karte zeigt an, auf welche Gedanken, Gefühle, Aktivitäten und Entscheidungen gegenwärtig die Aufmerksamkeit des Fragestellers gerichtet ist – worauf sein »Wille« momentan abzielt.

Position 2 ist der Mond. Hier zeigt sich, wie der Fragesteller gegenwärtig mit dem emotionalen Auf und Ab des Lebens umgeht. Höchstwahrscheinlich sagt er, wenn er die Deutung hört, zunächst: »Nein, so empfinde ich gar nicht«, weil du in seinem Unbewussten (der verborgenen Seite seiner Persönlichkeit) liest. Und das, was tief in uns vergraben liegt, akzeptieren wir oft nur ungern.

Position 3 ist Merkur. Hier geht es um die Kommunikationsmuster des Fragestellers, seinen Austausch mit anderen. Karten, Briefe, E-Mails und Faxe gehören ebenfalls in diese Kategorie, außerdem Reisepläne.

Position 4 ist Venus. Diese Karte enthüllt dir etwas über das Liebesleben des Fragestellers und seine soziale Kompetenz. Sie kann auch auf den Bereich Aus- und Weiterbildung hinweisen.

Position 5 ist Mars. Hier sehen wir, welche Energie der Fragesteller aktiv einsetzt. Er oder sie kann aggressiv sein oder zufrieden. Auch aktuelle Erlebnisse, die verarbeitet werden müssen, können sich hier bemerkbar machen.

Position 6 ist Jupiter. Auf dieser Position zeigt sich, in welchen Lebensbereichen der Fragesteller momentan expandiert. Manchmal geht es um Hoffnungen und

Träume, auf deren Verwirklichung aktiv hingearbeitet wird, oder um zusätzliche Aufgaben, die als interessant und erfüllend betrachtet werden. Wird diese zusätzliche Verantwortung dagegen als drückende Last empfunden, tritt sie auf der Saturn-Position in Erscheinung. Außerdem lässt sich aus der Karte ablesen, ob der Glaube des Fragestellers an eine bestimmte Sache gerechtfertigt oder unangebracht ist.

Position 7 ist Saturn. Hier haben wir die Kategorie der Einschränkung, der Regeln, Begrenzungen und der Beendigung von Aufgaben oder Beziehungen. Es geht um Struktur, elterliche Einflüsse und manchmal um die Ehre (besonders wenn die Sonnenkarte auf dieser Position liegt). Auch Krankheit und Genesung können hier Thema sein.

Position 8 unterhalb des Fächers zeigt dir, was, in Relation zu allen anderen Karten, jetzt der nächste wichtige Schritt sein sollte.

Position 9 oberhalb des Fächers zeigt dir, worauf der Fragesteller/die Fragestellerin sich im Hinblick auf ihren spirituellen Pfad in den nächsten sechs Monaten konzentrieren sollte.

Hinweis: Wenn du dem planetaren Legeschema mehr Zeit widmen möchtest, kannst du zusätzlich noch die Positionen für Uranus, Neptun und Pluto auslegen. Uranus zeigt an, in welchem Bereich du dich für humanitäre Ziele engagieren solltest. Neptun vermittelt dir eine allgemeine Vision für die Verwirklichung deiner Lebensziele. Bei Pluto geht es sowohl um Macht als auch um Regeneration. Die drei äußeren Planeten geben uns oft Hinweise auf die Entwicklungen in unserer Umge-

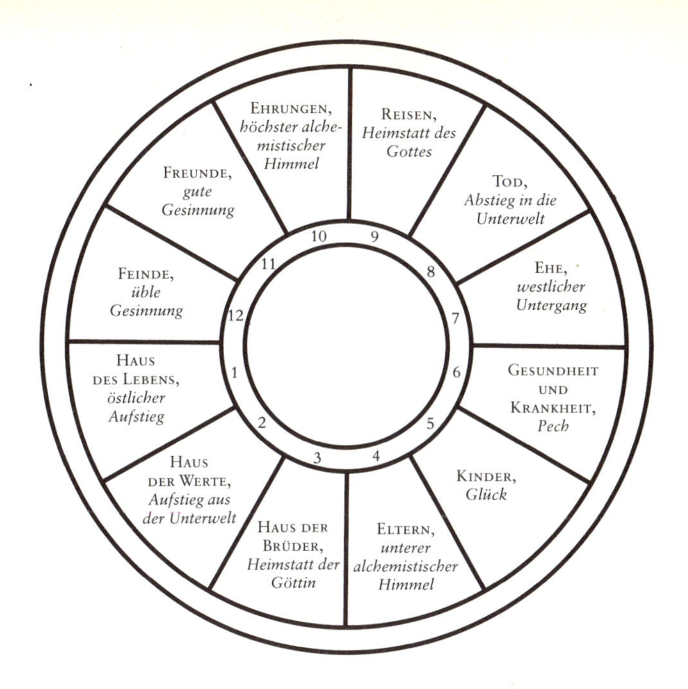

Das klassisch-römische Häuserschema

bung (Schule, Stadt, Gesellschaft, Land) und unseren Platz innerhalb dieser größeren Veränderungen. Benutze diese drei Karten als Fokus für Meditationen.

Legeschema nach astrologischen Häusern

Hierfür kannst du das Diagramm auf Seite 152 benutzen oder das auf dieser Seite abgebildete klassische Deutungsschema, wie es von römischen Astrologen im vierten Jahrhundert n. Chr. benutzt wurde.

Haus eins: Haus des Lebens – Östlicher Aufstieg

Hier zeigt sich das zentrale Lebensgefühl des Fragestellers oder der Fragestellerin, wie er/sie sich selbst sieht und was in seinem/ihrem Leben gerade »aufsteigt«, also in den Vordergrund tritt. Zukünftige Trends und neue Arten zu denken kündigen sich hier an. Der Grundcharakter des Fragestellers zum jetzigen Zeitpunkt offenbart sich. Normalerweise besteht eine Verbindung zwischen dem ersten und allen anderen Häusern, so dass das im ersten Haus vorgegebene Thema in den Karten der weiteren Häuser immer wieder anklingt.

Haus zwei: Haus der Werte – Aufstieg aus der Unterwelt

Hier offenbaren sich die dem Fragesteller zurzeit wichtigsten Werte. Manchmal werden dabei materielle Dinge im Vordergrund stehen, manchmal immaterielle Aspekte der Persönlichkeit. Diese Platzierung zeigt außerdem an, wie ein Mensch in jüngster Zeit gemachte Erfahrungen verarbeitet. Auch Abhängigkeiten und Süchte können hier thematisiert werden.

Haus drei: Haus der Brüder – Heimstatt der Göttin

Hier sind die Themen das Verhalten von Verwandten, Reisen über kurze Entfernungen und wie es derzeit um die Qualität des Austauschs mit den Mitmenschen bestellt ist. Manchmal gibt es einen Hinweis auf Magie, Rituale und Lehren aus dem Themenkreis der Göttin, die hilfreich für den Fragesteller sein können.

Haus vier: Haus der Eltern – unterer alchemistischer Himmel

Die Karten in diesem Haus können helfen, das derzeitige

Verhältnis zu Eltern und anderen Angehörigen zu klären. Je nachdem, wie man diese astrologische Lesung deutet, wäre der dominantere Elternteil im zehnten Haus zu finden und der nachgiebigere und unterstützendere Elternteil im vierten Haus. Dies ist außerdem das Haus, in dem es um Enden und Abschlüsse geht. Nachdem alle gelegten Karten gedeutet sind, können die Karten im vierten Haus Aufschluss geben, wie die Sache am besten zum Abschluss gebracht werden kann. Der untere alchemistische Himmel zeigt an, welche Anstrengungen der Fragesteller unternimmt, um sich im häuslichen, persönlichen Bereich eine besser Zukunft aufzubauen. Außerdem geht es darum, Gedanken materielle Form annehmen zu lassen.

Haus fünf: Haus der Kinder – Glück

Wenn der Fragesteller Kinder hat, geht es hier um deren Verhalten. Wenn jemand ein Haustier hat, das als Familienmitglied betrachtet wird, findest du auch diesen Freund im fünften Haus. Zukunftschancen und Menschen, die dem Fragesteller Glück bringen, erscheinen ebenfalls in diesem Haus, außerdem Affären, zufällige Begegnungen und Hobbys.

Haus sechs: Haus von Gesundheit und Krankheit – Pech

Generell alle Gesundheitsaspekte (gute und schlechte), psychische Erholung und die alltäglichen Aufgaben werden von den Karten beherrscht, die in diesem Haus platziert sind. Kürzlich gemachte unangenehme Erfahrungen, die unter die Rubrik »zur falschen Zeit am falschen Ort« fallen, sind hier ebenfalls zu finden. Dieses Haus ist außerdem als Warnung für die Zukunft zu verstehen. Es zeigt an, welche Kursänderungen vorgenommen werden können, um einer sich möglicherweise zusammenbrauenden Katastrophe zu entgehen.

Haus sieben: Haus der Ehe – westlicher Untergang

Hier geht es um lang dauernde Partnerschaften – das kann eine Ehe sein, eine noch junge Beziehung, Freundschaften, aber auch Geschäftspartnerschaften. Auch offene Feindschaften können sich hier zeigen, Menschen, die ganz bewusst im Leben des Fragestellers Unglück stiften. Und schließlich offenbart sich im Haus des westlichen Untergangs das, was nun aus dem Leben des Fragestellers zu verschwinden beginnt. Das, was bereits beendet ist, zeigt sich im nächsten Haus.

Haus acht: Haus des Todes – Abstieg in die Unterwelt

Das ist im Römischen Legeschema das bei weitem interessanteste Haus. Es sagt uns, was wir längst hätten beenden sollen, was beendet ist (obwohl wir uns hartnäckig weigern, es zuzugeben) und was wir vielleicht in unserem Unterbewusstsein vergraben haben, damit es dort eine Weile gefiltert werden kann. »Wirf deine Schutzhüllen ab und zeig dich der Welt, wie du bist«, lautet die Aufforderung. Was bleibt übrig, wenn alle Hüllen fallen? Nur dein wahres Selbst, das dann bei einer späteren Legung im zweiten Haus zutage tritt.

Haus neun: Haus der Reisen – Heimstatt des Gottes

Hier geht es um Fernreisen und um den Besuch von Universitäten und andere Formen weiterführender Bildung. Auch lässt sich untersuchen, wie der Fragesteller mit den Gesetzen und Regeln der Gesellschaft oder bestimmter

Institutionen zurechtkommt. Weiterhin kann sich hier der gesellschaftliche Status zeigen und wie es um den Glauben an sich selbst und andere Menschen bestellt ist. Dies ist das Haus des Gottes (des Sonnengottes) und gibt daher Hinweise auf Rituale, Magie oder esoterische Studien, die sich dieser Energie widmen.

Haus zehn: Haus der Ehrungen – höchster alchemistischer Himmel

Diese Position zeigt an, wo der Fragesteller seinen größten Einfluss ausübt und welche anderen Personen ihn beeinflussen. Falls der Fragesteller an einer psychischen Störung leidet, lassen sich hier Hinweise darauf finden. Unter der Herrschaft dieses Hauses steht auch die Karriere, vergangene und künftige Leistungen und die Beziehung zum dominanten Elternteil.

Haus elf: Haus der Freunde – Gute Gesinnung

Das Verhältnis des Fragestellers zu anderen Menschen und seine möglichen Hoffnungen und Träume zeigen sich in diesem Haus, außerdem Informationen über seinen Schutzengel/Geistführer. Im römischen Deutungssystem zeigen sich hier auch die Einstellung zum Göttlichen und der Glaube.

Haus zwölf: Haus der Feinde – schlechte Gesinnung

Der Charakter offener und heimlicher Feinde lässt sich manchmal aus den Karten in diesem Haus ablesen. Das betrifft auch Gruppen oder Organisationen, die dem Fragesteller übel gesinnt sind. Unerkannte körperliche Krankheiten (böse Geister) lassen sich mit Hilfe der hier platzierten Karten aufdecken. Auch dieses ist ein Haus der Warnung. Dem Fragesteller wird signalisiert, welchen Weg er besser *nicht* einschlagen sollte, wenn die Situation, zu der er die Karten befragt, sich positiv entwickeln soll.

Besonders empfehlenswerte Tarotkarten für die magische Arbeit

Um die magische Meditation noch zu vertiefen, kannst du mit den Tarotkarten auch vollständige magische Rituale durchführen. Wähle die Karten aus, die dir für dein magisches Vorhaben besonders passend erscheinen. Beschwöre einen Kreis und rufe die Viertel an. Breite in dem Kreis ein weißes Tuch aus und verkünde den Zweck des Rituals. Lege auf dem Tuch langsam die Karten aus und erkläre dabei laut, wofür die Karte jeweils gedacht ist. Wenn du alle Karten gelegt hast, halte die Hände darüber und aktiviere die Karten, indem du möglichst klar und spezifisch an das Ziel denkst, dem der Zauber dienen soll. Bleib möglichst konzentriert bei der Sache. Manche Hexen lassen ihre Lieblingsmusik laufen, während sie sich auf die Verwirklichung ihres magischen Zieles konzentrieren. Wenn du damit fertig bist, blase einmal sanft über die Karten und visualisiere dabei, dass die Energien der Karten kraftvoll wirbeln. Dann zeichne über den Karten das gleicharmige Kreuz in die Luft, um den Zauber zu besiegeln. Die Karten sollten nicht mehr angefasst werden, bis der Wunsch sich manifestiert hat.

Ich habe meine Töchter gebeten, einmal zusammenzustellen, was sie in ihrer Teenagerzeit so alles magisch »bearbeitet« haben. Auf diese Basis habe ich eine Liste der mit diesen Zaubereien korrespondierenden Karten entwickelt, so dass eigentlich auch für deinen Bedarf die richtigen darunter sein müssten. Zusätzlich ist noch die zu dem jeweiligen magischen Ziel passende Mondphase angegeben. Du brauchst nicht alle aufgeführten Karten zu verwenden, sondern kannst jeweils einzelne für dich auswählen.

Magische Tarot-Korrespondenzen

BERUFLICHER ERFOLG, DIE RICHTIGEN KURSE BELEGEN, EXAMEN, EIN AUTO AUSSUCHEN UND KAUFEN, EINE AUSZEICHNUNG ERHALTEN, STIPENDIUM BEKOMMEN
Karten: die Sonne, die Welt, der Stern, die Herrscherin, der Herrscher, Rad des Schicksals, der Wagen, die Liebenden; As, 2, 4 oder 6 der Stäbe; 3 oder 9 Kelche; As der Schwerter; As, 3, 4, 6, 8, 9 oder 10 der Münzen
Mondphase: zunehmender oder Vollmond
Wochentage: Sonntag (Erfolg), Dienstag (aktiv handeln und siegen), Mittwoch (Gespräche mit Studienberatern oder Eltern, Vorstellungsgespräche, mündliche Prüfungen), Donnerstag (Geld und Expansion)

DATE (VERABREDUNG, EIN ERFOLGREICHER ABEND)
Karten: die Sonne, der Stern, As oder 2 der Kelche
Mondphase: zunehmender oder Vollmond
Wochentage: Sonntag (Erfolg), Mittwoch (Kommunikation), Freitag (Liebe)

EMOTIONALE HEILUNG
Karten: für eine Frau die Hohepriesterin verwenden, für einen Mann den Herrscher, für ein Kind einen Buben. Dann kannst du zusätzlich eine oder mehrere der folgenden Karten einsetzen: der Stern, Mäßigkeit, Kraft, Gerechtigkeit, die Herrscherin, der Eremit, der Magier, die Sonne, die Welt, das Gericht; 7 oder 9 Stäbe; As, 3 oder 6 der Kelche; 2, 4 oder 6 Schwerter; 2 Münzen.

Mondphase: abnehmender Mond, um Negativität zu bannen; Vollmond, um die Heilung zu fördern
Wochentage: Samstag (Bannzauber); Sonntag (Erfolg); Freitag (Heilen durch Liebe)

Familienglück

Karten: die Herrscherin, der Herrscher, der Stern, die Welt; As oder 4 der Stäbe; 10 Kelche; 10 Münzen; Hofkarten als Verkörperungen der beteiligten Personen
Mondphase: abnehmend, um Negativität im häuslichen Bereich zu bannen; Vollmond, um familiäres Glück zu fördern
Wochentage: Sonntag (Erfolg); Montag (Familie); Mittwoch (Kommunikation); Freitag (Liebe); Samstag (Bannzauber)

Geld

Karten: die Sonne, die Herrscherin, der Stern, der Herrscher, Rad des Schicksals; 2 oder 9 Stäbe; 3 oder 9 Kelche; As, 9 oder 10 der Münzen
Mondphase: abnehmender Mond, um Schulden abzubauen und Armut zu überwinden; zunehmender und Vollmond, um Wohlstand zu fördern
Wochentage: Samstag, um Schulden zu bannen; Sonntag (Erfolg); Dienstag (aktiv werden); Mittwoch (Verträge abschließen); Donnerstag (Wohlstand vermehren)

Geschäftlicher Erfolg, einen Job finden, eine Wahl gewinnen, gute Noten bekommen, die Führerscheinprüfung bestehen

Karten: die Sonne, der Stern, die Welt, die Herrscherin, der Herrscher, Rad des Schicksals, der Wagen; As, 2, 3 oder 4 der Stäbe; 3 oder 9 Kelche; As der Schwerter; As, 4, 8, 9 oder 10 der Münzen

Mondphase: zunehmender oder Vollmond
Wochentage: Sonntag (Erfolg); Dienstag (aktiv handeln und siegen); Mittwoch (Vorstellungsgespräche führen und lernen); Donnerstag (Geld und Expansion)

JURISTISCHE SCHRITTE; ARREST, NACHSITZEN UND ANDERE JUGENDSTRAFEN; SCHWIERIGKEITEN MIT LEHRERN ODER DER SCHULLEITUNG; SCHEIDUNG DER ELTERN; STREIT UM DAS SORGERECHT
Karten: der Herrscher, die Hohepriesterin, Kraft, Mäßigkeit, der Stern, Gerechtigkeit, As der Schwerter
Mondphase: abnehmender oder Neumond
Wochentage: Samstag (um den Streitpunkt oder die gegnerische Partei zu bannen); Sonntag (Erfolg); Montag (Sorgerecht); Dienstag (Tag, um in den Krieg zu ziehen); Mittwoch (offene Kanäle für faire und logische Kommunikation); Donnerstag (Rechtsangelegenheiten); Freitag (Liebe und Harmonie)

KLATSCH UND ÜBLES GEREDE BEENDEN
Karten: der Herrscher, die Hohepriesterin, Kraft, Gerechtigkeit, As der Schwerter
Mondphase: abnehmender oder Neumond
Wochentag: Samstag.

KÖRPERLICHE HEILUNG
Karten: die Sonne, Kraft, Mäßigkeit; 9 Stäbe; 3 Kelche; 6 Schwerter. Wähle eine Hofkarte als Symbol der erkrankten Person und die Karte »Kraft« als Symbol für ein Krafttier.
Mondphase: abnehmender und Neumond, um die Krankheit zu bannen; zunehmender und Vollmond, um die Heilung zu fördern
Wochentage: Samstag (Krankheit bannen); Sonntag (all-

gemeine Förderung der Gesundheit); Montag (Gesundheit für die Familie); Donnerstag (um einen Zuwachs an guter Gesundheit zu erreichen); Freitag (Heilen durch Liebe)

Kunst, Kreativität und Musik

Karten: der Mond, der Stern, die Sonne, der Eremit, die Hohepriesterin, der Magier, die Herrscherin, 3 Schwerter.
Mondphase: abnehmender und Vollmond
Wochentage: Sonntag (Erfolg); Montag (Intuition); Freitag (Liebe und Vergnügen)

Liebe

Karten: die Liebenden, die Herrscherin, die Sonne; 4 Stäbe; As oder 2 der Kelche; jede Hofkarte, deren Wesen der Art von Partner/in nahe kommt, den/die du dir wünschst. Dabei solltest du dich aber nicht auf einen bestimmten Menschen fixieren.
Mondphase: zunehmender oder Vollmond
Wochentage: Sonntag (Erfolg); Montag (Liebe in der Familie); Freitag (romantische Liebe)

Mediale Fähigkeiten

Karten: die Hohepriesterin, der Mond, der Gehängte, der Eremit, der Magier
Mondphase: zunehmender oder Vollmond
Wochentage: Montag (Intuition); Mittwoch (Kommunikation); Freitag (Geselligkeit)

Party (gelungene)

Karten: die Sonne, der Magier, Rad des Schicksals, der Stern; As, 2 oder 6 der Stäbe; As, 3, 9 oder 10 der Kelche; As oder 3 der Münzen
Mondphase: zunehmender oder Vollmond

Wochentage: Sonntag (Erfolg); Mittwoch (Kommunikation); Freitag (Geselligkeit)

Schulball

Karten: Verwende die Herrscherin und den Herrscher als Symbole für dich und den Jungen/das Mädchen, mit dem du auf den Ball gehst, füge dann noch hinzu: die Sonne, den Magier, den Wagen, Rad des Schicksals, Mäßigkeit, den Stern; und As oder 3 der Kelche.
Mondphase: zunehmender oder Vollmond
Wochentage: Sonntag (Erfolg); Freitag (Liebe)

Schutz

Karten: der Herrscher, der Wagen, Kraft; 3, 6, 7 oder 9 Stäbe; Ritter der Schwerter
Mondphase: abnehmender oder Vollmond
Wochentag: Samstag (um das Böse zu bannen); Mittwoch (um einen Verbrecher aufzuspüren); Donnerstag (um Gerechtigkeit walten zu lassen)

Sport

Karten: die Sonne, Kraft
Mondphase: zunehmender oder Vollmond
Wochentage: Sonntag (Erfolg); Dienstag (herausragende Leistungen bei allem, was mit Bewegung und körperlicher Aktivität zu tun hat)

Empfohlene Literatur

Als weiterführende Literatur zum Thema Tarot empfehle ich dir die Bücher von Sasha Fenton, Rachel Pollack und Janine Renée.

TIERE

Da Tiere und Menschen seit ewigen Zeiten miteinander koexistieren mussten, verwundert es nicht, dass die Tiere in unserer Geschichte, Religion und Spiritualität eine so wichtige Rolle spielen. Der

Animismus ist der Glaube, dass alles, was existiert, Lebensenergie enthält – also neben den Menschen auch Tiere, Steine und Pflanzen – und dass jede dieser Daseinsformen mit jeder anderen kommunizieren kann. Wenn wir achtsam sind und lange genug üben, können wir mit Pflanzen und Tieren kommunizieren und sogar mit Steinen magisch arbeiten! In den Drachenloch-Höhlen in der Schweiz gibt es dem Bären gewidmete Altäre, die 70 000 Jahre alt sind[77], in den Höhlen von Lascaux in Frankreich finden sich 13 000 Jahre alte Felsmalereien, und in Montespan gibt es die Statue eines zeremoniellen Bärenkörpers. Nach Auffassung mancher Historiker zeigen diese Funde, dass die Menschen sich in ihren religiösen und kulturellen Zeremonien seit Jahrtausenden auf die Energie der Tiere einstimmen. Es sind jedoch nicht alle dieser Meinung, vor allem, was den Bärenaltar in den Drachenloch-Höhlen betrifft. In einem privaten Brief vom 9. August 2002 schreibt Ronald Hutton:

Experten wie Trinkhaus und Stringer stimmen darin überein, dass die Bärenschädel und Altäre in der Drachenloch-Höhle vermutlich durch Wassereinwirkung zufällig dorthin gespült und nicht durch menschliche Aktivität an diesen Ort gebracht wurden. Sie sind sich aber nicht darüber einig, ob die Neandertaler überhaupt Rituale und künstlerische Ausdrucksformen kannten, denn die ältesten Funde, die als Beweis für solche Aktivitäten dienen könnten, sind erst etwa 35 000 Jahre alt. Die Tiermalereien von Lascaux dagegen sind exzellente Beweise für das Vorhandensein von Kunst und Ritualen.

Hexen glauben, dass alles über Lebenskraft verfügt, weil alles aus Energie besteht, und dass diese Lebenskraft alle Dinge miteinander verbindet. In der kollektiven Stammesgeschichte der Menschheit haben wir in Zeremonien Fetische (aus Federn, Tierhäuten und Knochen gefertigte Objekte) benutzt, um unsere Tier-Brüder und -Schwestern zu ehren und in dem Bemühen, mit ihnen zu kommunizieren und die Kluft zwischen Tier, Mensch und dem Göttlichen zu überwinden. Man glaubte, dass der Fetisch es dem Menschen ermöglichte, sich auf die Energie eines Tieres einzustimmen. In der okkulten Terminologie bedeutet *Einstimmung*, dass wir »eine Verbindung herstellen« oder »in energetische Harmonie zu einem Ding oder Lebewesen gehen«. Heutzutage sind viele Menschen zu beschäftigt, um auf die Geschenke zu achten, die die Tiere uns machen, von einer ernsthaften Kommunikation mit ihnen ganz zu schweigen. Hexen wissen aber, dass wir mit allem Leben verbunden sind und dass unser eigenes spirituelles Wohlergehen unmittelbar mit dem Überleben des Planeten und der Tiere verknüpft ist.

Die amerikanischen Indianer beobachteten die Natur und gelangten so zu tief greifenden spirituellen Einsichten. Sie betrachteten das fein gesponnene Netz einer Spinne und lernten daraus, dass es nur ein gemeinsames Gewebe des Lebens gibt, in dem alles mit allem verbunden ist. Nichts existiert für sich allein. Sie sahen, wie die Spinne aus sich selbst heraus die Fäden ihres Netzes hervorbringt, ganz so wie der Große Geist die natürliche Welt aus sich selbst erschafft und so wie wir uns in unserem Geist unsere eigene Welt erschaffen.[78]

Unsere Vorfahren, die Schamanen, Geisthüter, Magier, Priester und Priesterinnen, beschäftigten sich mit den Tieren und Pflanzen nicht nur zu mystischen Zwecken, sondern auch, um herauszufinden, welche von ihnen essbar waren und welche sie zu medizinischen Zwecken nutzen konnten. Die Indianer beobachteten die Bären, um zu lernen, mit welchen Pflanzen sich Krankheiten kurieren ließen. Sie betrachteten den Bären als Lehrmeister, der sie auf heilende Kräuter hinwies. Das Verhalten der Tiere in einem bestimmten Gebiet konnte einen Stamm außerdem vor drohenden Gefahren warnen. Heute wissen wir, dass Gefahr im Verzug ist, wenn Tiere massenhaft aus einem Gebiet fliehen.

Im Gegensatz zu uns Menschen halten sich Tiere ständig im so genannten Alphazustand auf, einem Gehirnwellenmuster, bei dem die medialen Fähigkeiten stärker aktiviert sind. Deshalb spüren sie, wenn du unglücklich bist, wissen im Voraus, wenn du dich auf dem Nachhauseweg befindest, und können sogar Geister wahrnehmen! Menschen dagegen erleben verschiedene Bewusstseinszustände. Wir gelangen nur in den Alphazustand, wenn wir meditieren, uns entspannen oder uns langweilen. Auch wenn du deinen Tagträumen nachhängst, isst oder fernsiehst, befindest du dich meistens im Alphazustand, weshalb du dann durch die Fernsehwerbung besonders leicht beeinflussbar bist!

Unsere Liebe zu den Tieren und unser Bestreben, mit ihnen zu kommunizieren, ließ bei den Christen den Glauben entstehen, Hexen hätten Tiere wie etwa schwarze Katzen oder Raben als Hilfsgeister. In der finsteren Zeit der Inquisition[79] presste man Gefangenen lächerliche Geschichten über ihre tierischen Freunde ab, die diese unschuldigen Menschen nur erzählten, um den Qualen der Folter zu entkommen. Dennoch hat es in der Geschichte der indigenen Völker und Stämme immer wieder Gruppen gegeben, die sich besonders mit der Energie eines bestimmten Tieres identifizierten und dieses dann zum Repräsentanten ihrer Gruppe machten. Sogar im Mittelalter schmückte man die Schilde und Banner der Ritter und Könige mit Tierdarstellungen, und vier der acht Hohen Heiligen Tage (Feuerfeste) der Wiccas und Druiden werden mit der Tierhaltung und dem Anbau von Pflanzen verknüpft. Seit über sechstausend Jahren werden bei diesen Festen die Tiere geehrt: Lichtmess (1. Februar: lammen und kalben), Beltane (1. Mai: die Tiere werden auf die Hochweide geführt), Lughnasadh (1. August: Erntedank) und Samhain (1. November, je nach Tradition: die Tiere von der Weide in ihre Winterquartiere bringen).

Viele Stämme Schottlands und Irlands leiteten ihre Herkunft von den Tieren ab, die sie verehrten.[80] Stämme (später auch Familien) besaßen Symbole der Tiere, mit denen sie sich besonders verbunden fühlten, so genannte Totems. Noch heute spielen Tiere in der Hexenkunst und im Druidentum eine wichtige Rolle, und es werden ihnen, abhängig von der Tradition, einzelne Viertel des magischen Kreises zugeordnet. Im Black Forest Clan sind der Wolf und der Rabe unsere allgemeinen Totems, doch auch jedes Kreisviertel besitzt noch einmal ein eigenes Tier, und unsere neunundzwanzig Covens haben gleichfalls jeder sein eigenes Coven-Totem. Wir glauben, dass die Energien der Tiere uns helfen, die Kluft zwischen der physischen Ebene und den spirituellen Welten zu überbrücken. Statt eines Hexengürtels[81] trage ich ein Zauberarmband, auf dem alle Coven-Tiere dargestellt sind. Auch Gottheiten besitzen fast immer Tier-Assoziationen, wodurch die Tier-Energie mit der spirituellen Energie des Göttlichen verbunden wird. Diese Tiere dienen als Beschützer, verkörpern aber auch vorbildliche Wesensmerkmale wie Mut, Friedfertigkeit, Intelligenz, Anmut und so weiter. Wenn im Ritualkreis die Energie der Gottheit beschworen wird, ist die mit ihr assoziierte Tier-Energie ebenfalls anwesend, auch wenn du dir dessen vielleicht nicht immer bewusst bist.

In der magischen Arbeit können Hexen die Energie eines bestimmten Tieres als Helfer heranziehen. Wir können eine Statue oder ein Bild des Tieres auf den Altar stellen, um dadurch unsere Konzentration zu erhöhen, wir können unsere Haustiere in den Ritualkreis einladen (Tiere lieben Magie) oder unser persönliches Totemtier bitten, der kollektiven Überseele einer bestimmten Spezies eine Botschaft zu übermitteln. Tier-Energie ist besonders hilfreich, wenn wir uns für den Umweltschutz engagieren und wenn es um Heilung oder Schutzzauber geht. Wie du der folgenden Liste entnehmen kannst, werden die Säugetiere, Vögel, Reptilien und Insekten mit ihren natürlichen Lebensmustern und Instinkten assoziiert. Wenn du dir ein eigenes Totemtier auswählen möchtest, solltest du dich mit dem Verhalten dieses Tieres vertraut machen, indem du möglichst viel darüber nachliest, und, wenn möglich, indem du das Tier besuchst und Zeit mit ihm in seinem natürlichen Lebensraum verbringst. Wenn du ein Haustier hast, ist es Zeit, ihm mehr Aufmerksamkeit und Fürsorge zu schenken. Da du dich jetzt aktiv der Hexenkunst widmest, werden die Tiere Veränderungen an dir bemerken und erwarten, dass du nun ihre Bedürfnisse besser wahrnimmst, besonders wenn sie Schutz oder medizinische Hilfe benötigen. Heilungszauber und heilende Gesänge sind nicht allein den Menschen vorbehalten – auch Tieren kannst du damit sehr helfen.

Adler: Intelligenz; Mut; Entscheidungen treffen; Bote für Gebete
Affe: Kommunikation; Gruppenorganisation
Alligator: Initiation; Macht; Geduld; grundlegende Erdenergie; sein Geld zusammenhalten
Amsel: Verzauberung; Arbeit, die Diesseits und spirituelle Welt miteinander verbindet
Bär: Heilung; medizinische Diagnose; Kraft
Barrakuda: es allein schaffen
Biene: Gemeinschaft; Clan; Arbeit; Fleiß; Organisation
Bisamratte: sicher durch schwierige Umstände hindurchnavigieren
Chamäleon: Anpassung an Umweltveränderungen; Tarnung
Dachs: Mut; kühner Selbstausdruck
Delphin: Intelligenz; Medialität; Gemeinschaft; Schutz
Dingo: rücksichtloses Verfolgen eines Ziels
Eber: Kraft; Beschützen der Familie; Kriegergeist; Führungsstärke
Eichhörnchen: Schätze finden; sammeln; für die Zukunft vorsorgen
Eidechse: Geduld; Träume
Eisbär: übernatürliche Kräfte; Führer zwischen den Welten
Elefant: Wohlstand; Macht; Kraft
Erdferkel: verborgene Dinge aufspüren
Eule: Weisheit; gesteigerte Wahrnehmung; Scharfblick; weibliche Magie; Botschaften für die Toten und von ihnen
Falke: Reinigung; edle Gesinnung; Erinnerung; Klarheit; Bote des Großen Geistes
Fledermaus: Initiation; Intuition; Geheimnisse enthüllen; Übergänge

Frettchen: Heimlichkeit; Beweglichkeit; die Wahrheit aufdecken
Frosch: Neuanfänge; Fülle; Medizin; verborgene Schönheit
Fuchs: Gestaltwandlung; Transformation; Schläue; Diplomatie
Gans: Schutz; Elternschaft; Ausdauer
Gecko: Streit überwinden
Gepard: Geschwindigkeit; Flexibilität
Gespenstheuschrecke: Tarnung; Konzentration
Glühwürmchen: Hoffnung; Inspiration; Anfänge; Ideen; Kreativität
Goldfisch: Frieden; Wohlstand
Gottesanbeterin: Lösungen für Probleme finden; Träume; Einsatz des höheren Bewusstseins
Grille: Schicksal; Glaube; Intuition
Gürteltier: persönlicher Schutz; Einfühlungsvermögen
Haubentaucher: schöpferische Inspiration; Treue
Hai: unbarmherzige Wildheit; Intuition
Hund: Führung; Schutz; Loyalität; Freundschaft
Hyäne: Leben in der Familie/im Clan; Gruppenbewusstsein; erhöhte Wahrnehmung
Impala: Anmut
Jaguar: seine Macht zurückfordern; Kraft; Schnelligkeit; Gewandtheit
Känguru: Vorwärtsbewegung
Kamel: überleben in kargen Zeiten
Kaninchen: Gleichgewicht; Wiedergeburt; Intuition; Botschaften aus der Geisterwelt
Katze: Magie; das Mystische; Unabhängigkeit; warnende mediale Botschaften; Anmut
Klapperschlange: Transformation; Heilung; Kreislauf von Leben und Tod
Koalabär: heitere Gelassenheit; Frieden; Befreiung von Krankheiten

Kobra: schnelles, entschlossenes Handeln
Kolibri: Probleme in Beziehungen bereinigen; Heilung.
Komodowaran: langes Leben; Überleben
Krabbe: Glück; Schutz; Erfolg
Kröte: innere Stärke; Schutz
Krokodil: Urkraft; Schöpfung; Geduld; Große Mutter; Gleichgewicht
Lemuren: Botengeister
Leopard: böse Geister vertreiben; schlechte Angewohnheiten überwinden; Neid und Eifersucht entgegenwirken; Intuition
Libelle: Träume; Medialität; Kunst
Löwe: Mut; Kraft; Loyalität
Luchs: auf sich allein gestellt magisch arbeiten; warnende mediale Botschaften; Geheimnisse; Visionssuche; visionäre Arbeit; scharfer Verstand
Marienkäfer: Wunscherfüllung; Glück; Schutz; Wohlstand
Maulwurf: Schicksal
Meerschweinchen: Gruppenbewusstsein
Mokassinschlange: aggressive Heilmethoden; Medialität
Motte: Botschaften senden und empfangen
Muschel: einen Schutzschild aufbauen; Informationen filtern
Nashorn: uralte Weisheit
Nilpferd: Transformation; Initiation; kreative Kraft
Otter: mit anderen teilen; Verspieltheit; anmutige Bewegung im Wasser; schwimmen lernen
Pferd: die Göttin; Reisen zwischen den Welten; Wiedergeburt; Anmut
Panda: Nahrung; zum Kern eines Problems vorstoßen
Panther: die eigene Macht zurückgewinnen; Schutz; Informationen beschaffen; die Dunkle Mutter
Puma: Kraft; Beweglichkeit

Rabe: Heilung; Initiation; Schutz; Botschaften; Weisheit; Gleichgewicht
Ratte: Intelligenz; Geselligkeit; Erfolg
Regenwurm: alte Projekte überarbeiten; Nachforschungen anstellen
Reh: Natur
Rothirsch: der Gott; Unabhängigkeit; Reinigung; Schutz der Wälder
Salamander: Inspiration; Hilfe; Kreativität; Inspiration
Schakal: Schutz vor verborgenen Gefahren; Führung
Schildkröte: Glaube; Geduld; Belohnung; Weisheit; Schöpfung
Schlange: Initiation; Weisheit
Schmetterling: Transformation; Tanz; künstlerische Projekte
Schwan: Liebe; Schönheit; Heilung; Träume
Schwarze Witwe (giftige Spinne): ein neues Schicksal weben
Schwein: Fülle; Fruchtbarkeit; Intelligenz
Seehund: Träume; das kollektive Unbewusste; Geburt; Imagination
Seepferd: Ehre; gutes Benehmen; Kreativität
Seestern: Wünsche aktiv verwirklichen; Regeneration
Sibirischer Tiger: Kreativität; Macht; Leidenschaft; Unberechenbarkeit
Skorpion: Transformation; Erfolg; Kreislauf von Leben und Tod; Schutz; das Wetter
Spinne: einen starken Zauber weben; Schicksal; spiralige Energie
Stier: Reichtum; Kreativität; die Fähigkeit, gute Gelegenheiten zur Expansion zu nutzen
Tiger: Kraft; Macht; neue Abenteuer; Magie zum Wohl der Familie
Tintenfisch: das kreative Zentrum; Intelligenz; Macht

Truthahn: materielle Fülle erlangen
Vielfraß: Kühnheit; Wildheit
Waschbär: Geschicklichkeit; Zauber; Heimlichkeit
Weberknecht: Unsichtbarkeit
Widder: Leistung; Kraft; Erfolg
Wolf: Familie; Clan; Unterricht; Schutz; Intuition; Kraft
Zebra: Beweglichkeit; innerhalb einer Gruppe die eigene Individualität entdecken
Ziege: Erfolge erzielen; Zuversicht
Zikade: Glücklichsein, Freude

Wenn Hexen mit Tieren arbeiten (sei es spirituell oder physisch), halten sie sich dabei an eine bestimmte Etikette. Wir erteilen Tieren keine Befehle, sondern bitten sie freundlich um Hilfe und vergessen anschließend nicht, uns bei ihnen zu bedanken. Opfergaben oder Geschenke für die Tiere sind allgemein üblich (ganz so wie es auch die Druiden oder die Indianer gehalten haben). Die beste Form des Dankes ist es, etwas Nahrung oder Milch in der Natur zurückzulassen oder in einem örtlichen Tierheim auszuhelfen. In Nationalparks und anderen Reservaten gibt es aber Vorschriften darüber, ob man Nahrungsmittel in der Wildnis zurücklassen darf. Erkundige dich also zunächst einmal beim Personal, denn du möchtest schließlich nicht, dass die Tiere durch unsachgemäße Fütterung krank werden. Auch dass du gut für deine eigenen Haustiere sorgst, kann als Opfergabe betrachtet werden. Indem du dich liebevoll um ein Tier kümmerst, lässt du damit zugleich seinem spirituellen Gegenstück Liebe und Energie zukommen.

Die meisten Hexen beginnen ihre Arbeit mit Totemtieren damit, dass sie sich ihr Lieblingstier aussuchen – eines, das sie vielleicht schon ihr ganzes Leben besonders fasziniert hat. Doch wenn das Tierreich erst einmal spürt, dass du positive Schwingungen aussendest und gern kommunizieren möchtest, werden zu unterschiedlichen Zeiten deines Lebens auch andere Tiere in Erscheinung treten, um dir beizustehen oder dich einfach die Harmonie der Welten spüren zu lassen. Dazu musst du lediglich aufmerksam sein und diese Kommunikation wirklich wertschätzen. Oft genügt schon ein einfaches »Dankeschön«, wenn du wieder einmal eine Information aus dem Tierreich empfangen hast. Wenn ich beispielsweise unterwegs bin und mir Sorgen mache, ob bei mir zu Hause alles in Ordnung ist, kommen Raben und Krähen und sagen mir, dass kein Grund zur Besorgnis besteht. Sie haben mich auch schon wiederholt vor Unfällen und anderen Gefahren auf der Straße gewarnt. Das ist das genaue Gegenteil von dem, was solchen Vögeln in Büchern über Omen zugeschrieben wird. Lass dich also in deiner Kommunikation mit Tieren nicht durch solch alten Aberglauben beeinträchtigen. Während ich an diesem Kapitel arbeitete, tollte eine Eichhörnchenfamilie ganz in meiner Nähe herum. Sie erinnerte mich daran, dass es gut ist, sich zwischendurch mal die Zeit zu nehmen, ihnen beim Spielen zuzuschauen. Tiere zu beobachten kann viel Freude machen und ein wirklich meditatives Erlebnis sein. Eine Woche lang hatte meine ganze Familie (vierzehn bis siebenundachtzig Jahre alt) stundenlang Spaß bei der Beobachtung dieser Eichhörnchen.

Dein Lieblingstier muss nicht zwangsläufig dein kraftvollstes Totemtier sein. Sollte also noch ein anderes Tier darauf warten, von dir entdeckt zu werden, eines, dessen Energie der deinen am ähnlichsten ist, wird es dir an den erstaunlichsten Orten immer wieder begegnen, bis du es endlich als dein Krafttier annimmst. Du brauchst dich auch nicht schlecht zu fühlen, wenn du eines bestimmten Tieres überdrüssig geworden bist und es gerne gegen ein anderes austauschen möchtest. Die Tiere nehmen das nicht persönlich. Es kann eben einfach vorkommen, dass deine spirituelle Entwicklung dich zur Kommunikation mit einer anderen Tierart hinführt, die besser zu deinem veränderten Schwingungsmuster passt.

Totemtiere und Meditation

Beobachte dein Totemtier im wirklichen Leben! Das ist eine gute Methode, es auf meditative Weise näher kennen zu lernen. Geh in die Natur, den Zoo, ein Aquarium oder einen Wildpark und nimm dir dort Zeit, dein Tier zu beobachten. Das kann manchmal schwierig sein, besonders wenn Kinder und andere Familienmitglieder dabei sind, denn sie möchten sich natürlich auch gerne all die anderen Tiere anschauen. Deshalb ist es vermutlich besser, zu diesem Zweck den Tierpark allein oder mit befreundeten Hexen aufzusuchen. Bitte beim Betreten des Parks und wenn du ihn wieder verlässt darum, dass der Große Geist allen Tieren darin Gesundheit und Harmonie schenken möge. Die Zeit, die du mit der Beobachtung des Tieres verbringst, wird einen bleibenden Eindruck hinterlassen. Du kannst davon zehren, wenn du zu Hause mit der Energie des Tieres meditierst. Setz dich dazu einfach still hin und versenke dich in das Wesen des Tieres. Du kannst auch ein inneres Zwiegespräch mit der Energie des Tieres führen. Visualisiere, dass du ihm sein Lieblingsfutter bringst, und erschaffe eine innere Landschaft, in der es sich wohl fühlt und herumtollen kann, während du meditierst. Ich habe festgestellt, dass es, wenn du eine starke Beziehung zu Krafttieren aufbauen möchtest, vor allem auf die Häufigkeit der Meditationen ankommt, weniger auf die Länge. Je öfter du über das Tier nachdenkst, desto stärker wird die Verbundenheit.

Tierzauber zum Schutz deines Zimmers, der Wohnung etc.

Benötigte Materialien: Eine Statue oder Plastikfigur deines Lieblingstieres; etwas Schutzöl oder geweihtes Wasser; eine rote Votivkerze; eine Glocke; deine Lieblingsräuchermischung. Vergiss nicht, dein Divinationswerkzeug bereitzuhalten.

Anleitung: Beschwöre einen magischen Kreis und rufe die Richtungen an. Trage das Abbild des Tieres zu jedem Kreisviertel, bitte jedes Viertel um Kraft, Schutz und Segen. Stelle die Tierfigur auf die Mitte deines Altars. Zünde die Räuchermischung an und fächere den Rauch auf die Figur. Sprich:

Rauch ist das Gebet des Feuers.
Ich reinige und weihe dich
im Namen des Herrn und der Herrin.

Zünde die Votivkerze an und sprich:

Feuer ist der Funke des Lebens. Ich beschwöre Schutz, Segen und Macht und übertrage diese Energie auf (nenne das Tier).

Fahre mit der Kerze über die Tierfigur. Streue Salz auf die Figur und sprich: *Leben ist das Geschenk der Götter.* Klingele über der Figur dreimal mit der Glocke und sprich:

Töne sind die Stimme des Großen Geistes. Ich lade dieses Bildnis mit dem Segen und dem Schutz des Herrn und der Herrin auf. Möge ich Tag und Nacht beschützt sein.

Stell das Gefäß mit dem geweihten Wasser oder dem Öl vor die Statue und sage neunmal:

Rauch ist das Gebet des Feuers.
Feuer ist der Funke des Lebens.
Leben ist das Geschenk der Götter.
Töne sind die Stimme des Großen Geistes.

Nach der neunten Wiederholung verkünde mit feierlicher Stimme, was genau durch die Energie des Tieres geschützt werden soll – dein Zimmer, der Inhalt deines Schulspinds, dein Zuhause etc. Visualisiere das Tier in seiner ganzen Kraft und Macht. Wenn du damit fertig bist, sprich:

Wie ich es mir wünsche, so wird es geschehen.
Öl besiegelt den Zauber.

Danke der kollektiven Tier-Energie. Entlasse die Richtungen und hebe den Kreis auf. Stell die Tierfigur möglichst nahe an Tür oder Fenster auf (oder jedenfalls nahe bei dem, was beschützt werden soll). Wenn du sie nicht sofort an Ort und Stelle bringen kannst (weil du sie beispielsweise in der Schule in deinen Spind stellen willst), schlage sie für den Transport in schwarzen Stoff ein.

Während du die Figur aufstellst, wiederhole leise noch einmal den Zauberspruch. Wenn die Figur an ihrem vorgesehenen Platz steht, solltest du diesen Standort nicht mehr verändern. Erneuere die Aufladung alle drei Monate oder öfter, wenn dort, wo die Figur steht, eine Menge Chaos herrscht.

Weitere Vorschläge für dieses Zauberritual: Fast alle Zauberrituale lassen sich an deine jeweiligen Bedürfnisse anpassen. Angenommen, du hast keine Figur deines Kraft- und Schutztieres, dann benutze stattdessen ein Foto, ein Bild aus einer Zeitschrift, eine Postkarte oder eine selbst angefertigte Zeichnung des Tieres. Wenn du einen ständigen Schutz bei dir tragen musst, kannst du einen silbernen oder goldenen Anhänger in Form deines Tieres an einer Kette um den Hals tragen oder in dein Portemonnaie legen. Jahrelang haben meine Töchter ihre Schulbücher vor Diebstahl geschützt, indem sie Bilder ihrer Totemtiere auf selbst gemachte Buchumschläge zeichneten oder klebten. Selbst wenn wirklich einmal ein Buch verloren ging oder gestohlen wurde, tauchte es jedes Mal noch vor Ablauf des Schuljahrs wieder auf.

Mythologische Tiere

Mythologische Tiere, manchmal auch alchemistische Tiere genannt, werden seit Jahrtausenden im magischen und religiösen Bereich verwendet. Früher glaubte man, dass jedes dieser Tiere seinen eigenen Zuständigkeitsbereich besitzt, und jede Kultur hatte ihre eigenen mythologischen Tiere. Die Sylphen, Salamander und Wassernixen, die manchmal an den Vierteln des magischen Kreises Verwendung finden, gelten als alchemistische

Tiere (die vierte Kategorie, Gnome, zählt man zu den mythischen Völkern). Manchmal wurden auch normalen Tieren mythische Kräfte zugeschrieben, so dem Löwen, dem Adler, dem Stier und der Schlange. Auch sie werden an den Vierteln des zeremoniellen Kreises verwendet. In diesem Fall stellt man sich die Kräfte dieser Tiere als überlebensgroß vor, und man ordnet ihnen alchemistische Eigenschaften zusätzlich zu ihren alltäglichen Eigenschaften zu. Die alchemistischen Tiere sind häufig auf der Karte »Die Welt« im Tarot abgebildet. Falls du mit einem solchen Fabelwesen magisch arbeiten möchtest, solltest du dich zuvor sehr gründlich über seine Eigenschaften informieren und zusätzlich auch darüber meditieren. Nachstehend ist lediglich eine kleine Auswahl mythologischer Tiere aufgeführt.

Chinesischer Löwenhund (Fu-Hund): Wächter gegen das Böse; schützt das Haus vor bösen Einflüssen

Einhorn: guter Wille; Ruhm; Wohlstand; Erfolg; Weisheit

Geflügeltes Pferd: Hilfe bei Astralreisen; Ruhm; Eloquenz; die Toten besuchen

Geflügelte Schlange (Buto): Weisheit; Schutz; Unterricht; weist den Weg zu uraltem Wissen

Gehörnte Schlange: heilt Krankheiten; Kundalini-Energie; Weisheit

Greif: Schutz; spirituelle Weisheit; Erleuchtung

Phönix: Transformation; spirituelles Wachstum

Regenbogenschlange: Magie; Regen; Leben; Zeugung

Wasserspeier (Dämonenfiguren an Kirchen und anderen Gebäuden): Schutz von Haus und Besitz; Medialität; negative Menschen vertreiben

Zentaur: Heilung; Gestaltwandlung; Musik; Divination; Unterricht

Empfohlene Literatur
Die Botschaft der Krafttiere von Ted Andrews.
Das Keltische Tierorakel von Philip und Stephanie Carr-Gomm.

Träume und Visionen

In der Antike war es üblich, aus Träumen die Zukunft zu deuten und sie als Visionen ernst zu nehmen. Wer damals auf Reisen war, stolperte praktisch allerorten über Propheten, seien es nun religiöse oder andere. Im Mittelalter wurden die vergänglich dahinjagenden Träume mit Diana assoziiert, der römischen Mondgöttin.[82] Die nächtlichen Schlachten, über die Ginzburg[83] in seiner Arbeit über die *benandanti* (eine lokale Form von Hexenkult im Friaul des 16. Jahrhunderts) schreibt, könnten das Produkt von Traumsequenzen gewesen sein oder eine Form von rituellen Dramen, die Bestandteil der damaligen Kultur waren. In den meisten Fällen betrachtete man Träume als eine Art himmlische Magie, der die kirchlichen Autoritäten relativ entspannt gegenüberstanden. In der Tat gab es für den Klerus wichtigere Probleme.[84] So bestärkte die Religion die Menschen in dem uralten Glauben an die prophetische Kraft der Träume, wobei man der Ansicht war, dass wirklich von Gott gesandte Träume sehr selten waren, aber vorkommen konnten. Aus alten Handschriften ist ersichtlich, dass Anleitungen zur Traumdeutung, seit dem frühen Mittelalter ständig überarbeitet und aktualisiert, im neunzehnten Jahrhundert weit verbreitet waren.[85]

Wenn man einmal ernsthaft darüber nachdenkt, stellt

man fest, dass Menschen mehrere Arten von Traumzuständen erleben – nächtliche Träume, Tagträume, Visualisierungen und manche Meditationsphasen. Unser Wachbewusstsein beschäftigt sich damit, die Wirklichkeit wahrzunehmen und zu analysieren. Das Unterbewusstsein steuert unsere automatischen Körperfunktionen und kommuniziert mit uns durch unsere Sinneseindrücke, Gedanken und Gefühle. Seine Sprache ist rein symbolischer Natur. Unser höheres Selbst ist unsere Verbindung zum Großen Geist, übermittelt uns Inspirationen und kreative Impulse und hilft uns, zu einem Gefühl des Einsseins mit dem Universum zu gelangen. Wenn wir daran arbeiten, Wachbewusstsein, Unterbewusstsein und höheres Bewusstsein in Einklang zu bringen, können wir im Leben wahre Wunder vollbringen. Sehr oft sind diese Wunder direkte Produkte unserer Träume, Meditationen und Visionen.

Heute bezeichnen Gesundheitsexperten Schlafmangel als eine der größten Gefahren für das Wohlbefinden von Teenagern und arbeitswütigen Erwachsenen. Der Terminkalender der Leute ist so voll gepackt, dass sie nicht mehr ausreichend Schlaf finden. Und wenn wir nicht genug schlafen, träumen wir auch nicht genug, was sich nachteilig auf unser psychisches Wohlbefinden auswirkt.

Die meisten Forscher stimmen darin überein, dass der Mensch pro Nacht vier bis fünf Traumphasen erlebt. In jeder dieser Phasen können wir mehrere Träume hintereinander träumen. Wenn du zwischendurch aufwachst, erinnerst du dich an eine Abfolge von Träumen – ineinander überfließende Bildsequenzen. Träume treten zumeist während des REM-Schlafes auf (REM: Rapid Eye Movement; dt: »Schnelle Augenbewegung«), wie er zum ersten Mal 1953 von Eugene Aserinsky beobachtet wurde, einem Wissenschaftler an der Universität von

Chicago.[86] Später fanden andere Forscher heraus, dass unsere täglichen Ruhezyklen den nächtlichen Schlafzyklen entsprechen. Sie entdeckten außerdem, dass REM-Zyklen auf einer subtilen Ebene auch tagsüber auftreten, während wir wach sind. Was bedeutet das alles nun für uns Hexen? Im Wesentlichen beweist es, dass Körper, Bewusstsein und Seele als Einheit zusammenwirken, auch wenn wir davon bewusst nicht das Geringste mitbekommen. Wenn einer dieser Zyklen aus dem Takt gerät, werden wir krank oder deprimiert. Durch Meditation, Selbsthypnose, gezieltes Tagträumen und luzide nächtliche Träume können wir ein erfolgreiches Leben führen und Erfüllung finden. Und da hast du gedacht, Hexen würden lediglich Zauberrituale ausführen!

Wenn wir uns zum Schlafen hinlegen, fängt unser Körper an, sich zu entspannen. Das Gleiche geschieht in der Meditation. Unsere Gehirnwellenfrequenz verlangsamt sich vom Betazustand (dem Wachzustand) zum Alphazustand (einer leichten Trance mit mehreren Stufen). Während wir uns entspannen, erleben wir immer wieder kurze Momente, in denen unser Bewusstsein zu wandern beginnt. Diese kleinen Traumschnipsel bezeichnet man als Bewusstseinsstrom-Energie.

Manchmal durchläuft unseren Körper ein kleiner Ruck, wenn sich unser System entspannt und die Energie gedrosselt wird. Das ist normal und scheint mit unserem Stresslevel am jeweiligen Tag zusammenzuhängen. Dieses plötzliche Gefühl des Fallens, das uns kurz vor dem Einschlafen manchmal überkommt, resultiert aus dem Herunterfahren der verschiedenen Körpersysteme. Wenn wir am Morgen aufwachen, treten erneut diese kleinen Traumschnipsel auf, und an sie erinnern wir uns während des Tages am besten. In diesen kurzen Phasen ist unser Geist am kreativsten und arbeitet am fruchtbarsten. Wir können diese Zeit nutzen, um uns mit positiven Suggestionen und Affirmationen zu programmieren. Warum schreibst du dir nicht deine Lieblingsaffirmation auf einen Zettel und benutzt ihn das nächste Mal, wenn du dich in einer Traumschnipsel-Phase befindest? Wende diese Affirmation einmal probeweise einen Monat lang an, und zwar immer am Abend unmittelbar vor dem Einschlafen (oder morgens sofort nach dem Aufwachen). Was geschieht?

Auf das Einschlafen folgen vier Stadien, die zusammen einen Schlafzyklus bilden. Wie lange jedes dieser Stadien dauert, variiert von Person zu Person. Am tiefsten schlafen die meisten Leute in den ersten drei Stunden. Während des Schlafs bewegen wir uns vom Alpha- in den Thetazustand, und dann schließlich in den Deltazustand, bevor wir einen neuen Zyklus beginnen. Im ersten nächtlichen Schlafzyklus träumen wir nur zehn Minuten kurz vor Ende des Zyklus.[87] Im weiteren Verlauf der Nacht werden die REM-Phasen länger, und beim letzten Zyklus träumen wir schließlich über 90 Prozent der Zeit. Diese Träume der letzten Phase sind es dann auch, an die wir uns nach dem Aufwachen erinnern. Doch warum wir träumen, weiß bis heute niemand genau! Während du träumst, übermittelt dir dein höheres Bewusstsein Botschaften, die vom Unterbewusstsein verschlüsselt werden. Mit deinem Wachbewusstsein musst du diese Traumbotschaften dann wieder entschlüsseln. Aber zuerst einmal müssen wir lernen, uns überhaupt an unsere Träume zu erinnern.

Alle Menschen träumen (auch wenn sie behaupten, das sei nicht der Fall). Der Trick ist es, sich an die Träume zu erinnern. Wenn du dir jeden Abend vor dem Einschlafen suggerierst, dass du dich an alle Träume erinnern willst, die besonders wertvolle Informationen erhalten, wirst du spürbare Fortschritte machen. Leg dir Stift und Notizbuch griffbereit neben das Bett, um dir Trauminhalte oder Botschaften deiner inneren Stimme notieren zu können. Versuche nicht schon in der Nacht, sie zu deuten. Es ist besser, das im Lauf des folgenden Tages zu tun. Wenn du diese Praxis eine Zeit lang durchhältst, wird dein Notizbuch schon bald mit Träumen angefüllt sein. Probiere das folgende Zauberritual aus. Es wird dir dabei helfen, dich besser an deine Träume zu erinnern.

Traumerinnerungszauber

Benötigte Materialien: Eine Tasse heißer Kamillentee; getrockneter, zerstoßener Lavendel; ein weißes Taschentuch

Anleitung: Lege den Lavendel in das Taschentuch und falte dieses sorgfältig. Schiebe es zwischen Kissen und Kissenbezug. Trink den Tee. Leg dich nun hin und rezitiere die folgende Beschwörung dreimal:

Ich bitte mein höheres Selbst, dass es mir
auf den tiefen, rauschenden Flüssen meiner Träume
große, geflügelte Gedanken schickt – Gedanken
der Inspiration, der Weisheit, des spirituellen
Wachstums und des Lernens. Voller Freude
heiße ich die Symbole
und lebhaften Farben willkommen, die aufsteigen
aus den Tiefen meines Geistes, und ich werde
mich nur an die Träume erinnern, die für mich
von Bedeutung sind. Ich werde diese Träume
nach dem Aufwachen mühelos entschlüsseln,
*indem ich das Schlüsselwort (*setze hier ein
Wort deiner Wahl ein) *spreche. So sei es.*

Erde und zentriere dich. Schalte das Licht aus und schließe die Augen.

Es kann mehrere Wochen dauern, bis du in der Lage sein wirst, dich an klar verständliche, sinnvolle Traumsegmente zu erinnern. Hab Geduld und gib nicht gleich auf. Die Art und Weise, wie wir aufwachen, hat ebenfalls Einfluss darauf, wie gut wir uns an Träume erinnern können. Wenn du zu kurz schläfst und dann durch einen kreischenden Wecker oder ein ebenso lautstarkes Brüderchen oder Schwesterchen geweckt wirst, ist es gut möglich, dass du dich an überhaupt nichts erinnerst. Setz dich langsam im Bett auf und sprich laut dein Schlüsselwort aus. Wenn das nicht hilft, bleibt dir nur die Hoffnung auf die nächste Nacht.

Die meisten von uns haben nicht die Zeit, gleich am Morgen ihre Träume zu entschlüsseln. Das gilt besonders, wenn du früh zur Schule oder zur Arbeit musst. Wenn du dir aber die Zeit nehmen kannst, empfehle ich dir, mit Wort-Assoziationen zu arbeiten, statt in einem Traumdeutungsbuch nachzuschlagen. Es gibt zwar einige universelle Symbole, aber hier geht es um *deine* Träume und *deinen* persönlichen Code *deines* Unterbewusstseins. Nur du selbst kennst den Schlüssel.

Blättere deine Notizen durch und wähle in den Träumen die jeweils eindrucksvollsten Symbole aus. Ich träumte einmal, dass eine gigantische Welle sich vor unserer Stadt auftürmte und uns alle davonzuspülen drohte. In diesem Traum war die Welle das beeindruckendste Symbol, sowohl ihrer Größe als auch ihrer lebhaften Farben wegen. Also notierte ich mir »große Welle« und probierte es dann mit der Methode der Wort-Assoziation, indem ich die ersten zehn Wörter darunter schrieb, die mir spontan in den Sinn kamen. Ich wiederholte das Symbol laut – große Welle – und schrieb dann auf:

»Furcht, Überwindung, ertrinken, Verlust, treiben, fließen, …« Der Traum bedeutete, dass ich das Gefühl hatte, von etwas überwältigt zu werden, das viel größer war als ich. Und in diesem Zustand mentaler Hilflosigkeit fürchtete ich, etwas für mich sehr Kostbares zu verlieren. Auf diese Weise teilte mein höheres Selbst mir mit, dass ich dabei war, in meinen eigenen Ängsten und Sorgen zu ertrinken, und dass ich stattdessen lernen sollte, mich dem Fluss des Lebens anzuvertrauen.

Natürlich gibt es Träume, die so voller Symbole stecken, dass man einige Zeit braucht, um sie zu entschlüsseln. Manche erscheinen so geheimnisvoll, dass man am liebsten frustriert den Kugelschreiber gegen die Wand schleudern möchte. In diesem Fall solltest du den Traum sich ein paar Tage lang setzen lassen (manchmal sogar ein paar Wochen) und dann deine Notizen noch einmal aufschlagen. Vermutlich wirst du dir an die Stirn fassen und sagen: »Na, klar!«, weil die Lösung plötzlich für dich ganz offensichtlich ist. Das liegt daran, dass dein Unterbewusstsein, auch wenn du dich in der Zeit nicht bewusst mit dem Traum beschäftigt hast, deinem Bewusstsein kontinuierlich zusätzliche Hinweise übermittelt hat.

Träume mit Hilfe von Divinationswerkzeugen deuten

Wenn du dich schon längere Zeit mit Divination beschäftigst, verfügst du bereits über einige Erfahrung im Entschlüsseln von Symbolen, wobei du immer wieder zwischen deiner Intuition und deinem Wachbewusstsein hin- und herschaltest. Wenn du einen Traum besonders verwirrend und unklar findest, atme tief durch, entspanne dich und mische die Karten (wirf die Runensteine oder was immer du zur Divination benutzt). Lies dir den Traum noch einmal durch. Deine Frage sollte lauten: »Welche wichtige Botschaft ist in diesem Traum enthalten (es können auch mehrere Botschaften sein), und wie kann ich diese Botschaft nutzen, um ein besserer Mensch zu werden?«

Nehmen wir als Beispiel meinen Traum von der großen Welle, und verwenden wir das Tarot als Deutungshilfe. Du kannst dein bevorzugtes Legesystem verwenden oder einfach zwei Karten ziehen – die erste für die Traumbotschaft und die zweite dafür, wie du diese Botschaft nutzen sollst. Ich zog die Sechs Stäbe, was bedeutete, dass alle Hindernisse überwindbar waren, und die Drei Stäbe, was bedeutete, dass ich Veränderungen begrüßen (und mich nicht vor ihnen fürchten) und mein positives Bemühen fortsetzen sollte. Dass ich Stäbe-Karten zog, verriet mir außerdem, dass meine Ängste etwas mit Kommunikation und meinen inneren Reserven zu tun hatten. Das traf es ziemlich genau.

Wenn du dich mit Astrologie beschäftigst, kannst du ein Horoskop für den Moment berechnen, als du aufwachtest und deinen Traum aufschriebst. Erstens ist das eine tolle astrologische Übung, und zweitens wirst du so eine Menge über die Tiefen deines Bewusstseins herausfinden!

Prophetische Träume

Da Träume so stark persönlicher Natur sind, ist es schwer zu unterscheiden, was lediglich symbolischer Ausdruck deiner individuellen Ängste ist und was tatsächlich auf konkrete künftige Ereignisse hinweist. Leider hatte bislang noch jede historische Epoche ihre Weltuntergangspropheten. Die meisten haben sich geirrt, nur eine Hand voll lieferte wirklich zutreffende Vorhersagen. Doch leider wurden schon unzählige Menschen durch falsche Prophezeiungen in Angst versetzt oder verloren deswegen gar ihr Leben. Als am 11. September 2001 der Angriff auf Amerika erfolgte, stellten manche in der magischen Szene die Frage, warum die »Anführer« dieser Szene den Angriff nicht vorhergesehen und die Opfer der Katastrophe rechtzeitig gewarnt hatten.

Ich für meinen Teil habe festgestellt, dass prophetische Träume eine ziemlich sonderbare Spezies sind. Ich kann nur über meine eigenen Erfahrungen sprechen, und du kannst daraus deine eigenen Schlüsse ziehen. Am 11. August 2001 erwachte ich aus einem sehr lebhaften Traum. In diesem Traum befand ich mich auf einer weißen, staubigen Straße. Ich war von Sand umgeben. Aus der Ferne sah ich einen Mann auf mich zukommen. Er war arabisch gekleidet und führte ein Kamel am Zügel. Er ging auf mich zu und lächelte mich an, aber eine laute innere Stimme warnte mich: »Das ist ein sehr böser Mann. Er hat den bösen Blick.« Der Mann streckte mir seine Hand entgegen, und zwischen Daumen und Zeigefinger hielt er tatsächlich ein Auge. Ich blickte auf und sah hinter ihm einen schneeweißen Obelisken aufragen. Während ich zusah, erschienen auf dem Obelisken arabisch aussehende Schriftzeichen. Die Schrift fing an herabzutropfen wie Blut. Als ich daraufhin aufwachte, notierte ich mir den Traum sofort, weil er so seltsam und lebhaft gewesen war. Ich versuchte meine üblichen Deutungsmethoden, doch es wollte sich keine passend erscheinende Assoziation einstellen. Ich beobachtete die Nachrichten – Zeitungen, Internet, Fernsehen –, entdeckte aber nichts, das mir im Hinblick auf den Traum bedeutsam erschien.

Während der ersten Septemberwoche erreichten mich mehrere E-Mails von anderen Hexen, die von Katastrophenträumen berichteten (darunter waren übrigens viele Teenager). Niemand hatte jedoch ein konkretes Datum oder einen Ort empfangen. Das ist leider der Haken bei prophetischen Träumen. Als ich mich am 10. September schlafen legte, absolvierte ich meine übliche Meditation. Dabei verengte sich plötzlich mein innerer Blick und ich fand mich in einem schwarzen Tunnel wieder, von dem aus ich durch ein Loch blickte, das wie eine runde Tür geformt war. Die Welt außerhalb des Tunnels lag in einem unheimlichen bläulich-roten Zwielicht. Während ich geschützt in dem Tunnel saß, sah ich Hunderte schemenhafter menschlicher Gestalten schweigend vorbeimarschieren. Ich habe keine Ahnung, wie lange ich die Leute dort lautlos vorbeischlurfen sah. Ich weiß nur, dass unter ihnen keine Kinder waren. Verstört blieb ich die ganze Nacht wach und versuchte, das Gesehene zu verstehen. Handelte es sich um ein Produkt meiner Fantasie? War es real? Und wenn ja, was hatte es zu bedeuten? Schließlich, kurz vor dem Morgengrauen, beendete ich meine Grübeleien, um mich wieder der Arbeit an diesem Buch zuzuwenden. Als das erste Flugzeug sein Ziel traf, schaute sich mein Mann gerade eine Börsensendung im Fernsehen an. Den Einschlag des zweiten Flugzeugs erlebte ich dann vor dem Fernsehschirm selbst mit. Der Rest ist Geschichte.

Es gab einmal eine berühmte Krimiautorin, die in fast allen ihren Romanen immer den Satz hinzufügte: »Hätte ich es doch nur vorher gewusst ...« Doch selbst wenn ich gewusst hätte, dass der Traum und die Vision tatsächlich prophetischer Natur gewesen waren – so gab es doch keinerlei Hinweise, warum, wo und wann diese Ereignisse stattfinden würden. Einen Hinweis, wer verantwortlich war, hatte ich erhalten, aber auch dabei keinen konkreten Namen – nur ein Gesicht, und zum Zeitpunkt meines Traumes war es nur ein Gesicht unter Millionen. Natürlich gab es in dem Traum und der Vision deutliche Hinweise auf den 11. September, aber im Nachhinein lassen sich solche Korrelationen leicht finden, die vorher, ohne das Wissen um die realen Ereignisse, unverständlich schienen.

Wer von uns ist in seinem Leben tatsächlich schon einmal durch Visionen oder Träume konkret vorgewarnt worden? Vermutlich ziemlich wenige. Ich bin sicher, dass ich in der Nacht vor dem 11. September nicht der einzige Mensch war, der nicht schlafen konnte. Und ich bin auch sicher, dass Hunderte, vielleicht Tausende wie ich in vagen Traumbildern stückweise Vorahnungen der bevorstehenden Katastrophe empfingen, ohne diese klar deuten zu können. Werden von unserem Unterbewusstsein solche diffusen Bilder produziert, weil es die Schockwellen kommender Ereignisse auffängt? So, als gäbe es im kollektiven Unbewussten eine Art Stimmgabel, die derartige Schwingungen registriert? Der Psychiater Montague Ullman, Begründer des Traumlaboratoriums am Maimonides Medical Center in New York, glaubt, dass die Natur sich um das Überleben unserer Spezies sorgt und dass diese Sorge in uns Träume auslöst, die unserem fatalen Drang entgegenwirken sollen, diese Welt in Schutt und Asche zu legen. Träume spiegeln unsere individuelle Erfahrung wider, zugleich liegt ihnen aber ein tieferes kollektives Bedürfnis zugrunde, für das Überleben unserer Spezies zu sorgen und unsere Verbundenheit mit allen anderen Menschen aufrechtzuerhalten.[88] Wenn das zutrifft, dann bilden, wie Ullman vermutet, Träume eine Brücke zwischen der wahrnehmbaren materiellen Welt und noch nicht manifesten Ordnungen und können uns vor einer herannahenden Transformation warnen, von der eine große Zahl Menschen betroffen sein wird. Solange wir aber nicht in der Lage sind, prophetische Träume wissenschaftlich auszuwerten, können wir nur Daten sammeln und abwarten. Und da viele Leute fürchten, öffentliche Aufmerksamkeit auf sich zu ziehen, oder den sehr berechtigten Wunsch haben, ihre Mitmenschen nicht zu ängstigen, werden die meisten prophetischen Daten, die dort draußen herumschwirren, wohl nie an die Öffentlichkeit gelangen. Eines aber ist sicher: Wir dürfen uns von Träumen niemals Angst einjagen lassen.

Zauberrituale

Ich wünschte, ich bekäme jedes Mal einen Dollar, wenn ein Reporter oder Talkshow-Moderator mir die Frage stellt: »Funktioniert Zauberei denn wirklich?«

Ja. Natürlich funktioniert sie!

Wenn du zauberst, tust du nichts weiter als physische Handlungen mit einem gezielten Gebet zu verbinden. Das ist alles. Irgendwelcher wabernder Nebel auf nächtlichen Friedhöfen und dergleichen ist dazu nicht erforderlich. Kein Gespenst muss über deiner Schulter schweben, keine Geisterreiter müssen dich zu einem verfallenen, modrig-bösen Schloss bringen. Worte und begleitende Handlungen, mehr ist nicht dabei.

Ob wir nun über Zauberei in antiken Kulturen sprechen oder über die Jetztzeit, fast alle Zauberrituale weisen folgende Gemeinsamkeiten auf:

* Sie sind wie Rezepte, die nach bestimmten Zutaten verlangen. Ausgewählt werden diese Zutaten anhand der magischen Korrespondenzen (siehe dazu auch das dritte Buch dieser Reihe – *Zauberkraft im Alltag* – unter dem Stichwort *Korrespondenzen*).
* Es ist wichtig, auf den richtigen Zeitpunkt für ein Ritual zu achten, also auf die Zeitqualität – dazu gehören Wochentage, Mondstellungen, Planetenbahnen, die Jahreszeiten und andere kosmische Faktoren.
* Sie werden innerhalb eines magischen Kreises ausgeführt.[89]
* Sie funktionieren am besten, wenn sie auf eine Religion zugeschnitten sind, die zu ethischem, moralischem Verhalten ermutigt.
* Sie werden immer unter Einbeziehung einer Gottheit vollzogen. Hierbei kann es sich um eine Gottheit aus einem bestimmten Pantheon handeln oder um den Großen Geist als allumfassendes göttliches Wesen. Auch höhere Mächte können einbezogen werden, etwa Engel oder planetare Energien, die die reine Essenz des Göttlichen verkörpern. Der Brauch, ein Problem (einem) Gott zu übergeben, ist keineswegs eine christliche Erfindung. Sicher hast du von Anhängern christlicher Sekten schon Aussprüche gehört wie: »Übergib Jesus all deine Probleme«, oder: »Übergib Gott alle deine Sorgen.« Die Praxis, Probleme an ein göttliches Wesen oder eine höhere Macht zu übergeben, war schon um 400 v. Chr. weit verbreitet, lange bevor das Christentum existierte.[90]
* Sie werden begleitet von gesprochenen oder schriftlich festgehaltenen Beschwörungen oder Gebeten.
* In vielen Fällen werden Symbole benutzt, etwa bestimmte Farben oder Siegel.
* Bei den meisten Zauberritualen wird das Mittel der

mehrfachen Wiederholung von Worten oder Symbolen eingesetzt, wobei Analogien, Metaphern, Vergleiche und rhythmisches Sprechen oder Singen eine Rolle spielen.

Analogie: Die Ähnlichkeiten zwischen zwei verschiedenen Dingen aufzeigen: *So wie der Mond zunimmt, soll auch meine Kraft wachsen.*

Metapher: Beschreibung, bei der eine Sache oder Idee anstelle einer anderen benutzt wird, um eine Ähnlichkeit zwischen beiden zu suggerieren: *Möge dein Verstand scharf wie ein Schwert sein.*

* Immer verkündet der Zaubernde seine magische Absicht, wobei stets die Namen des Zaubernden und der Person, für die gezaubert wird, genannt werden.
* Zum Abschluss wird ein Zauberritual »besiegelt«, was durch eine Handbewegung geschehen kann, durch ein Siegel aus Wachs oder ein Band, das verknotet wird.

Jeder Zauber besteht aus zwei wesentlichen Teilen: dem Zauberspruch und dem begleitenden Ritual. Beides vollzieht sich normalerweise innerhalb eines magischen Kreises. Dabei macht Übung den Meister. Je häufiger du übst, desto besser wird deine Zauberei funktionieren. Wenn du es zum ersten Mal mit der Zauberei versuchst, und die Sache funktioniert nicht, solltest du nicht gleich die Flinte ins Korn werfen. Etwas mehr Mühe und Geduld musst du schon aufwenden. Damit ist aber nicht gesagt, dass deine ersten Zauberrituale zwangsläufig fehlschlagen werden. Im Gegenteil: Oft werden die Anfangserfolge dich verblüffen! Dennoch ist Magie harte Arbeit, und genau wie manche Leute sich mit bestimmten Kochrezepten schwer tun, eignet sich auch nicht jedes Ritual für alle Hexen gleichermaßen.

Zauberrituale sind ganz sicher kein neues Phänomen. In allen antiken Kulturen finden sich Hinweise, dass Zauberei praktiziert wurde. Dabei war das Zaubern nicht nur Priestern und Priesterinnen vorbehalten. Auch Adelige und Bauern glaubten fest an seine Wirksamkeit und nahmen entweder die Dienste von Zauberern in Anspruch oder praktizierten selbst Magie. Griechen, Römer, Kelten, Juden, Druiden, Ägypter, Muslime, Perser, Sumerer, Skandinavier, Christen und Germanen (ja, ich weiß, ich mische wild Religionen, Kulturen und Länder, aber darum geht es ja gerade) – für sie alle war die Zauberei fester Bestandteil ihres Alltags.[91] Und kein Versuch, dies den Leuten auszutreiben – vom römischen Recht über den Heiligen Patrick zum religiösen Fanatismus späterer Zeiten – ist je geglückt. Bis heute überdauert die Hexenkunst hartnäckig.

Und warum?

Weil Zauberei funktioniert.

Darüber, *warum* sie funktioniert, wird es wohl immer Debatten geben. Um darauf Antworten zu finden, müssen wir uns das Bewusstsein der Leute anschauen, die Zauberei praktizieren. Wenn jemand damit beginnt, sich mit Magie und Hexenkunst zu beschäftigen, wechselt er oder sie von einer passiven Haltung gegenüber dem Leben hin zu einer aktiven, schöpferischen. Ein solcher Mensch will nicht länger Opfer der Umstände sein, sondern folgt der Vision, mit der Kraft des Willens und des Glaubens alle seine Ziele erreichen zu können. Und genau das geschieht auch – diese Menschen sind erfolgreich. Hexen glauben, dass alle magischen Praktiken und Rituale die Wahrnehmung desjenigen, der sie ausführt, verändern. Wenn du magisch dafür arbeitest, mehr Harmonie zu erzeugen (was überhaupt das beste Ziel ist), hebst du damit deine Schwingungen an – und so verschwindet alle Negativität auf natürliche Weise. Wie lange es dauert, bis der Zauber wirkt, hängt überwiegend davon ab, wie groß das Ungleichgewicht in der betreffenden Situation war. In der Zauberarbeit besiegst du deine Ängste, negativen Vorstellungen und Zweifel, indem du den Mut findest, schädliche alte Verhaltensmuster aufzugeben, Grenzen zu überschreiten und dich von Menschen zu trennen, die einen schlechten Einfluss auf dich ausüben. Andere Hexen haben andere Vorstellungen, warum Zauberei funktioniert; doch wenn du unbedingt dahinter kommen möchtest, warum Zauberei funktioniert, gibt es eine Menge wissenschaftliche und magische Literatur zu diesem Thema, die dir reichlich Stoff zum Nachdenken bietet. Wichtig ist aber vor allem die Tatsache, dass Zauberei auch funktioniert, ohne dass man sie analysiert und versteht, warum.

Man muss nur daran glauben.

Weitere Erörterungen darüber, warum Zauberei funktioniert, findest du im Band *Das Zauberbuch der Freien Hexe – Zauberkraft im Alltag* unter dem Stichwort *Magie*.

Zaubern – supereinfach

Angenommen, du hast in einem Buch ein cooles Zauberritual entdeckt, das du gerne ausprobieren möchtest. Nehmen wir weiter an, dieses Buch enthält keine sehr ausführlichen Anweisungen, was leider sehr häufig der Fall ist. Meistens geben die Autoren nur die Materialien an und setzen voraus, dass du bereits weißt, wie man ein magisches Ritual gestaltet. Jetzt gehe ich einmal davon aus, dass du tatsächlich bereits einige Rituale ausprobiert hast, Grundkenntnisse in magischem Timing besitzt (vor allem bezüglich der Mondphasen) und dass du den größten Teil dieses Buches hier durchgearbeitet hast. Du weißt also, warum der magische Kreis wichtig ist, warum die Himmelsrichtungen wichtig sind etc., etc. Alles was du noch brauchst, ist ein Basis-Zauberritual, das du auswendig beherrschst und in das du die in anderen Büchern gefundenen Zaubersprüche einbauen kannst. Wenn du dieses einfache Ritual immer wieder für deine Zauberei verwendest, fördert das ein erfolgreiches Arbeiten (dank der Schönheit regelmäßiger Wiederholungen). Vielleicht kennst du ja bereits mein allgemeines magisches Basis-Ritual, das ich in dem ersten Band dieser Reihe – *Geschichte & Werkzeuge* – vorgestellt habe, doch nun folgt eines, das speziell für das Zaubern gedacht ist. Als Erstes zeige ich dir also eine einfache Zauber-Ritualform und gebe dir dann einige Rezepte für spezielle Zaubereien, die du in diese Ritualstruktur einfügen kannst. Wichtig ist, das Ritual auswendig zu lernen, damit du es ausführen kannst, ohne dabei ins Buch schauen zu müssen. Um dieses Ritual interessant und ungewöhnlich zu gestalten, werden wir einen Zauberstab einsetzen. (Auch dazu findest du mehr Informationen im oben genannten Buch in dem Kapitel *Zauberstab, Rute, Stange und Stab.*)

Silvers Zauberritual

Benötigte Materialien: Du brauchst einen Zauberstab. Nimm eine Holzstange, ein bis zweieinhalb Zentimeter im Durchmesser und einen Meter lang. Male sie zur Hälfte schwarz an und lass die Farbe gut trocknen. Die nächsten zehn Zentimeter malst du rot an. Trocknen lassen. Die folgenden zehn Zentimeter malst du weiß an. Trocknen lassen. Und den restlichen Teil der Stange malst du golden an. Umwickle einen Teil des schwarzen Endes mit rotem Leder oder rotem Stoff als Handgriff. Fixiere Stoff oder Leder mit Klebstoff oder Klebeband. Binde mit schwarzem Band drei Glöckchen ans untere Ende des Handgriffs. Diese Farben – von Schwarz zu Rot, Rot zu Weiß, Weiß zu Gold – sind die ursprünglichen alchemistischen Farben. Dieser Stab sollte, wie der Name schon sagt, ausschließlich zum Zaubern verwendet werden und nicht für andere magische Rituale. Wenn die Farben trocken sind, reinige, weihe und lade den Zauberstab auf, am besten bei Vollmond. Setze den Stab mindestens eine Stunde lang dem Mondlicht aus. Ich zünde außerdem immer eine weiße Kerze an und stelle eine weiße Schale mit Wasser hinaus, unabhängig davon, welche anderen Zutaten für das Zauberritual verlangt werden.

Schritt eins: Stelle alle für den Zauber nötigen Zutaten zusammen, ebenso auch alle erforderlichen schriftlichen Informationen, und arrangiere das alles auf deinem Altar oder deiner Arbeitsfläche. Zünde so viele Beleuchtungskerzen an, wie du möchtest. Erde und zentriere dich.

Schritt zwei: Beschwöre den magischen Kreis folgendermaßen: Beginne im Norden, gehe dann im Uhrzeigersinn im Zimmer herum, wobei du mit der goldenen Spitze des Stabes nach unten zeigst. Richte den Stab dann, während du die Kreisbeschwörung intonierst, langsam nach oben. Wenn du zum dritten Mal das Nordviertel erreichst, sollte der Stab senkrecht in den Himmel zeigen. Ich habe in Klammern die Begründung für jede Zeile hinzugefügt, damit du besser verstehst, was sich manifestieren wird, während du den Kreis beschwörst. Das wird dir außerdem helfen, dir für deine künftige Arbeit in den kommenden Jahren auch andere Kreisbeschwörungen auszuwählen.

Rot folgt auf Schwarz, Gold folgt auf Weiß,
(Beschwörung der alchemistischen Energien
aus der Leere in die Vollkommenheit)
so beschwöre ich den magischen Kreis.
Der Neumondsegen, klar und rein
(Bitte um Reinigung und Weihe)
und Vollmondzauber gehören hinein.
(Bitte um Schutz)

Dabei solltest du den Kreis einmal umrundet haben. Schreite nun den Kreis zum zweiten Mal ab, wobei du die folgenden vier Zeilen rezitierst und in jeder Richtung kurz stehen bleibst.

Norden ist Erde, und Osten ist Luft,
(Beschwörung der Elemente)
ihr Mächtigen kommt her zu dem, der euch ruft.
(Beschwörung der Engel oder Schutzgeister)
Süden ist Feuer, der Westen das Meer,
ihr Uralten, kommt jetzt zu mir her.
(Beschwörung der Ahnen)

Nun hast du den Kreis zum zweiten Mal umrundet. Umkreise ihn ein letztes Mal und rezitiere dabei die abschließenden vier Zeilen.

Forme dich, o Kreis, großer Mantel der Königin,
(Aufbauen der Kreisenergie und Anrufung der Göttin)
Macht des Jägers und der Hexenmeisterin,
(Anrufung des Gottes und Beschwörung
des eigenen Diensteides)
Planeten kreisen und küssen die Sterne,
(Anrufung der korrekten astrologischen Energien)
dienen der Hexe willig und gerne!
(Aufwecken der Planetenenergien)
Wirke den Zauber, lass den Wandel geschehen,
(Beschwörung der Energie, die benötigt wird, um die
angestrebten Ziele des Zauberrituals zu verwirklichen)
nichts kann meiner Hexenmacht widerstehen.
(hier wird die eigene Macht verkündet – an die man
natürlich auch wirklich glauben muss, wenn der
Zauber wirken soll!)
Zwischen den Welten besiegele ich den Kreis –
(Versiegeln des Kreises)

Klopfe mit dem Stab einmal auf den Boden.

Und nur ich allein von diesem Zauber weiß.
(Bekräftigung, dass das, was im Kreis
geschieht, geheim bleiben soll).
Wie oben, so unten.
(alchemistische Anrufung)
Wie ich es sage, so soll es sein!
(Erklärung des eigenen unerschütterlichen Glaubens)

Schritt drei: Da dieses Ritual so konzipiert wurde, dass es sich rasch und unkompliziert durchführen lässt, gestalten wir hier die Anrufung der Kreisviertel etwas anders als beim Basis-Ritual und den Esbat-Ritualen. Stell dich mit dem Gesicht nach Norden in die Mitte des Kreises. Während du die Kreisviertelanrufung intonierst, zeige mit gestrecktem Arm ungefähr in Stirnhöhe mit dem Stab auf das jeweilige Viertel. Während du die Elemente nennst, visualisiere das jeweilige Element. Das ist bei dieser Art der Kreisviertelanrufung äußerst wichtig. Denke, wenn du *Erde* sagst, dabei an schweren, fruchtbaren Erdboden. Denke beim Wort *Luft* an eine angenehm frische Brise und die Freude des Atmens. *Feuer* solltest du als lebendig prasselnde Flamme visualisieren, und *Wasser* könnte ein Wasserfall, ein See oder ein rauschender Fluss sein. Bei der Kreisbeschwörung hast du bereits an die Tür der Elemente geklopft, aber nun gilt es, diese Tür zu öffnen.

Ihr Tore der Elemente, öffnet euch hier
(damit erklärst du deine Absicht)
bringt eure besonderen Kräfte zu mir.
(Bitte um Hilfe)
Erde! (Öffnen des Nordviertels)
Luft! (wende dich nach Osten und öffne das Ostviertel)
Feuer! (wende dich nach Süden und öffne das Südviertel)
Wasser! (wende dich nach Westen und öffne das Westviertel)

Weitere Mächte werden nicht angerufen, weil jeder Zauber anders ist. Bei manchen wird genau aufgelistet, welche Energien mit den Elementen in den Kreis gebeten werden sollen (z. B. Engel, Totems, Ahnen). Wenn du bei deinem Ritual eine dieser Energien anrufen möchtest oder wenn du mit einer anderer Form der Kreisviertelanrufung arbeiten möchtest, füge das an dieser Stelle entsprechend ein.

Schritt vier: Nenne deinen Namen, rufe die Gottheit an und verkünde deine magische Absicht. Lies das Zauberritual durch, das du anwenden willst. Wenn darin keine Gottheit erwähnt wird, solltest du selbst eine Gottheit wählen und an dieser Stelle einfügen. Wenn du unsicher bist, ob die gewählte Gottheit zum Wesen des Rituals passt, rufe stattdessen einfach allgemein den Großen Geist an. Damit kannst du auf keinen Fall etwas falsch machen. Wie gesagt, ist dieses Ritual für eine rasche, unkomplizierte Anwendung gedacht. Das bedeutet aber nicht, dass du hastig und nachlässig vorgehen darfst. Während du deine magische Absicht verkündest, halte deine dominante Hand (bei Rechtshändern also die rechte) über den Kopf oder zeige mit dem goldenen Ende des Stabes, den du in deiner dominanten Hand hältst, hinauf in den Himmel.

Nachstehend ist ein Beispieltext abgedruckt, den du anwenden kannst. Wenn du deine Absicht selbst formulieren möchtest, achte darauf, dass der Text, den du dir aufschreibst, klar und präzise formuliert ist.

Heil dir, Herrin des Universums!
Ich (nenne deinen Namen) *dein Sohn/deine Tochter aus der Zunft der Weisen, rufe nach dir und ersuche dich um Hilfe*
im Namen deines irdischen Kindes (nenne die Person oder das Tier, für die du dieses Ritual ausführst. Wenn du für dich selbst zauberst, musst du den Text entsprechend umformulieren), *der/die deine Unterstützung braucht. Große Mutter, erhöre mich.*

Beschreibe nun genau die Ausgangssituation und welche Veränderung du mit dem Zauber herbeiführen willst. Zum Beispiel: *Maria Müller findet in dieser Stunde der Not Trost und Hilfe*, oder: *Marius Meier findet einen neuen Job, der ihm Erfüllung schenkt, wo die Bezahlung stimmt und er von zu Hause nicht zu weit fahren muss.* Füge dann hinzu: *Ich weiß, dass du das für mich tun wirst. So sei es!*

Hier ist ein Beispiel, um dir zu zeigen, wie das alles im Zusammenhang aussieht:

Heil dir, Herrin des Universums!
Ich, dein Sohn/deine Tochter
aus der Zunft der Weisen, rufe nach
dir und ersuche dich um Hilfe
im Namen deines irdischen Kindes, Maria Müller,
die deine Unterstützung braucht. Große Mutter,
erhöre mich und beschütze Maria auf ihrer
Reise nach München, wo sie ihre Großmutter
besuchen will. Bitte beschütze sie, auf dass sie
wohlbehalten zurückkehrt. Ich weiß, dass du
das tun wirst. So sei es!

Schritt fünf: Reinige, weihe und lade alle Hilfsmittel auf, und zwar auch dann, wenn das in der jeweiligen Zauberanleitung nicht ausdrücklich erwähnt wird.

Schritt sechs: Füge nun den Zauberspruch ein, der vermutlich in abgewandelter Form eine Wiederholung deiner bereits verkündeten Absicht sein wird. Aber Wiederholungen sind in der Magie üblich und helfen uns, unsere Arbeit wirkungsvoll zu fokussieren. Berücksichtige alle Aspekte der Zauberarbeit, wozu auch gehört, das Energielevel anzuheben. Manchmal geschieht dies durch einen Chant oder durch Trommeln. In manchen Zauberanleitungen wird es aber gar nicht erwähnt, sondern die Anweisungen beschränken sich darauf, dass du ein magisches Pulver mixen und eine Kerze anzünden sollst. Nimm dir dennoch die Zeit, das Energielevel anzuheben.

Das geschieht am einfachsten, indem du dich breitbeinig hinstellst und langsam die Arme hebst, wobei du dich auf deine magische Absicht konzentrierst. Du wirst spüren, wie die Energie durch deinen Körper strömt und von deinen erhobenen Händen ausstrahlt. Mit etwas mehr Erfahrung wirst du eine Art kühler Brise spüren, die durch dich hindurchweht, während du die Energie nach oben ziehst und durch deine Hände nach außen leitest. Beachte dabei, dass du nicht deine eigene Energie ausstrahlst (was ziemlich anstrengend und erschöpfend wäre), sondern die Energien, die du herbeigerufen hast (Gottheit, Kreisviertel etc.), um für dich die Arbeit zu tun. Wenn du dich nach einem Ritual müde und erschöpft fühlst, dann hast du zu viel eigene Energie investiert. Du solltest dich belebt und hellwach fühlen! Vergiss nicht, den Zauber zu besiegeln, indem du dreimal auf das Material hauchst oder ein gleicharmiges Kreuz in die Luft zeichnest. Auch das wird in vielen Zauberbüchern nicht erwähnt.

Schritt sieben: Danke der Gottheit.

Schritt acht: Schließe die Kreisviertel, indem du dich nach Westen wendest und sprichst:

Ihr Element-Tore, beginnt euch wieder zu schließen,
eure Gaben wurden dankbar angenommen,
die Energie wird jetzt wieder zum Ursprung fließen.

Zeige mit dem Stab nach Westen und sprich: *Heil und Lebewohl.* Wende dich nach Süden und wiederhole: *Heil und Lebewohl.* Dann das Gleiche noch einmal, nach Osten gewendet. Zum Abschluss im Norden sagst du: *Heil und Lebewohl. Alles kommt aus dem Norden!*

Schritt neun: Deute mit dem Stab vom Körper weg auf den Boden. Bewege dich, am Nordviertel beginnend, langsam entgegen dem Uhrzeigersinn und stell dir dabei vor, dass der Kreis aufgehoben wird und seine Energie in den Stab fließt, als sei der Stab eine Art magischer Staubsauger. Führe eine vollständige Kreisbewegung aus, bis du wieder am Nordviertel ankommst. Klopfe mit dem Stab einmal auf den Boden und sprich: *Dieser Kreis ist offen, doch niemals gebrochen. So sei es.*

Schritt zehn: Erde und zentriere dich. Räume den Ritualbereich gründlich auf. Lass keine magischen Werkzeuge herumliegen.

Zauberrituale zum Ausprobieren

Hier sind einige Zaubereien, die du mit dem einfachen Ritual, das ich dir gerade vorgestellt habe, ausprobieren kannst. Vergiss nicht, deine Absicht klar zu formulieren und aufzuschreiben, ehe du beginnst. Die Zauberrituale werden hier genauso wiedergegeben, wie du sie auch in anderen Zauberbüchern findest. Das bedeutet, dass du möglicherweise selbst Dinge hinzufügen musst (etwa Räucherwerk oder andere von dir bevorzugte magische Hilfsmittel). Auch über das Timing, die richtige Zeitqualität, musst du dir Gedanken machen. Vergiss die wichtigen Grundelemente nicht: erden und zentrieren, das Energielevel anheben und den Zauber mit heiligem Atmen oder durch das Schlagen des gleicharmigen Kreuzes besiegeln. Wenn du dich an die zuvor beschriebene Basis-Ritualform hältst, wirst du mit den nachfolgend beschriebenen Zaubereien gute Ergebnisse erzielen.

Fülle eine kleine schwarze Geldbörse mit Münzen. Gib drei Minzeblätter hinzu (um weiteres Geld anzuziehen), vier Knoblauchschalen (um das Geld zu behalten, wenn du es dann hast), ein silbernes Pentakel (du kannst auch eins auf ein Blatt gelbes Papier zeichnen), etwas silbernen Glimmer, drei silberne Glöckchen (um negative Energien im finanziellen Bereich zu vertreiben), einen kleinen Zweig Gartenraute und ein Stück von einer Pfefferpflanze. Schreibe deinen Namen und die gewünschte Geldsumme auf einen Zettel, und füge noch hinzu: *und ein bisschen mehr*. Lege den Zettel mit in die Geldbörse und verschließe diese dann. Intoniere den folgenden Chant neunmal und schüttele dabei die Geldbörse:

Geld, Geld, komm zu mir!
Bringe Wohlstand zu meiner Tür!
Glänzende Münzen und klingelnde Schellen,
Geld strömt herbei in mächtigen Wellen!

Beginne ganz leise und heb dann die Stimme immer mehr, während du das Energielevel steigerst. Lass die Geldbörse auf deinem Altar liegen oder trage sie bei dir, bis du den gewünschten Geldbetrag erhalten hast. Damit der Geldstrom auch künftig nicht versiegt, solltest du einen Teil von dem, was du erhalten hast, für einen wohltätigen Zweck spenden oder einem Freund geben, der gerade finanziell in Not ist. Um die Energie zu reaktivieren, kannst du frische Kräuter und drei neue Münzen in die Geldbörse füllen.

Den Einfluss eines Menschen aus deinem Leben verbannen

Schreibe den Namen des Menschen, der dir Schwierigkeiten bereitet, mit großen Buchstaben auf ein großes Blatt Papier. Vermische mit Mörser und Stößel Salz, schwarzen und roten Pfeffer. Ziehe die Buchstaben auf dem Papier mit Klebstoff nach. Streue dann die Bann-Mixtur darauf. Während der Kleber trocknet, intoniere immer wieder den folgenden Chant:

Die Göttin schickt diesen Menschen fort,
findet für ihn einen besseren Ort.
Ab heute und im Nu lässt er mir meine Ruh'!

Wenn der Klebstoff ganz getrocknet ist, verbrenne das Papier und deponiere die Asche möglichst nah bei dem Menschen, der dir zu schaffen macht.

Liebeszauber

Nimm die Spielkarte Herz-As und lege sie aufgedeckt auf deinen Altar. Streue etwas braunen Zucker darauf. Lege drei rosafarbene Rosenblütenblätter darüber. Zünde eine rosa Kerze an, auf die du deinen Namen geschrieben hast. Halte die Hände über das As und sprich die folgenden Worte einundzwanzigmal:

So, wie die Asse siegen im Kartenspiel,
erreiche ich nun in der Liebe mein Ziel:
eine(n) Herzensgefährten(in) und Küsse gar viel!

Lege As, Zucker und Rosenblütenblätter in einen rosa Zauberbeutel. Trage den Beutel bei dir, bis dein Wunsch in Erfüllung gegangen ist. Bewahre den Beutel anschließend bei dir zu Hause auf, bis du die Beziehung zu beenden wünschst. Dann streue den Inhalt des Beutels in den Wind und sprich:

Wie die Asse im Spiel hab ich in
der Liebe den Gipfel erklommen,
meinen schönen und reichen Anteil bekommen.
Mögen wir nun glücklich scheiden,
uns in Freundschaft trennen, ohne zu leiden.

Wenn du in eine Gruppe oder einen Verein aufgenommen werden möchtest

Mit Mörser und Stößel getrockneten Klee, weißen Zucker und geriebene Orangenschalen mischen. Besorge dir ein Bild des Emblems oder Abzeichens der Gruppe oder male es selbst. Zeichne die folgende Binderune über das Emblem.

Schreib deinen Namen über die Binderune und dann den Namen der Gruppe oder des Vereins auf die Rückseite des Blattes. Aktiviere die Rune, wie es auf Seite 373 beschrieben ist. Streue die Kräutermischung auf die Vorderseite des Blattes. Falte das Blatt von den vier Ecken aus zusammen und klebe es zu, so dass keine Kräuter herausfallen können. Versiegele es mit rotem Wachs und lege es in einen kleinen roten Filzbeutel. Trage diesen so lange bei dir, bis man

dich in die Gemeinschaft aufnimmt. Wenn du später deine Mitgliedschaft aus irgendeinem Grund wieder beenden möchtest, leere den Zauberbeutel aus, zerreiße das Papier und verbrenne alles in einer feuerfesten Schale.

Teamgeist stärken

Immer wieder kommt es an Schule oder Universität vor, dass du mit anderen eine Arbeitsgruppe bilden musst. Auf diese Weise möchten Lehrer und Professoren die Teamfähigkeit stärken und das für den Beruf wichtige Arbeiten in der Gruppe fördern, aber meistens läuft es darauf hinaus, dass ein großer Teil der Arbeit an einer Person hängen bleibt (möglicherweise an dir). Um sicherzustellen, dass alle Leute im Team einen fairen Anteil der Arbeit übernehmen, kannst du den nachfolgenden Zauber einsetzen.

Schreibe die Namen der Projektteilnehmer/innen auf den Boden einer Schale aus weißem Papier. Schreibe die Namen ohne Zwischenräume hintereinander weg als ein einziges langes, verrücktes Wort. Schreibe den Namen des Projektes darunter. Lege einen Magneten in die Schale. Schütte eine Hand voll Sonnenblumenkerne (für Erfolg) oben auf den Magneten. Rühre die Kerne mit einem sauberen Holzlöffel einundzwanzigmal um, wobei du dir lebhaft vorstellst, dass alle Gruppenteilnehmer gut zusammenarbeiten und eine angenehme Zeit miteinander verbringen. Sprich während des Umrührens: *Werdet eins, seid ein gutes Team.* Wenn im weiteren Verlauf des Projekts jemand nicht tut, was er sollte, oder die Gruppe auseinander zu fallen droht, wiederhole das Umrühr-Ritual und den Chant. Vergiss aber nicht, auch selbst deinen fairen Anteil der anfallenden Arbeit zu übernehmen.

Wenn das Projekt abgeschlossen ist, streue die Sonnenblumenkerne im Freien aus, verbrenne die Schale und leg den Magneten zur Reinigung in heiliges Wasser oder setze ihn dem Mondlicht aus.

Literatur oder andere Lehrmaterialien besser verstehen

Zuallererst musst du natürlich fleißig lernen! Fertige dir ein Lesezeichen aus gelbem Bastelpapier an. (Wenn du Probleme in mehreren Fächern hast, bastele dir für jedes ein Lesezeichen.) Stanze zwei Zentimeter vom oberen Rand entfernt ein Loch in das Lesezeichen. Ziehe eine goldene Schnur durch das Loch und binde sie so fest, dass zwei gleich lange Enden überstehen. Befestige an jedem der beiden Enden eine weiße Vogelfeder. Zeichne unterhalb des Loches die folgende Binderune auf das Lesezeichen:

Aktiviere die Binderune wie auf Seite 373 beschrieben. Reibe das Lesezeichen mit getrockneten, zerdrückten Pfefferminzblättern ein. Bewahre die Blätter in einem Beutel auf, da wir sie später noch einmal brauchen. Halte das Lesezeichen über das Buch, das du gerade durcharbeitest, und sprich: *Ich lade diese Binderune auf, damit sie mir hilft, die Informationen in diesem Buch zu begreifen.* Fahre mit dem Lesezeichen im Uhrzeigersinn viermal über das Buch. Schlage das Buch auf und blättere es mit der linken Hand rasch durch, so dass der Luftstrom der sich bewegenden Seiten das Lesezeichen in deiner rechten Hand in Bewegung versetzt. Tu das

dreimal. Schlage nun das Kapitel auf, das du dir als Nächstes vornehmen möchtest, und beginne damit, es durchzuarbeiten. Lass währenddessen die Rune gut sichtbar auf deinem Tisch liegen. Wenn du zu einem besonders schwierigen Textabschnitt kommst, schließe einen Moment die Augen und klopfe dreimal auf die Rune. Atme tief durch und öffne die Augen wieder. Fahre mit deinen Studien fort. Wenn du immer noch Probleme hast, den Text zu erfassen, mach fünf Minuten Pause und setze die Arbeit dann wieder fort. Wenn du dein tägliches Studienpensum abgeschlossen hast (oder du eine längere Pause einlegen willst), lege das Lesezeichen an der Stelle, wo du die Arbeit unterbrochen hast, in das Buch. Das Lesezeichen sollte in dem Buch bleiben, bis du es fertig durchgearbeitet hast oder das jeweilige Projekt beendet ist. Um das Lesezeichen zu reaktivieren, lege es in den Beutel mit den zerstoßenen Pfefferminzblättern und stelle den Beutel mit dem Lesezeichen für mindestens eine Stunde nach draußen ins direkte Sonnen- oder Mondlicht. Wenn die Arbeit an dem Buch oder Projekt abgeschlossen ist, verbrenne das Lesezeichen, streue die Asche in den Wind und danke der Gottheit für die empfangene Hilfe. **Hinweis:** Dieser Zauber kann dir die Mühe des Lernens nicht ersparen. Aber er kann dir helfen, besser und erfolgreicher zu lernen.

Reinigung eines Raumes vor und nach einer Party

Dazu brauchst du einen Salz- oder Pfefferstreuer mit großen Löchern und einen mit normalen Löchern. Wenn die Löcher nicht groß genug sind und der Streukopf aus Metall ist, kannst du sie sehr vorsichtig mit einem Nagel erweitern, auf den du behutsam mit dem Hammer klopfst. Male ein schwarzes Pentakel unter den Boden beider Streuer. Wenn die Farbe getrocknet ist, lege ein großes Glöckchen in jeden Streuer. Mische in einer Schüssel Meersalz, Basilikum, pulverisierte Gewürznelke und geriebene Zitronenschale. Gib die Mischung in einen Mörser und zerreibe sie zu einem feinen Pulver. Reinige, weihe und lade die Mixtur mit dem nachstehenden Kräuter-Zauberspruch auf:

Ich beschwöre dich, o Blatt und Knospe
der Natur, im Namen des Herrn und der Herrin,
sende deine Energie in dieses Gebräu und
bring in die geschaffne Welt (das, was
du dir wünschst).

Fülle die Mixtur dann in den Streuer mit den größeren Löchern. Probiere den Streuer aus. Wenn zu viel herausrieselt, sind die Löcher zu groß. Streuer gut verschließen. Fülle geweihtes Wasser in den zweiten Streuer. Vor der Party streust du das Pulver im Raum aus und besprengst ihn mit dem heiligen Wasser. Beginne in der Mitte und schreite dann im Uhrzeigersinn den Raum ab. Sprich dabei: *Sauber und frisch und makellos rein. Nichts Böses soll hier geduldet sein.* Sauge das Pulver auf. Nach der Party beginnst du wieder in der Mitte des Raumes und gehst, während du streust, beziehungsweise besprengst, entgegen dem Uhrzeigersinn, wobei du den Chant wiederholst. Staubsauge anschließend gründlich.

Erfolg im Sport

Hierzu brauchst du ein Stirnband oder einen Pulswärmer, die du schon beim Sport getragen hast. Auf einen kleinen Zettel schreibst du den Namen deiner Mannschaft und deinen eigenen Namen. Zeichne darüber die Sieg-Rune Eoh von Seite 367 oder wähle ein anderes Symbol für Sieg und Selbst-Ermächtigung. Aktiviere das Symbol. Die meisten Stirnbänder und Pulswärmer sind doppelt genäht. Daher kannst du vorsichtig einen kleinen Schlitz in die Innenseite des Bandes schneiden. Steck den Zettel in die Öffnung und nähe sie danach wieder zu. Trage dieses Band während der ganzen Saison. Wenn du nächstes Jahr wieder in dieser Mannschaft spielst oder an Wettkämpfen teilnimmst, kannst du das Band als Talisman nehmen und es am Beginn der neuen Saison wieder aufladen, oder aber du verbrennst es, streust die Asche in den Wind und fertigst dir im nächsten Jahr ein neues an.

Mit einem unfairen Lehrer oder Professor besser zurechtkommen

Es ist nun einmal so, dass nicht alle Lehrer und Professoren gütige, freundliche, liebevolle Leute sind, und selbst einige der guten haben ihre schlechten Tage – sie sind schließlich auch nur Menschen. Dieses Zauberritual dient zwei Zwecken: zum einen hilft es dir, die Ursachen für deine Schwierigkeiten besser zu verstehen, und danach gibt es dir die Möglichkeit, diese Erkenntnisse klug zu nutzen. Du benötigst dazu eine große Kartoffel, weißen Zucker, braunen Zucker, Vanille, Basilikum und einen wasserfesten Textmarker. Schreibe deinen Namen auf die eine Seite der Kartoffel und den Namen des Professors

(Lehrers) auf die andere. Zeichne unter beide Namen das Symbol für Merkur ☿, um die Kommunikation und den Informationsfluss zwischen euch beiden zu verbessern. Drehe die Kartoffel um und kratze mit einem Löffel oder Messer ein ungefähr zwei, drei Zentimeter großes Stück heraus. Mische in einer Schüssel eine kleine Menge der beiden Zuckersorten (um die Situation zu versüßen, sie also angenehmer werden zu lassen) und Basilikum (um Einsicht und Klarheit zu erlangen). Streue die Mischung in das Loch in der Kartoffel. Füge drei Tropfen Vanille hinzu. Lade die so präparierte Kartoffel für die von dir verkündete magische Absicht auf. Stecke einen Nagel in die Kartoffel, um den Zauber zu besiegeln. Lege sie nun nach draußen in die Sonne. Mit dem allmählichen Verrotten der Kartoffel wird das Böse verschwinden, und du wirst zu neuen Einsichten gelangen. Wenn du diesen Zauber in der kalten Jahrszeit anwendest, so dass die Kartoffel draußen nicht verrotten kann, bringe sie stattdessen zu einem fließenden Gewässer oder ans Meer. Ziehe den Nagel heraus und wirf die Kartoffel ins Wasser. Wirf den Nagel außerhalb deines Grundstücks in eine Mülltonne.

Ein Problem der Gottheit übergeben

Wie schon erwähnt, gibt es den Brauch, ein Problem einem göttlichen Wesen zu übergeben, seit uralter Zeit. Dass es dieses Ritual gibt, bedeutet aber nicht, dass du dich im Leben immer aufführen kannst wie ein Elefant im Porzellan, in dem Bewusstsein, anschließend alle selbst verursachten Probleme an einen Gott delegieren zu können! Vielmehr bedeutet es, dass du, wie jeder Mensch, über ein spirituelles Unterstützungssystem verfügst, auf das du zurückgreifen kannst, wenn du verwirrt und verunsichert bist. Wir alle geraten in Situationen, in denen wir uns hilflos und allein fühlen und nicht mehr ein noch aus wissen. In einem solchen Fall kann dieser Zauber dir weiterhelfen.

Benötigte Materialien: Alle Gegenstände, die irgendwie mit dem Problem zusammenhängen, sowie eine mindestens eine Seite lange handschriftliche Beschreibung des Problems. Zeichne rings um deine Problembeschreibung deine Lieblingszaubersymbole und -siegel und bitte dabei um Energie und Harmonie. Du wirst ein bisschen nachforschen müssen, welche Symbole besonders gut zu dem Problem passen – aber das sollte dich nicht abschrecken: Je mehr du dazulernst, desto weiser wirst du. Zusätzliche Hilfsmittel können Bilder, Schmuckstücke und Ähnliches sein. Dann brauchst du noch ein schwarzes Tuch, das groß genug ist, um den ganzen Kram, den du ausgesucht hast, darin einzuschlagen. Und eine Flasche heiliges Wasser, das bei Vollmond hergestellt wurde.

Anleitung: Lege alle von dir ausgewählten, auf das Problem bezogenen Gegenstände auf das schwarze Tuch. Besprenge alles mit heiligem Wasser und bitte den Großen Geist, diesen ganzen problematischen Bereich deines Lebens gründlich zu reinigen. Nimm die vier Ecken des Tuches und knote es mit deinem Problemmüll darin zu einem schwarzen Bündel zusammen. Spucke dreimal auf das Bündel. Besiegele dann den Zauber, indem du das gleicharmige Kreuz in die Luft zeichnest. Wirf das Bündel außerhalb deines Grundstücks in einen Müllcontainer und sprich dabei:

Große Mutter (oder eine andere Gottheit
deiner Wahl), *ich habe aus meinem Problem ein
Bündel geschnürt, das ich dir nun übergebe.
Bitte nimm diese Negativität fort von mir und
bringe mir stattdessen Liebe und Harmonie.
Ich weiß, dass du das für mich tun wirst.
So sei es.*

Einen eigenen Zauberspruch widerrufen

Natürlich sollte alle Zauberei grundsätzlich der Erzeugung von Gleichgewicht dienen. Manchmal kann der Weg zu dieser Harmonie hin recht steinig sein. In diesem Fall müssen wir abwarten und uns in Geduld üben. Doch ab und an wird es vorkommen, dass einer unserer Zauber sich überhaupt nicht in die gewünschte Richtung entwickelt. Oder wir haben unsere Meinung geändert und erkannt, dass wir das, worum wir gebeten haben, gar nicht wirklich wollen. In diesen Fällen kannst du die folgende Beschwörung anwenden, um deinen Zauber zu widerrufen:

Anleitung: Blättere in deinen Notizen zurück und lies dir das Zauberritual, das du widerrufen und unwirksam machen willst, noch einmal gründlich durch. (Auch deshalb lohnt es sich, über deine magische Arbeit Buch zu führen – so kannst du später einen Zauber leichter neutralisieren.) Geh genauso vor wie bei dem ursprünglichen Ritual, bis zu dem Moment, wo du damals den Zauberspruch intoniert hast. Halte die Hände über die Zutaten des Zaubers (etwa eine Hexenflasche, eine Schnur mit Knoten etc.). Das ist ein weiterer Grund, warum bei den meisten Zaubern physische Hilfsmittel benutzt werden: Es erleichtert das Widerrufen eines Zauberspruchs. Sprich:

Rückwärts, rückwärts in der Zeit,
zum Lösen des Zaubers bin ich bereit.
Liebevoll wird der Irrtum aufgehoben,
zum Wohle des Ganzen, drunten wie droben.

Verkünde laut und bestimmt, was genau du unwirksam machen oder widerrufen willst, und besprenge die Zauber-Hilfsmittel dann mit heiligem Wasser. Zerstöre anschließend die Zauber-Hilfsmittel so weit wie möglich, wirf sie auf den Müll oder verbrenne sie. Erkläre dabei: *Frei von Hass und Fluch, widerrufe ich den Zauber. So sei es!* Beende das Ritual auf die gleiche Weise wie bei dem ursprünglichen Zauber.

Hinweis: Wenn du keine materiellen Hilfsmittel des Zaubers mehr in deinem Besitz hast, kannst du auch einfach die Hände auf den Altar legen und den Widerruf der Magie und das Zerstören der magischen Hilfsmittel möglichst deutlich visualisieren. Besprenge zum Abschluss deine Hände und den Altar mit heiligem Wasser.

Fremden Zauber unwirksam machen

Ein warnender Hinweis: Das unvermeidliche Auf und Ab des Lebens deutet keinesfalls darauf hin, dass irgendjemand einen Fluch ausgesprochen oder Schadenszauber gegen dich verübt hat. Die meisten unerfreulichen Dinge im Leben widerfahren uns, weil wir selbst Dummheiten gemacht haben oder weil das Schicksal eine Lektion für uns bereithält. Einen Fluch oder andere Arten von Zauberei dafür verantwortlich zu machen ist bloßer Aberglaube, vor dem ich dich nur warnen kann. Wenn jemand tatsächlich einen magischen Fluch verhängen wollte, müsste er dafür sehr viel Kraft aufwenden, und außerdem tritt dann sofort das Gesetz in Kraft, wonach das, was ich selbst aussende, dreifach vermehrt zu mir zurückkehrt. Daher sind die meisten Hexen so klug, auf Flüche zu verzichten. Zumal es genug andere Wege gibt, mit den Problemen des Lebens klarzukommen, ohne auf negative Magie zurückzugreifen. Ich sage »die *meisten* Hexen«, denn es gibt natürlich immer Leute, die meinen, alles besser zu wissen, und schwarze Magie für besonders wirkungsvoll halten. Aber damit irren sie sich gewaltig. Solche Leute sind Dilettanten, die ihre eigenen Fähigkeiten maßlos überschätzen. Das kannst du mir glauben – ich habe erlebt, wie Menschen sich mit Dummheiten dieser Art ihr Leben ruiniert haben. Auch habe ich schon Briefe von Teenagern bekommen, die mir berichteten, sie seien von Freunden in Gegenwart anderer »verflucht« worden. So etwas hat herzlich wenig mit moderner Hexenkunst zu tun, sondern ist schlichtweg Psychoterror. Nur wenn du *glaubst*, dass ein solcher Fluch dir schaden kann, wird er das auch tun. Er kann nur dann zur sich selbst erfüllenden Prophezeiung werden, wenn dein Bewusstsein ihn akzeptiert. Die Entscheidung liegt also bei dir. Wenn du dir klar machst, dass ein Fluch überhaupt keine Macht über dich hat, kann er dir nicht das Geringste anhaben.

Damit will ich nicht behaupten, dass es in dieser Welt nichts Böses gibt. Wir alle wissen das. Sollten sich also in deinem Leben einmal negative Einflüsse bemerkbar machen, wird der folgende Zauber dir weiterhelfen, und zwar ganz unabhängig davon, wer oder was die Ursache dieser Einflüsse ist. Er stammt aus antiken Texten, wurde aber umformuliert und der heutigen Zeit angepasst. Benutze das in diesem Kapitel beschriebene Basis-Zauberritual als Rahmen.

Schalen-Neutralisierungszauber

Benötigte Materialien: Eine große Schale aus Papier; ein schwarzer Textmarker; 3 Kerzen – rot, weiß und schwarz.

Anleitung: Beschwöre einen magischen Kreis und schreibe innerhalb des Kreises die nachstehend abgedruckte Beschwörung auf die Innenseite der Papierschale, wobei du in der Mitte beginnst und die Schrift dann spiralförmig nach außen führst. Stell die Schale auf den Altar. Zünde zuerst die schwarze Kerze an, dann die rote und zuletzt die weiße. Sprich: *Leere, Aktivität, harmonischer Geist, ich rufe euch jetzt an!*

Lies nun die Beschwörung vor:

Im Namen der Erde und des Himmels, im Namen der Sterne und Planeten – unwirksam, unwirksam, unwirksam sei das dumme Gerede der Leute, unwirksam seien alle Flüche und Verwünschungen, die irgendein Mensch gegen mich verhängen mag, ob auf einem Berg oder in der Kirche, ob in der City oder einem Vorort, daheim oder am Arbeitsplatz. Im Namen Hekates, der Dunklen Königin der Hexen, soll alle Negativität, die ein Mensch gegen mich richtet, auf ihn selbst zurückfallen und gebannt werden, wie das Licht der Morgensonne den Nebel in den Tälern bannt. Die ganze Erde ruft, und der ganze Himmel wird gehorchen! Inständig rufe ich empor zu unserer Herrin, die die Stimme ist des Himmels und der Erde und aller

Sterne und Himmelskörper und die alle Seelen von dieser Welt bei sich aufnimmt. Auch wenn ich dieses Unheil durch meine eigenen Ängste und Befürchtungen über mich gebracht haben sollte, bitte ich darum, dass es dennoch von mir genommen und ersetzt wird durch Frieden und Harmonie. Ich weiß, dass du das für mich tun wirst. So sei es.[92]

Träufele vorsichtig, damit die Schale nicht in Flammen aufgeht, das Wachs der schwarzen Kerze über die Beschwörung und sprich: *Alle negativen Energien, die mir im Weg stehen oder mich umgeben, werden jetzt gebannt und zurück in die Leere geschickt.* Träufele das Wachs der roten Kerze in die Schale und sprich: *Kraft meiner Worte* ... Träufele das weiße Wachs auf das rote und sprich: ... *und kraft der Macht des Großen Geistes ist dieser Zauber besiegelt. So sei es.*

Vergrabe die Schale außerhalb deines Grundstücks und versiegele die Stelle, indem du ein gleicharmiges Kreuz in die Erde ritzt.

anmerkungen

1 Der Llwellyn Verlag gibt mehrere magische Almanache in englischer Sprache heraus. Dazu gehören das *Sun Sign Book,* das *Moon Sign Book,* das *Witches Date Book* und der *Daily Planetary Guide.* (Anm. d. Übers.: In Deutschland wären hier zum Beispiel zu nennen: *Theas kleines Hexenbuch. Taschenkalender*, aus dem Ludwig Verlag, und *Die weiße Magie der Hexen. Kalender*, aus dem Moewig Verlag.)

2 Manilius, M. *Astronomica.* Loeb Classical Library, Hg. G. P. Goold. Cambridge: Harvard University Press, 1977. S. 386 (*M. Manilii Astronomica.* Stutgardiae, Lipsiae: Teubner, 1998).

3 Ein klassisches Lehrsystem aus dem *Picatrix*, bei dem jedes astrologische Zeichen in Abschnitte unterteilt wird, die man Häuser nennt. Jedem Haus werden spezielle Attribute zugeschrieben, die zu verschiedenen Lebenssituation des Menschen in Bezug gesetzt werden. Weiterhin sind jedem Haus magische Aktivitäten zugeordnet, die entweder in zunehmenden oder in abnehmenden Mondzyklen praktiziert werden.

4 Webster, R.: *Astral Travel for Beginners: Transcend Time and Space with Out-of-Body-Experiences.* St. Paul: Llewellyn, 1998. S. xi.

5 Myers, F. W. H.: *Human Personality and Survival of Bodily Death.* London: Longmans Green and Company, 1903. S. 252.

6 Webster, R.: *Astral Travel for Beginners.* S. xiii.

7 Ebd., S. 3.

8 Ebd., S. 5.

9 Walker, B.: *The Woman's Encyclopedia of Myths and Secrets.* New York: HarperCollins Publishers, 1983. S. 71 (*Das geheime Wissen der Frauen: ein Lexikon.* Engerda: Arun, 2003).

10 Smith, C. und Astrop, J.: *The Moon Oracle.* New York: St. Martin's Press, 2000. S. 13 (*Stimme des Mondes. Ein Orakelspiel.* Kamphausen: Aurum, 2000.)

11 Seligmann, K.: *The History of Magic and the Occult.* New York:

Grammercy Books, 1948, 1977. S. 58 (*Das Weltreich der Magie: 5000 Jahre geheime Kunst.* Eltville am Rhein: Bechtermünz, 1988).

12 Whitfield, P.: *Astrology: A History.* New York: Harry N. Abrams, Inc., 2001. S. 96.

13 Walker, B.: *The Woman's Dictionary of Symbols and Sacred Objects.* New York: HarperCollins Publishers, 1998. S. 76 (*Die geheimen Symbole der Frauen.* München: Heyne, 2000).

14 Ridpath, I.: *Stars and Planets.* New York: Dorling Kindersley, 2000. S. 224 (*Der große BLV-Himmelsführer.* München: BLV, 1999).

15 Ebd.

16 Ebd.

17 Ebd.

18 Diese Informationen beruhen auf meinen eigenen Erfahrungen sowie Angaben in Mathers, S.: *The Key of Solomon the King.* York Beach: Samuel Weiser, Inc. 1888, 1972. S. 12 f. (*Der Schlüssel Solomon.* Berlin: Schikowski, 1985).

19 Die Tabellen sind aufgrund meiner eigenen Erfahrungen erstellt und anhand folgender Quellen: Hand, R.: *Planets in the Transit: Life Cycles for Living.* Atglen: Whitford Press, 1976. S. 528 (*Das Buch der Transite.* München: Hugendubel, 1994). Ramesy, W.: *Astrologia Restaurata or Astrology Restored.* Modern ed. Band 1–4, 1653, Issaquah: JustUS and Associates 1653. S. 356.

20 Webster, R.: *Aura Reading for Beginners: Develop Your Psychic Awareness for Health and Success.* St. Paul: Llwellyn, 1998. S. 185 (*Die Botschaft der Aura.* München: Droemer Knaur 1999).

21 Ebd.

22 Mercier, P.: *Chakras: Balance Your Body's Energy for Health and Harmony.* New York: Sterling Publishing Company, 2000. S. 6.

23 Smith, M.: *Auras: See Them in Only 60 Seconds!* St. Paul: Llwellyn, 2000 (*Aura schnell und einfach sehen.* Güllesheim: Silberschnur, 1999).

24 Ebd., S. 139.

25 Mercier, P.: *Chakras*, S. 6.

26 Jones, B.: *Chakra Workout for Body, Mind and Spirit.* St. Paul: Llwellyn, 1999. S. 3.

27 Talbot, M.: *The Holographic Universe.* New York: HarperCollins Publishers, 1991. S. 28 (*Das holographische Universum: die Welt in neuer Dimension.* München: Droemer Knaur, 1994).

28 Der Physiker Dr. Fred Alan Wolf glaubt, dass das menschliche Bewusstsein in der Lage ist, in die Zukunft zu schauen (holographische Quantenphysik). Dieses Zitat stammt aus einem Referat mit dem Titel »The Timing of the Conscious Experience«, das auf der Vigier-Konferenz gehalten wurde.

Geller, U.: *ParaScience Pack*. Abbeville Publishing Group, 2000. S. 12.

29 Kieckhefer, R.: *Magic in the Middle Ages*. Cambridge: Cambridge University Press, 1989. S. 64 f. (*Magie im Mittelalter*. München: dtv, 1995).

30 Thomas, K.: *Religion and the Decline of Magic*. New York: Oxford University Press, 1971. S. 259.

31 Ebd., S. 647.

32 Die Gesänge sind entnommen aus: Dr. G. Storms: *Anglo-Saxon Magic*. The Hague: Martinus Nijhoff, 1948.

33 Verner-Bonds, L.: *The Complete Book of Color Healing: Practical Ways to Enhance Your Physical and Spiritual Well-Being*. New York: Sterling Publishing Company, 2000. S. 119.

34 Baring, A. C.: *The Myth of the Goddess*. London: Penguin Books, Ltd., 1991. S. 567.

35 Leek, S.: *How to be Your Own Astrologer*. New York: Cowles Book Company, Inc., 1970. S. 145.

36 York, U.: *Living by the Moon*. Woodside: BlueStar Communications, 1997. S. 125.

37 Die Astrologen sind sich uneinig darüber, ob der Widder auch die Nase regiert.

38 York, U.: *Living by the Moon*. S. 106.

39 Ebd., S. 129

40 Leek, S.: *How to be Your Own Astrologer*. S. 106.

41 Richard Webster aus Neuseeland ist ein sehr angesehener Autor des New Age, der Bücher über das Handlesen, Astralreisen, Radiästhesie, Feng Shui und viele andere metaphysische Themen geschrieben hat.

42 Im fünfzehnten Jahrhundert wurden außerdem Michelangelo, Leonardo da Vinci, Kepler, Kopernikus und andere Genies geboren.

43 Paracelsus. *Paracelsus: Selected Writings*. Hg. J. Jacobi. Princeton: Princeton University Press, 1951. S. 43.

44 Seligmann, K.: *The History of Magic and the Occult*. S. 218 *(Das Weltreich der Magie)*.

45 Lord Byron, 1788–1824: »She Walks in Beauty« (»In ihrer Schönheit wandelt sie«).

46 RavenWolf, S.: *Silver's Spells for Love*. St. Paul: Llwellyn, 2001. S. 63 (*Liebeszauber für neue Hexen*. München: Heyne, 2003).

47 Scoble, G.: *The Meaning of the Flowers: Myth, Language, and Lore*. San Francisco: Chronicle Book, 1998.

48 Einst glaubte man, dass dieser stark duftende Strauch den Schwarzen Tod (die Pest) abwehren könne. Ebd., S. 58.

49 Wird mit der römischen Juno und der Göttin Astarte aus dem Mittleren Osten assoziiert. Ebd., S. 26.

50 Von der Orchidee existieren über 25 000 Arten und somit mehr als von jeder anderen Blütenpflanze. Ebd., S. 17.

51 Geller, U.: *ParaScience Pack.* Einleitung, S. 1.

52 Pawlow glaubte, dass alles Verhalten erlernt sei. Wenn es erlernt ist, so sagte er, kann man es auch wieder verlernen. Um dies zu beweisen, führte er Experimente durch, bei denen er Hunde »konditionierte«. Zuerst läutete er eine Klingel, und dann erhielten die Hunde Futter. Wenn sie das Futter rochen, begann ihr Speichel zu fließen. Er wiederholte das Experiment immer wieder, und jedes Mal begannen die Hunde zu speicheln. Die Hunde lernten, das Läuten der Klingel mit dem Geruch des Futters zu verbinden. Nach einer Weile gab Pawlow den Hunden nach dem Läuten der Klingel kein Futter mehr, aber der Speichel der Tiere begann dennoch zu fließen, was die Kraft des Geistes unter Beweis stellt.

53 Geller, U.: *Mind Medicine.* Boston: Element Books Limited, 1999. S. 184 (*Gesundheit aus dem Kopf: stärken Sie Körper und Psyche mit der Kraft Ihres Geistes.* Rheda-Wiedenbrück: RM-Buch- und Medien-Vertrieb, 2000).

54 Valiente, D.: *An ABC of Witchcraft.* Custer: Phoenix Publishing, Inc., 1973. S. 244.

55 Parker, J. und D.: *KISS Guide to Astrology.* London: Dorling Kindersley Publishing, 2000. S. 96 (*KISS Das Einsteiger-Handbuch Astrologie.* München: Dorling Kindersley, 2001).

56 Agrippa, H. C.: *Three Books of Occult Philosophy.* Llwellyn's Sourcebook Series, Hg. D. Tyson. St. Paul: Llwellyn, 1533, 2000. S. 938. Ovid. *The Metamorphoses.* Übers. Henry T. Riley. London: George Bell and Sons, 1884, zitiert nach D. Tyson, Anmerkungen, S. 220.

57 Barrett, F.: *The Magus or Celestial Intelligencer.* London: Lackrington, Allen and Co., 1801.

58 Donald Tyson in *Three Books of Occult Philosophy.*

59 *Agrippa, H. C.: Three Books of Occult Philosophy.* S. 938. Smith, C.: *The Moon Oracle.* S. 128 *(Stimme des Mondes).* Die Schriften von Bic Thomas auf www.renaissanceastrology.com. Ramsey, W.: *Astrologia Restaurata or Astrology Restored.* Modern ed. Band 1–4. S. 356.

60 Liungman, C. G.: *Dictionary of Symbols.* New York: W. W. Norton and Co., 1991. S. 298.

61 Ebd.

62 Pythagoras war ein griechischer Philosoph, der auf der Suche nach okkultem Wissen weite Reisen nach Ägypten und in den Osten unternahm. Er soll eine prophetische Begabung besessen haben, glaubte an Reinkarnation und lehrte, dass man durch die magische Macht der Zahlen Zugang zum Göttlichen finden könne. Agrippa, H. C.: *Three*

Books of Occult Philosophy. S. 827 im Biographischen Glossar, verfasst von Donald Tyson.

63 Liungman, C. G.: *Dictionary of Symbols*. S. 298.

64 Ebd., S. 334.

65 Regardie, I.: *The Golden Dawn*. St. Paul: Llwellyn, 1971. S. 280

66 Valiente, D.: *An ABC of Witchcraft*. S. 266.

67 Hutton, R.: *The Triumph of the Moon*. S. 71.

68 Geller, U.: *ParaScience Pack*. S. 72.

69 Thomas, K.: *Religion and the Decline of Magic*. S. 664.

70 Geller, U.: *ParaScience Pack*. S. 65.

71 Autumn Ayla Craig ist eine Holistische Beraterin, Reiki-Meisterin und -Lehrerin, die davon ausgeht, dass es nicht nur einen einzigen richtigen Weg gibt, eine Sache zu tun, und dass jeder Mensch seinen einzigartigen Weg finden und beschreiten muss. Sie hofft, von ihren Schülern ebenso zu lernen wie diese von ihr. Sie hat Ausbildungen in mehreren energetischen Heilverfahren vorzuweisen, darunter traditionelles Usui-Reiki, Karuna-Reiki, Essentielles Reiki, Shamballa Multidimensional Healing und Magnified Healing. Sie begann ihre holistischen Studien auf dem Gebiet der Pflanzenheilkunde und des ganzheitlichen Heilens, ist eine von der American Naturopathic Medical Association anerkannte Heilpraktikerin und Mitinhaberin von Dolphin Heart, einem holistischen Zentrum. Autumn Ayla Craig ist eine Älteste des Black Forest Clan Circle und beschäftigt sich seit den frühen achtziger Jahren mit dem Studium der Magie.

72 Einleitung übernommen aus Jackson, N.: *The Rune Mysteries*. St. Paul: Llwellyn, 1996. S. xi.

73 Grimassi, R.: *Encyclopedia of Wicca & Witchcraft*. St. Paul: Llwellyn, 2000. S. 105: Divination.

74 The Oxford English Dictionary, 2nd ed. New York: Oxford University Press, 1999. S. 417.

75 Pinch, G.: *Magic in Egypt*. Austin: University of Texas Press, 1995. S. 88.

76 Valiente, D.: *An ABC of Witchcraft*. S. 301.

77 Carr-Gomm, P. und S.: *The Druid Animal Oracle*. New York: Fireside, Simon and Shuster, Inc., 1994. S. 7 (*Das keltische Tierorakel*. Braunschweig: Aurum, 1998).

78 Renault, D.: *Principles of Native American Spirituality*. Hammersmith, London: Thorsons, 1996. S. 24.

79 Obwohl sich die meisten Menschen die Inquisition als ein einziges schreckliches Ereignis vorstellen, handelte es sich dabei um eine Institution, deren Struktur, Methoden und juristischen Definitionen sich über einen langen historischen Zeitraum entwickelten und wandelten. Es gab mehrere Phasen der Inquisition, zu denen die Mittelalterliche Inquisi-

tion gehörte, die Römische Inquisition und die Spanische Inquisition. Ginzburg, C.: *The Cheese and the Worms: The Cosmos of a Sixteenth-Century Miller.* The Johns Hopkins University Press, 1992. S. ix.

80 Renault, D.: *Principles of Native American Spirituality.* S. 6.

81 Der Hexengürtel wird in traditionellen Gruppen üblicherweise von der Königin oder Mutter mehrerer Covens getragen. Für jeden Coven wird eine Schelle an dem Gürtel befestigt. Eine weibliche Hexe darf nur dann den Titel »Königin« tragen, wenn sieben aktive Covens unter ihrer Leitung stehen. Natürlich gilt diese Regelung nicht bei allen Traditionen innerhalb der Hexenzunft – es gibt auch Gruppierungen mit anderen Hierarchien.

82 Besonders in Frankreich finden sich im frühen Mittelalter Hinweise auf einen Dianenkult, dessen Mitgliedschaft nicht auf Frauen beschränkt war. Doch die meisten dieser Informationen wurden während der Inquisition durch Folter erpresst und mögen deshalb verfälscht wiedergegeben sein. Flint, V. I. J.: *The Rise of Magic in Early Medieval Europe.* Princeton, N. J.: Princeton University Press, 1991. S. 122. Weitere Traumgöttinnen waren Hekate (griechisch) und Holda (germanisch). Der heilige Kilian starb bei dem Versuch, die Ostfranken von der Dianenverehrung abzubringen.

83 Ginzburg, C.: *The Night Battles: Witchcraft and Agrarian Cults in the Sixteenth and Seventeenth Centuries.* Baltimore: Johns Hopkins University Press, 1983.

84 Flint, V. I. J.: *The Rise of Magic in Early Medieval Europe.* S. 125.

85 Thomas, K.: *Religion and the Decline of Magic.* S. 120.

86 Silverthorn, J. M. O.: *Dreaming Realities: A Spiritual System* to *Create Inner Alignment Through Dreams.* Carmarthen: Crown House Publishing Limited, 1999. S. 14.

87 Ebd., S. 18.

88 Talbot, M.: *The Holographic Universe.* S. 63 *(Das holographische Universum).*

89 Obwohl manche magische Schulen heute auf den Kreis verzichten, zeigen unsere Statistiken doch, dass deine magische Arbeit größere Erfolgsaussichten hat, wenn du vorher den magischen Kreis beschwörst. Dass manche magische Traditionen die Kreisbeschwörung aufgaben, ist höchstwahrscheinlich auf fehlerhafte Überlieferungen aus dem Mittelalter zurückzuführen.

90 Gager, J. G.: *Curse Tablets and Binding Spells from the Ancient World.* New York: Oxford University Press, 1992. S. 278.

91 Ebd., S. 243.

92 Ebd., S. 221 – aus Mesopotamien, sechstes bis viertes Jahrhundert v. Chr.

Doreen Virtue

Dr. Doreen Virtue hatte schon als Kind den sechsten Sinn und kommunizierte mit »unsichtbaren Freunden«. In der von ihr entwickelten Engeltherapie verbindet sie ihre Kompetenz als Psychologin mit ihren spirituellen Fähigkeiten.